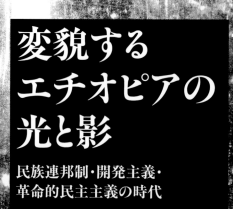

変貌する
エチオピアの
光と影

民族連邦制・開発主義・
革命的民主主義の時代

編著
石原美奈子・
眞城百華・
宮脇幸生

春風社

変貌するエチオピアの光と影
民族連邦制・開発主義・革命的民主主義の時代

目次

エチオピア史簡易年表　　　　　　　　　　　　　　　　　　　　6

略称一覧　　　　　　　　　　　　　　　　　　　　　　　　　　8

はじめに　　　　　　　　　　　　　　　　　（石原 美奈子）……11

第Ⅰ部　EPRDF 政権の民族連邦制・革命的民主主義・開発主義

第 1 章　エチオピアにおける民族連邦制と革命的民主主義
　　　　　　　　　　　　　　　　　　（石原 美奈子・眞城 百華）……31

1. エチオピアの民族連邦制の独自性　　2. エチオピアの民族連邦制成立の背景
3. EPRDF 政権と革命的民主主義　　4. おわりに

第 2 章　開発主義国家の誕生　　　　　　　　　　（宮脇 幸生）……65

1. 経済成長と対外債務　　2. 開発主義国家の誕生
3. 開発主義国家の困難　　4. 開発主義国家の隘路とその帰結

第 3 章　言語政策──学校における教授言語に注目して　（利根川 佳子）……99

1. はじめに　　2. 帝政期およびデルグ政権期における言語政策
3. 民族連邦制下における言語政策　　4. おわりに：近年の動向と今後

第 4 章　マスメディアと NGO セクター　　　　（利根川 佳子）……119

1. はじめに　　2. 帝政期におけるマスメディアと NGO
3. デルグ政権下でのマスメディアと NGO
4. EPRDF 政権期におけるマスメディアと NGO
5. 2005 年の総選挙のマスメディアおよび NGO セクターへの影響
6. アビィ政権下でのマスメディアと NGO　　7. おわりに

第Ⅱ部　エチオピアの民族連邦制——そのおこりと行方

第5章　ティグライ人民解放戦線によるティグライ支配の構図
　　　——内戦期の遺産と課題　　　　　　　　（眞城 百華）……147
　1．はじめに　　2．TPLF と内戦下のティグライの変容
　3．1991 年以後の TPLF によるティグライ統治とその影響
　4．TPLF とティグライ民族主義　　5．むすびにかえて

第6章　「アムハラ」民族の再形成——民族ナショナリズム台頭の背景
　　　　　　　　　　　　　　　　　　　　　　（児玉 由佳）……177
　1．はじめに　　2．エチオピアにおける政治変化と「アムハラ」をめぐる議論
　3．EPRDF 政権下におけるアムハラ：一つの民族集団として
　4．EPRDF 政権末期から繁栄党政権期へ：混迷する民族関係　　5．おわりに

第7章　オロモ民族主義の過去・現在・未来——民族連邦制の功罪
　　　　　　　　　　　　　　　　　　　　　　（石原 美奈子）……209
　1．はじめに　　2．「オロモ」とは
　3．オロモの弾圧とオロモ民族主義の発生・発展
　4．民族連邦制が生み出した光と影　　5．おわりに

第8章　オロモの再想像／創造としての無形文化遺産
　　　——ガダ体系をめぐる重層的な文化翻訳のプロセス　（田川 玄）……239
　1．はじめに　　2．翻訳作業としての文化遺産化
　3．オロモ・ナショナリズムに基づく文化政策
　4．無形文化遺産の「担い手」の活動　　5．登録推薦ファイルにおける記述
　6．地域社会ボラナにおけるガダ体系の文化資源化　　7．おわりに

第 9 章　国家への集合的トラウマとエスノナショナリズムの隆盛
　　　　　――エチオピア南東部アルシにおける抵抗者たちの
　　　　　　経験とナラティブに焦点をあてて　　　　　（大場 千景）……257
　　1. はじめに
　　2. EPRDF 政権下で弾圧されたアルシの人びとの経験とナラティブ
　　3. 国家への集合的トラウマとオロモ・ナショナリズムの隆盛　　4. おわりに

第 10 章　民族連邦制の功罪――南部諸民族州からの分離と新たな州の設立
　　　　　　　　　　　　　　　　　　　　　　　　　　　（吉田 早悠里）……285
　　1. はじめに　　2. エチオピアと民族連邦制
　　3. 南部諸民族州と新たな州の設立　　4. 南西エチオピア諸民族州設立の背景と要因
　　5. おわりに

第Ⅲ部　開発政策と人びとの生活の変化

第 11 章　周辺民族にとっての国家の諸相
　　　　　――西南部の農耕民マロと EPRDF 政権を中心に　　（藤本 武）……311
　　1. はじめに　　2. マロと国家の関係の変遷
　　3. マロ周辺での開発プロジェクト　　4. まとめ

第 12 章　力の政治文化と困窮するくらし
　　　　　――EPRDF 政権下での牧畜社会の経験　　　　　（佐川 徹）……339
　　1. 力の政治文化　　2. 牧畜民への苛烈な政策
　　3. ダサネッチ　　4. 2001 年：放置された地域と自律的な生活
　　5. 2006 年：大規模開発の徴候
　　6. 2009 年～：商業農場の開設と平和構築活動の停滞
　　7. 2015 年～：氾濫の停止と食料安全保障政策　　8. 統治の強化と資源の喪失
　　9. 統治されない態度

第13章　新たなコモンズと資源管理システムの生成
　　　　――エチオピア西南部農牧民ツァマコの事例から　（宮脇 幸生）……365

  1. はじめに　　2. ツァマコとプランテーションの開設
  3. プランテーションの開設とツァマコの暮らしの変化
  4. 灌漑畑の管理システム（1）：プランテーションに隣接する政府と共同管理の灌漑畑
  5. 灌漑畑の管理システム（2）：ウォイト川西岸の自主管理の灌漑畑
  6. 平等社会から格差社会へ：共有資源管理システムと外部システム
  7. 結論

おわりに　　　　　　　　　　　　　　　　　　　（眞城 百華）……392
あとがき　　　　　　　　　　　　　　　　　　　（宮脇 幸生）……401

索引　　　　　　　　　　　　　　　　　　　　　　　　　　　　406
執筆者一覧　　　　　　　　　　　　　　　　　　　　　　　　　414

エチオピア史簡易年表

政治体制／政権	国家元首		事項
帝政	テオドロス2世 (1855~1868)	1855	・アムハラのテオドロス2世がエチオピア高地を統一して皇帝となる．
		1868	・マクダラの戦いで，テオドロス、イギリスに敗れ自死する．
	ヨハンネス4世 (1871~1889)	1871	・ティグライのヨハンネス4世が皇帝となる．
		1882	・ショワの王メネリク、エンボボの戦いでゴジャムの王タクラハイマノートを破り、西南部への領土拡大を開始する．
		1889	・ヨハンネス、スーダン・マハディ勢力との戦いで戦死する．
	メネリク2世 (1889~1913)	1889	・メネリク2世が、エチオピア皇帝となる．
			・ウォライタ、カファ、ベニシャングルなど南西部をメネリク軍が征服する．（1894~97）
		1896	・アドワの戦いで、エチオピアが、エリトリアから侵入したイタリア軍を破る．
			・現在のエチオピア南部から西部にかけての最周辺地域（ボラナ、オモ川流域、ガンベラ）をメネリク軍が征服する．（1897~98）
		1908	・メネリクの病状が悪化し、妻タイトゥが政治的実権を握る．
		1911	・メネリクの孫、リジ・イヤスが実権を握り、保守派と対立する．
	ザウディトゥ (1916~1930)	1916	・イヤス廃位後、メネリクの娘ザウディトゥが皇帝に、ラス・タファリが摂政となる．
		1917	・ジブチ＝アディスアベバ間に鉄道が開通する．
	ハイレセラシエ1世 (1930~1974)	1930	・ラス・タファリが、ハイレセラシエ1世としてエチオピア皇帝になる．
		1931	・初の憲法が制定される．
		1935	・イタリアが、エチオピアへ侵攻し、エチオピアを統治する．（~1941）
		1941	・ハイレセラシエが、エチオピアに復帰する．
			・ネフテンニャ＝ゲッバール制度を廃止．中央集権的な行政機構の整備と中央による地方支配が確立される．
		1943	・ティグライ州で大規模な反乱が起き、帝国軍とイギリス軍により鎮圧される．
		1952	・エチオピア・エリトリアの連邦制が開始される．エリトリアで選挙が実施される．
		1955	・憲法が改定される．
		1960	・エリトリアでELFがエチオピアに対する軍事抵抗を開始する．
		1960	・アディスアベバでクーデタ未遂が起きる．
		1962	・エリトリアがエチオピアに併合される．
		1962~	・学生運動が高揚する．
		1963~70	・バレでオロモとソマリによる大規模な反乱が起きる．

デルグ	メンギスツ・ハイレマリアム (1974~1991)	1974	・エチオピア革命、デルグが政権につく.
		1977	・メンギスツ、「赤色テロ」により独裁的権力を確立する. ソ連と同盟関係を結ぶ.
		1977~78	・エチオピア―ソマリア戦争（オガデン戦争）.
		1983~85	・北部で大飢饉が起きる.
			・北部では EPLF、TPLF の、南部では OLF のゲリラ活動が激化する.
		1990	・デルグ、社会主義の放棄を宣言する.
EPRDF	メレス・ゼナウィ (1991~2012)	1991	・TPLF、EPLF、アディスアベバを制圧. EPRDF による暫定政権が樹立される.
		1993	・エリトリアがエチオピアから分離独立する.
		1994	・新憲法が制定される.
		1995	・新憲法にもとづいて初の総選挙が実施され、エチオピア連邦民主共和国が成立する.
		1998~2000	・エチオピア―エリトリア国境紛争.
		2005	・総選挙後に選挙結果をめぐり騒乱が起き、政府により弾圧される.
		2012	・メレス死去、副首相のハイレマリアムが首相に就任する.
	ハイレマリアム・デサレン (2012~2018)	2016	・民衆抵抗の拡大に伴い、政府が非常事態宣言を発出する.
	アビィ・アフマド (2018~2019)	2018	・エリトリアと国交回復.
		2019	・アビィ、ノーベル平和賞を受賞する.
		2019	・アビィ、EPRDF の解党を発表、繁栄党を結成する.
繁栄党	アビィ・アフマド (2019~)	2020~2022	・ティグライ戦争.
		2023	・アムハラ州に非常事態宣言が発出される.
		2023	・エチオピア、債務不履行（デフォルト）に陥る.

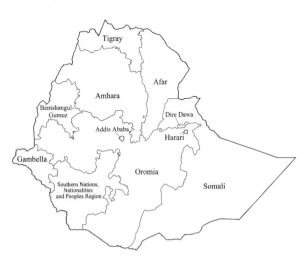

1991～2018 年のエチオピアの州（Regional State）と
特別行政区（Special District）

略称一覧

AAPO	All Amhara People's Organization	全アムハラ民族組織
ADLI	Agricultural Development-Led Industrialization	農業開発主導の産業化政策
ADP	Amhara Democratic Party	アムハラ民主党
ALF	Afar Liberation Front	アファール解放戦線
ANDM	Amhara National Democratic Movement	アムハラ民族民主運動
ANDP	Afar National Democratic Party	アファール国民民主党
ACSOT	Alliance of Civil Society Organization of Tigray	ティグライ市民社会組織同盟
BGPDP	Benishangul Gumuz People's Democratic Party	ベニシャングル・グムズ人民民主党
CCRDA	Consortium of Christian Relief and Development Associations	キリスト教救済・開発協会連合
COEDF	Coalition of Ethiopian Democratic Forces	エチオピア民主勢力同盟
CRDA	Christian Relief and Development Associations	キリスト教救済・開発協会
CUD	Coalition for Unity and Democracy	統一と民主主義のための同盟
DPPC	Disaster Prevention and Preparedness Commission	災害防止準備委員会
EDU	Ethiopian Democratic Union	エチオピア民主同盟
EFDUF/Medrek	Ethiopia Federal Democratic Unity Forum	エチオピア連邦民主統一フォーラム
EFFORT	Endowment Fund for Rehabilitation of Tigray	ティグライ復興基金
ELF	Eritrean Liberation Front	エリトリア解放戦線
ENDF	Ethiopian National Defence Force	エチオピア国防軍
EPaRDA	Ethiopian Pastoralists Research and Development Association	エチオピア牧畜民研究開発組合
EPDM	Ethiopian People's Democratic Movement	エチオピア人民民主運動
EPLF	Eritrean People's Liberation Front	エリトリア人民解放戦線
EPRA	Ethiopian People's Revolutionary Army	エチオピア人民革命軍
EPRDF	Ethiopian People's Revolutionary Democratic Front	エチオピア人民革命民主戦線
EPRP	Ethiopian People's Revolutionary Party	エチオピア人民革命党
ETP	Education and Training Policy	国家教育訓練政策
EZEMA	Ethiopian Citizens for Social Justice	「社会正義を追求するエチオピア市民」党
GPDI	Gaayo Pastoral Development Initiative	ガーヨ牧畜開発イニシアティブ
GPUDM	Gambella Peoples' Unity Democratic Movement	ガンベラ人民統一民主運動
GTP	Growth and Transformation Plan	成長と構造改革計画
HNL	Harari National League	ハラリ国民連盟
IFLO	Islamic Front for the Liberation of Oromia	イスラーム・オロミア解放戦線
MDSJ	Rainbow Ethiopia: Movement for Democracy and Social Justice	虹のエチオピア
MEDaC	Ministry of Economic Development and Co-operation	経済開発協力省
MEISON	All-Ethiopia Socialist Movement	全エチオピア社会主義運動

NaMA	National Movement of Amhara	アムハラ民族運動
NEBE	National Election Board of Ethiopia	エチオピア国家選挙管理委員会
ODP	Oromo Democratic Party	オロモ民主党
OLA	Oromo Liberation Army	オロモ解放軍
OLC	Oromiya Liberation Council	オロミア解放議会
OLF	Oromo Liberation Front	オロモ解放戦線
OMN	Oromo Media Network	オロモ・メディア・ネットワーク
ONLF	Ogaden National Liberation Front	オガデン民族解放戦線
OPDO	Oromo People's Democratic Organization	オロモ人民民主機構
OPLF	Oromo People's Liberation Front	オロモ人民解放戦線
OPLO	Oromo People's Liberation Organisation	オロモ人民解放機構
ORA	Oromo Relief Association	オロモ救済協会
PASDEP	Plan for Accelerated and Sustained Development to End Poverty 2005/06-2009/10	貧困を終焉させるための加速的で持続的な開発プラン 2005/06-2009/10
PSNP	Productive Safety Net Program	生産的セーフティネット・プログラム
REST	Relief Society of Tigray	ティグライ救済協会
SALF	Somali Abbo Liberation Front	ソマリ・アッボ解放戦線
SDP	Somali Democratic Party	ソマリ民主党
SEPDF	Southern Ethiopian People's Democratic Front	南部エチオピア人民解放戦線
SEPDM	Southern Ethiopian People's Democratic Movement	南部エチオピア人民民主運動
TDA	Tigray Development Association	ティグライ開発協会
TDF	Tigray Defense Force	ティグライ防衛軍
TLF	Tigray Liberation Front	ティグライ解放戦線
TNO	Tigray National Organization	ティグライ民族組織
TPLF	Tigray People's Liberation Front	ティグライ人民解放戦線
TVET	Technical and Vocational Education and Training	技術職業教育訓練校
UDJ	Unity for Democracy and Justice	民主主義と正義のための同盟
UEDF	United Ethiopian Democratic Forces	統一エチオピア民主勢力
UOLF	United Oromo Liberation Forces	統一オロモ解放軍
UOPLF	United Oromo People's Liberation Front	統一オロモ人民解放戦線
WAT	Women's Association of Tigray	ティグライ女性協会
WFAT	Women's Fighters Association of Tigray	ティグライ女性兵士協会
WSLF	Western Somali Liberation Front	西ソマリ解放戦線

はじめに

石原 美奈子

　本書は、「アフリカの角」地域の大国エチオピアにおいて、1991年から28年間にわたり政権を握ったエチオピア人民革命民主戦線（EPRDF）[1]が構築した政治・経済・社会体制の意義を、その期間エチオピア各地で調査研究を続けてきた日本人研究者がそれぞれの調査地での経験や現地の人びととの交流を通して考察することを目的としている。こうした考察が可能となったのは、EPRDF政権が2019年に幕を閉じたからである。終わりを迎えたことでEPRDF政権とはどのような政権であり、どのような変革を社会にもたらしたのかについて総括できるようになった。政権発足当初は期待をもって国民に迎え入れられたにもかかわらず、その期待が疑惑・困惑へと変わり、しまいには失望と怒りへと変質したのはなぜなのか。EPRDF政権は28年間で何を成し遂げ、どのような対立の構図を創り出し、なぜ終焉を迎えることになったのか。本書はこうした疑問に対する答えを探りながら、さらにEPRDF政権の遺産がアビィ・アフマド首相率いる繁栄党政権にどのように受け継がれたのかについて検討するものである。

　EPRDF政権がそれ以前のデルグ政権と政策上大きく異なるのは、副題にも挙げられた以下の3点においてである。

　第一に、民族連邦制（ethnic federalism）[2]を採用した点である。EPRDF政権

---

[1] ティグライ人民解放戦線（TPLF）を中核とし、オロモ人民民主機構（OPDO）、アムハラ民族民主運動（ANDM）、南部エチオピア人民民主運動（SEPDM）などの民族政党を傘下におく全国政党。

[2] 1994年憲法には「民族連邦制」という言葉は用いられていない。「民族連邦制」は、あくまで分析概念に過ぎない。「民族連邦制」と命名することによって、ソ連やユーゴスラヴィア、オーストリアなど国際比較が可能となる。エチオピアの「民族連邦制」をエチオピアの民族政策の歴史から解説し、地方分権化との関連で調査研究を行ったものとして石原（2001）があるほか、直近の政治変動との関連において原田（2022）が、エチオピアの「民族連邦制」

は、アフリカのほとんどの国が抱えている多民族構成という「課題」[3]に対してアフリカではじめて民族連邦制という解決策を施行した。アフリカの多くの国々が自国の多民族構成をリスク要因と捉え、超民族的な「国民」意識の構築に重点を置いたのに対して、EPRDF政権はむしろ民族の自決権を認める方針を採用した。これによってそれまで認められてこなかった、民族語での教育を行えるようになるなど、より民主的な国家が実現するのではないかと期待する向きもあった半面、民族意識が高まることによって国が分断される危険性が高まったとして批判する声も上がった。また80あるといわれる民族語すべてが教育・行政で用いる実務言語（working language）となったわけではないため、選ばれなかった言語を母語とする民族の権利は侵害されるなどの不平等が生まれた。また、民族居住地域を基準にした行政区分がなされることで、民族と土地が結び付けられるようになり、行政単位の境界の位置をめぐる対立が起きるとともに、「少数民族」[4]となった異民族に対する排外主義が生まれ、一部住民の間で失望と反発を招いた。昨今エチオピアで起きている政治的混乱はEPRDF政権が導入した民族連邦制によって民族意識が高まったことと無関係ではない。エチオピアの民族連邦制は、この制度が多民族国家の問題解決のための有効な方策となり得るのかどうかを試すリトマス試験紙になっているのだ。

　第二に、EPRDF政権は、独自の「民主主義」の形を編み出した。いわゆるグローバル・サウスにおいて欧米型の自由民主主義の理念に対する疑問が沸き起こるなか（Bratton and van de Walle 1997）、アフリカではそれに代わる民主主義の形を示す国がなかった。[5]そうしたなか、EPRDF政権が「革命的民主主義（revolutionary democracy）」を打ち出してきたことは画期的であるようにみえた。だが、「革命的民主主義」は欧米主導の自由民主主義に抗する独自の理念モデルであったものの、その内実は旧ソ連の革命的民主主義をモデルにした権威主義と何ら変わるところがなかった。この権威主義的な政治体

　　の民族関係への影響についてまとめている。
3　アフリカ諸国の大半は多民族構成をなしており、多くの国々にとって「国民構築（ネーション・ビルディング）」もしくは「国民国家（ネーション・ステート）」づくりが急務の課題とされた（Smith et al. 1998; Gellner 1983=2000）。
4　少数民族に「　」をつけた場合、それは全国的には政治・人口の両面において少数民族（マイノリティ）ではないものの、各民族州内では「少数」にあたる民族をさすものとする。
5　在来の民主的な制度は、エチオピアの様々な民族に備わっていたとされ、オロモ社会のガダがその典型例として挙げられる（Pausewang et al. 2002）。

質は、今日の繁栄党にも踏襲されている。

　第三に、EPRDF政権は、「開発」推進によって権威主義的体制に対する不満を封じ込めようとした。エチオピアを世界の最貧国の地位から引き揚げ、国の経済的発展、交通通信網の整備やダム建設、都市開発など、可視的な仕方で「開発」を推進することで、国内外に沸き起こっていた政権に対する批判の正当性をくじこうとしたのである。そうした側面は、現繁栄党政権のもとで推進されている大規模な「開発」事業においても見受けられる。

　この三つの政策方針は、EPRDF政権の発足当初から明確に打ち出されていたというよりも、28年間の政権運営の過程において段階的に形をなしてきた。このことは本書のなかで明示的に論じられることであろう。

　このEPRDF政権の政策方針の変化の過程については、EPRDF政権に関する研究成果にも現れている。これまで同政権に関する研究は数多く刊行されてきたものの、編まれた時期によって、政権をどのように捉えるかに明らかな違いがあった。

　EPRDF政権成立直後の1990年代前半にロックフェラー財団から助成を受けて開催された国際的な学術会議「アフリカにおける連邦制と国民／民族の問題」の成果『アフリカにおける連邦制』(Gana and Egwu eds. 2002)において、エチオピアに関する章を担当したエチオピア人政治学者アスナケ・カファレは、1991年5月に政権を獲得したEPRDFが従前の中央集権的政権とは違って、民族の権利を認め、地方分権化を指向する「革新的」な統治のあり方を実験的に施行しているとして評価している(Asnake 2003: 257)。また、2004年にアディスアベバ大学で行われたセミナー「民族連邦制：エチオピアの挑戦」の成果として公刊された『民族連邦制』(Turton ed. 2006)において、タートンは、多民族国家として存続するには民族連邦制をとる以外に方法はなかったとする(Turton 2006: 1)。

　だが、民族連邦制やそれにともなう地方分権化を評価するこうした論調は、2005年の選挙に伴う国内混乱とEPRDF政権の強権化を境にして変化する。EPRDF政権の20年を振り返ることを主題として、*Journal of Eastern African Studies*(Vol.5, issue 4, 2011)に組まれた特集をもとにして公刊された『エチオピアを再構成する：権威主義的改革の政治』(Abbink and Hagmann eds. 2013)では、EPRDF政権は成立当初においてデルグ政権との断絶が明瞭であったものの、2005年を境にして、むしろ強権的性格を帯びるようになりデルグ

政権との連続性がみられると指摘している。さらにセマハンは、『冷戦体制崩壊後の最後の社会主義連邦体制：エチオピアにおけるエスニシティー、イデオロギーと民主主義』において、EPRDF 政権が結局のところデルグ政権下で設立されたティグライ人民解放戦線（TPLF）のイデオロギーを踏襲していることを実証的に論じている（Semahagn 2020）。

　EPRDF は、デルグ政権への反対勢力として闘争を展開し、デルグから政権を奪取した。デルグ政権は、帝政期の封建的な政治・社会体制を崩壊させ大きな変革をもたらしたが、中央集権的で独裁的な体制を築いた点で前政権と連続性があったと認識されている（Clapham 1988）。一方、EPRDF 政権はデルグ政権期の労働党一党独裁による強権的体制から自由化・民主化に向けて大きな転換を実現させるのではないかと内外から期待されていた（Adhana 1994）。だが、結局このような期待も政権移行直後だけに終わった。EPRDF 政権は、デルグ政権（ひいてはそれ以前の帝政期）同様に、多彩な主義主張をもつ組織・集団との対話を許容することなく、権威主義的な性格を強めるようになったのである。

　私がはじめてエチオピアを訪れたのは 1990 年 8 月である。当時エチオピアは軍人出身の国家元首メンギスツ・ハイレマリアムが率いるエチオピア労働党が政権（1974 年〜 91 年 5 月）を担う体制がしかれ、政治経済活動のみならず、社会宗教活動の全般が厳しい統制下に置かれていた。首都では省庁ビルの屋上部分や道路・広場など人目につくところには政治スローガンや国家元首メンギスツの巨大な写像が掲げられ[6]、国民に睨みをきかせていた。エチオピアの首都アディスアベバ市内の交通はまばらで、年代物のフォルクスワーゲンのビートル車が走るだけであった。今では頻繁にみかけるようになったトヨタのランドクルーザーも、当時は政府高官が乗るステータス・シンボルとされ、国家元首らが車列を組んで市内を移動する際に行われる交通遮断と歩道の「人払い」も一つの風物詩となっていた。長らく国内での外国人の活動も規制されていたが、デルグ政権末期には外国人の活動も可能になって、外国人のミッション団体による社会福祉活動や私たちのような人類

6　このような政治プロパガンダの手法は北朝鮮をモデルとしているとされる。北朝鮮からは記念行事などで行われるマスゲームや行進の仕方などに関してもアドバイスを受けていた（Clapham 1988: 79）。

学者による調査も可能となっていた。その際でもアディスアベバ大学の教員を「カウンターパート」として同行させ、公安局から通行許可証を取得することが求められた。バスで地方に移動する際には、町の入り口（*kella*）で検問（*fättaša*）が行われ、町を通過するたびに人も荷物も検査を受けたので、目的地に着くまで時間がかかった。

　エチオピアは他のアフリカ諸国と違って鉱物資源が乏しく、主要な輸出品は一次産品の農作物（コーヒーやゴマなど）であり、デルグ政権末期の国民一人あたりの GDP は 100 ドル程度で、世界の中で最貧国に分類されていた。商店に並ぶ品物の数も少なく、輸入品はほとんど見かけることはなく、国内でつくられた工業製品といったら食品のほかは石鹸や布製品などわずかなものだった。

　だが、TPLF が設立した EPRDF の部隊が 1991 年 5 月末に首都に流れ込み、デルグ政権を倒して政権を掌握すると、こうした国のありようは一変した。デルグ政権下で規制されていた報道・結社・宗教活動の自由が認められ、デルグ政権下でエチオピア第一主義（*Ityopiya təqdäm*）の名のもとに抑圧されていた諸民族の権利（言語・文化）が認められ、民族居住地域を基準にした新たな行政区分が導入された（民族連邦制）。さらに世界銀行と国際金融基金（IMF）が推奨する構造調整政策を受け入れたエチオピアは、部分的に経済を自由化し、外国企業の参入もゆるした。アディスアベバをはじめ主要な地方都市では建設ラッシュが続き、道路や鉄道などの基盤インフラの開発・整備が進んだ。国内を縦横無尽に流れる河川では大小のダム建設が進み、青ナイルの水源ではアフリカ最大規模の大型の水力発電ダムも建設された。だが、政権を担った EPRDF は、闘争時代にマルクス・レーニン主義をイデオロギー的基盤とした過去と完全に訣別して、欧米が推奨する自由民主主義を受け入れることはしなかった。欧米が理念とする民主主義を支持するとしながらも、市場を完全に自由化することはなく、土地を国有のままとし、準国家機構（企業・NGO）を温存するといった仕方で社会経済セクターを統制下に置いた。

　EPRDF 政権下でエチオピアが成し遂げた変貌は、明るい未来を約束しているかのようにみえた。実際、同政権はデルグ政権期の閉鎖性や国家による統制を不完全な形にせよ撤廃し、飛躍的な経済成長に国を導いた。だが、光があれば影もあるように、大規模開発の裏には大規模破壊があり、開発事業

をめぐる国内外の資本（援助含め）や利権をめぐるやりとりがあり、そこに政治が働いた。政権の長期化は、国民からの支持によるものというよりも、反対勢力を徹底的に排除・制圧した結果であった。政府の強権化は、1998年に始まるエリトリアとの国境紛争、2005年選挙後の暴動、2012年のメレス首相の急死を経てとみに顕著となり、各地で暴動が相次いだ。メレス首相の突然の死を受けて、TPLFがEPRDF政権に対する国民の反発をかわすために首相に選出したのは、ティグライ出身者ではなく南部民族（ウォライタ）出身のハイレマリアム・デサレンであった。だが、ハイレマリアム首相はTPLFの傀儡に過ぎず、国民の不満を封じ込めることができなかった。

　国内各地で頻発する暴動の鎮圧に失敗したハイレマリアム首相にかわり、2018年4月に、オロモ人民民主機構（OPDO）の党首となったアビィ・アフマドが首相に就任した。アビィ新首相は、融和と共働を旗印に掲げながら、EPRDFが27年間かけて作り上げた強権的な国家体制に変革をもたらす政策を矢継ぎ早に打ち出し、実行した。対外的には隣国エリトリアとの和解を実現させ、国内では数千もの政治犯を釈放し、1992年以来非合法組織と認定されていたオロモ解放戦線（OLF）と和解した。こうした一連の国内・外交政策が、民主主義を基軸とする新自由主義体制を理念に掲げる欧米諸国から高く評価され、2019年のノーベル平和賞受賞につながった。表向きは二桁の経済成長を遂げながらも、国内では一部の人びとが政治経済的利権を独占し、反対勢力を力で抑えつけてきた前EPRDF政権に対する不満を募らせていた国民は、変革をもたらす若きリーダーに期待を寄せ、そのノーベル平和賞受賞に歓喜した。

　だが、アビィ首相がノーベル平和賞を受賞した後にEPRDFを解党し繁栄党を設立すると、国内では再び問題が噴出し、エチオピアは以前にもまして混乱に陥った。エチオピアのなかで最大民族であるオロモが主として居住し、国土の25％の面積を占めるオロミア州では、アビィ政権下で合法化されたOLFの幹部がアビィ政権に取り込まれると、若者を中心とする急進派武装組織オロモ解放軍（OLAあるいは蔑称「シェネ（Shene）」で知られる）が生まれ、同州内のアムハラ一般市民をターゲットとする誘拐・殺害事件を起こした。ベニシャングル・グムズ州内ではグムズやベルタ、マオ、コモなど先住民族による新参民族（アムハラやオロモ、ティグライ）に対する攻撃、ソマリ州とアファール州ではソマリ・アファール民族間の衝突など、各州で異民族ないし

「少数民族」排撃の動きに端を発する事件が相次いだ。そのほか、40 あまりの民族を擁する多民族構成の南部諸民族州から、シダモ（民族が主体をなす）県がシダモ州（2020 年）として、そしてカファ、ベンチ、ダウロなどの民族が主体をなす県が合体して南西エチオピア諸民族州（2021 年）として分離する動きも起きている。さらに 2020 年 11 月にはティグライ州で主導権を握る TPLF と連邦軍の間で紛争[7]が始まり、隣接するエリトリアやアムハラ州の特殊部隊や民兵も加わって、戦闘が長引いた。また本書執筆中の 2024 年 7 月、アムハラ州では、アムハラ青年からなる武装組織ファンノ（Fanno）と連邦軍の間で戦闘が続いている。

　こうした事件や暴動・紛争は、EPRDF 政権下で民族の権利を主張することを認めた民族連邦制が導入され、人びとが自らの民族のアイデンティティがもつ政治的価値に目覚めたことと関連があることは否めない。

　もちろんここで列記した一連の事件を詳細に分析したならば、民族連邦制以外の要因がかかわっている可能性は大いにある。たとえば資源分配の問題がある。現在エチオピアは爆発的に人口が増加しており、それに経済成長が追い付かず、資源と利権の分配の問題が起きている。とくに若年層の就職難、土地を含め収入源となる資源の不足は深刻である。若者が各地で起きる暴動の中核をなし、大勢が武装組織や連邦軍／州軍に参加するのは、資源の分配がうまくいっていない証拠である。都市部で富裕層が保有するホテルや商店が襲われる事件が相次ぐのは、資源分配をめぐる若者の不満が原因であるともいえる。

　こうした問題や破壊行為が噴出する一方、アビィ政権下で顕著なのは、首都アディスアベバをはじめとする都市部やインフラの開発である。これは前 EPRDF 政権の路線を踏襲したもので、ダムや道路などの基盤インフラをはじめ民間資本による商業ビルや分譲マンションの建設が急ピッチで進められている。セマハンによると、前 EPRDF 政権が開発主義を前面に押し出してきたのは 2006 年以降であり、それを 2005 年選挙で噴出した国民の不満と[8]

7　TPLF は、アビィ首相が包括的な政党として設立した繁栄党に加わることを拒んだ。そしてアビィ政権が新型コロナウィルス感染拡大予防を理由に選挙の延期を発表すると、TPLF はそれに反発してティグライ州で独自に 2020 年 9 月に選挙を実施するなどしたため、連邦政府との緊張関係が深刻化していた。

8　2005 年選挙に向けた選挙運動のなかで野党（とくに CUD）の支持が高まったにもかかわらず、投票結果で EPRDF が勝利すると、野党支持者が選挙に不正が行われたとして抗議行動

関連づけ、開発の名のもとに国民の行動全般をコントロールするという政治的な動機をそこに求めている（Semahagn 2020: 139）。政府主導の大小の開発事業を各地で展開し、そこに国民の関心を振り向けることで国民の不満を期待と希望に転換させようとしているという解釈もなされている（Mains 2019）。つまり、反対勢力を暴力的に押さえ込む権威主義的体制のもとで、開発主義によって、政権の「非正当性」を隠蔽しようとしたのである。だが、それによって、政権与党 EPRDF（なかでも TPLF）が政治経済的利権の大きな配当を得ているという事実までは覆い隠すことはできなかった（Semahagn 2020: 5）。開発事業には、事業を請け負う建設会社とそれを実施するための資金——多くの場合、海外からの援助——がかかわっており、国家が推進母体となる開発事業は「舞台裏」のインフォーマルな政治的駆け引き（Abbink 2006: 174）によって選択された企業が受託した。

　政情不安の原因は国内にとどまらず、その一端を国外に求めることもできる。アビィ政権下でインターネット利用に関する規制が解かれ（VOA News 2018）、国内世論に対するディアスポラの影響力が増大した[9]。前 EPRDF 政権は、政権成立当初は報道の自由を認め、数多くの新聞や雑誌が巷にあふれかえった。だが、報道内容に「無責任」で「中立性を欠く」政府批判が目立つようになると、政府は情報統制を行うようになった。情報統制は、社会経済面の発展を推進するためにはメディアを含めあらゆる機関を統制下に置かねばならないとする革命的民主主義[10]（Semahagn 2020: 248-249）に照らして正当化された。さらにインターネット・ユーザーが増えると[11]、ネット・アクセスに制限をかけ、政権に批判的な反対勢力に対して抑圧的・強権的な姿勢をとるようになった（CIPESA 2020）。前 EPRDF 政権が採用した革命的民主主義は、社会主義の名残をとどめるもので、それは自由で平等な個人の権利や

　　　に出た。野党に同調した（とくにアディスアベバ）市民によるデモは暴動へと発展し、警察や機動部隊と衝突して多くの逮捕者・死傷者が発生した（Abbink 2006）。
9　　最も顕著な例が、アメリカ合衆国の国籍を保有するオロモ活動家ジャワル・ムハンマドの影響である（本書第 6 章）。
10　「革命的民主主義」は、支配与党の指導のもとに、集団的な政治参加と合意に基づく代表制に基盤をおくものであり、個人の自由な政治参加を認める「自由民主主義」とは異なる。これは、TPLF が 1970 年代にマルクス・レーニン主義に基づいて「革命」概念を展開していた闘争の名残であり、故メレス首相が TPLF 内部の強硬派の支持を取り付けるべく打ち出したイデオロギー概念である（Tronvoll 2012: 281）。
11　インターネット・ユーザーは、2000 年に 3% だったのが 2019 年 12 月末には 17.7% となっていた（CIPESA 2020: 7）。

国民主権を認める欧米流の自由民主主義とは一線を画すものである。むしろ「政党の上層部エリートが推進する政策に照らして国民を参加させる」(Semahagn 2020: 3) ものであり、「上層部エリート」（TPLF 幹部）が管理統制できないインターネット上での情報のやり取りは許容できなかったのである。

　確かに前 EPRDF 政権は、それ以前に 17 年間続いたデルグ政権に比べると、国民の政治参加を認め、表現や結社含め様々な分野での自由を憲法で保障した。だが、それは国民一人一人に「主権」を与えるというものではなく、「民族（nations, nationalities, and peoples）」の権利を認めるというものであった。「国民主権」ではなく「民族主権」なのである。「民族」は政党結成を認められ、独自の州県郡を形成する権利を保障された。さらに、単一民族の構成体内では、民族語の公的使用（教育・行政）が認められ、そのため地方公務員として勤務できるのは、構成単位で公認された言語を運用する能力を有する者に限られた。「民族」に主権を認める方策は様々ありうるなかで、前 EPRDF 政権が採用したのは、80 ほどある民族すべてに平等な権利を認めるのではなく一部の「主要」な民族に政治構成体形成を認める類の民族連邦制であった。

　だが前 EPRDF 政権は、一部の民族政党（TPLF）が政治的主導権を握る政治体制を安定化させるイデオロギー的基盤として採用した革命的民主主義と民族連邦制をどのように両立させたのであろうか。それは、今日エチオピア各地で起きている問題とどのように関連しているのであろうか。前 EPRDF 政権が導入した民族連邦制と革命的民主主義、開発主義といったイデオロギーは、どのような背景から生まれ、それは人びとの生活や意識をどのように変えたのであろうか。2018 年に EPRDF 政権は崩壊したが、同政権が導入した諸政策の多くがアビィ首相率いる繁栄党政権下でも受け継がれている。現在エチオピアで進行中の政治的混乱の原因について考えるにあたり、やはり、TPLF を核とする EPRDF 政権の政策を整理し、その遺産を再検討しておく必要がある。民族連邦制は、武力闘争の末に政権を奪取した EPRDF の革命的民主主義と密接不可分な関係にあった。EPRDF は、闘争時代に培ったトップダウン型の意思決定方式を政権獲得後も維持した。それにより、EPRDF 政権は、中心からの離脱傾向に拍車をかけかねない民族連邦制を統制し、政権に反対する勢力を排除・弾圧することで求心力を維持することができたのである (Lyons 2019: 77)。民族連邦制は、EPRDF の統制と強権的な

支配のもとにある限り、たとえ憲法で各民族の「分離独立」の権利が認められていたとしても、その権利は制限され、民族州内の「少数民族」の権利が過度に侵害されることはなかった。だが、アビィ政権に移行し、強権的な体制が崩れたことで、民族連邦制はいわば「暴走」し始めたのである。つまり、民族連邦制の扱い方次第で、今後のエチオピアの政治情勢どころか国家としてのまとまりすら崩れかねない可能性があるのである。

本書は、今日のエチオピアが直面している多様かつ複雑な問題を前EPRDF政権が導入した民族連邦制・革命的民主主義・開発主義との関連において再考するものである。本書の執筆者は、EPRDF政権時代にエチオピアの各州において、文化人類学や歴史学、開発経済学など様々な学問分野の立場から人びととかかわり、民族連邦制・革命的民主主義・開発主義を掲げる体制のもとで人びとがどのような経験を重ね、対応してきたのかを継続的に観察してきた研究者たちである。EPRDF政権時代の諸政策が、声なき一般の人びと、国家のヒエラルキーの裾野に生きる人びととの経験のレベルでどのような影響を与えたのかについて記述すること、それが本書のねらいである。

本書は3部から構成される。なお、各章で取り上げられている民族なら

図1　各章で取り上げられている民族・地域の位置

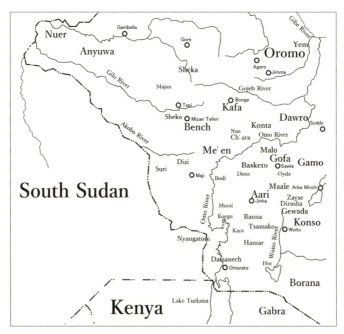

図2　エチオピア南西部の民族分布

びに地域の地理的位置については、図1ならびに図2（エチオピア南西部の民族分布）を参照されたい。

「第Ⅰ部　EPRDF政権の民族連邦制・革命的民主主義・開発主義」において、EPRDF政権が導入した民族連邦制と開発主義、およびそのイデオロギー的基盤となった革命的民主主義について包括的に論じている。さらに第Ⅱ部以降の各論に通底する教育言語とメディアとNGOをめぐる諸課題についても取り上げる。

「第1章　エチオピアにおける民族連邦制と革命的民主主義」（石原・眞城）では、まずEPRDF政権が導入した民族連邦制の特色と独自性、そこに内在する問題点について概説したうえで、民族連邦制導入の歴史的背景とそれによって生じた問題、さらにはEPRDFが政治理念とした革命的民主主義について取り上げ、そこに隠れる権威主義的性格を明らかにしている。特に国政選挙をめぐり野党や民衆に対する弾圧が徐々に強化される過程も論じる。

「第2章　開発主義国家の誕生」（宮脇）で、EPRDF政権下で成し遂げら

れた経済成長を解析し、それを支えた開発主義の政治性について論じている。1990年代は「農業主導の産業化戦略」において小農の生産性向上が重視された。2000年代以降さらに開発主義が志向され、農業以外の製造業、産業部門、都市部門に対象が拡大され、商業化に重点が置かれた。農業部門では資本投下型の大型農業、また産業発展の基盤となるインフラ整備（通信網、人的資本、水力発電）が強力に推し進められた。一連の政策により経済成長率は2004～2017年には10%前後となったものの、格差の拡大、土地収奪、水力ダム建設に伴う周辺諸国との対立など新たな問題も惹起した。

「第3章　言語政策——学校における教授言語に注目して」（利根川）では、民族連邦制の中核に位置づけられる（教育セクターにおける）言語政策について、各政権が採用してきた教授言語の政策とそこにみられる問題点を明らかにしている。民族自決権とともに教授言語として民族語の採用も可能となったが、各民族州における民族構成により必ずしもすべての言語が教授言語とはならない点、また民族語重視の裏側で国レベルの実務言語であるアムハラ語の習得が不十分となる課題が生じている点についても分析する。

「第4章　マスメディアとNGOセクター」（利根川）では、EPRDFの権威主義的性格がもっとも顕著となった、NGOとメディアに関する政策の変遷について整理・概説している。2005年の総選挙における野党の躍進に危機感を抱いた政権が権威主義的体制のもとでアドボカシーを掲げるNGOの活動規制、メディア規制、反テロリズム法の制定による野党活動の規制など市民社会の監視と統制を強化した。

「第Ⅱ部　エチオピアの民族連邦制——そのおこりと行方」では、主要民族（ティグライ、アムハラ、オロモ）の民族主義の形成過程と民族連邦制下での言語・文化政策の影響、および民族連邦制に内在する矛盾が露呈した南部諸民族州における細分化の過程について論じている。

「第5章　ティグライ人民解放戦線によるティグライ支配の構図——内戦期の遺産と課題」（眞城）では、EPRDFの中核を占めるTPLFが形成された背景とティグライ社会における位置づけについて論じている。デルグ政権期の1975年に結成されたTPLFは、政府軍の攻撃に苦しめられた農民の支持を得て影響力を増し、1991年にデルグ政権を倒す中心勢力となった。TPLFが闘争時代に解放地区で築き上げた独自の支配構造は、EPRDF政権下において、支配のモデルとして適用された。TPLFはティグライ民族主義

の高揚によって生み出された組織であると考えられているが、眞城はこの点を慎重に検討している。

「第6章 「アムハラ」民族の再形成――民族ナショナリズム台頭の背景」（児玉）では、民族概念としては曖昧であった「アムハラ」が、民族連邦制下で明確な民族集団として扱われるようになった過程について論じている。帝政期から支配民族であったアムハラは、帝政末期において民族や階級、宗教の解放を訴える学生運動おいても、デルグ政権期においても「アムハラ」として政治活動を起こさなかったが、民族連邦制において民族州の設置、民族政党の結党、他民族との関係が契機となって「アムハラ」意識が高揚した点について検証した。

「第7章 オロモ民族主義の過去・現在・未来――民族連邦制の功罪」（石原）では、オロモ民族主義のおこりと発展の過程を概説している。エチオピアの最大規模の人口をもつにもかかわらず、帝政期に社会・政治的に貶められた「オロモ」は、虐げられた経験を共有することで組織化され、それが権利要求運動へと発展していく。オロモ民族主義を代表する組織となったオロモ解放戦線（OLF）は、デルグ政権期には、政府から弾圧を受けた他の政治組織（TPLF、EPLF）や、エチオピアと敵対する隣国（ソマリア）の支援を受けて武装闘争を続けた。TPLFが複数民族政党からなるEPRDFを結成するなかでオロモ政党（オロモ人民民主機構（OPDO））を組織し政権を掌握すると、OLFは非合法化された。EPRDF政権下でオロミア州が設けられ、オロモ語の公的な使用が可能になり、オロモ文化が見直されるようになった。

「第8章 オロモの再想像／創造としての無形文化遺産――ガダ体系をめぐる重層的な文化翻訳のプロセス」（田川）では、オロモの伝統的な政治社会体系ガダ（世代・年齢体系）が、EPRDF政権期に「民主的」な文化遺産として新たな価値を付与されている過程について論じている。文化遺産としての再評価は、地域や民族、国家レベルを超えてグローバルな承認にもつながっている。他方でガダ体系の文化遺産化は、民族連邦制下で「オロモ」文化を再創造するための文化政策として捉えられる。

「第9章 国家への集合的トラウマとエスノナショナリズムの隆盛――エチオピア南東部アルシにおける抵抗者たちの経験とナラティブに焦点をあてて」（大場）では、オロモ民族主義が発生した背景にある人びとの負の体験（自らあるいは家族や友人が逮捕・拘留・拷問されるなどの経験）について、人びとの

語りに耳を傾けながら論じている。エチオピア政府による権威主義的な政策や弾圧がローカルな文脈で及ぼす影響と、オロミア州における民衆抵抗や草の根レベルでの政治活動を分析している。

「第10章 民族連邦制の功罪――南部諸民族州からの分離と新たな州の設立」（吉田）では、EPRDF政権下で設けられた「南部諸民族州」においてそれを構成する40あまりの諸民族が民族連邦制下で独自の民族意識を強め、アビィ政権下で南部諸民族州から、シダマ州・南西エチオピア諸民族州・南部エチオピア州が「分離独立」を果たした過程について論じている。本章で扱う3州新設の事例は、EPRDF政権が設定した州境に異議申し立てを行いそれが承認された成功事例であるが、他方で今後エチオピアにおける民族連邦制の継続の是非、各州内のマイノリティの権利主張の動きにも影響を及ぼす可能性があるとされる。

「第Ⅲ部 開発政策と人びとの生活の変化」では、EPRDF政権下の開発政策が人びとの生活に与えた影響について報告・分析している。

「第11章 周辺民族にとっての国家の諸相――西南部の農耕民マロとEPRDF政権を中心に」（藤本）では、エチオピア西南部に居住するマロに注目し、EPRDF政権期に経験した開発プロジェクトの影響について考察している。政府主導で実施された再定住政策やダム建設は、上からのプロジェクトとして住民への十分な説明なく実施され、地域内の対立も一部で生んでおり、開発による恩恵は限定的となった点を分析した。

「第12章 力の政治文化と困窮するくらし――EPRDF政権下での牧畜社会の経験」（佐川）では、南西部に居住する牧畜民ダサネッチに注目し、EPRDF政権の政策により牧畜民社会が直面した課題について議論する。政府や北部出身民族が主導する民族間の和解を目的とした平和会合、大規模商業農場の開設や土地収奪、ダム建設に伴う生活の変容と食糧支援の常態化という諸問題が発生し、EPRDF政権下でダサネッチが統治の強化と資源の喪失に直面した過程を詳細に分析している。

「第13章 新たなコモンズと資源管理システムの生成――エチオピア西南部農牧民ツァマコの事例から」（宮脇）では、エチオピア西南部の農牧民ツァマコの居住地に建設された綿花プランテーションの周囲に作られた用水路を用いた灌漑耕作地について分析している。この耕作地の開拓・運営はツァマコ、隣接民族のコンソ、企業家、政府関係者などの多様なアクターが

かかわっており、重層的で持続的な資源管理システムが形成されていることを明らかにしている。

このように本書は、20世紀末から21世紀にかけてのエチオピアにおける国家統治のあり方を、政治・経済・文化・イデオロギーの面から明らかにしようとする試みである。ここで明らかになるのは、従来のアフリカ研究で他国において指摘されてきたような、強権的な国家統治のシステムでもなく、崩壊した国家でもない。また国家の富を支配者が独占し、それによってパトロン－クライアント関係を構築する新家産制国家でもない。それは政治、経済、開発、イデオロギー、民族ナショナリズムが、グローバルな政治経済体制の中で複雑に絡み合いつつ、統合を維持してきた国家の姿である。混迷を深める現代世界において、開発途上国について新たな分析枠組みを提示することは、喫緊の課題である。本書の提示する今日のエチオピアの姿が、他のアフリカ諸国、ひいては開発途上国一般を分析する道標の一つとなるのなら、私たちにとってこれに勝る喜びはない。

参考文献

Abbink, Jon, 2006, "Discomfiture of Democracy? The 2005 Election Crisis in Ethiopia and Its Aftermath," *African Affairs*, 105(419): 173–199.

Abbink, Jon and Tobias Hagmann, eds., 2013, *Reconfiguring Ethiopia: The Politics of Authoritarian Reform*, London and New York: Routledge.

Adhana Haile Adhana, 1994, "Mutation of Statehood and Contemporary Politics," Abebe Zegeye and Siegfried Pausewang eds., *Ethiopia in Change, Peasantry, Nationalism, and Democracy*, London and New York: British Academic Press, 12–29.

Anderson, Liam, 2014, "Ethnofederalism: The Worst Form of Institutional Arrangement...?" *International Security*, 39(1): 165–204.

Asnake Kefale, 2003, "The Politics of Federalism in Ethiopia: Some Reflections," Aaron T. Gana and Samuel G. Egwu eds., *Federalism in Africa Vol. One*, Trenton & Asmara: Africa World Press, 257–271.

Bratton, Michael and Nicolas van de Walle, 1997, *Democratic Experiments in Africa, Regime Transitions in Comparative Perspective*, Cambridge: Cambridge University Press.

CIPESA, 2020, *State of Internet Freedom in Ethiopia2019: Mapping Trends in Government Internet Controls, 1999–2019*, (Retrieved July 14, 2023, https://cipesa.org/wp-content/files/State-of-Internet-Freedom-in-Ethiopia-2019.pdf).

Clapham, Christopher, 1988, *Transformation and Continuity in Revolutionary Ethiopia*, Cambridge: Cambridge University Press.

Gana, Aaron T. and Samuel G. Egwu eds., 2002, *Federalism in Africa Vol. One*, Trenton & Asmara: Africa World Press.

Gellner, Ernest, 1983, *Nations and Nationalism*, Ithaca, N.Y.: Cornell University Press.（加藤節監訳、2000、『民族とナショナリズム』岩波書店．）

Lyons, Terrence, 2019, *The Puzzle of Ethiopian Politics*, Boulder and London: Lynne Rienner Publisher.

Mains, Daniel, 2019, *Under Construction: Technologies of Development in Urban Ethiopia*, Durham: Duke University Press.

Pausewang, Siegfried, Kjetil Tronvoll and Lovise Aalen, 2002, "Democratisation in Ethiopia, Some Notes on Theory and Methodology," Pausewang, Siegfried, Kjetil Tronvoll and Lovise Aalen eds., *Ethiopia Since the Derg: A Decade of Democratic Pretension and Performance*, London and New York: Zed Books, 1–23.

Reuters, 2023, "Ethiopia Seeks to Join Brics Bloc of Emerging Economies," CNN, June 30, 2023, (Retrieved August 1, 2023, https://edition.cnn.com/2023/06/30/africa/ethiopia-seeks-brics-membership-intl/index.html).

Semahagn Gashu Abebe, 2020, *The Last Post-Cold War Socialist Federation, Ethnicity, Ideology and Democracy in Ethiopia*, London and New York: Routledge.

Smith, Anthony David Stephen, 1998, *Nationalism and Modernism: A Critical Survey of Recent Theories of Nations and Nationalism*, London and New York: Routledge.

Tronvoll, Kjetil, 2012, "The 'New' Ethiopia: Changing Discourses of Democracy," Kjetil Tronvoll and Tobias Hagmann eds., *Contested Power in Ethiopia; Traditional Authorities and Multi-Party Elections*, Leiden: Brill, 269–287.

Turton, David ed., 2006, *Ethnic Federalism: The Ethiopian Experience in Comparative Perspective*, London: James Currey.

Turton, David, 2006, "Introduction," David Turton ed., *Ethnic Federalism: the Ethiopian Experience in Comparative Perspective*, London: James Currey, 1–31.

VOA News, 2018, "Ethiopia's Government Removes Internet Restrictions on 246 News Sites," June 22, 2018, VOA, (Retrieved February 18, 2023, https://www.voanews.com/a/ethiopia-governmentremoves-internet-restrictions-hundreds-news-sites/4450880.html).

石原美奈子, 2001,「エチオピアにおける地方分権化と民族政治」『アフリカ研究』59: 85–100.
原田陽子, 2022,「エチオピアの民族連邦制度：その課題と今後の行方」『アフリカレポート』60: 1–6.

第Ⅰ部

EPRDF政権の民族連邦制・革命的民主主義・開発主義

第1章　エチオピアにおける民族連邦制と革命的民主主義

石原 美奈子・眞城 百華

1. エチオピアの民族連邦制の独自性

　本章では、前 EPRDF 政権の政策方針の三つの柱である、民族連邦制・革命的民主主義・開発主義のうち、前二者を取り上げる。まず第1節では、EPRDF 政権が導入した民族連邦制の特色を明らかにした上で、導入された背景としてその歴史的経緯を振り返る。第2節では EPRDF 政権がイデオロギーとして掲げた革命的民主主義の特色と導入の背景について考察を展開する。

1.1　エチオピアの民族連邦制の独自性

　一部の集団や地域に権力が集中する国家体制よりも、権力を地域的に分散させ、国民の政治への参加を容易にする地方分権化や連邦制の方が民主主義と親和性があり、とりわけ多民族・多言語構成の国においては異民族間の対立を緩和するとして推奨されてきた。レイプハルトは、連邦制の導入によって、国家の民族的異質性を連邦構成体内の同質性に転化でき、それにより民族間対立を解消できると主張した（Lijphart 1999=2005）。だが、現代世界において「連邦制」をとる体制が多数出現し、安定した統治体制としての効果が期待される一方で、その連邦制の効果自体を疑問視する見方もあり、「連邦制の逆説」論も登場している（松尾ほか編 2016）。多民族構成の国家が大半を占める近代国家においては、民族の権利をどのように保障し、民族紛争をどのように阻止・解決するのかは各国にとって大きな問題であった。民族連邦

制は、そうした問題の解決策として考案された国家体制である。

　ところで、ローダーによると、連邦制のなかでも民族連邦制は民族紛争を解決するどころか悪化させるという「制度的欠陥」を有する。民族連邦制は、二重の「ナショナル・アイデンティティ」を創出し、民族州（homeland）と連邦国家（common-state）それぞれの政府の間での駆け引きや交渉を激化させるため、民族州はますます大きな決定権を求めて分離独立を志向するようになるという（Roeder 2009）。一定の自治権をもつ民族州を設け、そのなかで民族固有の権利主張に応える仕組みを設ける民族連邦制は、一見すると、民族主義運動を推進してきた人びとの要求を満たすもののようにみえるが、ローダーによると、それによって逆に連邦国家との権利の配分や政策の食い違いをめぐって対立が激化するという。

　しかし民族連邦制を導入した背景も、中央と地方の間の関係性も、国ごとに違いがある。また連邦制国家を構成する民族州にも、それぞれ異なる特徴がある。そのため、民族連邦制の「制度的欠陥」一般を論じるよりも、実際にそれを導入した国の歴史的背景と、連邦制国家を構成する単位である民族州ごとの特徴を具体的に検討する必要があるだろう。例えば、ローダーは帝政期のエチオピアを民族連邦制の一例としているが[1]、イタリアによる植民地経験が長く、解放後も独立国家を志向してきたエリトリアを中央政府主導のもとで何とか繋ぎ止めていた帝政期エチオピアの連邦制と、EPRDF政権下で施行された民族連邦制を等し並みに扱い比較検討することに意味があるとは思えないのである。

　アフリカのほとんどの国々がヨーロッパによる植民地支配という経験を背景にして成立しているのとは対照的に、エチオピアは在来の民族集団（北部高地のセム系民族）が他の複数の民族（南部一帯に分布するセム系・クシ系・オモ系などの諸民族）を征服することによって成立した。そのため、エチオピアの国家形成当初より、民族間には征服／被征服の立場の差異があった。アフリカの多くの国々が植民地支配から独立を果たす1960年以降、エチオピアでは、一部の民族が特権を占有する中央集権的な体制を、被征服民あるいは周縁化された諸民族が変革しようと立ち上がった。周縁化された諸民族は、時代の

---

[1]　ローダーは、「エチオピア（1952〜62）」を、民族連邦制の一例として挙げている（Roeder 2009: 205）。

趨勢を取り入れて、「反植民地主義」「階級闘争」「社会主義」など社会変革のイデオロギーを掲げて、自決権を訴えた。だが、デルグ政権は、中央集権国家を維持し、諸民族に自決権を与えることはしなかった。1990年代に冷戦体制が崩壊し、「民主主義」がアフリカ大陸においても目指すべき国家理念となると、エチオピアでデルグ政権を倒したTPLF／EPRDF政権は、「民族連邦制」を導入するとともに、「民主主義」を掲げるようになる。だが、EPRDF政権は、ワシントン・コンセンサスに基づく「自由民主主義」、すなわち個人の権利保護、市場の自由化を伴う民主主義の路線を歩むのではなく、旧ソ連型の革命的民主主義を採用するようになる。冷戦体制崩壊後にTPLF／EPRDFが（闘争時代から引き続き）ソ連の旧イデオロギーを採用したのは、外交上の理由からではなく、エチオピアの政治経済の現状に照らして下した判断であった（De Waal 2012）。そのため、EPRDF政権は旧ソ連型の革命的民主主義をそのまま導入するのではなく、「自由民主主義」の核をなす複数政党制と議会制民主主義をも採り入れた折衷的な形に変形させたのである（Bach 2013）。欧米諸国からの援助を受ける条件となった自由民主主義の主要制度を採用しつつ、個人ではなく「民族」に主権を認める「民族連邦制」を導入し、EPRDFによる権威主義的体制を正当化する革命的民主主義を標榜することで「民族連邦制」にも制限をかける、という巧妙な統治の仕組みを創出したのである。

　この統治の仕組みについて考察する前に、まず、EPRDF政権が導入した「民族連邦制」がどのようなものであり、どのような問題を孕んだ制度であるのかを検討する。

1.2　1995年憲法における民族連邦制

　ここではEPRDF率いる暫定政府のもとで1994年12月に発布され1995年に施行された新憲法（以下、1995年憲法）における「民族」の扱いと民族連邦制に関する条項を整理する。

　1995年憲法が、過去のエチオピアの憲法と最も顕著な違いとして挙げられるのが、国家を構成する要素として民族に重きを置いている点である。憲

2　1994年以前のエチオピアでは、最後の皇帝ハイレセラシエ1世（在位1930〜74年）の治世下で制定された1931年憲法（明治憲法をモデルとする）と1955年修正憲法、およびデルグ政権下で制定された1987年憲法が制定されている。

法の前文は「我々、エチオピアの民族（the Nations, Nationalities and Peoples of Ethiopia）は、……」という主語で始まっており、第8条においても「民族」に主権が存することが明記されている。[3]

　この主権の所在に関する規定については、検討の余地がある。エチオピアの法学者で憲法草案作成にも携わったファシル・ナフムは、「民族」に主権を認めるこのアプローチが両義的な側面をもつことについて、「長年の後進性からエチオピアを昇華させる天才的な思いつき（a stroke of genius）であるとも、解体をよぶ最初のひび割れの兆候であるともいえる」（Fasil 1997: 51）と述べ、それを「原子力」に例えて、運用次第では恩恵をもたらすことも破滅を招く要因ともなり得ると警告している。

　この「民族」の権利について明記されているのが、第39条においてである。その内容を整理してみる。

　第1項では、どの「民族」も無条件の権利を有し、そこには分離独立する権利も含まれる、と記されている。第2項では、どの「民族」にも自らの言語を話し、書き、発展させる権利、自らの文化を表現し、発展させ、促進する権利、および自らの歴史を保存する権利を有することが明記されている。第3項では、どの「民族」にも自治権を行使する権利と、居住する土地に政府機関を設立する権利を有し、州・連邦政府に代表をたてる権利をもつことが規定されている。第4項では、「民族」分離独立の権利を行使する場合の条件について記載されている。そして第5項では、「民族」の定義が記されている。

　本憲法のなかで第39条が最も特徴的であると同時に議論の余地のある条項となっている。分離独立をする権利は、「民族」に付与された自決権の一部と位置づけられているとともに、その究極的な行使形態でもある。ただし、それを行使するためには、いくつかの要件を満たす必要がある。それが同条第4項に記されている手続きである。そこでは、次のような手順を踏みながら、要件を満たしていくことが求められている。まず、分離独立を望む州政府は、分離独立案を州議会で審議し3分の2の承認を得る必要がある。その上で、州政府は連邦政府に分離独立の要請を行い、連邦政府は3年以

3　「第8条　国民主権」は3項から構成される。「1. 全主権はエチオピアの「民族」に存する。2. 本憲法は、「民族」の主権を表明したものである。3.「民族」の主権は、本憲法に則って選出された代表を通して、代表たちの直接民主的参加を通して表明される」。

内に住民投票を実施し、そこで過半数の賛成が得られた場合、分離独立が可能となる。

また、第47条では、連邦民主共和国を構成する9州のいずれに属する「民族」も一定の要件を満たせば、独立の州を形成することができる、と規定されている。

ここでいうところの「民族」は、次のように定義されている（第39条第5項）。①共通の文化もしくは慣習を有すること、②共通の言語を有すること、③共通もしくは関連のあるアイデンティティをもつと信じていること、④共通の心理的傾向を有すること、⑤主として連続した土地に居住すること。同様の意義をもつように並列されているこれらの要素のなかで、「民族」のメルクマールとして重きを置かれているのが②共通の言語である。だが、「共通の言語」をもつことをもって同一「民族」と定義することは、とくに多民族構成社会においては難しい（Turton 2006: 20）。

「民族」に包括的な権利を付与する憲法が生まれたのは、エチオピアが20世紀に多民族国家として成立した時から、征服者であり支配者であったアムハラという民族に政治的文化的特権が与えられ、それ以外の諸民族の権利が認められてこなかったことに由来する。「アムハラ至上主義」と（アムハラ以外の）民族の権利を暴力的に踏みにじってきた理不尽な中央政府に対し、（アムハラ以外の）諸民族は長年にわたり抵抗してきた。そのような歴史的背景は、エチオピアの民族連邦制を理解する上で重要な鍵となってくる。

1.3　民族連邦制に内在する問題点

これまでエチオピアの民族連邦制について論じてきた多くの研究者が「民族」の定義の危うさについて指摘している。タートンは、エチオピアには人口規模の異なる80あまりの「民族」があり、これらの民族は一定の共通性をもつ点で上記の定義（第39条5項の①から④）にあてはまるものの、いずれも明確な領土をもたない（⑤をあてはめることは難しい）とする。9州のなかで単一の民族名がついているのは6州（オロミア、アムハラ、ティグライ、ソマリ、アファール、ハラリ）のみで、しかも州内の民族構成は決して均質的とはいえない（Turton 2006: 18）。たとえば、オロミア州の人口のうち、オロモ民族は88％（2007年国勢調査より）を占めるが、「オロモ」の定義が定まっていなけ

れば、この数値にどの程度信憑性があるのかはなはだ疑問である[4]。「オロモ」の共通要素として言語があるが、オロモ語には方言差があるため、どの方言を「正則オロモ語」として州の実務言語（working language）に採用するのかについては一定の政治的判断を要することになる。また、オロモ語を母語としていても、文化的特徴から「オロモ」とはいえない集団（たとえば、エチオピア南部のガリやガブラはオロモ語を母語としながらソマリに近い宗教・文化的特徴を有する）もある（Fekadu 2013）。また異民族間の結婚のケースは珍しくなく、その場合、どの「民族」に自己を同定するのかについては、政治的・社会的状況に応じて個人レベルで選択が行われてきた[5]。このように「民族」のアイデンティティについては、個人レベルにおいても集団レベルにおいても明確とはいえないのである。

また行政や教育の現場において用いる言語の選択についても問題を抱えていた（本書第3章）。連邦政府の実務言語はアムハラ語とされたが（1995年憲法第5条）、州の実務言語は州政府が決定する権限を与えられていたため、複数の民族が同居する州においてどの民族語を採用するのかは、論争の的となった。40あまりの民族が居住する南部諸民族州においては、州の実務言語は連邦政府のそれと同じくアムハラ語とされたが、県や特別郡のレベルでの言語選択は、EPRDF傘下で結成された民族政党の動向と絡んでいた。北オモ県では、県内の主要民族（ウォライタ、ガモ、ゴファ、ダウロ）を代表する民族政党「ウォガゴダ人民民主機構」が結成されるとともに、県内の実務言語として、4つの民族語を合成した「ウォガゴダ語」なる混成言語を創るという性急な選択がなされた[6]。だが、1998年にウォガゴダ語による教科書が学校に配布されると、生徒だけでなく教師もこれに反発し、各地で焚書事件や抗議行動が発生し死傷者も出た（石原 2001; Vaughan 2006; 本書第10章）。一方、ガンベラ州のように、複数の民族が同居する州においては、どの民族が州政

---

[4] オロミア州での調査時における筆者の知り合いの家族は、父親がエジプトからの移民男性とオロモ女性の間に生まれ、母親がアムハラであるため、人口統計調査の時に回答する帰属民族は、時代に応じて変えていたといい、帝政時代とデルグ政権期は「アムハラ」を称し、EPRDF政権下では「オロモ」を称した。なお「オロモ」の曖昧さについては、本書第7章参照。

[5] アビィ首相自身、ムスリム・オロモの父とキリスト教徒アムハラの母の間に生まれたので、同首相は「オロマラ Oromara」と揶揄されることがある（Adugna 2019）。

[6] ウォライタ（Wolayta）、ガモ（Gamo）、ゴファ（Gofa）、ダウロ（Dawro）の頭文字をとってウォガゴダ（Wogagoda）とした。

府の主導権を握るかをめぐって衝突が相次いだ（Dereje 2006）。

　エチオピアの民族連邦制の特徴の一つは、民族が一定の領土を有するとみなしている点にある（Erk 2018）。だが、複数の民族が混住する場所を特定の民族の土地と定めることにより異なる民族からの反発を招き、州や県の境界線をどこに設けるのかをめぐる対立が各地で起きた。また、エチオピア帝国形成期において多くのアムハラが支配者民族として、あるいはデルグ政権期においては再定住政策の一環として、南部一帯に分散して住み着き、土着化していた。そのため、民族連邦制下で民族州が成立すると、アムハラ州以外に住むアムハラがそれぞれの民族州のなかで「少数民族」を構成するようになったのである（本書第6章参照）。

　以上のように、EPRDF政権が導入した民族連邦制は、「民族」を既知の集団単位と捉え、明確な領土をもつと措定した点を特徴とする。それは、帝政、デルグ政権のもとで抑圧されていた「民族」の自決権を認めた点において、理念的には評価されるべき点は多いものの、実際には、多くの問題を内包していた。ただ、民族連邦制に内在する問題は、「民族」あるいは地域によってその現れ方や展開の仕方が異なる。それは、「民族」や集団認識が歴史のなかで構築されてきたからだけでなく、支配民族（アムハラ／ティグライ）や隣接民族との関係、教育をはじめとする社会インフラの発達程度など、様々な点において差異があるからである。エチオピアの民族連邦制は、エチオピアの歴史的背景とEPRDFの闘争の歴史のなかで生み出された固有の制度である。その独自性を理解するために、まずはその歴史的背景を振り返る必要がある。

2. エチオピアの民族連邦制成立の背景

2.1　帝政期からデルグ政権期の統治と民族政策

　エチオピアにおける地方統治のあり方は、各時代の国家体制の性格により変化してきた。本節では、エチオピア帝政期（20世紀初頭～1974年）、デルグ政権期（1974年～1991年5月）の地方統治体制のあり方を、中央集権化と民族政策に焦点をあてて概観する。

2.1.1 帝政期

　エチオピアは、19世紀末から20世紀初頭におけるヨーロッパ列強によるアフリカ植民地分割を免れ、周辺諸国を植民地化したイギリス、フランス、イタリアと境界条約を締結して、エチオピアの国境を画定した。エチオピア帝国の版図決定に先立ち、列強と武器通商により軍備を増強した皇帝メネリクは、現在のエチオピア南部を軍事制圧した。エチオピアはメネリク期にその領土を19世紀末の時点よりも約2倍に拡大させた。19世紀前からエチオピア帝国の領域にあった北部高地のアムハラ・ティグライ地域の統治体制や社会制度が、新たな領土となったエチオピア南部にも導入された。皇帝を頂点とした貴族階級による支配が行われたエチオピア帝国では、1935年のイタリア侵略前までは皇帝と血縁関係にある、もしくは影響力をもつ貴族が、皇帝から各地の行政権と徴税権を与えられ各地域を統治した。中央政府の省庁は地方行政府には管轄する下部組織を設置しておらず、州や地域の統治者に任命された貴族が配下の下級貴族や富農を行政に参画させ、徴税や治安維持を担った。北部高地では各地を支配してきた有力貴族の支配地域が世代を超えて継承されることが多く、州や行政区分の規模は均一ではなくばらつきが大きかった（Perham 1969: 262）。それに対して新たに帝国に編入されたエチオピア南部は、中央政府が派遣するアムハラやティグライの貴族層により統治され、皇帝の出自民族の言語であるアムハラ語、エチオピア正教、北部高地の政治社会制度の受容を強制され、南部における同化政策が多方面で深化した（Donham and James eds. 1986）。また入植者たちは征服当初、現地住民に家畜、象牙、麝香などの貢納を強い、さらには現地住民を奴隷として狩り集めるなどして、富を蓄積した。入植者たちは自らを領主、現地住民を農奴とする制度を作り上げ、搾取的な支配体制を築いた。エチオピア帝国と北部高地民による支配は同化政策のみならず、領土的支配と経済搾取の側面でも推進された（Bahru 2001: 85–100）。

　1935年から41年に生じたイタリア侵略が帝国の地方統治に及ぼした影響は限定的であるが、5年の亡命生活から復帰した皇帝ハイレセラシエは、帝国の近代化と中央集権化を急速に推し進めた。各州の統治者に一任していた州行政にも中央政府が直接関与する体制が新たに導入された。中央政府の省庁が各州に役所を設け、それまで州知事が州内の自治を一任されるにあたり付与された諸権限に制限が加えられ、軍隊の保持や徴税権は帝国政府の管轄

下に移された。帝政期のエチオピアの近代化、言い換えるならば中央集権化と行政の近代化の特徴は、帝国の基盤である皇帝を頂点とした貴族政治を確実に残しつつ、省庁の再編を行い中央政府による地方行政への介入が図られた点にある（Perham 1969）。おもに首都で近代教育を受けたアムハラやティグライの北部高地出身の行政官が、南部のみならず北部の各州にも派遣された。

　1941年以降、エチオピアにおける教育の近代化も進められたが、行政や教育言語はアムハラ語に限定された。そのため、アムハラ語を母語としない80以上の民族は、初等教育からアムハラ語による教育を受けざるをえず、教育言語の限定による不利益を被った。またアムハラ語化を推進するために、帝国政府はオロモ語やティグライ語による出版物の発行を禁止した（Asnake 2013b: 27）。後述するエリトリアでは、1952年にエチオピア・エリトリア連邦制を施行した際にはティグライ語とアラビア語を公用語とすると定められていたが、1962年にエチオピアに強制併合される直前に、他のエチオピアの諸州と同じく行政言語と教育言語をアムハラ語にすることが決定された。

　ハイレセラシエ帝政期に、近代国家建設の軸として1931年と1955年に2度の憲法が公布された。1931年の憲法で中心となって明文化されたのは皇帝の権威や支配層たる貴族の諸権利であり、帝国支配下の諸民族に関する言及はない。皇帝と貴族層により支配され、階級制度を支える「臣民（subject）」としての国民の義務は明記されるが、民族自決権などについては一切言及されていない。1955年の改正憲法においても皇帝や貴族層の権利については1931年憲法と同様に言及され、新たに創設された省庁や役職に関する諸権利についても詳細に言及された（Perham 1969）。他方、「臣民」の権利は36条においてはじめて言及されたものの、民族の自決権についてはここでも言及されず、実際の政治運営においてその権利も十分承認されていない。ハイレセラシエが統治した44年の間に、植民地であったアジアやアフリカ諸国の独立が相次ぎ、民族自決権の承認や選挙を通じて民主的に政治代表を選出する政治制度がアフリカ大陸においても主流となった。しかしその間もなお、エチオピア帝国においては皇帝の絶対的権限は揺るがず、貴族層やエリートなど一部の特権階級のみが政治的権利を独占した。

　ハイレセラシエ帝政期の地方行政について特記すべき地域が、エリトリアである。エリトリアは1890年からイタリア植民地となったが、1941年に第

二次大戦下でイタリアが北東アフリカから撤退すると、エチオピア政府はエリトリアに対する領土的主張を国内外で展開した。エリトリア人の間では、エチオピアとの関係をめぐり1940年代から政治的議論が高まり、40年代半ばにはエチオピアへの統合派とエチオピアからの独立派の2派に分裂した。1947年の連合国4ヶ国調査団による調査時には2派がほぼ拮抗していた（Tekeste 1997; 眞城 2012: 28-31, 2013）。エリトリアの処遇は、第二次大戦後に戦勝国となった連合国間で旧イタリア領植民地処理問題として議論されたが、連合国間で意見の一致をみずに、国連に付託された。1945年の国連設立直後から加盟国となったエチオピアは、国連においてエリトリアを自国領と主張し、さらにアメリカと関係を強化して政治工作を展開した。その結果、国連総会は1951年に、エチオピアとエリトリアが連邦制を採用することを決定した（Tekeste 1997）。

エチオピア・エリトリアの連邦制は、エチオピアのエリトリアに対する主権とエリトリア人によるエリトリア自治の双方を確保するための苦肉の策として採用された制度であった。この制度下ではエリトリアに関する外交や軍

図1　帝政期のエチオピアの州行政区分（Bahru 2001: 190）

事、通貨発行権など国家主権にかかわる諸権利はエチオピア政府の管轄となるが、エリトリア州内ではエリトリア人による自治が確保された。エリトリア人は選挙を通じて議会を構成し、議員から選出された行政長官 (Chief Executive) が首相としての地位を担い、各省庁の長官からなる内閣も結成し、議会の運営を通じて自治を行った。エチオピア・エリトリア連邦制は 1952 年から 1962 年まで継続したが、約 10 年の連邦制下で 3 回のエリトリア自治政府の選挙が実施され、エリトリアの成人男性が直接投票により議員を選出した (Tekeste 1997)。

エチオピア中央政府は、エリトリア自治政府を監督するための「皇帝代理」を派遣する一方、エリトリア人の自治を最大限に保証した国際社会の決定を覆してエリトリアのエチオピアへの併合を確実にするために、併合賛成派の政治家と連携して併合反対派の政治家の追放や政治妨害を進めた。エチオピア政府は 1962 年の、エリトリア議会で大多数を占めていた併合賛成派に、エリトリア自治の廃止とエチオピアの 1 州としての併合を議会で承認させ、エチオピア・エリトリア連邦制は終焉を迎えた (Tekeste 1997, Bahru 2001: 219-220)。強制併合に先立つ 1961 年に、エリトリアではエチオピアの専制政治に抵抗しエリトリアの独立を求める解放闘争がはじまった。その後、エリトリアでは複数の解放勢力が、1993 年の独立達成までエチオピア帝国ならびに軍事政権と内戦を展開することになる。

エリトリアにおける国連によって与えられた「連邦制」の経験は、国際社会によるエリトリアの自治権の尊重を一部で反映していたが、エチオピア帝国政府にとっては併合のための一時的な措置に過ぎなかった。

一方エチオピア国内では、帝政期の階級支配とアムハラ中心主義に対する不満は徐々に高まり、1960 年代から帝国の基盤を揺るがす事件が相次いだ。1960 年にはハイレセラシエの廃位を狙ったクーデタ未遂事件が生じ、帝国政府は変革の動きに対して警戒を強化した。同時期から首都の大学生を中心に学生運動が高揚し、海外に留学したエチオピア人学生とも連携してエチオピアの政治や社会、経済に関する諸問題について盛んに議論が行われ、また帝政に対する異議申し立ても公然と展開されはじめた (Bahru 2001: 220)。政治運動ではマルクス・レーニン主義も受容され、次々と新たな問題提起がなされた。バフルは、学生運動において最もセンシティブな問題である民族問題が議論されはじめたのは 1969 年から 70 年の時期だと指摘する (Bahru

2001: 225)。一連の学生運動には、エリトリア出身の学生も多数参加し、エリトリアの経験をもとに帝国政府の専制政治について厳しい批判が展開され、他の民族出身の学生にも大きな影響を与えた。学生運動の主張は、徐々に階級支配への批判と民族問題に集中し、知識人や都市の労働者を巻き込み帝政に対する言論による挑戦が展開された。帝国政府はこれらの活動に対して弾圧を行った。

　他方で帝政期には各州においても農民反乱という形で帝政に対する抵抗がおきた。ティグライ、バレ、ゴッジャムにおける農民反乱は、帝国政府や帝国軍により鎮圧されたが（Gebru 1996）、一連の民衆から沸き上がった帝政に対する抵抗は、のちのデルグ政権期の民族解放戦線の活動を支える基盤を構成する。帝政期には、帝国軍が出動したティグライやバレにおける大規模な農民反乱以外にも、農民や牧畜民による反乱や抵抗が数多く発生していたが、一連の抵抗は州政府や帝国政府により抑え込まれ十分な記録として残らないことも多かった。

2.1.2　デルグ期

　1972年からウォッロ地方を襲った飢饉に対しエチオピア政府は何ら有効な対策をとらず、またオイルショックによる原油価格の高騰により、都市部の物価が極端に上昇したことを契機に、ハイレセラシエの帝政に対する批判がさらに高まった。そして1974年に軍部が主導する形でエチオピア革命が起きた。帝政打倒を訴えていた学生運動の中からは、軍部により革命が主導されたことへの批判も噴出した。学生運動の一部は軍部主導で結成されたデルグ政権を批判し、軍部支配に抵抗したが、他の一部の知識人はデルグ政権に参加してその社会主義政策遂行の理念的根幹を担った。

　帝政期のアムハラ中心の民族政策や階級制度に対する批判から、デルグ政権は、学生運動の指導部の一部を政権内に迎えてマルクス・レーニン主義を標榜し、階級制度の否定、民族の平等を訴えた。1976年にデルグの政治綱領である「国家民主革命綱領」が公表され、同綱領の第2セクション5項では政権の民族政策について以下のように言及された。

> すべての民族[7]の自決権は、これを認め、これを完全に尊重する。社会主義の精神に基づき、各民族の歴史、文化、言語、宗教が平等に認識されるため、いかなる民族も他の民族を支配することはない。エチオピアの民族の団結は、封建主義、帝国主義、官僚資本主義、反動勢力に対する共通の闘争に基づくものである。この統一された闘いは、平等、兄弟愛、相互尊重に基づく新しい生活と新しい社会を建設する願望に基づく。
> 　国境地帯にある民族と各地に散在する民族は、長い間、特別な従属を強いられてきた。これらの民族の政治的、経済的、文化的生活を向上させるために特別な配慮がなされる。これらの民族をエチオピアの他の民族と同等にするために必要なすべての措置がとられる。
> 　エチオピアの現状を考えると、民族問題は、各民族に完全な自治権を認めれば解決する。これは、各民族がその内政に関する事柄を決定する地域的自治権を持つことを意味する。その居住地域内では、政治的、経済的、社会的生活の内容を決定し、独自の言語を使用し、その内部組織の長として独自の指導者と行政を選出する権利を有す。
> 　この民族の自治権は、すべての民主的手続および原則に従って実施される。
> （Ottaway 1978: 214）

　本綱領では特に言語に関する権利を含む民族の自己決定権、自治権の承認を掲げ、帝政期からの方針転換がうたわれた（Van de Beken 2015: 152）。しかしながら、本綱領が公表された1970年代には、帝政期の州行政の区分はそのまま継承され、民族自治が行政上実施されることはなかった。デルグ政権内部では民族問題の解決は依然として重大な政治課題として認識されており、新憲法の制定にそなえ、1983年にエチオピア民族研究所が設立された（Van de Beken 2015: 152）。同研究所においてエチオピアにおける民族に関する調査や研究が行われ、約80のエチオピアの民族が特定された。
　軍事力を背景に社会主義政策を推進しつつも、政権内の内部抗争と各地の反政府勢力との内戦によって徐々に疲弊してきたデルグ政権は、1980年代半ばには世銀やIMFから構造調整政策による政治・経済改革の要請を受けることになった。そして軍部が支配する1党制の転換を迫られたため、形

7　本綱領の英語の定訳では「民族」はNationalitiesと表記される。

だけの政権内部の改革を行った。その際にデルグ政権が策定した 1987 年憲法によると、エチオピアは単一国家であり、「民族の平等を確保し、排外主義や狭量な民族主義と闘う」（第 2 条）と明記された（Alem 2003: 11）。さらにデルグ政権末期には、新たに 24 の行政区域と 5 つの自治区が設定されたが、デルグ政権下ではこれらの地方自治体に権限委譲は行われなかった（Alem 2004: 100）。

　デルグ政権による一連の民族自決権承認の表明は、マルクス・レーニン主義を色濃く反映した内容である。だが実際にはデルグ政権はその運営や政策においていかなる民族の自決権も承認しておらず、むしろエリトリアの分離主義運動をはじめ民族自決権を求めるエチオピア各地で結成された多数の民族戦線の活動を武力で弾圧し、内戦を展開した。デルグ政権はこれらの民族を基盤とした戦線の活動を「狭量な民族主義」と断じて、排除の対象とした。

　デルグ政権による軍事弾圧が首都のみならずエチオピア各地で展開されると、多数の反政府勢力が結成され、圧政に対する武装闘争が開始された。これらの反政府勢力も、帝政期の貴族層を中心に支持を拡大したエチオピア民主同盟（EDU）、学生運動ともつながり階級の解放を主張するエチオピア人民革命党（EPRP）など、その政治的基盤も主張も多様であった。また民族を支持基盤として活動を展開する民族解放戦線が各地で結成された。エリトリアではすでに帝政期から活動を開始したエリトリア解放戦線（ELF）とエリトリア人民解放戦線（EPLF）がデルグ政権と対峙しつつ、互いにエリトリアの支配権をめぐり対立していた。

　オロモ解放戦線（OLF）、アファール解放戦線（ALF）、ティグライ人民解放戦線（TPLF）は民族の解放を目指して活動を展開し、デルグ政権と対立した。そのほか、イスラーム・オロミア解放戦線（IFLO）、西ソマリ解放戦線（WSLF）、オガデン民族解放戦線（ONLF）なども相次いで設立された。各民族解放戦線と支持母体となった民族との関係は一様ではないが、エチオピアにおいて民族ナショナリズムが政治化したことを明示している。その他にも結成後に他の勢力との競合やデルグ軍との攻防で弱体化した多数の民族組織や解放戦線が存在しており、エチオピア革命による帝政の崩壊とデルグ政権の成立が民族に基づく政治活動が飛躍的に拡大する契機となったことは間違いない。知識人や学生など一部のエリートにより議論されてきた民族自決を求める潮流は、デルグ政権による弾圧下で農業や牧畜などを生業とする大衆をも巻き

込んで民族意識の高揚をもたらした。このことは、デルグ崩壊後のEPRDF政権による民族連邦制導入の素地ともなった。

2.2　EPRDF政権の成立と民族連邦制の導入

1991年に反政府勢力の連合によってデルグ政権が倒され、暫定政府が設立された。中核となったのは1989年に結成されたエチオピア人民革命民主戦線（EPRDF）である。EPRDFはTPLFが主導し、それにアムハラ、オロモ、南部諸民族の民族政党を加えた4政党からなる。これら4政党は、TPLF、アムハラ民族民主運動（ANDM、後にアムハラ民主党ADPに改名）、オロモ人民民主組織（OPDO、のちにオロモ民主党ODPに改名）、南部エチオピア人民民主運動（SEPDM）である。1991年5月にデルグ政権が崩壊した後、EPRDF、OLF、EPRPやその他の民族政党が新政権樹立のために1991年7月に結成された暫定政府において協議を行った。暫定政権期に構想され、1995年の総選挙の基盤となったのが、民族連邦制の根幹となる民族の居住地域に沿った州境の設定である。民族横断的主張を行ったEPRP、SEPDMとは別路線を主張する南部の民族政党の連合、独立を主張するOLFなどは、EPRDFの思惑により民族連邦制構想の立案から排除された（Alem 2004: 101）。

EPRDFが民族連邦制を採用した理由についてヤングは、TPLFが採用していたマルクス・レーニン主義のソ連モデルを、ソ連崩壊後もエチオピアに

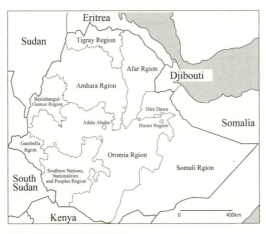

図2　EPRDF政権下の州区分

おいて実現しようとしたためと指摘している（Young 2021）。アレムも EPRDF の民族連邦制プロジェクトの思想的前身は、マルクス・レーニン主義思想における「民族問題」概念であると指摘し、1960年代以降の国内外のエチオピア学生運動が「民族主義をマルクス・レーニン主義のイデオロギーの範囲内で正当化しようとし、継承されてきた汎エチオピア主義のイデオロギーから根本的に脱却した」（Alem 2004: 101）と説明している。デルグ政権は民族の分離独立の権利を拒絶したが、OLF や TPLF など民族主義組織は、「分離独立を含む自己決定に対する諸民族の権利」を主張し、それが新たに構想された民族連邦制に組み込まれた（Alem 2004: 101）。アレムは、「イデオロギー的志向と政治的必要性から、エチオピア国家を維持しつつ、民族・地域自治と自決権の問題を解決するための組織的政治原理として民族連邦制が登場した」（Alem 2004: 101）と説明している。

　この暫定政権期に、デルグ政権崩壊以降の初の1995年の総選挙の枠組みとなる民族の居住地域に沿った州区分の設定がなされた（Asnake 2013b: 25-26）。「民族居住地域」を重視した結果、帝政期ならびにデルグ期の州区分が大きく改変され、各州の領域面積には大きな差が生じた。

　移行期に構想・設定された民族の居住地域に沿った新しい州行政は、9つの民族州と2つの都市行政区（アディスアベバとディレダワ）から成る（図2参照）。当然のことながら各民族州の民族構成は単一民族ではなく多くのマイノリティ民族を包含している。エチオピアには80以上の民族集団が居住するが、この民族連邦制により州名に単一の民族名が冠されたのは、アムハラ、オロモ、ソマリ、ティグライ、アファール、ハラリの6民族のみであり、それ以外の大多数の民族は、南部諸民族と大きく括られた州、もしくは他のマジョリティの民族の名が冠された州や行政区に居住することとなった。

2.3　民族連邦制がもたらした問題

　1995年に実施された初の総選挙は、新たな州区分に基づいて実施された。国政選挙と州選挙が実施され、州行政は州選挙で最大得票を獲得した政党が担うこととなった。アムハラ州、ティグライ州、オロミア州、南部諸民族州では、EPRDFに参加する民族政党がそれぞれ州選挙でも多数を獲得した。

　民族連邦制については、その設立直後から多くの研究者もその運営と課題について言及してきた。政治的に「想定」され設定された州境は、設立直後

から新たな対立の火種となった (Asnake 2013, Vaughan and Tronvoll 2003, Lyons 2019)。

　EPRDF 政権末期には、民族連邦制により民族間の対立が強化されたとの言説が流布し、それが TPLF 批判の高まりと、EPRDF の解体を導いた。しかしながら、EPRDF 政権による政治的圧力や開発主義を志向した結果生じた経済成長に伴う格差拡大と不満の増大が、民族連邦制にまつわる問題にすり替えられ、エチオピアにおける約 30 年の民族連邦制施行の経験についての制度と理念、運用上の問題についての議論を、不十分なものにしてしまった側面もあるのではないか。一連の不満が政権批判に向かう際に生じた、EPRDF が構築した民族連邦制の否定という潮流は、民族連邦制そのものの理念や制度上の問題とは別個に検討する必要がある。アビィ政権が 2018 年から「解禁」した自由な政治活動の広がりによって、エチオピアの版図確定以降およそ 100 年以上にわたってくすぶり続けてきた民族にまつわる諸問題が、その背景にある政治・経済制度のはらむ問題について十分に省みられることなく、民族ナショナリズムというかたちで一気に政治領域に噴出した。自由な言論や政治活動空間の解放は、1991 年から 1996 年にかけて「上から」与えられる形で制度化された民族連邦制の是非について、国民的議論が醸成される機会ともなりえただろう。だが実際には、政治的緊張の高まりや民族や宗教に基づく対立の激化が昂じ、深刻な政治対立や社会の分断をもたらしている。

　EPRDF が暫定政権期に「民族の居住地域」に基づき強引に設定した州境は、設定直後からソマリ州とオロミア州の間、南部諸民族州とオロミア州の間、ソマリ州とアファール州の間で対立を生んだ (Assefa 2006: 136; Asnake 2013b: 92-162)。

　EPRDF 政権末期には、TPLF や EPRDF による政治運営が強権化するにつれて、それに対抗するかのように州境に関する異議申し立てが各地で噴出した。2013 年頃から経済成長を背景に首都アディスアベバの領域を拡張する方針が政府から示されると、それに伴って領域を削減されるオロミア州を中心に大規模なデモが発生した。またティグライ州とアムハラ州の州境であるウォルカイトを含むティグライ州西部や同南部のアラマタでは、暫定政権期の TPLF による意図的な州境の設定により、かつてアムハラ州であった両地域がティグライ州に奪取されたとの批判が高まった。それが住民間の対立

や殺傷、幹線道路の封鎖という深刻な事態をもたらした。州境の設定は非常に政治的であり、領域をめぐる対立は境界の設定段階でもすでに発生していたが、EPRDF 政権期の開発主義に基づく経済成長と格差の拡大に対する不満がそれに加わり、政権批判を加速させた。2020 年 11 月に開始されたティグライ戦争においても、アムハラ州とティグライ州の州境をめぐる対立は激化し、一般市民の虐殺を引き起こした。

3. EPRDF 政権と革命的民主主義

3.1 権威主義の思想的背景

EPRDF 政権の政治的特徴として、民族連邦制および開発主義と並んで革命的民主主義（revolutionary democracy）[8]が指摘される。アーレンによれば、EPRDF 政権は革命的民主主義を実現する手段として民族連邦制と開発主義を導入したと説明されている（Aalen 2020: 655-661）。

革命的民主主義と民族連邦制の理念については、帝政末期に社会主義の影響を受けて展開された学生運動でさかんに議論されるようになった。EPRDF の結成を主導し、その中核となった TPLF は、デルグ政権下の闘争により解放した地域において革命的民主主義を原理とした統治を実施しており、その経験が EPRDF 政権にも継承された（Aalen 2020; Vaughan 2013）。

エチオピアにおける革命的民主主義については、EPRDF 政権設立直後から多くの研究者により検討されてきた。エチオピアにおける革命的民主主義の 20 年を総括した論集『エチオピアを再構成する：権威主義的改革の政治』[9]（Abbink and Hagmann eds. 2013）は注目を集めたが、革命的民主主義の評価については論集の執筆者の間では、取り上げるイッシューによりそれぞれに革命的民主主義ならびに民族連邦制の課題が論じられており、革命的民主主義の定義も一様ではない。[10]それは研究者の見解の相違だけによるもので

---

8 アムハラ語で「abyotawi democracy」と呼ばれる。
9 同論集の元となる論考は 2011 年に *Journal of Eastern African Studies* Vol.5 (4) の特集号において発表された。
10 同論集において、革命的民主主義とかかわる要素について各論文で検討がなされた。バックは革命的民主主義の導入過程や諸政策を整理した（Bach 2013）。アセファは革命的民主主義による司法への影響と制限について（Assefa 2013）、ストレムロウは報道の制限との関連に

はない。EPRDF 政権は、革命的民主主義のテーゼをどのように現実政治に適応させるかに腐心してきた。つまり、EPRDF 政権は、ソ連で生まれた革命的民主主義という理念を、エチオピアの実情に適用する際に改編を加え、さらに国内の政治状況の変遷に合わせてその政策に反映させてきたのである（Bach 2013: 64; Aalen 2020）。

　これまで革命的民主主義の定義と EPRDF 政権による革命的民主主義に則った政策について多くの研究がなされてきた（Bach 2011, Abbink and Hagmann 2013, Lyons 2019, Aalen 2020, Lavers 2024）。今後さらなる検討が進むことが予想されるが、現時点では EPRDF 政権期の革命的民主主義について、以下のようにまとめることができる。

　そもそも革命的民主主義という概念は、資本主義諸国が理念とする自由民主主義に対するアンチテーゼとして誕生したレーニンの革命的プロジェクトであった。レーニンは革命的民主主義において、「啓蒙的」エリートが大衆を革命へと導く必要性を説いた。そして一連の社会改革は、国民ではなく政権与党の指導部に権力を集中させ、党内派閥主義を許さない「民主集中制（democratic centralism）」を組織原則とする前衛党によって指導されることが期待された（Bach 2013: 62-63）。さらに革命的民主主義は前資本主義社会と社会主義社会の架け橋として解釈され、冷戦時代に第三世界と呼ばれた地域に多大な影響を与えた。しかし冷戦体制崩壊後に資本主義諸国が掲げる自由民主主義と資本主義が主流になると、かつてマルクス・レーニン主義を標榜してきた第三世界の運動や政権は革命的民主主義の放棄を余儀なくされた。

　エチオピアにおいても冷戦体制の崩壊後にデルグ政権が倒されると、

について（Stremlau 2013）、それぞれ検討した。アスナケは、選挙や野党の活動を取り上げ、権威主義が民主主義的手続きに及ぼす影響について分析している（Asnake 2013a）。またフェカドゥ、アビンク、エマネガー他、ヴォーンは、革命的民主主義と民族連邦制下の各州や民族が直面した変化と課題について各調査地の状況を分析している（Abbink 2013; Emmenegger et al. 2013; Fekadu 2013; Vaughan 2013）。ヴォーンは、1975 年から 16 年に及ぶデルグとの内戦下で TPLF によるティグライの民衆の動員や組織化について検討し、革命的民主主義の導入に至る背景にも言及した。アビンクは、革命的民主主義と民族連邦制の関係性について包括的分析を行っている。この点については本章のおわりに、において詳述する。ハウスタインとエステベは、革命的民主主義がエチオピアにおける宗教的多様性、特にイスラームとキリスト教の関係に及ぼした影響を取り上げた（Haustein and Østebø 2013）。デレジェは、EPRDF 政権の開発主義において重要な技術と資金の提供を行ってきたドナーと政権の関係について検討した（Dereje 2013）。これらの研究では革命的民主主義に伴う権威主義による弊害と、民族主権を強調する民族連邦制下で権利尊重の裏側で民族間の対立が助長される構図が示されている。

TPLFをはじめとする反政府勢力において、マルクス・レーニン主義の放棄は既定路線となった。だがTPLF内部で革命的民主主義を主唱していたマルクス・レーニン主義同盟は解散したが、革命的民主主義の理念はEPRDFに継承された。他方でEPRDFは暫定政権期に国際的資金を獲得するために自由主義政策への転換を表明し、他のアフリカ諸国にならって世銀・IMFが推奨する構造調整政策を受け入れ、経済の自由化と「民主化」を推進した。1995年には複数政党制による総選挙が実施され、新たに制定された憲法により連邦民主共和国が宣言された。自由主義経済と複数政党制選挙の導入は、しかしながらエチオピアにおいては、レーニンの提唱した革命的民主主義の放棄を意味しなかった。革命的民主主義はEPRDFやTPLF、首相のメレスにより主導された。メレスは、政権与党が主導する民主集中制を擁護し、エチオピアの持続可能な経済発展のために、革命的民主主義の必要性を説いた（Bach 2013: 62-63）。

革命的民主主義と対比される自由民主主義においては個人の権利の尊重が謳われるが、革命的民主主義においては国家、民族、人民などの集団の権利が重視される。エチオピアにおいては国民が統治する民主主義の実現が唱道されたが、それは革命的民主主義の名の下で推進されてきた。EPRDFは選挙を民主化の根幹と考えており、国民が政権与党を是認する正当なプロセスとして捉えている（Bach 2013: 64-65）。だがバックは、EPRDFが選挙に複数政党制を導入したのは、国際社会が示した「民主化」の要件に対応するためであり、政権与党に比肩しうる野党と平等な立場で競い合う自由な選挙を実施することは念頭に置いていなかったと説明する（Bach 2013: 66）。後述するように、エチオピアでは選挙を介した国民の参政権は、EPRDF政権以降も事実上国家権力の介入によって制限を受けていた。革命的民主主義の理念にもとづき政権与党が主導する形で政権運営が行われ、そのために野党弾圧、言論統制、国家主導の経済政策が推進されるなど、政権は権威主義的性格を強め、その結果政治の硬直化や停滞を招いた。

革命的民主主義が権威主義的にならざるを得ないのは、国民ではなく政権与党の指導部に権力を集中させる民主集中制を採用しているためである。政権与党の指導部が政策方針を決定すると、その方針に異議申し立てを行うことはできない（Aalen 2020: 655）。EPRDF政権が導入した自己評価システム（ギムゲマ）は、政府機関の各部門の公務員を評価・批判する制度であり、こ

の制度を通して権威主義的性格は強まった[11]（Labzaé 2021）。

　冷戦体制崩壊後のアフリカ政治においては、複数政党制の導入が既定路線となったが、複数政党制の導入はどの国にとっても民主国家の運営において万能薬となるというわけではない。複数政党制をどのように運営するかにおいてアフリカ各国でそれぞれ議論がなされ、民族構成や政治文化に根差した政党の在り方や中央集権化／分権化に関する方針が打ち出された。規定の年限ごとに選挙を実施することが「民主化」の指標のように扱われているが、選挙を規定どおりに実施して欧米からの批判をかわしつつ、強権的で権威主義的な政権運営を維持している国家が複数存在することも事実である[12]。他方でアフリカ諸国の中でも複数政党制による国政選挙を何度か実施した後に、野党が勝利し政権交代が起きた国もいくつかあった[13]。

　1990年代まですべての成人が参加する国政選挙を一度も経験していなかったエチオピアにおいて、EPRDF政権が欧米諸国からの援助を受ける条件として提示された「民主化」、すなわち複数政党制による定期的な選挙を実施してきたことは、エチオピアの政治史において画期的な出来事であった。だが新政権下で、欧米諸国が推奨する選挙制度や政党政治を導入したことが混乱を招くことは、火を見るよりも明らかであった。そこでEPRDF政権がエチオピア独自の民主主義の在り方を模索するなかで採用したのが革命的民主主義であった。EPRDF政権が掲げた革命的民主主義は、政権が直面した課題に対応する形でその解釈を一部改変しつつ、基本的な政治方針として多くの批判を伴いながら約25年間も影響力を保ち続けた。革命的民主主義というイデオロギーがEPRDF政権においてどのような状況下において齟齬をきたし、そしていかなる問題や矛盾を抱えたのかを検討することは、革命的民主主義をイデオロギーとしては放棄しつつも、実際にはそれに基づいた多くの政策を踏襲している現在のアビィ政権が抱える問題を照射するためにも、重要となる。

　革命的民主主義および民族連邦制と開発主義の関係についてアーレンは、

11　ラブザエは、TPLFが内戦下のティグライ州で導入したギムゲマは、連邦政府でも導入されたが定着しなかったと指摘している。

12　例えば、ウガンダ（Trip 2004）、ジンバブウェ（Mwanzora 2023）、ルワンダ（Stroh 2010）が指摘できる。

13　ガーナやベニン（Gazibo 2010: 180–182）、ザンビア（Musonda and Larmer 2023）などが該当する。

以下のように説明する。ソ連の社会主義革命においては労働者階級がその主体とされたが、TPLFは闘争期に国民の大多数が農民であったエチオピアの現状を踏まえて、「民族」を抑圧された集団として特定し、その解放がエチオピアの変革において重要であると主張した。EPRDFを結成して国政に参画することを決定した際にTPLFは、新生エチオピア国家において民族を代表とする政治を提唱し、民族連邦制の導入に至った。革命的民主主義イデオロギーの主要な行動計画は、様々な民族の自治を通じて民族の「自決」を導入することであった（Aalen 2020: 655-656）。

同様に、経済の自由化もEPRDFにより導入された。革命的民主主義が経済発展についても援用されて議論されるようになったのは2000年代からである。開発主義国家モデルが登場し、経済的・政治的統合に向けた道筋の論理的かつイデオロギー的ステップと見なされた（Aalen 2020: 658-659）。バックは2000年代からEPRDFは民族連邦主義から開発国家に方向転換し、そのスローガンが「民族の解放」から「貧困は我々の敵である」に変化したと指摘する（Bach 2013）。開発主義国家をめぐる議論については次章で詳述するが、ここでは権威主義と開発主義国家の関係について触れておきたい。以下で言及する2005年の選挙における野党躍進を受けてEPRDFの危機意識が高まると、EPRDFは党員の大量入党により前衛の拡大と強化を試みた。さらに農村レベルにおける党の大衆基盤の拡大が目指され、模範的な農民、女性、大衆組織（女性組合と青年組合）、地方の党員がその先兵とされた。草の根レベルで大衆動員を行うために、これらの人びとがEPRDFの開発主義国家を建設する「開発軍（development army）」とされた。各村において農村世帯が25〜30世帯から成る開発軍にグループ分けされ、さらに4〜5家族にグループ化して組織化が図られた。いわゆる5人組（アムハラ語でアンド・ラ・アムスト）である（Aalen 2020: 660）。EPRDFによる開発軍の組織化は、農村のみならず大学においても実施された。共同ビジネスや農村開発、教育における相互支援などにも開発軍の枠組みは用いられ、一部のODAなど国際援助においても、この5人組の枠組みが開発プロジェクト導入の際の基盤として利用されることもあった。他方で、5人組制度は国家が農村レベルまでその権威主義を徹底するための枠組みとなり、選挙前の動員、住民調査、あらゆる反対勢力の威嚇に積極的に利用された（Aalen 2020: 660）。

3.2 EPRDF 政権下の革命的民主主義と権威主義

　革命的民主主義を達成するための諸政策の履行に際して、EPRDF 政権の権威主義が露呈した。本節では現実政治において、革命的民主主義の原理が EPRDF の権威主義的政策にいかに反映されていったのかを検討したい。

　エチオピアの政治史において、権威主義は常にその特徴とされてきた。エチオピア現代史に限定しても、ハイレセラシエによる帝政期、軍事政権でもあったデルグ政権期にはそれぞれ特徴的な権威主義体制があったといえる。植民地支配を経験した他のアフリカ諸国と異なり、エチオピアの各時代の権威主義体制はエチオピアの歴史、また政治や社会の特徴を色濃く反映している。帝政期には皇帝を頂点とした貴族階級が特権を独占した。ハイレセラシエは帝国の近代化を試みたが、皇帝や貴族階級の特権は温存された。帝政期に政治参画が許されたのは貴族と公職についたエリートのみであり、貴族院議会のみが開設されたが、この議会の決議も皇帝ならびに政府の方針を変更させる拘束力を持たなかった。1950 年代に国連の決定を受けて自治権を与えられ、成人男子に限定されるが普通選挙を実施したエリトリアでは、エチオピア政府の介入により議会と政党が解散させられ、エチオピアに強制併合された。アムハラとティグライ以外の民族や正教徒以外の宗教に対する弾圧や圧政も、帝政においてはアムハラ化とそれに伴う同化政策の一環として問題視されなかった。

　革命によって皇帝を廃位したデルグ政権は、革命の名の下に暴力と圧政を繰り返した。選挙の実施、自由な政党活動や政治活動はこの時期も許可されていない。冷戦下でソ連と同盟関係を締結したデルグ政権は軍事力を背景に帝政期よりも露骨に、そして全土において、反政府勢力に対する武力弾圧を繰り返した。

　エリートが大衆を指導する革命的民主主義と、大衆による投票で指導者が決まる普通選挙は、本来両立が困難な政治制度である。だがこのような矛盾にもかかわらず EPRDF 政権が革命的民主主義の名の下で選挙を実施してきた理由は、それが EPRDF の覇権と支配的地位を維持するための重要な手段であったからである（Aalen 2020: 657）。EPRDF 政権は、冷戦体制崩壊後に成立した他のアフリカ諸国と同じく、複数政党制の採用を既定路線としていた。1992 年の地方選挙、1995 年の国政選挙と地方選挙はエチオピア史上初となる全成人が参加する総選挙となった。しかしながら一連の初期の選挙から、

すべての政治勢力が選挙に参画したわけではない。1991 年のデルグ政権崩壊後に暫定政権を主導した EPRDF 政権との対立から、OLF[14] と南部エチオピア人民民主連合 (SEPDC)[15] の 2 政党は 1995 年の総選挙に不参加を表明し、EPRDF 主導の暫定政権の運営に異議を唱えた。

エチオピア初の政党政治の導入において、野党の動向も興味深い。1990 年代の国政・地方選挙では野党は選挙不参加という方針をとり、与党への抵抗を示した。選挙の実施が既定路線となった 2000 年以降の選挙においては野党の参加が顕著となり、全国政党である EPRDF に対抗するために野党が連合を結成する傾向が強まった。また EPRDF とその同盟政党が民族政党であるのに対し、野党には民族政党のほかに、民族横断的・汎エチオピア主義的な政治主張を訴える政党が多数加わった点も特徴である (Asnake 2013a)。

以下、1995 年から 5 回実施されたエチオピアの総選挙 (国政選挙) について概観する。革命的民主主義の名の下で実施された選挙は、回を重ねるごとに与党批判とともに野党の躍進が顕著になり、それに伴って危機感を抱いた与党による弾圧と権威主義の強化が見られる。

1995 年 5 月、エチオピア史上初となる複数政党制による国政選挙が実施された。その後 EPRDF 政権下では合計 5 回の総選挙が実施されたが、選挙をめぐる政治環境は徐々に悪化した。1995 〜 2015 年のすべての国政選挙において与党と同盟政党による過半数の議席確保が達成されたが、その過程において政治的な妨害と介入が相次いだ。2011 年までに約 100 以上の野党がエチオピアにおいて結党されたものの (Asnake 2013a)、国政において議席確保を達成した野党は数えるほどしかないことからも、与党支配の構図は明らかである。

1995 年 5 月 7 日に実施された EPRDF 政権期の初となる国政選挙は、EPRDF や同盟政党に対抗しうる野党の不参加もあり EPRDF の圧勝となった。選挙人登録の課題や選挙に関する行政の過剰な関与など、民主的な選挙という点では多くの疑義が呈されたものの、選挙を通じて政治における代表を選出するプロセスがエチオピア史上はじめて全国レベルで実施されたことは国際社会からも一定の評価をえた (Lyons 2019: 83–86)。

14　OLF は 1992 年に非合法化されている。
15　1992 年 3 月にエチオピア南部で 10 民族組織の連合体として設立される。設立時の代表はバイヤネ・ペトロスでありアディスアベバ大学の教授であった (Asnake 2013a)。

第二回目となる 2000 年 5 月 14 日の総選挙では、各州で多数の野党候補が選挙参加を表明し、与野党が激しい論戦を展開した。しかし野党候補者に対する政府による妨害が各地で生じ、南部諸民族州では殺害を含む暴力事件が相次いだ（Tronvoll 2001）。その結果、同州では総選挙とは別日程で同年 8 月 31 日に選挙を実施することを選管が決定した。

　2005 年の総選挙は EPRDF 政権にとって最大の挑戦となり、全土で生じた暴動とそれに対する政府の弾圧によって甚大な混乱と被害を生み、その後の EPRDF 政権による権威主義的な選挙対応の方針を決定づけた。2005 年 5 月 15 日に開催された総選挙において特筆すべき点は、野党の躍進である。統一エチオピア民主勢力（UEDF）と統一と民主主義のための同盟（CUD）の二つの野党連合が、首都ならびにエチオピア全域で議席を獲得した。EPRDF と同盟政党は国会の 372 議席を獲得し過半数を得たものの、野党が 172 議席を獲得した。さらにアディスアベバ特別行政区においては市議会議席 138 議席中 137 議席を CUD が獲得した（Tronvoll and Hagmann 2012: 18; Asnake 2013a）。

　野党の国政における獲得議席は目覚ましかったものの、選挙管理委員会が発表した選挙結果を UEDF、CUD ともに疑義ありとして拒否した。一方で EPRDF 政権にとって、想定以上の野党の躍進は脅威として受け止めるに十分であった。投票までは報道や集会の自由が担保されていたものの、投票締め切りから投票結果公表に至る段階で、各地で暴動が発生した。野党の獲得議席が予想より下回ったことに対する若者の不満が原因といわれる（Tronvoll and Hagmann 2012: 1–30）。これら首都を中心に発生した一連の暴動に対して、治安部隊は武力を行使して鎮圧に乗り出した。治安部隊の武力による弾圧を受け、政府に対する不満は増幅された。デモや反 EPRDF を訴える政治活動はエチオピア全域に拡大し、治安部隊による弾圧も強化された。同年 11 月のアディスアベバにおけるデモでは 100 名のデモ参加者が殺害された。また選挙後の 2005 年 6 月から 11 月までに 193 名が殺害されたことが政府の調査委員会により公表された。さらにおもに CUD の支持者を中心に全国で約 2 万から 3 万人が逮捕・拘束された。政府は一連の暴動と治安悪化の責任は野党にあると批判し、CUD の党員を多数逮捕し、扇動罪とジェノサイド罪で起訴した（Asnake 2013a）。一連の弾圧を受けて EPRDF 政権に対する国際的批判も高まり、大使館をエチオピアから引き上げる国もでた。

EPRDF 政権は、政治的危機に対応するために 2005 年以降に国民議会において市民的・政治的権利を制限する多くの法案を可決した。「反テロリズムに関する布告」、「マスメディアと情報アクセスの布告」、「慈善団体および市民団体に関する布告」など一連の法律により、報道の自由や NGO の活動が制限され、政府の監視の対象となった（本書第 4 章参照）。野党に対する弾圧はその後も継続され、民主主義と正義のための同盟（UDJ）の指導者であるブルトゥカン・ミデクサは 2008 年末から約 2 年間も投獄された（Bach 2013: 67）。逮捕された野党政治家の多くは、釈放後に海外に亡命した。選挙結果をめぐる政治的混乱は、野党政治家の逮捕のみならず、一般市民の殺害や逮捕・拘禁をもたらし、さらに報道や結社、集会の自由の制限、NGO 活動におけるアドボカシーの制限など、国民の権利侵害が法律により規定されることとなった。

　2008 年 4 月に実施された地方選挙、2010 年の総選挙は、政府による厳しい統制下で実施され、与党 EPRDF とその同盟政党が圧勝した。2010 年の総選挙で EPRDF と同盟政党は 547 議席中 545 議席を獲得し（EPRDF499 議席、同盟政党 46 議席）、野党は EFDUF/Medrek[16] と独立候補が各 1 議席、計 2 議席しか獲得できなかった。2005 年の総選挙で野党が（選挙結果に疑義の申し立てがありながら）172 議席獲得したことを勘案すると、2010 年の総選挙における EPRDF 政権による政治妨害の影響は明白である。

　エチオピアにおける民主主義の在り方について、2005 年の総選挙を契機に多くの批判が国内外で高まり、複数政党制による選挙の運営についても疑義が呈された。「エチオピアは不完全な民主主義国家ではなく、むしろ民主的に装飾された権威主義国家であり、操作された複数政党制選挙は権力を維持するための手段である」（Aalen and Tronvol 2009: 203）との指摘は的を得ている。

　2015 年の総選挙は、EPRDF 政権にとって試金石となる選挙となった。1995 年以降首相の座にあったメレス・ゼナウィが 2012 年に死去したことは、EPRDF 政権にとって大きな痛手となった。2015 年の総選挙はメレスの死後に副首相であったハイレマリアムが首相に就任して初となる選挙で、EPRDF が大勝して EPRDF 政権の継続は達成されたものの、国内の不満の

16　同党には 8 つの野党が参加した。

高まりは覆い隠せなかった。2005年総選挙において野党が躍進したことを政治的脅威と見なした政府は、野党の政治活動に対して過剰とも言える妨害を行ってきたが、2015年の選挙においても選挙管理委員会による野党候補の登録拒否や治安部隊による野党活動の妨害が相次いだ（Arriola and Lyons 2016: 77-78）。2005年以降、エチオピア国内で政治活動を制限された野党政治家の多くは海外に亡命し、海外からEPRDF政権批判を展開した。政治的不満が蓄積され、2015年の選挙前から首都の拡張計画に対するオロモからの異議申し立てが行われ、人びとの間では経済成長に伴う格差拡大に対する不満が昂じていた。しかしながらEPRDF政権は、一連の不満を力で抑え込み選挙に臨んだ。その結果、国民議会の下院議席すべてがEPRDFと同盟政党によって占められた。野党の躍進が期待されていたにもかかわらず2010年の選挙と同様に野党の活動が制限され、100％の議席を与党が抑えたことは、不満を抱く民衆の心理に多大な影響を及ぼした（Lyons 2019: 177-188）。選挙を通じての変革の可能性が閉ざされたことを突きつけられた民衆による暴動が、アムハラ州、オロミア州を中心に頻発し、その影響は全土に拡大した。民衆の暴動において攻撃の対象となったのは政府機関、開発主義政策において恩恵を被った外資系企業や政府系企業である（Lyons 2019: 144-146）。

4. おわりに

　TPLFはアビィ政権によるEPRDF解体と繁栄党設立に反対して、2019年に政権から離脱した。民族連邦制を是としたTPLFの政権離脱とその後のティグライ戦争は、約30年にわたって施行されてきた民族連邦制の再検討にいかなる影響を与え、民族連邦制に対してどのような評価をもたらすのだろうか。そしてそれに代わる新たな国家のビジョンはあるのか。
　ここで本章で取り上げた、民族連邦制と革命的民主主義の関係についてまとめておきたい。アビンクは革命的民主主義のイデオロギーが民族に及ぼした影響について検討し、EPRDFが革命的民主主義をエチオピアの「民主化」実現の方法として捉え、その際に民族の権利を認める一方で、新たに創設された民族州とそこを基盤に活動する傀儡の民族政党を通じて、地域レベルで権力を行使する形をとったと要約する（Abbink 2013: 23-24）。各州の主要

な民族政党は、与党もしくは与党と同盟関係を締結しており、その結果、与党、政府、国家の結びつきが強化された。EPRDF 政権下の民族連邦制は、革命的民主主義政党の理想である「民主集中制」を反映した体制であったといえる。EPRDF が与党に権力を集中させたのはエチオピアのような開発途上国では自由民主主義は機能せず、同国には支配政党が必要であることを示すためであった（Abbink 2013: 23-24）。

エチオピアは長い歴史を有しながらも、1960 年前後に選挙を経て独立を果たした他のアフリカ諸国とは異なり、民主的選挙がながらく実現されず、EPRDF 政権下の 1995 年にはじめて全国民が参加する選挙が実現した。政党政治の導入も同じく 90 年代に入ってはじめて本格化したが、移行期に成立した民族政党の連合である EPRDF は革命的民主主義と民族連邦制の方針を採用し、民族の居住地域に沿った州区分を総選挙に先立ち定めた。このことによって EPRDF と対立する政治勢力も民族を基盤とする政党を結成することとなり、それがまた EPRDF 政権の性格ならびに民族政策を決定づけた。2005 年の選挙において、民族政党以外の多くの野党の参加と躍進は EPRDF が権力を掌握して国家を牽引する支配政党としての地位を揺るがしたが、EPRDF は弾圧によってその活動を封殺した。その結果、革命的民主主義を断行するために民族政党以外の政党を包含し、多様な政治的議論をする機会が失われ、エチオピアの政治的多元主義の展開がとん挫することになった。その後の権威主義的姿勢の強化と野党の政治活動への弾圧は、民族連邦制と民族政党支配の構図を定着させ、EPRDF が革命的民主主義の名の元に権力を独占する構図が 2018 年まで継続した。

2015 年の総選挙前後から各地で展開された民衆暴動は、EPRDF 支配、ひいては革命的民主主義に挑戦し、非常事態宣言下で多くの死傷者を生む弾圧を受けつつ、2018 年のアビィ首相誕生という転機を導いた。しかしながらアビィ政権が 2019 年に TPLF を追放して新たに設立した繁栄党は、実質的には EPRDF とその同盟政党である民族政党の集合体であり、看板を掛け替えたに過ぎず、与党支配の構図は 2021 年の選挙でも明らかとなった（本書「おわりに」参照）。EPRDF 政権期は民族連邦制と革命的民主主義と開発主義に象徴されるが、2018 年末の同党の解党によりその特徴が失われたとはとても言えない。今後も、EPRDF を継承した繁栄党政権下で民族連邦制や（「革命的民主主義」という語は用いずに継承される）与党支配の構図や権威主義、

開発主義は、エチオピアにおける政治や社会、経済の諸課題を解決する処方箋となりえるのだろうか。

アセファは2006年の論考において「連邦制を設立した政党が政権から転落した後に（連邦制が）存続できるかという重要なテストに合格するかは、まだ明らかではない」（Assefa 2006: 138）と、2018年以降のエチオピア政治を示唆するように言及している。アビィ政権は2021年の総選挙に際し、民族連邦制の再考についてたびたび言及してきたが、本書執筆の段階では民族連邦制に代わる新たな代替案は示されていない。アビィ政権がEPRDF解党後、EPRDFによる民族連邦制と権威主義を批判し、かつてのエチオピアにおける汎エチオピア主義の下で民族対立がなかったと主張した点について、ヤングは帝政期やデルグ期の民族問題を引用して痛烈に批判し、さらに「エチオピアの現在の危機はEPRDF政権の民族連邦制によるものではなく、民族連邦制の改革こそが国家が生き残るための最良の希望を提供している」と結論付けている（Young 2021: 56-57）。

アビィ政権によって、また今後のエチオピアの統治において民族を基盤とした連邦制が維持されるのか、また維持される場合にはどのような形の改変がなされるのか注目される。すでにアビィ政権下では南部諸民族州において2020年以降民族的、また地域的な自治権拡大の要求に呼応するように新たな行政区や州の設立が相次いでおり（本書第10章参照）、民族連邦制の設計もすでに設立時のままではない。「人工的」に1州に押し込められた南部諸民族州だけではなく、アムハラ州とオロミア州、オロミア州とアディスアベバ特別行政区など、もともと政治問題化していた州境の再設定や州の細分化が新たな政治問題を引き起こすことも懸念される。

EPRDF政権末期の2015年の総選挙前から2019年までの4年間に、革命的民主主義と権威主義に対する抵抗と反対の声が国内各地、諸層から一斉に沸き起こり、与党の解体とTPLFの国政からの退場につながった。国内における変革要求を突き付けられながら、EPRDF政権は革命的民主主義を改変しつつ掲げ続け、EPRDF中心の政治と経済の運営がエチオピアの発展の鍵であるとの方針を最後まで貫き、その結果崩壊に至った。EPRDF政権下のエチオピアにおいて導入された革命的民主主義は、今後は否定され、過去の遺物となるであろう。

他方で、約30年にわたり新たな解釈を加え続けながらエチオピア政治を

支配した革命的民主主義に EPRDF 政権が固執した理由は何であったのかについて学ぶことは、重要である。それは援助とセットで要請される複数政党制や自由主義経済の導入が、エチオピアの政治経済にもたらす影響を、EPRDF 政権独自の方法で緩和し、国内の統合や民族の自決権の尊重、経済成長や農民の生活向上にいかにつなげるかの取り組みでもあっただろう。だが他方で、EPRDF 政権は権力に固執し続け、与党内外の反対派に対する妨害を強権的に推し進めた結果、瓦解していったのだ。現在のところアビィ政権下の繁栄党の政策において、革命的民主主義に代わる新たな強力な方針は打ち出されていない。権威主義の下で政府により行使された暴力の連鎖は、繁栄党政権下で収まりを見せるどころか新たな混乱を生み出している。

参考文献

Aalen, Lovise, 2020, "The Revolutionary Democracy of Ethiopia: A Wartime Ideology Both Shaping and Shaped by Peacetime Policy Needs," *Government and Opposition: An International Journal of Comparative Politics*, 55: 653–668.

Aalen, Lovise and Kjetil Tronvoll, 2009, "The End of Democracy? Curtailing Political and Civil Rights in Ethiopia," *Review of African Political Economy*, 120: 193–207.

Abbink, Jon, 2013, "Twenty years of revolutionary democratic Ethiopia, 1991 to 2011," Jon Abbink and Tobias Hagmann, eds., *Reconfiguring Ethiopia: The Politics of Authoritarian Reform*, London and New York: Routledge, 17–39.

Abbink, Jon and Tobias Hagmann, eds., 2013, *Reconfiguring Ethiopia: The Politics of Authoritarian Reform*, London and New York: Routledge.

Adugna Barkessa, 2019, "Discursive Strategies of 'Oromara': A Critical Discourse Analysis of Abiy Ahmed's Political Rhetoric," *Ethiopian Journal of the Social Sciences and Humanities*, 15(2): 1–24.

Alem, Habtu, 2003, "Ethnic Federalism in Ethiopia: Background, Present Conditions and Future Prospects," *International Conference on African Development Archives* 57, (Retrieved, March 1, 2023, https://scholarworks.wmich.edu/africancenter_icad_archive/57).

―――, 2004, "Ethnic Pluralism as an Organizing Principle of the Ethiopian Federation," *Dialectical Anthropology*, 28(2): 91–123, (Retrieved, March 1, 2023, https://www.jstor.org/stable/29790705).

Arriola, Leonardo R. and Terrence Lyons, 2016, "Ethiopia: The 100% Election," *Journal of Democracy*,

27(1): 76–88.

Assefa Fiseha, 2006, "Theory Versus Practice in the Implementation of Ethiopia's Ethnic Federalism," David Turton ed., *Ethnic Federalism: the Ethiopian Experience in Comparative Perspective*, London, James Currey, 131–164.

―――, 2013, "Separation of Powers and Its Implications for the Judiciary in Ethiopia," Jon Abbink and Tobias Hagmann eds., *Reconfiguring Ethiopia: The Politics of Authoritarian Reform*, New York: Routledge, 105–119.

Asnake Kefale, 2013a, "The (Un)making of opposition coalitions and the challenge of democratization in Ethiopia, 1991–2011," Jon Abbink and Tobias Hagmann, eds., 2013, *Reconfiguring Ethiopia: The Politics of Authoritarian Reform*, Routledge, 85–104.

―――, 2013b, *Federalism and Ethnic Conflict in Ethiopia: A Comparative Regional Study*, New York: Routledge.

Bach, Jean-Nicolas, 2013, "*Abyotawi* Democracy: Neither Revolutionary nor Democratic, a Critical Review of EPRDF's Conception of Revolutionary Democracy in Post-1991 Ethiopia," Jon Abbink and Tobias Hagmann, eds., 2013, *Reconfiguring Ethiopia: The Politics of Authoritarian Reform*, Routledge, 62–84.

Bahru Zewde, 2001, *A History of Modern Ethiopia 2nd edition*, Addis Ababa: Addis Ababa University Press.

Dereje Feyissa, 2006, "The Experience of Gambella Regional State," David Turton ed., *Ethnic Federalism: The Ethiopian Experience in Comparative Perspective*, Oxford: James Currey, 208–230.

―――, 2013, "Aid Negotiation: the Uneasy "Partnership" between EPRDF and the Donors," Jon Abbink and Tobias Hagmann, eds., *Reconfiguring Ethiopia: The Politics of Authoritarian Reform*, Routledge, 192–221.

De Waal, Alex, 2012, "The Theory and Practice of Meles Zenawi," *African Affairs*, 112(446): 148–155.

Donham, Donald and Wency James, eds., 1986, *Southern Marches of Imperial Ethiopia*, Cambridge: Cambridge University, Press.

Emmenegger, Rony, Sibilo Keno and Tobias Hagmann, 2013, "Decentralization to the Household: Expansion and Limits of State Power in Rural Oromiya," Jon Abbink and Tobias Hagmann eds., *Reconfiguring Ethiopia: The Politics of Authoritarian Reform*, New York: Routledge, 121–158.

Erk, Jan, 2018, "'Nations, Nationalities, and Peoples': The Ethnopolitics of Ethnofederalism in Ethiopia," Jan Erk ed., *The Ethnopolitics of Ethnofederalism in Ethiopia*, London and New York: Routledge, 1–13.

Fasil Nahum, 1997, *Constitution for a Nation of Nations: The Ethiopian Prospect*, Lawrenceville & Asmara: The Red Sea Press.

Fekadu Adugna, 2013, "Overlapping Nationalist Projects and Contested Spaces: The Oromo-Somali Borderlands in Southern Ethiopia," Jon Abbink and Tobias Hagmann eds., *Reconfiguring Ethiopia: The Politics of Authoritarian Reform*, New York: Routledge, 177-191.

Gazibo, Mamoudou, 2010, "Electoral Administration," Gabrielle Lynch and Peter VonDoepp, eds., *Routledge Handbook of Democratization in Africa*, New York: Routledge, 174-187.

Gebru Tareke, 1996, *Ethiopia: Power & Protest, Peasant Revolts in the Twentieth Century*, New Jersey: Red Sea Press.

Haustein, Jörg and Terje Østebø, 2013, "EPRDF's Revolutionary Democracy and Religious Plurality: Islam and Christianity in Post-*Derg* Ethiopia," Jon Abbink and Tobias Hagmann eds., *Reconfiguring Ethiopia: The Politics of Authoritarian Reform*, New York: Routledge, 159-176.

Labzaé, Mehdi, 2021, "Gimgema: Civil Servants' Evaluation, Power And Ideology in EPRDF Ethiopia," *Journal of Eastern African Studies*, 15(4): 546-567.

Lavers, Tom, 2024, *Ethiopia's 'Developmental State': Political Order and Distributive Crisis*, Cambridge: Cambridge University Press.

Lijphart, Arend, 1999, *Patterns of Democracy: Government Forms and Performance in Thirty-six Countries*, New Haven and London: Yale University Press.（粕谷祐子訳, 2005, 『民主主義対民主主義：多数決型とコンセンサス型の 36 カ国比較研究』勁草書房.）

Lyons, Terrence, 2019, *The Puzzle of Ethiopian Politics*, Boulder and London: Lynne Rienner Publisher.

Musonda, James and Miles Larmer, 2023, "Resource Nationalism and Political Change: Mine Nationalisation and the 2021 Zambian Election," *Journal of Southern African Studies*, 49(3): 397-414.

Mwonzora, Gift, 2023, "'Shifting the Voting Burden to Others': Abstainers and Turn Outers in Zimbabwean Elections," Esther Mavengano and Sophia Chirongoma eds., *Electoral Politics in Zimbabwe*, Volume I, Springer, 111-128.

Ottaway, Marina and David Ottaway, 1978, *Ethiopia: Empire in Revolution*, New York, African Publishing Company.

Perham, Margery, 1969, *The Government of Ethiopia*, London: Faber and Faber.

Roeder, Philip G. 2009, "Ethnofederalism and the Mismanagement of Conflicting Nationalisms," *Regional and Federal Studies,* 19(2): 203-219.

Stremlau, Nicole, 2013, "The Press and the Political Restructuring of Ethiopia," Jon Abbink and Tobias

Hagmann eds., *Reconfiguring Ethiopia: The Politics of Authoritarian Reform*, New York: Routledge, 120-136.

Stroh, Alexander, 2010, "Electoral Rules of the Authoritarian Game: Undemocratic Effects of Proportional Representation in Rwanda," *Journal of Eastern African Studies*, 4(1): 1-19.

Tekeste Negash, 1997, *Eritrea and Ethiopia: the Federal Experience*, New Jersey: Transaction Publishers.

Tripp, Aili Mari, 2004, "The Changing Face of Authoritarianism in Africa: The Case of Uganda," *Africa Today*, 50(3): 3-26.

Tronvoll, Kjetil, 2001, "Voting, violence and violations: Peasant Voices on the Flowed Elections in Hadiya, Southern Ethiopia," *Journal of Modern African Studies*, 39: 697-716.

Tronvoll, Kjetil and Tobias Hagmann, 2012, *Contested Power in Ethiopia*, Leiden: Brill.

Turton, David, 2006, "Introduction," David Turton ed., *Ethnic Federalism: The Ethiopian Experience in Comparative Perspective*, Oxford: James Currey, 1-31.

Van der Beken, Christophe, 2015, "Federalism, Local Government and Minority Protection in Ethiopia: Opportunities and Challenges," *Journal of African Law*, 59(1): 150-177.

Vaughan, Sarah, 2006, "Responses to Ethnic Federalism in Ethiopia's Southern Region," David Turton ed., *Ethnic Federalism: the Ethiopian Experience in Comparative Perspective*, London: James Currey, 181-207.

―――, 2013, "Revolutionary Democratic State-Building: Party, State and People in the EPRDF's Ethiopia," Jon Abbink and Tobias Hagmann eds., *Reconfiguring Ethiopia: The Politics of Authoritarian Reform*, New York: Routledge, 40-61.

Vaughan, Sarah and Kjetil Tronvoll, 2003, *The Culture of Power in Contemporary Ethiopian Political Life*, Stockholm: Swedish International Development Cooperation Agency.

Young, John, 2021, "Bolshevism and National Federation in Ethiopia," John Markakis, Günther Schlee and John Young eds., *The Nation State: A Wrong Model for the Horn of Africa*, Berlin: Max Planck-Gesellschaft zur Förderung der Wissenschaften, 55-82.

石原美奈子, 2001,「エチオピアにおける地方分権化と民族政治」『アフリカ研究』59: 85-100.

眞城百華, 2012,「民族の分断と地域再編：ティグライから見たエチオピアとエリトリアの 100 年」小倉充夫編著『現代アフリカ社会と国際関係：国際社会学の地平』有信堂, 13-48.

―――, 2013,「エリトリアにおける脱植民地化と政党対立の萌芽：連合国 4 か国調査団報告の検討」『総合研究』6: 62-79.

松尾秀哉・近藤康史・溝口修平・柳原克行編, 2016,『連邦制の逆説？：効果的な統治性か』ナカニ

シヤ出版.

第2章　開発主義国家の誕生

宮脇 幸生

　2023年12月、新聞の片隅に、エチオピアの経済情勢を伝える一つの記事が掲載された。エチオピア政府は年末に償還をむかえる国債の利払いが履行できず、デフォルトに陥ったというのである。このニュースは、過去十数年のエチオピアの経済状況を知る者たちに、ちょっとしたショックを与えるものだった。EPRDF政権の後半、とくに2004年から2017年にかけて、エチオピアは年平均10%前後の経済成長を維持してきたからである。これは世界的に見ても、際立った成長率だった。それがこの数年の間に、なぜ債務不履行に陥るまでになってしまったのか。

　いや、そもそも2000年代の経済成長自体が、奇跡的に見えるものだった。それまでのエチオピアは、世界の最貧国の代名詞的存在だった。1984年にエチオピアを襲った大飢饉では、一説には100万人を超える死者が出たと言われる。一定の年代以上の人たちにとって、当時のエチオピアの悲惨な状況を伝える映像は、脳裏に焼きついているのではないだろうか。それだからこそ、2000年代以降のエチオピアの経済成長のすさまじさは、衝撃的だったのである。

　さびて赤茶けたトタン屋根の平屋が続く、まるで広大な田舎町のようだった首都のアディスアベバでは、いたるところで工事が行われ、古い家が取り壊され、高層ビルが建設された。都心の周囲にはリングロードと呼ばれる自動車道が作られ、交通の流れが大きく変わった。都市の中心を高架によってつなぐ線路が敷設され、真新しい電車が走るようになった。林立する高層ビルと自動車道、鉄道線路は、都市の景観を劇的に変えたのだった。

　このような変化が見られたのは、アディスアベバだけではなかった。首都から地方に延びる自動車道は舗装され、移動は以前よりもはるかにスピー

ディーになった。地方都市間をつなぐ道路も建設され、これまでは首都を介してしか交流できなかった地域間で、直接の交通が可能になった。そして主要な地方都市にも、多くのビルが建設されたのだった。

　都市インフラ以外にも、大きな変化があった。国内の貧困率、乳幼児死亡率は減少し、就学率は上昇した。国の辺境にまで携帯電話の送受信用アンテナが建設され、インターネットのネットワークは今やほぼ国内全域をおおった。主要な河川には巨大なダムが建設され、電力が周囲の地域や国外にまで供給された。辺鄙な地方都市にまで大学が建設され、多くの高等教育修了者を生み出した。このような急激な変化は、エチオピア政府の掲げる開発目標と密接に連動していた。2011年にエチオピア政府は、2025年までにはエチオピアは中所得国になると宣言したのである。

　この20年の間に、ジェットコースターのように急激な上昇と下降を見せたエチオピア経済。いったいこれは何だったのか。本章ではそれを次の3つの問いに答えることで明らかにしたい。第一は、エチオピアの急激な経済成長は、いかにして可能になったのだろうかという問いである。EPRDF政権はいかなるビジョンのもとで開発を推し進め、その原資をどこから得たのだろうか。第二は、この経済開発はEPRDF政権下のエチオピアの独自の政治体制とどのような関係があるのかという問いである。民族連邦制や革命的民主主義というEPRDF政権のアジェンダは、経済開発とどのようにかかわっていたのか。そして第三に、経済開発の行き詰まりは、何によってもたらされたのかという問いである。デフォルトの遠因は、EPRDF政権時代にすでに種をまかれていたのだろうか。またEPRDF政権の崩壊と繁栄党への移行は、この行き詰まりとどのような関係を持っていたのだろうか。これらの問いに答えることで、本章ではEPRDF政権における政治と経済の関係を、国家主導の開発主義という観点から明らかにし、エチオピアの経済開発がはらんでいた問題と、政権転換後の帰結を示したい。

1. 経済成長と対外債務

　ここではまず、エチオピアの経済成長を数字から見て行くことにしよう。**図1**は、1990年以降のエチオピアのGDPを示している。2001年以降この

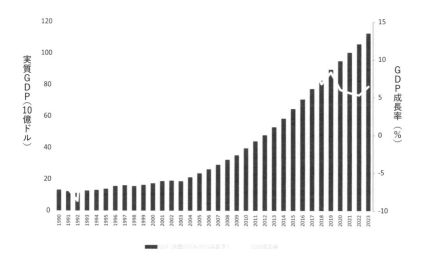

図1　エチオピアのGDPと経済成長率
（Data Bank/ World Bank より筆者作成）

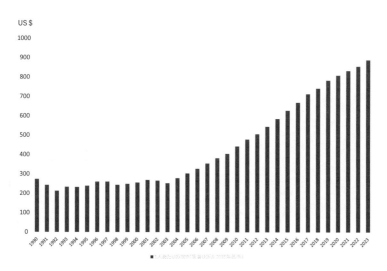

図2　エチオピアの一人あたりのGDP
（Data Bank/ World Bank より筆者作成）

20年ほどで5倍に成長していることがわかる。とくに急激に成長し始めたのは、2004年からである。このことは、折れ線で示した経済成長率のグラフを見ると、さらにはっきりとわかる。2004年〜2017年の間は、一貫して10%前後の成長率を維持している。

この高い成長率は、いかにして維持されてきたのだろうか。GDPは労働力が増加すれば、当然増加していく。エチオピアは他のアフリカ諸国同様に、この数十年間、一貫して人口が増加している。それでは人口増加が経済成長の要因だろうか。

図2は一人あたりのGDPの伸びをグラフに示したものである。これを見ると、一人あたりのGDPも国全体のGDPと同様に、2004年を境に急激に増加していることがわかる。経済成長の急激な伸びは、人口増加のゆえではなく、他の要因によるものであることが明らかだ。

冷戦終結後1990年代の混乱期を経て、2000年代にアフリカ経済が成長の波に乗ったのは良く知られている（平野 2013）。混乱の収束とともに、石油や鉱物資源の開発と輸出が進んだためである。それならば、エチオピアも同様な過程で経済成長のフェーズに入ったのだろうか。**図3**は、エチオピアの

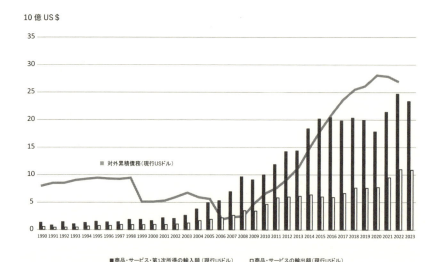

図3 エチオピアの輸出入額と対外累積債務
（Data Bank/ World Bank より筆者作成）

輸出入と対外累積債務を示している[1]。この図から明らかなことは、エチオピアは常に輸入が輸出を上回っていること、とくに2004年以降の高度経済成長期においては、輸入の伸びが大きいのに対して、輸出の伸びはわずかであることである。またそれに応じて、対外累積債務が巨額なものとなっている。エチオピアの経済成長は、他のアフリカ諸国のような資源の輸出によってけん引されたものではないことがわかる。国外からの輸入が国内で消費され、それがGDPの成長を促してきたのである。だが輸出がまったく追いついていないために、貿易赤字は巨額になり、おそらくそれを補填するためであろう、対外累積債務は巨大なものとなっている。

それではなぜ、2004年からこのような輸入と消費主導の経済成長が開始されたのか。そして巨額の累積債務にもかかわらず、なぜ経済成長を十数年も続けることができたのか。このことを明らかにするためには、エチオピアの経済政策の変遷を見て行く必要がある。

2. 開発主義国家の誕生

2.1 EPRDF政権以前の開発政策

エチオピアではじめて計画的な経済開発が試みられたのは、第二次世界大戦後のハイレセラシエ帝政期においてである。1954/55年に国家経済会議（National Economic Council）が結成され、1957年からは3度にわたって5か年計画が立てられた。第1次5か年計画（1957～61）では交通・建設・通信網の整備による遠隔間の結合、産業化を促進するための人材養成、商業的農業の促進による農業開発が、第2次5か年計画（1962～67）では自給自足的農業経済から大規模農業経済への移行が試みられた。そして第3次5か年計画（1968～73）では製造業と大規模農業の振興が目指された（Mulatu 1991）。

それまでのエチオピアの産業といえば、自給的な農業が大半を占めていたのだが、これらの5か年計画により、徐々に工業やサービス業が興り、産

---

[1] 図1と図2は、2015年を基準年とする実質GDPに基づいているが、図3は名目輸出入額によっている。世界銀行のエチオピアの輸出入に関しては、2015年を基準年とするデータが2011年以降のものしかないためである。ただし2011年以降の実質輸出入額は、名目輸出入額の傾向と大きな差はみられない。

業の多様化が進み始めた。サービス業では国立銀行が設立されただけでなく、海外の銀行や保険会社も参入した。商業的農業部門への投資も行われ、大規模綿花栽培やサトウキビ栽培が始められた。またアディスアベバ、ディレダワ、アスマラでは小規模な製造業が興った。オランダの製糖会社HVAやイギリスの自動車会社ミッチェル・コットなど、海外資本による大規模な会社も操業を開始した（Vaughan and Mesfin 2011）。

だが他方で、エチオピアの産業の大半を占める農民による自給的農業には、大きな変化はなかった。帝政期のエチオピアで農業開発が進まなかったのは、いくつかの要因があった。一つはエチオピア固有の土地制度である。北部高地ではリストと呼ばれる伝統的な土地制度のもとで、親族集団が継承する耕作地が細分化されており、近代的な農法は浸透しなかった。南部では19世紀末から20世紀初頭にかけてのエチオピア帝国による征服によって、高地人が地主となり、現地住民を小作として搾取する土地制度が形成された（Mulatu 1991；本書第6章）。収穫の半分を貢納せねばならない小作農民に、新たな農法を試みる意欲はなかった。ハイレセラシエはこのような土地制度の改革には消極的であり、エチオピア政府も小農が大多数を占める農業部門の開発にほとんど予算を投ずることはなかった（Mulatu 1991）。自給自足的な農業部門は自然災害の影響に脆弱なままであり、1972年から74年にかけての干ばつによる飢饉では20万人にのぼる餓死者が出た。これが帝政崩壊のきっかけの一つとなった（Alemayehu 2005）。

帝政崩壊後のエチオピア経済に残されていたのは、生産性が低く自然災害に対して脆弱な農業部門と、軽工業中心で産業間の連携に乏しく、首都に集中し、大半を海外企業によって所有される製造業部門だった。このような状況に対してデルグ軍事政権が行ったのは、土地と企業の国有化という社会主義的改革だった。

デルグ時代のエチオピアの経済状況は、4つの局面に分けることができる。1974年から78年にかけては、革命後の粛正による政治的混乱が続く一方で、ソマリアとのオガデン戦争のために、国家予算の多くが軍事費に充てられた。また政府による突然の企業の国有化によって、海外企業は資本を引き揚げ、多くの企業が混乱に陥った。そのため帝政時代と較べ、GDPの伸びは大きく低下する（Mulatu 1991）。

1978年から80年にかけては、反政府勢力の活動が沈静化し、デルグの政

治基盤が安定化した。閉鎖されていた企業も再開され、天候にも恵まれて農業生産が伸びたため、GDP の成長率は回復した。だが 1980 年から 85 年になると、エリトリア人民解放戦線（EPLF）やティグライ人民解放戦線（TPLF）などの反政府勢力との戦闘が激化する。また 1984 年から 85 年にかけて大干ばつが生じ、国家予算の多くが戦争と被災民の救済に費やされた。さらに農作物の不作による原料不足で、製造業も不振に陥り、エチオピア経済は再び停滞してしまう（Mulatu 1991）。

1985 年から 91 年にかけては、農業と製造業は回復したものの干ばつの影響は持続し、経済の停滞が続いた。1990 年にデルグ政権は社会主義経済から混合経済への移行を宣言したが、1991 年には EPLF と TPLF を中心とする反政府勢力の攻勢によって政権は崩壊した（Mulatu 1991）。

デルグが行った経済政策の中で特記すべきなのは、土地の国有化と農民組合の結成である。草の根レベルで農民組合を結成し、それを通して国有化した土地を農民に分配するというこの改革は、親族集団ごとに土地を相続・分配してきた北部高地の農民には、自らの土地に対する伝統的権利を侵害するものとして反発されたが、帝政下で高地人の地主に支配されてきた南部の小作農民にとっては歓迎されるものだった。

土地の国有と末端の統治システムとなる農民組合の組織化は、帝政時代の土地制度と農民のあり方を大きく変え、EPRDF 政権下でも継承された。だがデルグ政権は農民に十分な改良品種や肥料を供給することはできず、農業生産性が向上することはなかった[2]（Mulatu 1991）。デルグ政権期には製造業は停滞し、農業では生産性が低く自然災害に対して脆弱な、小農による自給自足的農業が大半を占めたままだった。

---

[2]　デルグ政権が近代農法を積極的に導入したのは、国営の大規模農場に対してだった。国営大規模農場は都市住民に食料を供給するだけでなく、製造業にも原料を供給し、さらにコーヒーに代表される商品作物を輸出することで、開発に必要不可欠な外貨を獲得することを期待されたのだった。そのために 1982 年から 90 年にかけては、国家の農業予算の 4 割以上が国営大規模農場に投資された。化学肥料や改良品種の大半も、大規模国営農場に導入された。だが 1987 年においても、国営大規模農場の生産高は国全体の農業生産高の 6% を占めるに過ぎなかった（Mulatu 1991）。

2.2　「農業開発主導の産業化」戦略と資源分配

　1991年にデルグ軍事政権を崩壊に追い込み、新たに政権の座に就いたEPRDFは、貧困削減を政策のかなめとした。そして貧困削減のためには自由経済体制のもとでの経済開発が必要であるとし、その中心に農業開発を据えた。当時エチオピアの人口の85％は農民であり、開発には農業部門の成長が必須であるとしたのである。冷戦終結後の開発途上国にとって、自力での経済開発は大きな課題である。だがEPRDF政権にとって、経済開発は自らの存立基盤にとっても、やり遂げる必要のある緊急の課題だった。

　政権の中核であるTPLFの出身母体ティグライは、エチオピアでは人口において4番目の民族で、多数派ではない。そのうえ政権はエリトリアの独立を支持し、国内においても民族の自治権の拡大を検討していた。後に民族連邦制となるこのような仕組みは、政治的離散傾向を持たざるを得ない。国家統合を維持するには、離散傾向を矯める強制力のある政治制度と国民に自発的従属を促すプロパガンダ、そして支配の正当性を具体的に可視化する資源分配が必要だったのである。経済開発は資源分配を可能にする方策であった。

　急激な人口増加も、EPRDF政権にとって大きな問題だった。デルグ政権末期から90年代初めにかけて、エチオピアの人口は年3％から4％の勢いで増加していた。国民の大部分を占める農民にとって必要な資源とは、生活を支えるだけの農地へのアクセスと、そこでの十分な農業生産である。だがすでにデルグ政権期においても、人口増加により農地は逼迫していた。さらにEPRDF政権に移行すると、デルグ政権時の政府軍が解体され多くの軍人が帰農したために、土地を持たない農民が急激に増加した（Habtu 1997）。資源分配によって国民の政権への従属を促すためにも、新たな開発政策の策定は待ったなしの状況だったのだ。

　1993年から始められた農業開発政策をエチオピア政府は、「農業開発主導の産業化政策」（Agricultural Development-Led Industrialization、以下ADLI）と呼んだ。これはエチオピアの大半を占める小農をターゲットとした、「肥料や改良種子、その他の文化的実践を用い、土地拡大的ではなく、労働集約的な技術を利用することにより、迅速な成長と経済成長を達成する長期の戦術」（FDRE and MoFED 2002: iii）である。農業生産性の向上は国家の食糧安全保障を確保するだけでなく、供給面では安価な食糧の供給により労働者の賃金を

抑制し、製造業のための原料を供給する。また需要面では国産の肥料や農業機械の生産を促すことによって、産業化を促進すると考えられたのである（MoFED 2003; Vaughan 2011; Lavers 2012; Lefort 2012; 西 2014; 児玉 2015）。そのために、農業普及員（extension agent）を通じて、化学肥料と改良種子、近代的農法の普及が試みられた。また技術職業教育訓練校（TVET）が設立され、農業普及員はそこで訓練を受けた。この他にも、灌漑農業の普及、市場向けの商品作物栽培の奨励、マイクロファイナンスの導入が試みられた（MoFED 2003）。

　農業生産性の向上を通して経済発展を図るというやり方は、開発途上国における経済開発の古典的な手法である。だがエチオピア独自の条件として、土地の国家所有と小農への土地使用権の保証があった点を指摘しておくことは重要だ。エチオピアではデルグ軍事政権時代に土地は国有化されていたが、EPRDFもデルグの土地政策を継承した。土地を国家が管理統制することで、土地の私有化による小農の土地からの締め出しを防ぎ、全国民に平等に開発の成果を享受させることを目指したのである（MoFED 2003）。

　だがこれにはまた、政治的な目論見もあった。第一に、政権の安定のために、北部・中部高地の農民の支持を得ることができる。EPRDFの中枢にあったTPLFの活動は、もともと農村に基礎をおき、小農の土地からの締め出しを防ぐことをそのスローガンに掲げていた。農業生産性の向上によって土地不足問題を解消できるのなら、これら農民層の支持を固めることができるはずだった。第二に、土地使用権の移転に制限を課すことで、政治・経済力のある大土地所有者の出現を防ぐことができる。帝政時代の初期は広大な領地を所有する貴族たちが、帝位をめぐって権力闘争を繰り広げていた。農業が主要産業であるエチオピアでは、多くの農民を配下に置くことが重要な権力基盤となりえたが、それを阻止することで有力な政治勢力の出現を阻んだのである。第三に、社会的混乱をもたらす可能性のある都市への移住者の増加や、民族の境界をまたぐ移住者の増大を防ぐことができる。EPRDFの政治制度の根幹の一つは、民族連邦制である。土地の使用権を国家の統制のもとで分配することによって、農民の土地からの離散を防ぐことができる。民族間の移動を抑制することは、民族連邦制国家の維持に必須であった（Lavers 2012）。ADLIは経済的な目的だけでなく、政治的な目的も持つものだったのである。

このように農業を起点にして国家の経済開発を目指したADLIだったが、その成果は必ずしも当初の目論見どおりだったわけではない。2000年代半ばにおいても、エチオピアでは資本主義的農業はほとんど生まれておらず、家内労働に依存する小農の生産が95％を占めていた。農民間に階層分化は生じていなかったが、問題はその生産性だった。[3]穀物の生産性は相変わらず低く、都会の賃労働者への安価で安定した食糧供給にはほど遠い状況だった。また農民の収入も向上せず、消費財の購入も抑制されていたために、工業部門が活性化されることもなかった。そもそも肥料の国産化もなされておらず、相変わらず輸入に依存していた（Lavers 2012）。そしてADLIの失敗をもっとも明確に示していたのが、国内の多くの地域で生じていた食糧危機だった（Lavers 2012; Abduselam 2017）。これに対処するためにエチオピアは、海外からの援助に頼らざるをえなかったのである。他方で急激な人口増加による土地なし農民の増加という問題は、解決されないままだった（Habtu 1997）。だが工業部門はそれらの余剰人口を吸収するにはほど遠い状況だった。早急な方針転換が必要だった。

2.3　開発主義国家への転換

　エチオピア政府は2005年に出した『貧困を終焉させるための加速的で持続的な開発プラン2005/06-2009/10（PASDEP）』において、それまでの農業中心の開発戦略を引き継ぎつつも、開発の対象を小農による農業から、製造業をはじめとする他の産業部門や都市部門にまで拡大した。農業開発においても、重点は商業化に置かれるようになり、農民をローカルおよびグローバルな市場経済に組み込むことが必要とされた。また大規模な商業的農業の必要性も強調された。エチオピア政府の開発戦略は、自給的な小農の生産性向上に焦点を当てた戦略から、資本主義的生産を重視する戦略に転換し

---

[3]　ADLIが農村で実施されるのは、農業普及員を通じてである。農業普及員は州が、農業技術職業教育訓練校の卒業生から割り当てられた人数に従って雇用するのだが、その選抜にEPRDFの意向が反映されることがあった。そのため農業普及員が化学肥料や改良種子の配布の差配を通して農民にEPRDF支持を強い、ときには選挙活動に介入したりして、EPRDFによる地域支配の一端を担うこともしばしばあった（Kassahun and Poulton 2014）。だが政治支配と一体となったトップダウンの農業政策は草の根の農民の離反を招き、地域に見合った農業技術の浸透を妨げることになったという（Lefort 2012）。

たのである（Amdissa 2006; MoFED 2006; Vaughan 2011; Lavers 2012; Lefort 2012; 西 2014; Dube et al. 2019）。

2000年代半ば以降の高度成長期のエチオピアは、開発主義国家（developmental state）と呼ばれることが多い。開発主義国家とは、もともと戦後に高度経済成長をとげた日本を分析する際に用いられた概念である。その後、韓国や台湾など東アジアの国家の分析にも用いられた。この概念のポイントは、産業化と開発における国家の役割を強調した点にある。これらアジアの諸国家に共通した点は、国家が民間セクターの発展に照準を定めたこと、また特定の企業を選択的に支援・監督し、規律を課したことにあったとされる（Pellerin 2019）。しかしこの概念はその後、学術的な厳密さを欠くとして批判される。2000年代の後半には開発主義国家という言葉は、もっぱら欧米の開発援助関係者の間で、エチオピアやルワンダの権威主義的政権による開発主義的アプローチを指して用いられるようになった（Brown and Fisher 2020）。

それではエチオピア自身の開発主義国家としてのビジョンは、どこにあったのだろうか。そして開発主義国家の政策は、1990年代の「農業開発主導の産業化戦略」と、どのような点において異なっていたのだろうか。

エチオピアの開発政策がこの方向に大きく舵を切ったのは、エリトリア戦争の終結後、首相メレス・ゼナウィが TPLF 内の権力闘争に勝利し、強力な権力を手にした 2001 年以降だった。開発政策におけるこの大転換は、権力闘争による TPLF の分裂の修復と、「再生（revival：Amharic. *tähadəso*）」と名付けた政策を推し進めるためになされた。そして 2005 年の総選挙における政治的混乱の後に、この政策は加速していくことになる（De Waal 2013; Fana 2014; Clapham 2018; Brown and Fisher 2020; Lavers 2024）。エチオピアにおける開発主義国家のビジョンとはどのようなものだったのか。それを主導したメレスの考えから見てみよう。

メレスによれば、エチオピアの最大の問題は貧困である。貧困は戦争と混乱の根本的な原因であり、人びとを破壊的な方向に向かわせる。貧困を克服するには、資本主義経済に向かうしかない。だがエチオピアの問題は、農産物を含めいかなる生産物も国際的な価格競争力を持たないという点にある。ここで重要となるのが、新たな価値の創出であり、そのためには国家が率先して民間セクターを育成する必要がある。国家は開発に関して自律的である

べきであり、民間セクターとどのようにかかわり、どのように投資すべきかを自ら決めることができねばならない、そうメレスは主張する（Meles 2006, 2012; De Waal 2013）。

　だが 1980 年代から 90 年代における IMF や世界銀行をはじめとする国際援助機関のイデオロギーは新自由主義であり、当時のエチオピアに対する構造調整政策もこれに沿ったものだった（Stiglitz 2002=2002）。メレスはそのような新自由主義的政策に対して、真っ向から反対する。新たな産業の創造をめざす経済開発にとって、技術力の蓄積は必須だ。だが政府役割の縮小と市場の自由化を求める新自由主義的政策は、そのような開発の妨げとなると見なすのである（Meles 2006, 2012; De Waal 2013）。

　だが新たな価値の創出を目指す開発は、国家によって上から押し付けられるものであってはならない。開発主義の言説自体が、人びとの中に内面化されねばならないとメレスは言う。それが内面化されることによってはじめて、開発は持続的なものとなるのである。またこのような開発の過程では、「下からの民主主義」は不要である。なぜなら貧しい開発途上国においては、政党や NGO はしばしば多数のクライアントを擁するパトロンに転じ、国家の富を懐に入れ配下に分配するレント・シーカーとなるからである。だから開発途上国には欧米流の民主主義はそぐわない。民主主義的な政体は、開発主義国家がその目的を達したあとにはじめて形成されるのであるという（Meles 2006, 2012; De Waal 2013）。

　このように、メレスの提唱する開発主義国家は、国家主導の価値創出による経済成長と、開発主義思想の国民への内面化によって達成されるものとされた。そして市民社会における NGO や政党による政治活動は、パトロン-クライアント関係やレント・シーキングに転ずるものとして警戒されたのである。

　他方で開発の中心は農業ではなく、「新たな産業」という形で製造業に置かれている点は、注意すべきだろう。またメレスの提言には民族連邦制というエチオピア独自の政治制度についての言及がない点も指摘しておきたい。民族連邦制は言うまでもなく、開発主義国家の求心的な国家主導の政治制度とは正反対の、分離主義的な傾向を持つ政治制度である。それならばこの開発主義政策は、どのような形で具体化されたのだろうか。それは、民族連邦制とはどのような関係をもったのだろうか。そして競争相手の多いグローバ

ル経済に、エチオピアの製造業はうまく参入できたのだろうか。まず開発主義政策が具体的にどのように実施されたのかを見て行こう。

2.4 開発主義政策の実際

この開発主義政策は小農の生産性向上も引き続き推進してはいたが、農業部門で強調されたのは資本投下型の大規模農業であり、またもっとも力点が置かれたのは、民間企業家による産業発展のためのインフラ整備だった。なかでも通信網の拡大、人的資本の育成、水力発電が強力に推し進められた。

すでに述べたように、通信網に関しては、国営エチオピア・テレコミュニケーションの通信網が全国に張り巡らされた。道路網も整備され、アディスアベバからジブチに至る鉄道も再建された。人的資本の形成に関しては、初等・中等教育の充実だけでなく、2001/2002 年には国内各地に技術職業教育訓校が作られ、若者への職業訓練が開始された。また多くの大学が新たに開設され、高等教育を受けた人材を多く送り出した。さらに 2004 年以降、ナイル川やオモ川などの河川で、多くのダムの建設が進められた。これらのダムは、電力の供給と灌漑用水の給水を目的としており、すでに稼働しているダムからは、エチオピア国内だけでなく周辺諸国へも電力が供給されている(Clapham 2018; Lavers 2024)。

農業部門では 2005 年以降、外貨を獲得することを目的として、大規模農業の振興が重視されるようになり、国内および海外企業への土地の貸与が増加していく (Lavers 2012; Dessalegn 2014; Keeley et al. 2014; 本書第 12 章)。2014 年に刊行された研究によると、大規模農場用の土地は、連邦政府あるいは州政府によって経営者に貸与されていた。貸与された土地の面積で最も多いのは、1,000 ～ 5,000 ヘクタールであり全体の 80% を占めたが、10,000 ヘクタールを超える貸与も 17 件あった。これらの土地の多くは、エチオピアでも人口密度が低く、焼畑農耕や牧畜が行われている南部諸民族州、ベニシャングル・グムズ州、ガンベラ州といった周辺的な地域で貸与に供されていた。土地の借り手は、エチオピア国内の企業の他、インド、サウジアラビア、トルコ、そして海外居住のエチオピア人の企業だった[4] (Keeley et al. 2014)。

---

4 このような大規模な土地の貸与は、後に見るように地元の住民の生活に破壊的な影響を及ぼすものもあり、「土地収奪 (land grab)」として批判にさらされた (Lavers 2012)。一方このような大規模農業開発は杜撰な計画が多く、しばしば失敗した。政府は 2011 年に貸与の一

このように 2004 年以降のエチオピアの高度経済成長は、開発主義へ向けての政策転換によって説明ができる。この経済成長は、道路やダム、通信網の整備のような大規模なインフラへの投資によって可能になった。すでに示したように、その資材は国外からの輸入によっており、それが国内で消費されることによって経済成長が達成されているのである。だが他のアフリカ諸国と異なり、潤沢な地下資源を持たないエチオピアは、極端な輸入超過となっている。経済が持続的に成長していくには、多額の累積赤字が何らかの形で補填される必要があるだろう。だがその財源はどこから来たのだろうか。

　一つ目は国内の資金からもたらされたものである。エチオピア政府は国内の銀行に、保有している資金の一定の割合を国債の購入に充てさせていた[5]。国家公務員の給与の一部をインフラの建設プロジェクトに拠出させたこともある（Mains 2019）。また国有の独占企業であるエチオピア・テレコミュニケーションからあがる莫大な利益も国家の重要な収入だった。二つ目は海外からの開発援助と譲許的融資である。近年では西側諸国だけでなく、中国の融資が大きな割合を占めるようになっている。そして三つ目は海外直接投資である。これは欧米諸国だけでなく日本から中国・トルコに至る多様な国々からなされていた（Clapham 2018）。

　このようにエチオピアの経済成長は、国内資金だけでなく、海外からの多額の援助によって維持されてきた。だがすでに述べたように、エチオピアの開発政策は、1980 年代から 90 年代にかけて IMF や世界銀行が推し進めてきた新自由主義的な経済政策とは、真っ向から対立するものだった。また市民社会における政治活動はパトロン－クライアント関係の形成やレント・シーキングにつながるために抑制されるべきものとされ、民主主義的な政治体制は否定されていた。これもアフリカ諸国に複数政党制と民主主義的政治体制を援助の条件とする、90 年代以降の西側の援助政策の流れに抗するものだった。それならばなぜ、海外からこれほど潤沢な資金がエチオピアに流入したのだろうか。

　　　時中止を宣言し、2013 年には貸与を 5,000 ヘクタール以下に限定したが、それによって海外からの投資はなくなり、以降は新たな大規模農業開発は行われなくなった（Lavers 2024: 144）。

5　2010 年代半ばには、市中銀行は貸し出し可能な資金の 27%をエチオピア国立銀行（National Bank of Ethiopia）の債券購入に充てなければならなかった（Fana 2014）。

2.5 開発主義国家という言説

　エチオピアへの資金流入を促した要因の一つは、国際的な援助動向の変化である。21 世紀の初めには、世界銀行と IMF の「重債務貧困国イニシアティブ（Highly Indebted Poor Country initiative）」によって、アフリカ諸国の債務は免除され始めた。さらに構造調整政策は、それぞれの国に開発のための戦略の決定権を与える「国家主導の貧困削減戦略（Country Led Poverty Reduction Strategy）」に置き換えられた。また冷戦終結後は減少していたアフリカ諸国への援助自体も 1999 年以降は増え続け、インフラ開発プロジェクトに投資される資金も増加した（Mains 2019）。

　これに加えて中国が新たな援助国家として登場したことも大きな要因となった。中国のアフリカへの多額の援助はよく知られているが、エチオピアでも中国政府は、アディスアベバとジブチを結ぶ鉄道の近代化、アディスアベバ市内の鉄道やビルの建設、ギルゲル・ギベ第三ダムと灌漑設備建設、通信インフラの建設、工業団地の建設など、多くのインフラ建設に投資している（Clapham 2018; Ziso 2020）。EPRDF 政権下において、中国はエチオピアの経済成長のモデルとなり、技術や資金のもっとも重要な提供国となった（Ziso 2020）。

　エチオピアに多額の援助が集まったのはしかし、このようなアフリカ全般に共通する要因によってだけではない。その国際政治のおける巧みな立ち回りも重要な理由となっていた。エチオピアは周囲をいわゆる「崩壊国家」や「テロ支援国家」に囲まれている。その中でエチオピアは他国に比べて安定した政治体制を維持し、南スーダンの国連軍への兵士派遣や、アメリカの意向に沿う形でのソマリアへの軍事介入によって、政治的な存在感を高めたのである。またエチオピアはアフリカ第 2 の人口を擁している。政府主導の開発と経済成長によって、近い将来これが巨大な市場になるかもしれないという期待も、投資を集めた理由だった。（Clapham 2018）。

　それならば、このような背景の中で開発主義国家というアジェンダは、どのような意味を持っていたのか。開発主義国家と新自由主義、民主主義の間の関係は、メレスの思想の中では明確に示されている。だが実際は、開発主義国家という言葉自体が政府の公式の文書で言及されることは少なく、

EPRDF のかかわる会合において非公式に口にされるだけだった[6]。またそのような場合でも、開発主義国家では開発主義と民主主義がともに実現可能とされ、EPRDF の独裁的な政権運営との明らかな矛盾を露呈していた。さらに TPLF 内では開発主義国家言説はかつて TPLF が依拠していたマルクス主義における上意下達の革命的民主主義の観念とともに用いられることもあり、それが開発主義国家の観念をよりあいまいなものにしていた（Brown and Fisher 2020）。

　他方で国連や世銀、国際 NGO のような海外の援助機関側にも、開発主義国家概念に関して一貫した理解はなかった。だが多くの援助機関に共通していたのは、EPRDF 政権を、強力で、開発への強い意志とビジョンを持っている政権と見なし、さらにそれが EPRDF の独裁主義的な性質と関連づけられると考えていた点だった。開発にかかわりたい援助機関はしかし、この政権に対して民主主義的な政権運営を迫ることは望ましいことではないと見なしていた。むしろ開発において長期的な成果を上げようとするのなら、このような政権の在り方を許容する方が望ましいとさえ考えていた。援助機関側は EPRDF 政権に、開発に対する強力なビジョンとそれを実現する強い政治的意思を認める一方で、その引き換えに EPRDF による民主主義の不履行と人権の侵害を受け入れていたのである（Brown and Fisher 2020）。

　開発主義国家の観念の内実はあいまいなものだった。だが援助機関側は非民主主義的な政治体制と人権の抑圧に対して沈黙を守ることを、このあいまいな観念に言及することで正当化していた。その意味で開発主義国家言説の流通自体、2005 年以降のエチオピアの経済成長を支えた一つの要因と言っていいだろう。それならば 2000 年代半ばから 2010 年代後半に至るエチオピアの高度経済成長には、負の側面はなかったのだろうか。

---

[6] エチオピア政府の開発計画に開発主義国家という言葉がはじめて用いられたのは、2010 年に刊行された『成長と構造改革計画（Growth and Transformation Plan 2010/11–2014/15：GTP I）』においてであり、それも 2ヶ所で触れられているに過ぎない（MoFED 2010）。2016 年に出された『成長と構造改革計画 II（Growth and Transformation Plan 2015/16–2019/20：GTP II）』でも 7ヶ所で触れられているが、明確な定義はなされていない（National Planning Commission 2016）。

3. 開発主義国家の困難

3.1　産業構造の転換と対外債務

まずはこの間の経済成長を経済的な側面から見てみよう。2000年代半ばからの開発主義国家政策による経済成長は目覚ましかった。その目的は、製造業の起業と発展を推し進め、産業構造の転換を図ることだった。ならばそれは、どれほど達成されたのか。

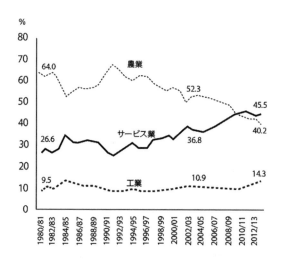

図4　エチオピアのGDPにおける各産業部門の占める割合
(World Bank Group 2015を筆者が修正)

2023年時点でのGDPにおける産業部門別の割合のデータがないので、ここでは経済成長の真っただ中にあった2012/13年までのデータを示そう（図4）。1990年以降、GDPの供給サイドにおける農業の割合は徐々に減少し、サービス業と工業（industry）が増加していることがわかる。[7]

この傾向自体は2020/21年にいたるまで継続していることが、GDPの成

---

[7]　この統計では、工業（industry）には、製造業、鉱業・採石、建設業、電気・ガス・水道が含まれている。

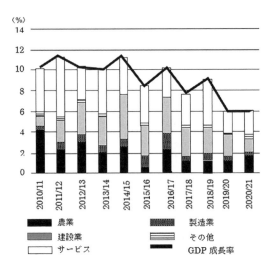

図5　供給サイドにおける経済成長率への各産業部門の貢献度
(World Bank Group 2022 を筆者が修正)

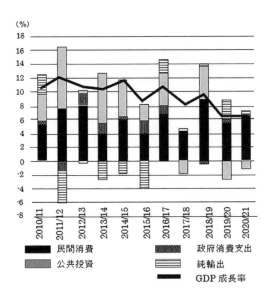

図6　需要サイドにおける各部門の貢献度
(World Bank Group 2022 を筆者が修正)

長率に各部門がどれほど貢献してきたのかを示す図5からも明らかである。それならば、エチオピアの製造業は成長してきたのか。工業部門を建設業と製造業、その他の工業に分類しているこの図から明らかなことは、経済成長で重要な役割をはたしてきたのは製造業ではなく、建設業であることがわかる。

一方で需要サイドに目を転じると（図6）、経済成長の主なけん引役は公共投資であり、民間消費も大きな割合を占めているが、他国と比較するとその割合は少ない（World Bank Group 2022: 11）。

次に GDP を各産業部門の労働生産性の推移から見てみよう（図7）。EPRDF 政権が誕生した 1990 年代初頭は、各産業部門の労働生産性はほぼ同じぐらいであることがわかる。その後サービス部門の労働生産性が上昇するが、2010 年代以降、工業部門の労働生産性が急激に上昇していることがわかる。工業部門をさらに分野別に示したのが、図8である。この図からも、工業部門の労働生産性上昇の要因が、建設業によるものであることがわかる。「過去 10 年の工業の労働生産性の急上昇は、公共事業も含まれる建設部門の生産性の増大によるもの」（World Bank Group 2022: 17）なのである。

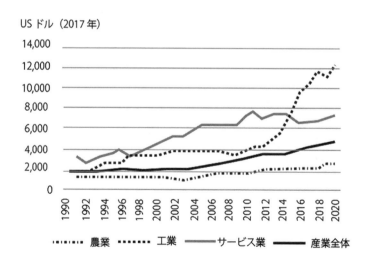

図7　産業部門別労働生産性の推移
（World Bank Group 2022 を筆者が修正）

図8 工業部門における分野別労働生産性の推移
（World Bank Group 2022 を筆者が修正）

　だが政府は製造業の振興に関して手をこまねいていたわけではない。政府の方針は当初、国内製造業の育成にあった。しかしメレスが死亡しハイレマリアムが首相になると、政府内で開発方針について議論が起こり、2015年までに方針は海外資本の誘致に転換された。アディスアベバ近郊をはじめとしてエチオピア各地に工業団地を作り、製造業部門の成長を促そうとしたのである。政府は長期的には海外企業との合弁事業等を通した国内企業の育成を目指してはいたが、より短期的には海外企業のノウハウに依存することで、グローバルな市場に参入し、そのバリューチェーンのなかで利益を上げることを目指した(Lavers 2024: 168-171)。
　工業団地で製造される主要な製品は、アパレル製品と皮革製品だった。2017年時点でエチオピア国内の76のアパレル企業のうち、外資系企業はア

8 　工業団地は当初経済的な合理性に基づき、アディスアベバやハワッサなど、交通の便が良く電力や水の供給が確保されている場所に建設された。しかし2010年代半ば以降、連邦政府に対して州政府の発言権が強まると、各州政府は経済効果や雇用の創出を求めて工業団地の誘致を主張するようになった。その結果、水や電力などの確保されない地域も工業団地の建設予定地とされ、海外からの投資を滞らせることになった（Lavers 2024: 171）。

メリカ、中国、韓国、インドなど、36に達した。アパレル製品の輸出は政府の目標値には届かないものの、徐々に増えて行った。しかしエチオピアで製造される製品はTシャツなどの安価な製品であり、それも多くの場合、最もベーシックで利益の少ない「裁断・縫製・仕上げ（Cut-Make-Trim）」工程による製品にとどまっていた。デザインや商品化計画などのより利潤の多い部分は、外資系企業の本社が行っていたのである。技術移転はなされなかったため国内企業は輸出向け製品を製造できず、もっぱら国内市場向けの安価な製品を作っていた。綿花等の原料から製品に至るまでの国内における垂直統合も、綿花の質の低さにより形成されなかった（Whitfield et al. 2020; Whitfield and Staritz 2021）。

皮革製品においても政府の目標値には届かないものの、輸出品は皮革原料から最終的な皮革製品に変わって行った。もともと半加工の皮革製品はエチオピアの重要な輸出品であったが（児玉 2001）、政府はより高価な加工済みの皮革製品の輸出を促すために半加工状態の皮革の輸出に関税をかけ、国内の皮革産業の技術向上を図った（Brautigam et al. 2018）。だが結果的に外資系企業が関税のかからない加工済み皮革を生産し、海外にある本社に輸出するようになった。エチオピアの国内企業への技術移転は生まれなかった。2018年時点で、皮革の輸出の73％、靴の輸出の87％が外資系企業によるものだった（Grumiller 2019）。

政府は製造業における雇用を、2025年までに200万人にするとしていたが、2018年時点でそれは、若年女性を中心としたわずか5万人にすぎなかった。そのうえ低賃金で過酷な労働現場は、しばしば労働者の不満の対象となっていた（Lavers 2024: 174–177）。

このように、2010年代において開発方針は海外企業の誘致に転換したものの、製造業の成長はわずかであり、けっして目覚ましいものではなかった。外資系企業がエチオピアに設立した工場は最も付加価値の少ない工程を担い、付加価値の高い部分は本国で行う。技術が移転されることはなく、十分な技術をもたない国内企業は輸出向け製品ではなく国内向け製品を製造する。綿花栽培や牧畜が行われているにもかかわらず、そこで生産される原料を最終的な製品に作り上げるような商品連鎖も生まれていない。そして製造業部門は国内で十分な雇用を生むこともなかった。

このように一見目覚ましく見えたエチオピア経済の成長は、製造業によっ

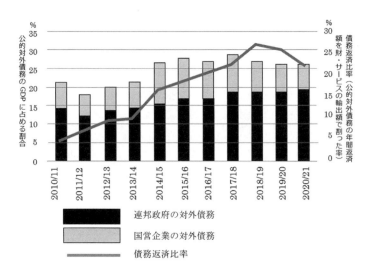

図9 連邦政府／国営企業（SOE）の対外債務がGDPに占める割合
（World Bank Group 2022 より筆者作成）

てではなく、2010年代の大規模なインフラの建設がこの部門の労働者の賃金等に反映され、その波及効果が原動力となって達成されたのである。そしてこの公共投資の財源は、海外からの借款による政府と国営企業への多額の融資によっている（図9）。2020年時点での債務返済比率は危険水域とされる20％を超えており、エチオピアの財政を危機的な状況に陥れていた（World Bank Group 2022）。この債務のうち約半分が中国からのものと言われる。

エチオピア経済における農業から工業への転換は、徐々に進んでは行った。だがその成長の大きなけん引役は公共投資による建設業であり、製造業への転換は2010年代末でも十分になされていなかった。他方で公共事業への融資のための多額の累積債務が、経済を圧迫していたのである。そして2018年以降の成長の鈍化の大きな要因は、エチオピアの政治状況の不安定化であり（World Bank Group 2022）、それがエチオピア経済に暗い影を落としていた

9　2016年にエチオピアの対外債務は231億ドルであり、2000年から2014年にかけての中国からの借款は120億ドルだった（Cochrane and Yeshtila 2018）。

のだった。

3.2　革命的民主主義とレント・シーキング

　エチオピア経済の問題は、経済成長が公共投資による建設業によってけん引されており、製造業の成長が十分に進んでいないことにあった。エチオピア政府は海外からの直接投資とエチオピア国内の民間企業育成の重要性を認識してはいる。しかしそれは十分に達成されていない[10]。ここで問題となるのは、「開発主義」と革命的民主主義、そして民族連邦制国家におけるTPLF中心の政治体制の関係である。

　エチオピアの重要な企業としてあげられるのは、エチオピア航空やエチオ・テレコムであるが、これらは国有企業である。またグランド・エチオピア・ルネサンス・ダムの建設や化学肥料の生産等にかかわるメテック（Metals and Engineerig Corporation）は、もともとは軍に武器を供給する企業であり、TPLFの退役軍人によって経営されていた。EPRDFと非常に強いつながりのある企業なのである（Clapham 2018）。

　ティグライ復興基金（EFFORT）によって設立された企業群も、エチオピアにおいて重要な地位を占めていた。EFFORTは内戦時に破壊されたティグライ地域の経済復興のために作られた基金だが、それがEPRDFの中核にあるTPLFと密接な関係を持つコングロマリットの母体となったのだった（Vaughan and Mesfin 2011; Berhanu 2013; 眞城 2018; 本書第5章）。

　他にもサウジアラビア出身で、母親がウォッロのムスリムのオロモ人であるモハメド・アラムディの所有するMIDROCグループもEPRDFと深い関係にあると言われ、エチオピアで大きな存在感を示していた。

　このように、エチオピアの企業の多くは国営であるか、EPRDFと密接なつながりのある企業だった。民間部門の企業が活性化するためには、自由な経済活動を許容する必要がある。だがEPRDFの政策は強権的であり、革命

10　エチオピア政府が2020年に出した開発計画も、過去10年間の経済成長の問題点を、以下のように指摘している。「エチオピアで製造された製品は、国際市場において競争力がないだけでなく、国内においても輸入商品との競合に耐えられない。エチオピアの輸出品の大半は、ほとんど付加価値のないわずかな量の農産物である。そのうえ国内の生産物は、国内の経済活動や工業化の需要を満たすことができなかった。その結果、経済は輸入に依存し、輸入商品への需要は年を経るごとに増加し続け、輸出と輸入の間のギャップを拡大し続けるにまかせてきた」（Planning and Development Commission 2021: 4）。

的民主主義に基づく上意下達のやり方で制度設計を行う。そのような環境では、企業間の公正な競争が促されることはなく、むしろ政府の有力者に取り入ろうとする活動が盛んになる。それが2000年代のエチオピアにおける贈賄の横行や、パトロン－クライアント関係の温床となっていたとされる（Pellerin 2019）。このような状況は、経済成長の果実がTPLF関係者のような一部の集団によって独占されているという疑惑を人びとの間に広め、社会不安の大きな要因となった（本書第5章）。

連邦政府と州政府の間の関係も、大きな問題をはらんでいた。憲法で各民族州の自己決定権が認められている一方で、州政府は経済的には、連邦政府から毎年配分される助成金に大きく依存している。連邦政府は州政府による助成金の使途を監視し、議会を通じて毎年の認可額を決定する。そのために州政府は、開発に関しても独自の決定を行うことができず、連邦政府のコントロールを受けることになった（Semahagn 2014; 本書第10章）。

3.3　ダム・土地収奪・外交問題

大規模なインフラ建設は、経済成長と経済構造転換の基盤形成に役立つ一方で問題も引き起こした。2016年の大規模な反政府運動は、アディスアベバ郊外の都市域拡張と、それにともなうオロモ系住民の強制移転をきっかけとしていた（本書第7章・第9章）。国家主導の強引なインフラ建設は、様々な矛盾を生み出すのである。なかでも社会的な影響がもっとも大きいのは、巨大ダムの建設である。

エチオピア政府は水力発電をエネルギー政策の中心に置いており、2005年以降大型ダムの建設を積極的に展開している（Verhoeven 2013; 本書第11章・第12章）。これらのダムは、飲料水の提供、氾濫の抑止、水力発電、灌漑、そして周辺諸国に売電することによる外貨獲得を目的としている。灌漑が行われるところでは、国家による地域住民からの土地の収奪と企業への貸与が行われることがある。ダム建設により電力や灌漑の恩恵を受ける住民や企業がある一方で、従来の生活を変えざるを得ない人びともいるのである。

この点に関して国際的な論争となったのが、オモ川に作られたギルゲル・ギベ第三ダムの建設である。オモ川の下流には多くの農牧民が住んでおり、オモ川の季節的氾濫を利用して氾濫原農耕を行っている。エチオピア政府はオモ川下流部の低地を国外・国内の企業に貸与したうえで、ダムによって河

川の氾濫を抑え、用水路によって耕作地を灌漑しようとした。この計画は国際NGOによって、下流住民に対する人権侵害、生態環境の破壊、オモ川が流入するトゥルカナ湖へ与えると予想される甚大な影響のために、「土地収奪」として強く批判された。世銀をはじめとする国際機関は建設費用の拠出から撤退したが、ダムはエチオピア政府の資金と中国政府の援助によって建設され、2016年から運用が開始された。オモ川の氾濫に依存してきた農牧民たちは、土地の収奪と氾濫の消失のために、生活を大きく変えることを強いられている（佐川 2014, 2016, 2019a, 2019b; 本書第12章; Stevenson and Buffavand 2018）。

　巨大なダム建設は、河川が流れる周辺諸国との間にも紛争を引き起こす。グランド・エチオピア・ルネサンス・ダム（Grand Ethiopian Renaissance Dam）は、青ナイル川の上流に建設された巨大ダムである。ダムの建設予定地についての構想がはじめて立てられたのはハイレセラシエ時代だったが、実際の建築に向けて動き出したのは2010年からだった。このダムはエチオピアの再生を象徴するものと位置づけられ、エチオピア国内でも様々なキャンペーンが行われた（Mains 2019）。

　だが他方で、ナイル川が流れるスーダンとエジプトは、このダム建設によって大きな影響を受ける可能性があった。なかでもダム建設に強く反対してきたのは、エジプトだった。ダムの貯水によって、下流のエジプトへのナイル川の流量が減少することを恐れたからである。それによって下流のエジプト人農民の生活が脅かされるだけでなく、電力供給にも影響が出るとした（Verhoeven 2013）。エチオピア、スーダン、エジプト間の協議は何度か行われたが、現在に至るまで交渉は決裂したままであり、3者の納得する協定が結ばれたわけではない。ダムの貯水は開始されており、現在もアメリカやアラブ首長国連邦が仲介を試みている。

3.4　余剰人口と資源分配

　開発主義政策の目的は農業国から工業国への転換と、それによる輸出主導経済の形成にあった。そしてその背景には、急激に増加する人口に対するEPRDF政権の危機感と、農地や雇用などの資源分配を通して国民を政権に取り込もうとする政治的な意図があった。それでは、このような政治目的は達成されたのだろうか。

開発主義に舵を切って以降も、EPRDF政権は農業開発にも投資を続けた。しかし施策の中心は、以前の「すべての農民の生産性を向上させる」というものから、「大規模な資本主義的農業の振興」と、「高い潜在力を持つ小農の生産性の向上」へと変化していた。余剰人口と資源配分に関係するのは、後者の「高い潜在力を持つ農民の生産性向上を図る」という施策である。

　デルグ政権以降、エチオピアにおいて農地の利用は、農民組合のような地域に根差した組織が国家の所有する土地を管理し、農民はそのもとで耕作権を維持してきた。だが人口増加にともない土地は再配分によって細分化され、所有権を持たない農民は土地の生産性向上に対して大きなインセンティブを持つことができなくなっていた。それに対してEPRDF政権は、1997年にティグライ州で、2000年にアムハラ州で、土地保有に関する新たな布告を出し、その時点における農民の利用している土地の利用権を公式に認可し、その永続的な利用と相続を保証した。それによって土地の再配分と細分化を防ぎ、農民のインセンティブの向上を図ったのである。この施策はオロミア州と南部諸民族州でも施行された（児玉 2015; Lavers 2024: 125）。

　この施策によって、2000年代以降のエチオピアの農業生産性は徐々に向上していった。インセンティブを持つ農民には、改良種子と化学肥料が優先的に配分されたからである。他方でこの施策は、農民の階層分化ももたらした。布告の出された時点で一定の農地を保有している農民は、その永続的な利用権が認められる一方で、それ以降に参入する若い世代の間では、生計維持が不可能なわずかな土地しか持たない者やまったく土地を持たない者たちが多量に出現したのである（Lavers 2024: 125-139）。

　開発主義は、このような農業部門における余剰人口を製造業に吸収することによって、資源配分にまつわる問題を解決しようとするものだった。だがすでにみたように、2010年代後半においても製造業は萌芽的な状態を脱することができず、十分な雇用を生み出すことはなかった。2010年代後半の雇用状況を見ると、農業部門が70％弱であるのに対して、製造業はわずか10％に過ぎない。工業団地が立地する都市近郊において、若年層の失業率は2000年代半ばから2010年代後半にかけて20％前半で推移している。だが実際の若年失業者数は、人口増加にともない50万人から100万人に倍増しているのである（Lavers 2024: 178-183）。このように農村部においても都市部においても、開発主義は若年層を中心とする失業者に、農地や雇用という

資源を分配することができなかった（児玉 2016）。そしてこれが、2015 年以降に激化する反政府運動と、その後の政権転換の要因となる。

4. 開発主義国家の隘路とその帰結

　2000 年代半ばから加速したエチオピアの経済成長は、海外からの融資をもとにした国家主導のインフラへの投資がけん引するものだった。それによって交通網や都市インフラ、通信インフラ等が整備され、エチオピア各地に工業団地も建設された。多数の職業訓練校や大学開設に見られるように、人材への投資も積極的に行われてきた。

　だが最後発の開発主義国家が外資の誘致によってグローバル市場に参入することには、大きな困難があった。グローバルなバリューチェーンのなかで付加価値の高い活動部門は外資に独占され、エチオピアの国内産業はもっとも利益の少ない部分を担うことになった。目的とする輸出向け製造業の成長は、萌芽的な状態にとどまっていた。そして EPRDF 政権の末期において、すでに巨額の対外債務があり、財政は危機的な状況だった。輸出主導の工業立国への転換という目標は、急激な人口増加にともなって出現した余剰人口への、雇用の供給というかたちでの資源分配をもくろむものだったが、それはうまく行かなかった。増大する人口に、経済の離陸が間に合わなかったのだ。

　グローバルな市場への参入の困難だけでなく、革命的民主主義理念に基づく EPRDF 政権の強圧的な統治と規制も、開発主義政策の蹉跌をもたらした。だがこの政治手法こそ、メレスのビジョンに適合した開発主義国家の在り方に沿ったものであり、民族連邦制という EPRDF の構築した政治体制のはらむ遠心力を、強力な力で抑え込むものでもあった。この革命的民主主義・民族連邦制・開発主義国家の複合体である政治経済体制は、権力の中心にある TPLF に関連企業を通して富を集中させる仕組みを作らせることにもなった。これはメレスが口を極めて批判したレント・シーキングの仕組みそのものである。エチオピア経済は、その中に経済と政治の間の、解きほぐしがたい矛盾を内包していたのである。

　2018 年のオロモ出身のアビィ・アフマドの首相就任は、経済成長の果実

が強圧的な政権に巣くう一部のレント・シーカーたちに独占されているという民衆の怒りを背景としていた。この民衆運動は、開発主義国家の施策から取りこぼされた若年層を中心としたものであった。また民族連邦制という政治制度によって一般に浸透した民族ナショナリズムは、この民衆運動を民族ごとに分断されたものにしてしまい、後々の民族間紛争を予見させるものとなった。こうした民衆レベルでの地殻変動が、EPRDF内での民族ナショナリズムに乗じた権力闘争と、ティグライ中心の政権からオロモ中心の政権への移行を可能にしたのである（Lavers 2024; 本書第1章・第6章・第7章）。

2003年から10年にかけては11.4％、2011年から15年にかけては10.2％と推移したエチオピアの経済成長率は、2016年から19年にかけては8.5％と、政権交代時には下降に向かっていた。アビィは2018年に首相に就任するとすぐに、エチオピア航空やエチオ・テレコムのような大規模国営企業を私企業化すると宣言し、EPRDF政権下の開発主義から、新自由主義的なアプローチに転換することで、局面の打開をはかろうとした[11]。2021年に企画開発委員会（Planning and Development Commission）から出された『10年開発計画』では、「国内発の経済成長（Homegrown Economic Growth）」というコンセプトが提示され、国家主導の公共セクター中心の経済開発に替え、民間セクター中心の経済開発が提起されている（Planning and Development Commission 2020）。国家主導のインフラ建設が海外への多額の負債を生み出してきたことを踏まえ、それを転換しようとしたのである。

だが2020年のCOVID-19の世界的感染拡大と、何よりも2020年11月から始まったティグライ内戦により、エチオピア経済は大きな打撃を受けることになった。繁栄党は表向き民族連邦制とは距離を取り、民族を超えたエチオピアの統合を謳っていたが、それが民族主義をとるTPLFとの対立を生み、内戦に発展したとされる[12]。内戦によってティグライ州にある工業団地

---

[11] ただし2024年現在でもエチオピア航空、エチオ・テレコムいずれも国営のままである。
[12] 実際には繁栄党はその表向きの理念にもかかわらず、オロモ勢力とアムハラ勢力に分裂しており、TPLFに対抗するために両勢力が協力しているにすぎない状態だったという（Hagmann 2021）。そうであるならばこれは理念の対立ではなく、民族連邦制下で浸透した民族ナショナリズムを利用する政治エリートたちの権力闘争の結果だと言えるだろう。またかつての政府軍の将校の多くはTPLF側についていたために、連邦政府軍は弱体化しており、それにかわって連邦政府軍ではない各州に配置されていた軍隊が戦闘に加わった（Hagmann 2021; 本書第6章）。これがティグライ戦争後、エチオピア国内で頻発する民族間紛争の一因となっている。

は破壊され、不安定な政治状況により外資は撤退した。2020年の経済成長は5.6％に落ち込み、乏しい外貨準備高のゆえに民間セクターへの投資も滞った。ティグライ内戦における人権侵害を理由に、2021年11月に米国通商代表部（USTR）によって出されたアフリカ成長機会法（AGOA）に基づくエチオピアの特恵待遇終了の通知は、エチオピア政府の窮状に追い打ちをかけるものだった[13]（JETRO 2021）。2023年8月にエチオピア政府は中国政府との債務返済停止に合意したものの、12月には他の債権者との合意に至らず、債務返済不履行の状態となった（JETRO 2023）。

　諸民族の平等を謳う民族連邦制と強権的な開発主義。2000年代のエチオピアの経済成長は、この政治と経済の危ういバランスのなかで維持されてきた。だが最後発の開発主義国家が、多くの競争相手のいるグローバル市場に参入するのは困難を極めた。エチオピア経済は離陸することなく失速し、政治と経済のバランスは政治的解体の方へと大きく傾いてしまった。そしてそれが、さらなる経済的な困難をもたらしたのである。

　だがこの経済開発の推進と挫折は、エチオピア固有の問題と捉えるべきではないだろう。多様な民族集団をそのうちに抱え、国家統合を維持しようとする他の多くの開発途上国も、エチオピアと同様の課題に直面している。エチオピアはその課題を解決するための一つの方策を、極端な形で実践したと言えるのではないだろうか。いまエチオピアは、政治・経済の混乱のなかにある。だが、その経済開発の軌跡は失敗も含め、他の国々の政治経済を考察する際にも、様々な示唆を与えるはずだ。

13　AGOAは、米国がアフリカのサブサハラ諸国の発展に関与すべく2000年に成立させた法律で、条件を満たす国からの輸入に対して無関税の特恵待遇を与えるものである。AGOA対象国と認められる条件としては、市場経済、法の支配、政治的な多元性、適正な法手続きの確立や米国の貿易・投資に対する障壁の撤廃、貧困削減、腐敗撲滅、人権保護に関する政策の実施などが設定されている（JETRO 2021）。アメリカ第2のアパレル企業であるフィリップス・ヴァン・ヒューゼンがエチオピアの旗艦的工業団地であるハワッサ工業団地の設立にかかわった理由の一つが、エチオピアがAGOAの対象国であったことだった（Lavers 2024: 174）。

参考文献

Amdissa Teshome, 2006, *Agriculture, Growth and Poverty Reduction in Ethiopia: Policy Processes Around the New PRSP (PASDEP)*, (Retrieved July 5, 2023, https://www.future-agricultures.org/publications/research-papers-document/agriculture-growth-and-poverty-reduction-in-ethiopia-policy-processes-around-the-new-prsp-pasdep/).

Abduselam Abdulahi Mohamed, 2017, "Food Security Situation in Ethiopia: A Review Study," *International Journal of Health Economics and Policy*, 2(3): 86–96.

Alemayehu Geda, 2005, "Explaining African Growth Performance: The Case of Ethiopia," (Retrieved July 5, 2023, https://www.researchgate.net/publication/228889078_Explaining_African_Growth_Performance_The_Case_of_Ethiopia).

Berhanu Abegaz, 2013, "Political Parties in Business: Rent Seekers, Developmentalists, or Both?" *The Journal of Developmental Studies*, 49(11): 1467–1483.

Brautigam, Deborah, Toni Weis and Xiaoyang Tang, 2018, "Latent Advantage, Complex Challenges: Industrial Policy and Chinese Linkages in Ethiopia's Leather Sector," *China Economic Review*, 48: 158–169.

Brown, Stephen and Jonathan Fisher, 2020, "Aid Donors, Democracy and the Developmental State in Ethiopia," *Democratization*, 27(2): 185–203.

Clapham, Christopher, 2018, "The Ethiopian Developmental State," *Third World Quarterly*, 39(6): 1151–1165.

Cochrane, Logan and Yeshtila W. Bekele, 2018, "Contextualizing Narratives of Economic Growth and Navigating Problematic Data: Economic Trends in Ethiopia (1999–2017)," *Economies* 6(64), (Retrieved February 26, 2023, https://www.mdpi.com/2227-7099/6/4/64).

De Waal, Alex, 2013, "The Theory and Practice of Meles Zenawi," *African Affairs*, 112(446): 148–155.

Dessalegn Rahmato, 2014, "The Perils of Development from Above: Land Deals in Ethiopia," *African Identities*, 12(1): 26–44.

Dube, Ahmed Kasim, Wasiu Olayinka Fawole, Ramu Govindasamy and Burhan Ozkan, 2019, "Agricultural Development Led Industrialization in Ethiopia: Structural Break Analysis," *International Journal of Agriculture, Forestry and Life Sciences*, 3(1): 193–201.

Fana Gebresenbet, 2014, "Securitization of Development in Ethiopia: The Discourse and Politics of Developmentalism," *Review of African Political Economy*, 41(143) Special Issue: s64-s74.

FDRE and MoFED, 2002, *Ethiopia: Sustainable Development and Poverty Reduction Program*, Addis

Ababa: Federal Democratic Republic of Ethiopia (FDRE) and Ministry of Finance and Economic Development (MoFED). (Retrieved July 5, 2023, https://extranet.who.int/mindbank/item/724).

Grumiller, Jan, 2019, "A Strategic-Relational Approach to Analyzing Industrial Policy Regimes within Global Production Networks: The Ethiopian Leather and Leather Products Sector," *OFSE Working Paper*, 60.

Habtu, Yonannes, 1997. "Farmers without Land: The Return of Landlessness to Rural Ethiopia," Deborah Fahy Bryceson and Vali Jamal, eds., *Farewell to Farms: De-Agrarianisation and Employment in Africa*, Aldershot: Ashgate Publishing, 41–59.

Hagmann, Tobias, 2021, "Ethiopia's Civil War: Five Reasons Why History Won't Repeat Itself," The Conversation, (Retrieved July 20, 2024, https://theconversation.com/ethiopias-civil-war-five-reasons-why-history-wont-repeat-itself-172158).

Kassahun Berhanu and Collin Poulton, 2014, "The Political Economy of Agricultural Extension Policy in Ethiopia: Economic Growth and Political Control," *Development Policy Review*, 32(S2): S197-S213.

Keeley, James, Wondwosen Michago Seide, Abdurehman Eid and Admasu Lokaley Kidewa, 2014, *Large-scale Land Deals in Ethiopia: Scale, Trends, Features and Outcomes to Date*, London: International Institute for Environment and Development (IIED).

Lavers, Tom, 2012, "Patterns of Agrarian Transformation in Ethiopia: State-Mediated Commercialisation and the 'Land Grab'," *The Journal of Peasant Studies*, 39(3–4): 795–822.

―――, 2024, *Ethiopia's 'Developmental State': Political Order and Distributive Crisis*, Cambridge: Cambridge University Press.

Lefort, René, 2012, "Free Market Economy, 'Developmental State' and Party-State Hegemony in Ethiopia: the Case of the 'Model Farmers'," *The Journal of Modern African Studies*, 50(4): 681–706.

Mains, Daniel, 2019, *Under Construction: Technologies of Development in Urban Ethiopia*, Durham: Duke University Press.

Meles Zenawi, 2006, *African Development: Dead Ends and New Beginnings*, (Retrieved July 5, 2023, https://www.semanticscholar.org/paper/AFRICAN-DEVELOPMENT%3A-DEAD-ENDS-AND-NEW-BEGINNINGS-Zenawi/c1c097b483d0dd9349f969673f3d76927c32d789).

―――, 2012, "States and Markets: Neoliberal Limitations and the Case for a Developmental State," Akbar Noman, Kwesi Botchwey, Howard Stein and Joseph E. Stiglitz eds., *Good Growth and Governance in Africa: Rethinking Development Strategies*, Oxford: Oxford University Press, 140–174.

MoFED, 2003, *Rural Development Policy and Strategy*, Addis Ababa: Ministry of Finance and Economic Development (MoFED).

―――, 2006, *Ethiopia: Building on Progress, A Plan for Accelerated and Sustained Development to End Poverty (PASDEP)*, Addis Ababa: Ministry of Finance and Economic Development (MoFED). (Retrieved July 5, 2023, https://www.afdb.org/fileadmin/uploads/afdb/Documents/Policy-Documents/Plan_for_Accelerated_and_Sustained_%28PASDEP%29_final_July_2007_Volume_I_3.pdf).

―――, 2010, *Growth and Transformation Plan 2010/11–2014/15*, Addis Ababa: Ministry of Finance and Economic Development (MoFED), (Retrieved July 5, 2023, https://planipolis.iiep.unesco.org/2010/growth-and-transformation-plan-201011-201415-volume-i-main-text-volume-ii-policy-matrix-5151).

Mulatu Wubneh, 1991, "The Economy," Thomas P. Ofcansky and La Verle Berry eds., *Ethiopia: A Country Study*, Washington: Federal Research Division, Library of Congress, 143–205, (Retrieved July 5, 2023, https://www.loc.gov/item/92000507/).

National Planning Commission, 2016, *Growth and Transformation Plan II (GTP II) 2015/16–2019/20*, Addis Ababa: FDRE National Planning Commission, (Retrieved July 5, 2023, https://planipolis.iiep.unesco.org/2010/growth-and-transformation-plan-201011-201415-volume-i-main-text-volume-ii-policy-matrix-5151).

Pellerin, Camille Louise, 2019, "The Aspiring Development State and Business Associations in Ethiopia – (Dis)embedded Autonomy?" *Journal of Modern African Studies*, 57(4): 589–612.

Planning and Development Commission, 2021, *Ten Years Development Plan: A Pathway to Prosperity 2021–2030*, Addis Ababa, Ethiopia: FDRE Planning and Development Commission, (Retrieved July 5, 2023, https://www.ircwash.org/sites/default/files/ten_year_development_plan_a_pathway_to_prosperity.2021-2030_version.pdf).

Semahagn Gashu Abebe, 2014, *The Last Post-Cold War Socialist Federation: Ethnicity, Ideology and Democracy in Ethiopia*, London: Routledge.

Stevenson, Edward G. J. and Lucie Buffavand, 2018, ""Do Our Bodies Know Their Ways?" Villagization, Food Insecurity, and Ill-Being in Ethiopia's Lower Omo Valley," *African Studies Review* 61(1): 109–133.

Stiglitz, Joseph E., 2002, *Globalization and its Discontents*, New York: W.W. Norton & Company.（鈴木主税訳 , 2002,『世界を不幸にしたグローバリズムの正体』徳間書店 .）

Vaughan, Sarah, 2011, "Revolutionary Democratic State-Building: Party, State and People in the

EPRDF's Ethiopia," *Journal of Eastern African Studies*, 5(4): 619-640.

Vaughan, Sarah and Mesfin Gebremichael, 2011, "Rethinking Business and Politics in Ethiopia: The Role of EFFORT, the Endowment Fund for the Rehabilitation of Tigray," *Africa Power and Politics, Research Report 02*, (Retrieved February 26, 2023, https://assets.publishing.service.gov.uk/media/57a08aea40f0b64974000850/20110822-appp-rr02-rethinking-business-politics-in-ethiopia-by-sarah-vaughan-mesfin-gebremichael-august-2011.pdf).

Verhoeven, Harry, 2013, "The Politics of African Energy Development: Ethiopia's Hydro-Agricultural State-Building Strategy and Clashing Paradigms of Water Security," *Philosophical Transactions of the Royal Society of London. Series A: Mathematical, Physical, and Engineering Sciences*, 371 (2002): 1-16.

Whitfield, Lindsay and Cornelia Staritz, 2021, "The Learning Trap in Late Industrialisation: Local Firms and Capability Building in Ethiopia's Apparel Export Industry," *The Journal of Development Studies*, 57 (6): 980-1000.

Whitfield, Lindsay, Cornelia Staritz and Mike Morris, 2020, "Global Value Chains, Industrial Policy and Economic Upgrading in Ethiopia's Apparel Sector," *Development and Change*, 51 (4): 1018-1043.

World Bank Group, 2015, *Ethiopia's Great Run: The Growth Acceleration and How to Pace It*, (Retrieved February 26, 2023, https://openknowledge.worldbank.org/handle/10986/23333).

―――, 2022, *Ethiopia's Great Transition: The Next Mile-A Country Economic Memorandum*, (Retrieved February 26, 2023, https://openknowledge.worldbank.org/handle/10986/37681).

World Bank, 2023, *Data Ethiopia*, (Retrieved February 26, 2023, https://data.worldbank.org/country/ethiopia).

Ziso, Edson, 2020, "The Political Economy of the Chinese Model in Ethiopia," *Politics & Polity*, 48(5): 908-931.

児玉由佳, 2001,「エチオピアの皮革産業の現状と展望」『皮革科学』46 (4): 266-272.

―――, 2015,「エチオピアにおける土地政策の変遷からみる国家社会関係」武内進一編『アフリカ土地政策史』日本貿易振興機構アジア経済研究所, 225-254.

―――, 2016,「アフリカの農業と若者：エチオピアの事例（特集 TICAD VI の機会にアフリカ開発を考える）」『アジ研ワールド・トレンド』253: 4-5.

佐川徹, 2014,「エチオピア牧畜民に大規模開発はなにをもたらすのか」内藤直樹・山北輝裕編『社会的包摂／排除の人類学：開発・難民・福祉』昭和堂, 41-56.

―――, 2016,「フロンティアの潜在力：エチオピアにおける土地収奪へのローカルレンジの対応」遠藤貢編『武力紛争を越える：せめぎ合う制度と戦略のなかで』京都大学学術出版会, 119-149.

―――, 2019a,「エチオピアにおける食料安全保障政策と激変する農牧民の生活：大規模開発事業との関係に注目して」『アフリカ研究』95: 13-25.

―――, 2019b,「漁労を始めた牧畜民：ダサネッチにおける生業をめぐる文化的評価とその変化」『社会人類学年報』45: 41-62.

西真如, 2014,「エチオピアの開発と内発的な民主主義の可能性：メレス政権の20年をふりかえる」大林稔・西川潤・阪本公美子編『新生アフリカの内発的発展：住民自立と支援』昭和堂, 56-77.

平野克己, 2013,『経済大陸アフリカ：資源、食糧問題から開発政策まで』中央公論新社.

眞城百華, 2018,「内戦支援からNGOへ：ティグライ女性協会の活動を中心に」宮脇幸生編『国家支配と民衆の力：エチオピアにおける国家・NGO・草の根社会』大阪公立大学共同出版会, 104-139.

JETRO, 2021,「米国、アフリカ3カ国に対するAGOA特恵待遇を終了と発表」『ビジネス短信』(Retrieved July 20, 2024, https://www.jetro.go.jp/biznews/2021/11/b749fc4619a40f68.html).

―――, 2023,「エチオピアが債務不履行、債権者グループと協議も合意に至らず」『ビジネス短信』(Retrieved July 20, 2024, https://www.jetro.go.jp/biznews/2023/12/5a369bf0ce0f2d98.html).

第 3 章　言語政策
——学校における教授言語に注目して

利根川 佳子

1. はじめに

　多民族国家そして多言語国家において言語政策、特に学校における教授言語をめぐる問題は、教育学的にも政治的にも重要であるとともに、公平性にもかかわる（鹿嶋 2005; Alidou 2004）。教授言語は、政治的・経済的機会へのアクセスと関わる点において、権力の（再）分配と社会の（再）構築の重要な鍵となる。そのため、教授言語は、言語的・社会的・政治的集団間の政治的対立が生まれる火種ともなる（鹿嶋 2005; Alidou 2004; Tsui and Tollefson 2004）。
　エチオピアは、多言語・多民族国家である。80以上の民族を抱え、80以上の言語、200の方言があるといわれる[1]（Shimellis and Negash 2020）。2022年の予測では、民族構成は、オロモが一番多く35.8%、次にアムハラの24.1%、ソマリ7.2%、ティグライ5.7%、シダマ4.1%、グラゲ2.6%、ウォライタ2.3%、アファール2.2%、スルテ1.3%、カフィチョ1.2%、その他13.5%である（CIA 2023）。ほかのアフリカ諸国では、旧宗主国の言語を教授言語や公用語として選択している場合もあるが、エチオピアは植民地支配された期間が短かった国であり、ほかの国の状況とは異なる。そのようなエチオピアの独自性にも注目し、本章では、エチオピアの近現代の政権における言語政策と学校の教授言語を整理し、その政策の実態と課題を考察する。

---

[1]　エチオピアで使われている言語は、大きくアフロ・アジア語族のセム系諸語、クシ系諸語、オモ系諸語、ナイル・サハラ語族の諸語に分類される（柘植 2009: 250）。

2. 帝政期およびデルグ政権期における言語政策

本節ではまず 1974 年まで続いた帝政期（特に 1941 年のイタリアからの独立回復後）および 1991 年まで続いたデルグ政権期の言語政策、特に学校における教授言語に焦点をあてて考察する。

2.1 帝政期における言語政策

1941 年のイタリアからの独立回復後、エチオピアの文明を豊かにするために近代教育が重要視されるようになった（Tekeste 2006: 12）。近代教育によって、皇帝、国家、エチオピア正教を尊重する国民の育成が目指された（Tekeste 2006: 13）。道徳の教科には、公民と宗教の内容が含まれていた。

イタリアによる占領期には、行政州によって異なる言語が教育に用いられることが提案されたが（柘植 2009; Yirgalem 2019）、1950 年代には皇帝はアムハラ化を通した国家統一を目指し、同化主義を本格化させた（Alemseged 2004）。その中で、1955 年の憲法 125 条においてアムハラ語が国の公用語（official language）とされた（Fellman 1992）。そして、「一国家一言語」という考え方が重視され[2]（Yirgalem 2019: 42）、アムハラ以外の民族もアムハラ語を学ぶことが義務づけられた[3]（Alemseged 2004: 595）。小学校での教授言語は 1960 年代前半にはアムハラ語となり（Alemseged 2004）、中等教育（日本の高校レベル）が始まる 9 年生以降は英語が教授言語とされた。初等教育におけるはじめてのアムハラ語の教材は、1955 年に作成された[4]（Tekeste 2006: 13）。

アムハラ語を公用語として認めることは、国家の統一だけでなく、支配エリートであるアムハラの人びとによる政治的・経済的支配の強化につながった（Alemseged 2004）。アムハラ以外の民族にとって、母語でないアムハラ語

2　アムハラ語以外の言語の公的な場面での使用は限られたものであり（ソマリ語、アファール語、ティグライ語がラジオで限定的に使用された）、アムハラ語以外の言語の文字表記も原則認められていなかった（柘植 2009）。

3　1908 年に西洋式の学校がエチオピアではじめて設立されたが、そこでは一部の富裕層出身者のみが英語、フランス語、イタリア語を学んだ。英語やイタリア語が教授言語として使用されていた（Benson et al. 2012: 35）。

4　1950 年代後半になると、UNESCO、世界銀行といった国際援助機関やアメリカ合衆国国際開発庁（United States Agency for International Development: USAID）といった先進国によって、経済開発における教育の貢献が注目され、エチオピアの教育拡大を後押しした（Tekeste 2006: 16）。

を学ぶことは苦労を要するだけでなく、アムハラ優位を認め権力の象徴としてのアムハラ語を受け入れることを意味していた。そのため、多くのアムハラ語を母語としない人びとにとって、アムハラ語の優遇は批判の対象となった（Alemseged 2004）。例えば、ハイレセラシエ 1 世大学の学生運動のリーダーであったワレリン・マコネン・カサは、学生雑誌に「エチオピアの諸民族の問題について」という記事を投稿し（Wallelign 1969）、国の均一化（homogenization）を進め、文化的なアイデンティティを軽視する体制を批判し、異なる言語や文化、多様な民族を受け入れる重要性を訴えた（Yirgalem 2019）。

このように、イタリア占領から解放後の帝政期の教育制度は、国家統合を重視するという観点からアムハラへの言語・文化面での同化を特徴とするものである。そのため、初等教育の教授言語はアムハラ語のみであった。なお、1940 年代から 60 年代の学校教育はエリートのための教育制度であり、農村部にまではいきわたっていなかった（Tekeste 2006）。

2.2　デルグ政権期における言語政策

1974 年に帝政を倒したデルグ政権は、貧困から抜けだすための手段として教育を重視した（Tekeste 2006）。1987 年には新憲法が制定され、第 19 条第 1 項には「国家は、国民の知的・身体的発達と労働能力を高めることにより、新しい文化を発展させ、社会主義の基礎を築くため、教育その他の知識を豊かにする手段の拡充を保障する」ことが明記され、第 40 条には、教育を無償とすることや、学齢児童の義務教育を確保することなどが含まれた（PDR 1988）。その結果、学校教育が推進され、就学者数は増加した。1974/75 年の初等教育（1～8 年）就学者数は 1,042,900 人、中等教育（9～12 年）就学者数は 81,000 人であり、その後 1990/91 年には、初等教育は約 3.7 倍（3,926,700 人）、中等教育は約 5.6 倍（454,000 人）に増加した（Tekeste 2006: 19）。

言語に関しては「民族語の平等、発展、尊重を保障する」（第 2 条第 5 項）とした上で、国家の「実務言語[5]（working language）」をアムハラ語とすることが示された（第 116 条）。エチオピアは「すべての民族が平等に暮らす単一国

---

[5] working language は「作業語」（柘植 2009）や「常用語」（国際連合広報センター n.d.）といった訳語も日本では使用されることがあるが、本書では「実務言語」とする。

家（unitary state）である」（第2条第1項）という文言もある（PDR 1988）。つまり、エチオピアを構成する諸民族が言語面において平等の権利を有することが公に認められた一方で、国家の共通語はアムハラ語とされた（柘植 2009）。また、憲法上、公用語（official language）は設定されていない（Tekeste 2006）。アムハラ語を公用語ではなく実務言語としたことは、民族そして民族語の平等を憲法で明示したデルグ政権によるアムハラ以外の民族集団への多少の配慮であったと考えられる。

　また、アムハラ語以外の言語にも目が向けられた。例えば、1977年に設立された文化・スポーツ省の目的の一つは、広くエチオピアの言語研究とエチオピアの言語における文字の開発の推進とある（Yirgalem 2019）。また、成人向けに複数の言語による識字教育キャンペーンが実施された（柘植 2009; Shimellis and Negash 2020）。そのほかにも、帝政期には禁じられたエチオピア文字（アムハラ語と同じ文字）を用いたオロモ語表記がデルグ政権期では認められ、オロモ語の新聞が発刊された（柘植 2009）。

　しかしながら、学校での教授言語については、デルグ政権期においてもアムハラ語という単一言語のみが初等教育で使用され（Yirgalem 2019）、中等教育以降は英語が使用された（Ramachandran 2012）。また、司法や行政、メディアについても帝政期同様、アムハラ語がおもに使用された（Shimellis and Negash 2020）。先述のオロモ語出版物も限定的であり、デルグ政権は積極的にオロモ語を推進したわけではなかった（柘植 2009）。

　帝政期と比較し、デルグ政権期にはアムハラ語以外の言語へも目が向けられ、統合の中での多様性が多少認められたといえるが、アムハラ語を優位とする言語体制は帝政期と変わらず維持された[6]。

6　このようなアムハラ語優位の言語体制に対して、帝政期と同様に批判もあった。例えば、オロモ語はエチオピア文字では正しく表記することができないため、オロモの人びとはローマ字を用いた表記法を望んでいた。また、アムハラ語と同じ文字であるエチオピア文字ではなく、ローマ字を用いたオロモ語表記を、オロモ民族主義者たちはアムハラ優位の体制に対する抵抗の象徴と捉えていた（柘植 2009）。現在は、ローマ字表記が一般的に使用されている。

3. 民族連邦制下における言語政策

3.1 民族語の教授言語化

1991 年にデルグ政権が崩壊し、暫定政府が発足した。1995 年に EPRDF 政権は連邦民主共和制に移行し、民族連邦制を導入した（原田 2022）。初等教育は義務化され、初等教育から前期中等教育までの 10 年間を無償とすることが 1994 年に定められた（UNESCO 2015; MoE 2010）。教育における言語に関しても、大きな転換期となった。多言語が広く許容され、教育においても母語の使用が認められた（Shimellis and Negash 2020）。

1995 年に制定された新憲法では民族自決が原則とされ、民族名を冠した連邦州の設立が認められた（原田 2022）。新憲法では、第 5 条「言語」において、すべての言語が平等であるという認識が示された。同条では、州などでそれぞれの実務言語を定めることができるという点も示された[7]（FDRE 1995）。また、1994 年に制定された国家教育訓練政策（ETP）の第 2 章には、「人びとが自分の言語で学ぶ権利を認める」ことが明記された（FDRE 1994: 10-11）。

また、ETP の第 3 章第 5 節「言語と教育」には、「母語で学ぶことの教育学的利点を考慮し、初等教育は各州の民族語（nationality languages）で行う」ことが示され、幼稚園および初等教育に携わる教師へのトレーニングにおいてもその地域で使用される言語を使用することが定められた（FDRE 1994）。このような状況から、帝政期およびデルグ政権期と比較し、言語政策は民主的になったといえる（Yirgalem 2019）。憲法第 90 条には、教育はあらゆる宗教的影響、政治的党派意識、文化的偏見から自由な状態で提供されなければならないとされ（FDRE 1995）、以前のような政治や宗教の影響は排除された。市民教育や倫理教育も、市民としての態度を養うような内容となった（Yirgalem 2019: 58）。

教育省による 2002 年の報告書では、過去の体制における言語政策について、アムハラ語が小学校の公式な教授言語としてエチオピア全土で意図的に押し付けられてきたことは、教育の発展に有害であったと同時に、反民主的

---

[7] 憲法の中では、連邦構成体（Members of the Federation）と示されている。郡レベルで決めている場合もある（Vujich 2013）。

であったとして批判されている (MoE 2002: 13)。

また同報告書において、「生徒のやる気を引き出し、自分の意見を明確に表現し、概念を正しく理解できるようにするため、初等教育における教授言語は母語で行われる」ことが改めて言及されている (MoE 2002: 30)。さらに、以下の点から母語で学ぶことの重要性が強調されている (MoE 2002: 36、筆者訳)。

①言語は国民にとって教育の媒体であるだけでなく、アイデンティティの象徴でもある。
②母語での学習によって、生徒の授業の理解を促進し、言語が学習を妨げることを回避できる。
③教育に使用された言語は、生きた言語として存続させることができ、消滅の可能性から救うことができる。
④母語で学ぶことは、アイデンティティを強化し、自分たちの文化とアイデンティティに誇りを持つことを可能にする。〔母語で学ぶことで、〕自信を持った、誇り高き市民となる。このような自信は、学校教育による知識と技能の習得と相まって、有能で生産的な市民を育てることができる。

母語による教育は、教育上の有益な効果や言語の保護、さらには、生産的でアイデンティティを有する誇り高き市民の育成につながるということが、教育省によって示されたといえよう。政策によれば1年生から8年生まで母語で教育を受けるとされた。2007年頃には20言語が母語として使用されていたが (Heugh et al. 2007)、現在は40以上の言語が教授言語として小学校で使用されている (Yonatan 2022)(**表1**参照)。エチオピアにおいて80以上の言語があることに鑑みると、実際には母語で学ぶことができない子どもが多く存在することも推測できる。

正書法について比較的早い時期に議論され、語彙が多く、話者も多いオロモ語、アムハラ語、ティグライ語は教員の確保が比較的容易であることも影響し、8年生まで教授言語として使用されている場合が多いが、そのほかの言語では、4年生までのケースもある (MoE 2002)(**表1**参照)。

また、州や郡によって1年生から8年生の教授言語が決められているが (Heugh et al. 2007)、同じ郡でも複数の言語での教育を提供している場合もあ

表1　初等教育における教授言語一覧＊

地域	実務言語	初等教育における教授言語		教科として教えられている英語以外の言語数
		教授言語数	教授言語として使用されている言語	
アムハラ州	アムハラ語	4	［1～8年］アムハラ語、アウィ語、ハムタ語、オロモ語	1（アムハラ語）
オロミア州	オロモ語	2	［1～8年］オロモ語、アムハラ語	2（オロモ語、アムハラ語）
南部諸民族州＊＊	アムハラ語	28	［1～4年］シダマ語、ウォライタ語、ハディヤ語、カンバータ語、ゲデオ語、ダウロ語、スルテ語、コーレ語、ガモ語、ゴファ語、カファ語、コンティ語、バスケット語、ディジ語、ザイセ語、シェコ語、ベンチ語、メエン語、オイダ語、ケベンナ語、イエムサ語、ティンバロ語、シェコ語、アラバ語、スリ語、リビド語、ギディッチョ語、ディラーシャ語	13（アムハラ語、シダマ語、ケベンナ語、ウォライタ語、ハディヤ語、ガモ語、ゴファ語、スルテ語、カファ語、ダウロ語、ゲデオ語、カンバータ語、コンティ語）
ソマリ州	ソマリ語	2	［1～8年］ソマリ語、アムハラ語	1（アムハラ語）
ティグライ州	ティグライ語	2	［1～8年］ティグライ語、［学年不明］サホ語	1（アムハラ語）
アファール州	アファール語	2	［1～4年］アファール語 ［1～8年］アムハラ語	2（アファール語、アムハラ語）
ベニシャングル・グムズ州	アムハラ語	4	［1～8年］アムハラ語 ［1～4年］シナシャ語、グムズ語、ベルタ語	4（アムハラ語、シナシャ語、グムズ語、ベルタ語）
ガンベラ州	アムハラ語	4	［1～8年］アムハラ語 ［1～4年］ヌエル語、マジャンギル語、アニュワ語	4（アムハラ語、ヌエル語、マジャンギル語、アニュワ語）
ハラリ州	ハラリ語 オロモ語	3	［1～8年］ハラリ語、アムハラ語、オロモ語	3（ハラリ語、アムハラ語、オロモ語）
アディスアベバ特別行政区	アムハラ語	1	［1～8年］アムハラ語、オロモ語	2（アムハラ語、オロモ語＊＊＊）
ディレダワ特別行政区	アムハラ語	3	［1～8年］アムハラ語、オロモ語、ソマリ語	1（アムハラ語）

（Heugh et al. 2007: 56-57; Yonatan 2022: 23; 柘植 2009: 270 より筆者作成）
注：
　＊おもに Yonatan（2022: 23）を参照。
　＊＊南部諸民族州（Southern Nations, Nationalities, and Peoples Region）は4州に分離独立している（2024年3月現在）。南部諸民族州の現状については、第10章を参照。
　＊＊＊オロモ語は2023年より教科となった（Mereja Media 2023）。

る。例えば、アムハラ語を母語とする人びととオロモ語を母語とする人びとがともに居住する地域では、アムハラ語を教授言語とする小中学校すなわちアムハラ語学校と、オロモ語を教授言語とするオロモ語学校が設置され、家族の判断により学校を選択できるようになっている（Yirgalem 2019）。筆者が訪問した地区では、同じ学校の中に、アムハラ語を教授言語とする学級とオロモ語を教授言語とする学級が並存している場合もあった。

　他方で、教科書作成の専門家不足や、一部の言語は教授言語とするには正書法が十分に確立されていないことなどが指摘されている（MoE 2002）。また、一部の地域の子どもは母語ではなく、その地域に居住する多くの人びとの言語で学んでいることも課題とされている（MoE 2002）。このような課題はあるものの、1994年以降、特に初等教育において母語で学ぶことが推奨され、実際に母語で教育を受けることができる環境が整っていった。

3.2　「実務言語」としてのアムハラ語

　1995年に制定された憲法では、第5条「言語」において、州などでそれぞれの実務言語を決定できることが示された一方で、アムハラ語が連邦政府の実務言語とされた（FDRE 1995）。つまり、アムハラ語は国内の共通語の役割を引き続き担うことになった。また、民族連邦制下の憲法においても、「公用語」という表現はされず、引き続き「実務言語」という言葉が使用された。ETPの第2章には、「人びとが自身の言語で学ぶ権利を認めると同時に、国内でのコミュニケーションのための一言語、および国際コミュニケーションのための一言語の教育を提供する」とある（FDRE 1994: 10–11）。ETPの第3章「総合的戦略」第5節「言語と教育」には、「国内コミュニケーションの言語（a language of countrywide communication）」としてアムハラ語を教育することが示されている（FDRE 1994: 23–24）。その他に、小学校1年生から英語を教科として教えることや中等および高等教育は英語で実施されることもETPに含まれている（FDRE 1994: 24）。そのため、国際コミュニケーションのための一言語は英語であることが推測できる。

　先述した2002年の教育省の報告書においても、国内コミュニケーションについて言及がある。具体的には、エチオピアのような多言語国家において

8　アディスアベバに近接するオロミア州シャガール市サバタ・サブシティ。

は、母語に加え、少なくとも一言語を追加で学ぶことがエチオピア国民にとって有用であるとしている。そして、その言語は全国的に広く使用されている言語であるべきとして、アムハラ語が示された。歴史的な背景から多くのアムハラ語話者がいることや[9]、実務言語として連邦政府に定められていることなどが理由として挙げられた。アムハラ語を教授言語としない学校では、アムハラ語が教科として設定された（Benson et al. 2012; MoE 2002）。たとえば、アファール州とベニシャングル・グムズ州では小学校1年生から、南部諸民族州[10]とティグライ州では3年生から、オロミア州とガンベラ州では5年生から、アムハラ語の教科がはじまる場合が多い（Yirgalem 2019; Yonatan 2022）。

3.3　言語および教授言語の政策による影響と実態

前節でみてきたとおり、EPRDF政権では、多言語・多民族国家として、初等教育において母語で教育を受けることが定められ、推進された。本節では、そのような政策による影響と実態を考察する。

3.3.1　母語による教育の影響

まず、教育学的観点からみると母語による教育は一定の成果をあげているようである。たとえば、2000年と2004年に実施された全国学力テストによる地域レベルの学力データを比較すると、対象の4教科（生物、数学、科学、物理）の平均点は、母語を教授言語とする地域は42.3％で、母語を教授言語しない地域の36.0％より6ポイント以上上回った。特に8年生の生物学では、母語が教授言語の地域の方が、平均点が10.7ポイント高いという結果が出ている（Teshome 2005）。

また、別のエチオピアでの調査によれば、母語による教育によって、初等教育の就学年数が0.75年から1年の延長が見られることが示された。そのほかにも、母語の教育が英語の習得においてよい効果をもたらしている可能性を示した調査や（Ramachandran 2012）、母語による教育では、教室における

9　アムハラ語話者の統計的・人口的な数値が明確でないにもかかわらずアムハラ語が実務言語とされたことに批判もある（Yirgalem 2019）。
10　若狭（2009）によれば、南部諸民族州のウォライタ県では、公立小学校の2年生からアムハラ語の授業が実施されている。

生徒と教師による双方向のコミュニケーションがより活発であり、生徒の学びに貢献している可能性を示す調査がある（Benson et al. 2012）。

さらに、教育省による学校レベルでの評価に基づくと、母語を教授言語としたことで教育と学習プロセスの質が著しく向上し、生徒の学習意欲が高まったことが報告されている（MoE 2002）。また、初等教育就学者数は1990/91年の3,916,700名から2002/03年には約2.2倍（8,743,265名）に増加した（Tekeste 2006: 19）。この数値はエチオピアの教育分野に対する外部からの支援増加や医療改善による子どもの人口増加、そして国際的な教育目標による学校数の増加などの影響が大きいと考えられるが、母語による教育も少なからず貢献しているだろう。このように母語による教育は、エチオピアにおいて就学や学習達成など教育学的に一定の好影響をもたらすことが示されている。[11]

3.3.2 共通語としてのアムハラ語

政策では、アムハラ語が共通語として、国内コミュニケーションを促すことが期待されていたが、現状に鑑みるとアムハラ語はそのような機能を十分に果たしているとは必ずしもいえない状況にある（Heugh et al. 2007; Yirgalem 2019）。帝政期およびデルグ政権期に少年期・青年期を過ごした人びとは、教育をはじめあらゆる場面でアムハラ語が使用されていたため、アムハラ語を話すことができる。エチオピア連邦政府や省庁で使用される言語はアムハラ語であり、公的文書はアムハラ語で作成される。首都アディスアベバにある企業で働く場合にはアムハラ語は必須といってよいだろう。しかしながら、EPRDF政権発足から30年を経て、状況は変わってきた。

先述したとおり、エチオピア全土の小学校において、国内コミュニケーションの言語として、アムハラ語は教科として教えられている。しかしながら、アムハラ語を母語としない人びとの間でアムハラ語が共通語としての認

---

11 一方で、ハラリ州やソマリ州では、学校によっては教授言語を母語もしくはアムハラ語のどちらかを選択できるようになっており、母語ではなくアムハラ語を選択する生徒もいる。理由としては、保護者や生徒が、①広くエチオピアで使用できるアムハラ語に価値を置いていること、②アムハラ語の教員の方がより訓練され、有能である場合が多いという認識があること、③アムハラ語の教材の方が豊富にあること、などが挙げられている（Heugh et al. 2007）。別の教師や保護者や生徒へのインタビュー調査では、英語の習得を重視し、母語よりも英語による教育を好む場合が多いことを示した調査もある（Benson et al. 2012）。認

識はあるものの、特に農村部の子どもたちは、アムハラ語はあまり話さない、もしくはまったく話していないという調査結果がある（Heugh et al. 2007）。さらに、エチオピアの公立大学の学生に調査を実施したタスファイエ（Tesfaye 2012）も、アムハラ語を母語としない学生のアムハラ語のスキルが不十分であることを示した。大学において、グループワークやグループ・プロジェクトをさせようと思っても、学生の英語やアムハラ語のスキルが不十分であるため、大学講師が教育にあたり困難に直面していることも報告されている（Tesfaye 2012）。大学では、本来は英語が教授言語となっているが、英語力が不足している学生に対してアムハラ語を使用して授業内容を補完的に説明することが以前は行われてきた。しかしながら、現在はそのようなことが難しくなっている。

　母語が教授言語とされ、アムハラ語が共通語として国民の間で共有されていないことによって、言語・民族集団を超えた親交が困難になったという報告もある（Tekeste 2006; Yirgalem 2019: 62）。前述の大学生の研究では、調査結果の一つとして、言語の壁（他言語およびアムハラ語を十分に話すことができないこと）により、多くの学生が他言語・他民族集団出身の学生と友人関係の構築が困難になっている状況を示した。[12] 他言語・他民族の友人を作りたいと思っていても、そして特定の言語・民族集団出身者を選んでいるわけではなくても、結果として、言語を共有できる同じ言語・民族集団出身者を友人として選んでいる傾向があった。同調査では、特にオロモとティグライの学生にそのような傾向があることが示された（Tesfaye 2012）。オロミア州とティグライ州では8年生まで母語で学ぶことができる（**表1参照**）。このような母語による教育が言語・民族集団を超えた親交に影響しているのかもしれない。

　他民族・他言語集団間のコミュニケーションの欠落によって、他集団と距離を置くようになり、他集団をステレオタイプ化し、そして敵意を持つに至るような集団の多極化もしくは二極化につながるとの指摘もある（Wright

---

12　同調査では、南部諸民族州出身の学生は、アムハラ、オロモ、ティグライを含めた他民族の友人を作っている傾向が示された。タスファイエ（Tesfaye 2012: 342）は、南部諸民族州は56を超える民族がいるため、日ごろから多くの民族との交流や言語との接点があること、そして南部諸民族州では、実務言語であるアムハラ語を教授言語として選択している場合も多いことが影響していると推測している。また、アムハラの学生の場合は、アムハラ語を話す学生が必ずしもアムハラとは限らないため、民族に関係なくアムハラ語を話す学生と友人関係を構築していた（Tesfaye 2012）。

and Bougie 2007; Yirgalem 2019)。実際に、先述したアムハラ語学校とオロモ語学校においては、母語で教育を受けることができる反面、アムハラ語とオロモ語を話す集団を分断し、二つの別の集団としてのメンタリティが構築される可能性が指摘されている（Yirgalem 2019: 63）。

　では、なぜアムハラ語は共通語の機能を果たすことができていないのだろうか。その理由として、三つの視点からの議論がある。

　一点目は、アムハラ語の教育制度に関する課題である。第二言語としてアムハラ語を学ぶ人びとにとって、教科のみで学ぶのでは十分なアムハラ語のコミュニケーションの能力を養うことができないという指摘がある（Tekeste 2006）。特に、アムハラ語が身近でない地域では、アムハラ語の習得はより困難である。

　また、アムハラ語を学び始めるタイミングも指摘されている。たとえば、オロミア州では、5年生からアムハラ語の教科が始まる場合が多いが、そのタイミングではアムハラ語を学び始める時期としては遅いという意見もある（Heugh et al. 2007; Yirgalem 2019）。なお、ETPには、英語は小学校1年生から教科として開始することが明記されているが、アムハラ語の教科の開始時期については明記がない（Yirgalem 2019）。

　二点目は、アムハラ語という言語が抱える歴史的背景がある。帝政期およびデルグ政権期において強制的に学ばされたアムハラ語に対して、否定的なイメージを有している人びともいる（Yirgalem 2019）。先述したとおり、帝政期にはアムハラ語を強制されたことに対する反対運動があった。教育省も、過去の体制における言語政策について、アムハラ語が小学校の公式な教授言語としてエチオピア全土で押し付けられてきたことは反民主的であったとして、批判している（MoE 2002: 13）。もちろん地域や民族などによりアムハラ語に対する意識は異なるが、アムハラ語を過去の支配や差別と結びつける人びとが存在する（Yirgalem 2019）。

　エチオピアの実務言語としてアムハラ語が採用されたことは、アムハラ民族の支配的地位を象徴しており、そのほかの民族を不利な立場に置くため、民族対立の火種になり得るという見解もある（Alemseged 2004）。一部のオロモの人びと（特にオロモ民族主義者）は、オロモ語が実務言語でないことは差別であると批判している（Yirgalem 2019: 54）。帝政期やデルグ政権期の言語政策によりアムハラ語に対して否定的な感情を抱くものも多く、アムハラ語を

積極的に学ばせない保護者や、アムハラ語を学び、話すことができても意図的に話さない人もいるという（Yirgalem 2019）。

　三点目は、母語による教育や各州の実務言語が定められたことによって、アムハラ語よりも母語／民族語を重視する人が増えてきたという事情がある。母語に追加してアムハラ語をさらに学ぶという労力や負担を考えると、母語のみの習得でよいと考える人が増えているという調査もある（Yonatan 2022）。これは、母語での教育が広がり、各州で実務言語が定められると、州の実務言語や母語を話すことができれば州内での就職が容易になったことも影響している。また、それまでの政権とは異なり、教育においてアムハラ語が教科のみの位置づけとなり、母語による教育が重視されたことによって、母語に価値を置き、アムハラ語を軽視する人も見られるようになった（Yonatan 2022）。

　このように、歴史的な背景に加え、母語による教育や各州の実務言語の設定の影響、教科としてのアムハラ語の教育問題や、州内での雇用状況、母語／民族語の尊重などを背景として、アムハラ語が共通語としての役割を十分に果たせなくなっている可能性がある。

3.3.3　共通語としての英語の可能性

　エチオピア全土において学校で共通に学び、使用されている言語として英語がある。[13]初等教育の1年生から教科として英語を学び、[14]全国的に中等教育（第9学年）以上は英語が教授言語となっている。早い場合には5年生、7年生で教授言語を英語としている地域もある（Trudell 2016: 283、表1参照）。アムハラ語とは異なり、エチオピアの特定の民族の言語でない英語は、エチオピアにおける共通語になり得るのだろうか。そのような議論があってもおかしくないが、実態に基づき、EPRDF政権下ではそのような議論は積極的にはされてこなかったようだ。

　実態とは、生徒そして教師の英語力の不足である。小学1年生から科目

---

[13]　一説には、第二次世界大戦中にエチオピアからのイタリアの追放をイギリスが支援したことに由来しているという（Benson et al. 2012）。

[14]　中等教育以降は英語が教授言語となっていることから小学校の1年生から英語を教科として学ぶことの重要性も言及されている。教育省によれば、英語は家で話される言語ではなく、学校でしか出会うことのできない言語であるため、1年生から学ぶ必要があると言及している（MoE 2002）。

として英語を学び、英語で教育を受けていても、多くの生徒は十分な英語力を獲得できていない状況がある（Benson et al. 2012）。さらに、生徒が英語の授業を理解できないだけでなく、教師も十分な英語力を有していないという指摘がある[15]（Benson et al. 2012; Tekeste 2006）。授業観察に基づく調査では、教師と生徒は一連の形式化した英語のみを使用する傾向があることや、教師が授業に必要な英語力を備えていないことが指摘されている（Benson et al. 2012）。エチオピアにおいて中等教育以降の教授言語が英語であることに対して、学校での教育および学習に支障をきたし、教育の質に影響すると国内外から批判もある（Benson et al. 2012; Heugh et al. 2007; Tekeste 2006）。

また、英語を教授言語と定めていても、実際にはその地域の言語が使用されていることがある。つまり、英語が教授言語と決められ、英語の教科書が使用されていても、教師がその地域の民族語を使用して教育を行っている場合があるという（Benson et al. 2012; Tekeste 2006）。実際に、ある調査で調査者が授業観察を行っている間は、教師は英語を使用して授業を行っていたが、調査者が教室を出ると、教師は途端に民族語を使い始めるという経験を複数の学校でしたという報告がある（Benson et al. 2012）。意思疎通が困難である英語よりも、互いが理解できる民族語を使用して教育するほうが自然なことかもしれない。8年生まで民族語を教授言語としているティグライ州とオロミア州では、7、8年生では英語の教科書を用いながらも、民族語を教授言語としている（Tekeste 2006）。このような状況が、実際にはその他の多くの地域でも起こっていても不思議ではない。

エチオピアにおける英語の受容と普及について、ヒューら（Heugh et al. 2007: 53）は、教室の外での日常生活で英語が使われる頻度が非常に低く、生徒が非公式に英語を学ぶ機会がないことを指摘している。実際に、英語を使用するのは、高等教育を受け、都市部に居住し、外国人と接したり外国に赴く機会に恵まれた経済的・政治的エリートに限定されている（Benson et al.

15　2004年に、中等教育（9年生以降）で、衛星テレビ教育プログラムによる英語の共通授業が全国的に始まった。衛星放送についての授業を見た後、教師が補足的に解説するという構成になっている。2015年の報告書によると、同プログラムのために、国内65％の高校でプラズマテレビが設置されている（UNESCO 2015）。これによって教師は英語で行う授業の負担が軽減したが、生徒にとって英語の授業を受ける困難さのほか様々な課題が挙げられている（Tekeste 2006）。課題としては、教科書とプログラム内容の不一致や（JRM 2013）、生物や化学の実験を伴うような授業の内容の酷さ、テレビプログラムに対する生徒や教師からの不満などがある（Tekeste 2006）。

2012)。エチオピアでは、歴史的にアムハラ語が共通語とされたこともあるが、英語は限られた場所において限られた人びとによってのみ使用される言語であるため、英語を共通語とする議論は積極的にされてこなかったようだ。

4. おわりに：近年の動向と今後

EPRDF 政権期には、憲法および ETP によって、母語を教授言語とする教育方針が示され、アムハラ語は連邦レベルの実務言語とされた。しかしながら、近年はアムハラ語が共通語として十分に機能を果たすことが難しくなっている可能性が示唆された。それにより今後、共通語を通じた他言語・他民族集団間のコミュニケーションが十分に行われなくなることも考えられる。そうなると、他言語・他民族集団に対する不信感が高まり、集団間の分離を招きかねない。近年のエチオピアにおける民族意識の高揚や他民族との対立の一つの要因として、これまでの言語政策や母語による教育の影響があるかもしれない。

2018 年に、オロモ人民民主機構（OPDO）の党首となったアビィ・アフマドが首相に就任した。アビィ首相は、国内外での和平や民主化に向けた改革、そして民族融和政策を積極的に実施した（原田 2022）。言語に関しては、文化・観光省が 2020 年にエチオピアにおいてはじめての言語政策（Language Policy of The Federal Democratic Republic of Ethiopia）を策定した。その中で述べられている政策理念（Policy Vision）は、以下のとおりである。

> エチオピアの人びとの間に相互尊重、国民的調和、団結（unity）が広がり、エチオピアの民族（nations, nationalities and peoples）の言語が発達し、国民が全面的な発展（all-round development）の受益者となるような民主的社会の創造を実現すること（MoCT 2020: 5）。

本政策は、国家レベルで使用される実務言語が、連邦政府によって一つの言語しか選択されなかったことのみならず、すべての言語を重要視できるような仕組みを憲法が提示しなかったことを批判している（MoCT 2020: 21）。そして、同政策は国家レベルの実務言語を、アムハラ語、オロモ語、ティグ

ライ語、ソマリ語、アファール語の5つに拡大したのである（MoCT 2020: 14）。さらには、利用可能な能力と調査に基づき、他の言語も将来的には実務言語とする仕組みを考案しなければならないとした（MoCT 2020: 14）。同政策では、実務言語は、これまでの国内コミュニケーションを促すための共通語としての言語という意味合いよりも、公共サービスなど行政機関における手続きで使用される言語や公的文書の言語といった意味で使用されていると考えられる。同言語政策によると、国家レベルそして州レベルの公共機関においては、少なくとも二言語を使用することを推奨している（MoCT 2020: 17）。

　この言語政策の議論があった2020年に、英語を唯一のエチオピアの実務言語にすべきだという論説がウェブニュースに掲載されると、84もの賛否両論のコメントが寄せられた。その論説の内容は、英語を実務言語とすることで、エチオピアにおける言語問題を非政治化できると同時に、エチオピアの人びとをエチオピア人として一つにまとめ、実際的な利益をもたらすこともできるというものであった（Meareg 2020）。前節に示したようなエチオピアにおける英語の状況もあるためか、5つの実務言語に英語は含まれなかったが、今後エチオピアにおける英語の位置づけに関する議論が展開されるかもしれない。

　教育については、言語政策の中で、徐々に多言語主義を採用した学習指導要領を開発し、生徒は母語に加え、実務言語のうち一言語を学ぶことができるようにすることが示された（MoCT 2020: 19）。また、2023年にはETPが改訂され、「教育・トレーニングの言語」の項目において、「生徒には少なくとも3つの言語が教えられる」ようにすることや「生徒または保護者の希望を考慮し、連邦の実務言語の中から一つの言語を追加で、3年生から10年生まで教える」ことが示された（MoE 2023: 5）。

　実際に、2023年1月にアディスアベバでは、市内すべての小学校1年生から6年生に対して、アムハラ語とともにオロモ語を教科として教える新しい多言語教育カリキュラムが承認され、アムハラ語を母語とする生徒はオロモ語を教科で学ぶことになった（Mereja Media 2023）。その翌月2月の時点で、786校の公立および私立小学校のうち625校でオロモ語が教科として教えられている（Borkena Ethiopian News 2023）。アディスアベバはオロミア州に

囲まれており、オロモ語話者が多いこともあるが、アビィがオロモをバックグラウンドとしていることとの関連も推測される。

　アディスアベバのような動きはあるものの、5 つの実務言語や多言語への具体的対応や教育制度、それに向けた具体的な計画については明らかではない。5 つの実務言語が設定されたことに対して、憲法の修正が必要となるが（Derib 2023）、現時点（2024 年 10 月）までに、そのような動きはない。本言語政策によって、どのような言語体制が整備されるのか注視していく必要があるだろう。今後、学校における教授言語や言語教育、そして実務言語の役割や機能が、多言語・多民族国家であるエチオピアの行く末に影響を与える鍵となるかもしれない。

付記

　本章の内容は、Tonegawa, Yoshiko, 2025, "Multilingual Education in Ethiopia: Use of the Mother Tongue and Lingua Franca," *International Journal of Instruction*, 18(1): 341–356 をもとに新たな調査を加えて執筆したものである。

参考文献

Alidou, Hassana, 2004, "Medium of Instruction in Post-Colonial Africa," Amy B.M. Tsui and James W. Tollefson eds., *Language Policy, Culture, and Identity in Asian Contexts*, New York and London: Routledge. Kindle.

Alemseged Abbay, 2004, "Diversity and State-Building in Ethiopia," *African Affairs*, 103(413): 593–614.

Benson, Carol, Kathleen Heugh, Berhanu Bogale and Mekonnen Alemu Gebre Yohannes, 2012, "Multilingual Education in Ethiopian Primary Schools," Tove Skutnabb-Kangas and Kathleen Heugh eds., *Multilingual Education and Sustainable Diversity Work: From Periphery to Center*, New York and London: Routledge, 32–61.

Borkena Ethiopian News, 2023, "Education Bureau begins offering Oromiffa Language in schools," *Borkena Ethiopian News*, February 24, 2023, (Retrieved July 11, 2024, https://borkena.com/2023/02/24/oromiffa-language-now-being-offered-in-addis-ababa-schools/).

16　アディスアベバ教育局副局長によると、アディスアベバの小学校 402 校がオロモ語を教授言語とする教育を実施している（Borkena Ethiopian News 2023）。

Central Intelligence Agency (CIA), 2023, "Ethiopia," *The World Fact Book*, (Retrieved June 23, 2023, https://www.cia.gov/the-world-factbook/countries/ethiopia/#people-and-society).

Derib Ado, 2023, "Language Policy and Planning in Ethiopia," Ronny Meyer, Bedilu Wakjira and Zelealem Leyew eds., The Oxford Handbook of Ethiopian Languages. Oxford : Oxford University Press, 65–77.

FDRE (Federal Democratic Republic of Ethiopia), 1994, *Education and Training Policy* (ETP), Addis Ababa.

―――, 1995, *Constitution of Federal Democratic Republic of Ethiopia*, Addis Ababa.

―――, 2023, *Education and Training Policy* (ETP), Addis Ababa.

Fellman, Jack, 1992, "Language and national identity: Amharic in Ethiopia," *Research in African Literatures*, 23(1): 173–174.

Heugh, Kathleen, Carol Benson and Berhanu Bogale, 2007, *Study on Medium of Instruction in Primary Schools in Ethiopia: Commissioned by the Ministry of Education, September to December 2006*, Cape Town: Human Sciences Research Council.

JRM (Joint Review Mission), 2013, *Ethiopia Education Sector 2005 E.C. (2013 G.C.): Joint Review Mission on Textbook Development, Printing, Distribution and Utilization*, Addis Ababa.

Meareg H, 2020, "Time to Make English a Working Language of Ethiopia's Federal Government," *Ethiopia Insight*. October 12, 2020, (Retrieved July 11, 2024, https://www.ethiopia-insight.com/2020/10/12/time-to-make-english-a-working-language-of-ethiopias-federal-government/)

Mereja Media, 2023, "Affan Oromoo to be Taught as Supplementary Subject in All Schools in Addis Ababa," *Mereja Media*. January 12, 2023, (Retreived July 11, 2024, https://mereja.com/index/428272).

MoCT (Ministry of Culture and Tourism), 2020, *Language Policy of The Federal Democratic Republic of Ethiopia*, Addis Ababa.

MoE (Ministry of Education), 2002, *Education and Training Policy and Its Implementation*, Addis Ababa.

―――, 2010, *Education Sector Development Plan IV (ESDP IV)*, Addis Ababa.

PDR (People's Democratic Republic of Ethiopia), 1988, *The Constitutions of The People's Democratic Republic of Ethiopia*, Addis Ababa.

Ramachandran, Rajesh, 2012, "Language use in Education and Primary Schooling Attainment: Evidence from a Natural Experiment in Ethiopia," *Documents de Treball de l'IEB 2012/34*. Barcelona: Barcelona Institute of Economics (IEB).

Shimellis Hailu and Negash Abebe, 2020, "Language Politics, Monolingual Ethos and Linguistic Pluralism in Ethiopia: Lesson from Wollo Oromo," *International and Public Affairs*, 4(1): 8-19.

Tekeste Negash, 2006, *Education in Ethiopia: From Crisis to the Brink of Collapse*, Discussion Paper 33, Stockholm: Nordiska Afrikainstitutet.

Tesfaye Semela, 2012, "Intergroup Relations among the Ethiopian Youth: Effects of Ethnicity, Language and Religious Background," *Journal of Developing Societies*, 28(3): 323-354.

Teshome Nekatibeb, 2005, "The Impact of Learning with the Mother Tongue on Academic Achievement: A Case Study of Grade 8 Students in Ethiopia," Hywel Coleman ed. *Language and Development: Africa and Beyond*, Proceedings of the 7th International Language and Development Conference, Addis Ababa, Ethiopia, 26-28 October 2005, Addis Ababa: British Council.

Tsui, Amy B.M. and James W. Tollefson, 2004, *Language Policy, Culture, and Identity in Asian Contexts*, New York and London: Routledge.

Trudell, Barbara, 2016, "Language Choice and Education Quality in Eastern and Southern Africa: a Review," *Comparative Education*, 52(3): 281-293.

UNESCO, 2015, National EFA 2015 Review Report (Ethiopia), (Retrieved March 12, 2024, https://unesdoc.unesco.org/ark:/48223/pf0000231724).

Vujich, Daniel, 2013, *Policy and Practice on Language of Instruction in Ethiopian Schools: Findings from the Young Lives School Survey. Working Paper 108*, London: Young Lives.

Wallelign Mekonnen, 1969, "On the Question of Nationalities in Ethiopia," *Arts* IV. Haile Selassie I University, (Retrieved March 12, 2024, https://www.marxists.org/history/erol/ethiopia/nationalities.pdf).

Wright, Stephan and Evelyne Bougie, 2007, "Intergroup Contact and Minority-Language Education: Reducing Language-Based Discrimination and Its Negative Impact," *Journal of Language and Social Psychology*, 26(2): 157-181.

Yirgalem Alem, 2019, *Language Policy of Education and National Identity in Ethiopia*, Munich: GRIN Verlag.

Yonatan T. Fessha, 2022, What Language in Education? Implications for Internal Minorities and Social Cohesion in Federal Ethiopia, *International Journal of Multilingualism*, 19(1), 16-34.

鹿嶋友紀, 2005,「サブサハラ・アフリカの言語政策の取り組みと今後の課題：教授言語を中心とする政策課題」『国際教育協力論集』8(2): 97-109.

国連広報センター, n.d.,「加盟国と公用語」(Retrieved July 9, 2024, https://www.unic.or.jp/info/un/

charter/membership_language/).

柘植洋一, 2009,「文字は誰のものか：エチオピアにおける諸言語の文字化をめぐって」梶茂樹・砂野幸稔編著『アフリカのことばと社会：多言語状況を生きるということ』三元社, 249–279.

原田陽子, 2022,「エチオピア民族連邦制度：その課題と今後の行方」『アフリカレポート』60: 1–6.

若狭基道, 2009,「数百万人の「マイノリティ」：ウォライタ（エチオピア）の場合」梶茂樹・砂野幸稔編著『アフリカのことばと社会：多言語状況を生きるということ』三元社, 281–308.

第 4 章　マスメディアと NGO セクター

利根川 佳子

1. はじめに

　EPRDF 期のエチオピアは、複数政党制を導入し「民主化」を達成したと一定の評価を得てきたが、他方でメディアや NGO セクターにも多くの規制を加え国際的に批判の対象ともなってきた。また、国連人権高等弁務官事務所（2014: 1）は「表現、結社および平和的な集会の自由、ならびに公共の活動に参加する権利は人権」であると規程している。本章では、特に「表現の自由」に大きくかかわるメディアと「結社の自由」に大きくかかわる NGO セクターのエチオピアにおける状況に注目する。

　現代エチオピアの政治体制は、① 1974 年まで続いた帝政期、② 1991 年まで続いたデルグ政権期、③その後の EPRDF 政権期の大きく 3 つの時期に区分できる。本章ではまず、この 3 つの時期を中心に、マスメディアおよび NGO セクターが国家とどのような関係性にあったのかを考察する。つづいて EPRDF 政権期におけるマスメディアおよび NGO セクターの機能を検討することを本章の目的とする。そして、特に権威主義や強権性といった EPRDF の影の部分についても注目していく。

1　本章においてマスメディアとは、2021 年に公布されたエチオピアの「メディアに関する布告」に基づき、定期刊行物、放送サービス、オンラインメディアを指す（FDRE 2021: 13115）。
2　エチオピアでは、市民社会組織（Civil Society Organization: CSO）という表現が使用される場合も多い。

2. 帝政期におけるマスメディアとNGO

2.1 帝政期におけるマスメディア

　主要なマスメディアの一つである新聞がエチオピアに登場するのは、1880年代半ば以降だといわれている（Meseret 2013; Stremlau 2011: 717）。1936年から5年間のイタリア占領終了後、近代的な政治、法律、行政、経済、社会制度が確立された。そして、この時期には新聞や雑誌が数多く発行されたほか、通信社が設立され、ラジオも放送範囲を拡大した。さらに、帝政後期にはテレビ放送が導入された。しかしながら、帝政期には、皇帝、国家、エチオピア正教を尊重する国家づくりが目指され、マスメディアの所有権は国家とその庇護下にあったエチオピア正教会に限られており、事実上すべてのマスメディアは国営か、まれに外国資本が運営するものであった（Meseret 2013）。

　また、マスメディアは支配階級や教会といったエリートのための連絡媒体であり、情報の流れはトップダウンであった。政府は、マスメディアの機能を、政府から一般市民への伝達手段として理解していた。そのため、特に皇帝のイメージの構築、そのほかには国家の統一、愛国心、教育の価値、労働倫理、国の近代化への努力などが報道における共通のテーマとなっていた（Meseret 2013）。1955年に公布された改正憲法の第41条には「報道の自由」が含まれたが、実際には帝政期では「表現の自由」は確保されていなかった。

2.2 帝政期におけるNGO

　エチオピア政府は1948年に採択された世界人権宣言を批准し、先述の改正憲法では「人権」を認めたが、「表現の自由」や「結社の自由」という文言は含まれず、これらの諸権利を認めていなかった。帝政期におけるエチオピアでのNGO活動は限定的であり1970年代末までは、エチオピアで活動するNGOは20団体を超える程度であった（Daniel 2005: 93）。登録は内務省において行われ、許可を受けたのは政府の立場と齟齬のない活動を行う団体に限定された。たとえば、スウェーデン・フィラデルフィア伝道団などの

3　統制の対象となった団体の例としては、1963年に設立され、1967年に活動を禁止されたマチャ・トゥラマ自助協会（Mecha and Tulama Self-Help Association）が挙げられる。同協会は、オロモの人びとの教育による成長、健康状態の向上、経済開発を目指した団体であった。

人道支援も行う海外からのキリスト教団、エチオピア全国盲人協会などの非宗教系の支援組織、そしてセーブ・ザ・チルドレン・スウェーデンなどの国際 NGO などだった。

　エチオピアにおいて国際 NGO の活動が活発化するのは、帝政末期の 1973 年から 74 年にかけての干ばつ・飢饉のときである。緊急事態が終結したあとは、これらの組織は孤児救済や小規模コミュニティに向けたフード・フォー・ワーク（Food for Work）[4]などの援助へ移行した（Daniel 2005: 85-89）。帝政期末には国際 NGO の活動が活発化したが、帝政期全体として NGO の数は少なく、政府による統制のもと NGO の設立や活動には制限があった。

3. デルグ政権下でのマスメディアと NGO

3.1　デルグ政権期におけるマスメディア

　1974 年の革命によって、エチオピアの帝政は崩壊し、それに代わってデルグが政権を握った。デルグ政権は社会主義路線をとるようになり、マスメディアは厳しい国家統制のもとに置かれた。「表現の自由」は尊重されず、政府が情報の唯一の所有者であった。マスメディアを通じた情報の流れは、帝政期同様にトップダウンではあったが、この時代に、一般市民がより広くマスメディアにアクセスできるようになった[5]（Meseret 2013）。

　ラジオやテレビ放送が国有化され、特に、印刷部門で新たに加わったもののほとんどは、政府が所有・運営するマルクス主義的な新聞や雑誌であった（Semahagn 2014）。この高度に中央集権的なマスメディアに対して、検閲も厳重に行われた。新聞記事もラジオやテレビの放送番組も、一般公開前に当局の審査を受けなければならなかった。特にラジオ放送はエチオピア国民を統合するために利用された（Semahagn 2014）。デルグ政権は、革命の成果を国民に広く伝えるためにマスメディアを利用したのである（Meseret 2013）。

　ここまで見てきたとおり、エチオピアの帝政期およびデルグ政権期は、政

　　　当時は皇帝によってアムハラ化を通した国家統一が目指されており、国家の解体を企てたとして同協会は非難された（Mohammed 1997）。
4　労働の対価に食料を支給する事業。
5　オロモ解放戦線（OLF）などの反政府勢力がアムハラ語以外の言語でラジオ放送を始めた。

治的異論に対して不寛容であり、閉鎖的であった（Semahagn 2014）。両政権期においてマスメディアは国家建設、おもにプロパガンダのために利用され（Meseret 2013）、国民の「表現の自由」は制限された。

3.2 デルグ政権期における NGO

　デルグ政権は NGO の役割を容認する一方で、活動を厳しく監視した（Mulunesh and Breuning 2021）。1984 年から 85 年にかけてエチオピアはふたたび干ばつ・飢饉に襲われた。このときに多くの国際 NGO がエチオピアにおいて、緊急救援、災害復興、孤児支援などの活動を行った（Daniel 2005: 90; Kassahun 2002）。デルグ政権下では、NGO の救援活動については災害防止準備委員会（DPPC）、開発に関しては経済開発協力省（MEDaC）が中心となって管轄していたが、NGO 全般に対する管轄機関はなく、明確な政策もなかった。そのため国際 NGO は、様々な政府機関と協定を結んで活動を実施した。政府機関にとって、国際 NGO は重要な資金源であり、多くの NGO と協定を結ぼうとしたが、他方で NGO による政策への干渉を政府は許さなかった（Daniel 2005: 139）。

　干ばつの被害が深刻であった北部は、エリトリア人民解放戦線（EPLF）やティグライ人民解放戦線（TPLF）による反政府活動が盛んな地域であった。この地域では、国際 NGO と国連が、エチオピア側からはエチオピア政府を支援し、スーダン側からは反政府組織の支配地域に人道支援を行っていた（Borton 1995）。80 年代半ばの飢饉が沈静化すると、NGO の活動の中心は、救援活動から農村における農業支援や都市部における小規模の資金貸与（マイクロ・クレジット）のような開発援助に移行して行った（Daniel 2005: 91–92; Kassahun 2002）。1991 年の軍事政権末期でも、NGO 数は百数十団体であったといわれている（Daniel 2005: 93）。この時代の NGO の多くは国際 NGO であり、エチオピア人による現地 NGO の設立と活動は制限されていた。そのため、デルグ政権期においても、継続して「結社の自由」が制限されていたといえる。

4. EPRDF 政権期におけるマスメディアと NGO

4.1 EPRDF 政権とマスメディア

　1991 年 5 月にデルグ政権を倒した EPRDF はエチオピア暫定政府を結成し、暫定憲法を 7 月に制定した。世界人権宣言に則り「表現の自由」と「結社の自由」の双方が暫定憲法に盛り込まれるとともに、「宗教の自由」、「平和的抗議の自由」、「法の適正手続き」といった基本的な権利を保障した。そして、1992 年には「報道の布告」[6]を公布した。さらに、暫定政府は国営マスメディアを再編し、印刷、放送、通信の各部門をそれぞれ半独立した法人に改組した[7]。しかしながら、政府広報担当大臣が 3 つの機関の理事会の議長を常任し、結果的には政府の統制下におかれた（Meseret 2013）。

　1995 年には新憲法が施行され、エチオピア連邦民主共和国が樹立された。EPRDF 党首メレス・ゼナウィが率いる新政権は、民族連邦制を採用した（Meseret 2013; 原田 2022）。新憲法では、言論と報道の自由を保障する憲法上の規定（第 29 条）[8]が含まれた（Meseret 2013; 児玉 2015）。また、国民の情報へのアクセス権を含む報道の自由に関する「放送の布告」[9]が 1999 年に公布された。EPRDF は国営メディア、特に通信社や放送部門に対してインフラ整備を行った（Meseret 2013）。

　EPRDF は政府のイメージの向上という目的でマスメディアを利用したといわれている（Meseret 2013）。EPRDF のプロパガンダの焦点は変化しており、

6　Press Proclamation No. 34/1992
7　情報省（Ministry of Information）傘下の報道部（Press Division）と広告流通部（Advertising and Distribution Division）の二つの組織が統合された。同様に、放送局もそれまで別々の機関として運営されていたラジオ局とテレビ局が合併された（Meseret 2013）。
8　以下のような条項がある（FDRE 1995）。
　1. すべて人は、干渉されることなく意見を表明する権利を有する。
　2. 何人も、何らの干渉を受けることなく、表現の自由を享受する権利を有する。
　3. 報道その他マスメディアの自由および芸術上の創作の自由を保障する。報道の自由は、具体的には次の要素を含むものとする。a. いかなる形態の検閲の禁止、b. 公共の利益になる情報へのアクセス
　4. 民主的秩序を機能させるために不可欠な情報、思想および意見の自由な流れのために、報道機関は、運営上の独立および多様な意見を受容する能力を確保するための法的保護を享受しなければならない。
　5. 国によって出資され、または国の支配下にあるすべてのマスメディアは、意見の表明において多様性を受容する能力を確保するような方法で運営されるものとする。
9　Broadcasting proclamation No. 178/1999

初期のころは、国家や民族間の平和と平等の象徴として、つまり抑圧されてきた民族の救世主として EPRDF を描写した。その後、2005 年の選挙までは、EPRDF が民主主義とグッドガバナンスをもたらすために努力していることを示すためにマスメディアが利用された（Meseret 2013）。EPRDF によって、「表現の自由」の法的保障が進んだが、実質はまだ伴っていなかった。

4.2　EPRDF 政権と NGO

　1990 年代における NGO セクターの特徴は、現地 NGO が劇的に増加したという点である。1990 年代に NGO の数は徐々に増え、1999 年には 310 団体となった（Daniel 2005: 93）。現地 NGO の設立は当初、国際 NGO がその実動部隊として創設したことに始まった。その背景には、現地のニーズに対応するという動機のほかに、低賃金であったエチオピア人を雇用すること、高賃金で雇用される外国人職員の在り方に対する政府や世論の批判を回避するという理由もあった。当時は国際 NGO の職員が現地 NGO を設立して両方で活動することや、現地 NGO の設立にかかわった現地職員が後に国際 NGO に転職することもあった（Daniel 2005）。

　この時代のもう一つの特徴は、政府と連携した NGO である政府系 NGO（Government-Organized Non-Governmental Organization: GONGO）が増加したことである。ほかのアフリカ諸国では、有力な政治家が個人で NGO を設立し、資金集めの道具とすることがあるが、エチオピアの場合それが個人ではなく、政党によって行われている点に特徴がある。エチオピアの GONGO の場合、政党の資金獲得だけでなく、権威主義を強化し、政党による社会の支配を推進するという目的もある。[10] 1990 年代から先進諸国は、国際 NGO を経由せずに現地 NGO を直接支援することが多くなった。そのため GONGO は国内だけでなく国外から多額の資金を得ることができた [11]（Daniel 2005: 1133–1135）。

10　GONGO の例としては、ティグライ州で活動するティグライ救済協会（Relief Society of Tigray: REST）が挙げられる。TPLF が新政権成立の中核的役割を担うと、TPLF との紐帯を基盤にした REST は NGO として活動を活発化させた。REST の中核には政治家や TPLF 党員が参加しており、政党や州政府と関係が深い。REST は、国際機関と連携したプロジェクトを実施し、また在外ティグライ支援の受け皿となった。REST はティグライ州全域におよび各県、郡、村に支部を設置し、各地で開発プロジェクトを行った（眞城 2018）。

11　国内においても、たとえば、オロミア州では州政府職員の給与から GONGO への寄付金を一定額天引きする手法をとり、GONGO の運営を支えた。

1990年代半ばになると、現地NGOが国際NGOを数で上回るようになり、多くの資金がNGOを通してエチオピアに流れ込んだ。そして1998年から2000年にかけてのエリトリアとの国境紛争で財政がひっ迫したときには、政府はNGOを通して積極的に外貨を獲得しようとした（Dessalegn 2002）。
　憲法第31条には「結社の自由」が含まれたが、政府は1990年代末までNGOに対して肯定的ではなかった。それゆえ、エチオピアにおけるNGOの活動環境は長い間統制されていたといえる。しかしながら、徐々に政府はNGOとのパートナーシップを盛り込む方針に転換した（Dessalegn 2008）。背景としては、先述のエリトリアとの国境紛争のための緊急支援にNGOの協力が必要だったことや、国際援助を獲得するために民主的な国家であるという国際的な評価が必要であったことなどがある（児玉 2008）。特に、貧困削減戦略書（Poverty Reduction Strategy Paper: PRSP）策定が、この方針転換に影響したといわれている（Miller-Grandvaux et al. 2002）。重債務貧困国であるエチオピアが債務救済を得る条件として、市民社会を巻き込んだ貧困削減戦略書の策定と承認が必要となったのである（山田 2006; Dessalegn 2008）。2009年には約4,000団体までNGOの数は急増し（Tonegawa 2014: 42）、2000年以降エチオピアにおけるNGOの活動環境が好転したことがうかがえる。
　このときには、多くのNGOは人権アプローチ[12]（Rights-based Approach/Human Rights Approach）を有し、多様な権利の実現を目指した活動を実施するようになっていた。人権アプローチは、すべての人にとって、人権の享受は法的および道徳的な義務であることを基本的な考えとする。人権アプローチは、団結を促し、自分たちの生活の質を向上させるためのエンパワメントを行う（Jonsson 2003）。たとえば、子どもの権利に基づいた教育や保健の活動や、女性の権利に基づいた女性性器切除（FGM）廃絶のための活動などを実施した。また人権擁護や政策提言を行うNGOも増えていった（Dessalegn 2008）。この時代には、NGOの設立に関しては「結社の自由」が大きく保障されたとい

12　1990年代以降に広がり、もっている資源をどのように活用するのかといった自立の方法を提案するアプローチである（Jonsson 2003）。それ以前は、1970年代以降広まったベーシック・ニーズ・アプローチ（Basic Needs Approach）が国際的な開発アプローチの主流であった。食糧や水、教育など、最低限必要なベーシック・ニーズがない周縁化された人びとに対して、サービスを提供するという慈善精神に基づくアプローチである（Jonsson 2003; Willis 2005）。ベーシック・ニーズ・アプローチは、サービスの提供により、援助への依存度を高める可能性があるとして批判もある。

える。

5. 2005年の総選挙のマスメディアおよびNGOセクターへの影響

5.1 マスメディアおよびNGOセクターへの2005年の総選挙の影響

　2005年の総選挙は転機となった。当初はマスメディアそしてNGOに対して、政府はこれまでと比較し寛大であった。2005年1月には、改正選挙法を可決し、野党がデモを組織する権利や、国営メディアで政権放送を行う権利を保障した（西 2007）。選挙期間中、国営メディアのジャーナリストたちは、選挙キャンペーンの報道と論調の設定に自由裁量権を与えられた（Stremlau 2011）。全国テレビ放送による政党間の生討論が実施されたほか、印刷メディアでは選挙に関する特集なども組まれた（Carter Center 2009）。そのため、国営メディアは与党や政府に対する批判を報道・掲載することができたのである。EPRDFとしては、マスメディアの表現の自由と公平な視点は、選挙監視の評価における重要な要素であり、より自由なアプローチが選挙の透明性と公正さを確保できると考えたことが推測される（Stremlau 2011）。

　NGOセクターに関しては、NGOが選挙監視員のトレーニングや、民主主義に関する啓発活動を行った。20団体を超える現地NGOの連合は市民教育や有権者教育プログラムを実施した（Carter Center 2009）。EPRDFは、選挙での勝利を確信していたことが推測され（Stremlau 2011）、そして公正な選挙の実施を国際的にアピールできることを期待していた。その結果、「表現の自由」そして「結社の自由」が大きく拡大したのである。

　しかしながら、野党の攻勢を感じ取ると状況は一変した。NGO30団体によって予定されていた選挙監視員3000人の派遣は、実施前に選挙管理委員会によって突如中止された。その後、この不当な扱いに対して、NGO14団体が訴えを起こし、裁判ではNGO側が勝利したが、裁判結果が投票日直前に出たため、選挙監視員を投票所に派遣することができなかった（Carter Center 2009）。その他にも、エチオピアのNGOネットワーク団体であるキリスト教救済・開発協会（CRDA）[13]が、「すべての政党は民主主義の思想を支持

13　現在は、Consortium of Christian Relief and Development Associations（CCRDA、キリスト

し、法を遵守するよう」啓発活動を行うと、CRDA が団体の使命とは異なり、政党のような活動をし、憲法違反を犯しているとして法務省が警告を出した（Aalen and Tronvoll 2009）。

2005年5月15日に投票が行われると、国民統合を訴え、民族自治制の廃止を求めた野党「統一と民主主義のための同盟（CUD）」[14]と「統一エチオピア民主勢力（UEDF）」などの野党連合、そして与党 EPRDF は、それぞれが独自に集計した選挙結果に基づいて、双方が「勝利宣言」を出した（西 2007）。6月にはアディスアベバ大学の学生が EPRDF に対する抗議デモを行い、ミニバス運転手もストライキを実施した。治安部隊がデモ隊に向かって発砲し、合わせて42名が死亡し、数百名が拘束された（西 2007）。

6月の選挙結果発表は延期され、最終的に9月に選挙結果が発表されると、CUD と UEDF を中心とする野党は下院議席（計548議席）の32%（174議席）[15][16]を占め、大きく議席を伸ばした。しかしながら、EPRDF は327議席を獲得し、政府の確固たる支配を維持した（Election Guide 2016; 西 2017）。選挙結果に対して、CUD は選挙に不正があったとして、議会をボイコットした（西 2007）。同時に野党連合は、選挙結果を不服として、2005年11月にアディスアベバで大規模な抗議デモを行った。それに対して警察が発砲し、約200名が死亡、何百人もの人びとが負傷し、何千人もの人びとが逮捕された（児玉 2015; UNHCR 2014; Stremlau 2011）。

選挙後に逮捕された人びとの中には、CUD の代表ハイレ・シャウエルや、CUD 構成メンバーの野党「虹のエチオピア（MDSJ）」の代表ブルハヌ・ネガをはじめとして、100人以上の野党指導者、ジャーナリスト、NGO関係者が含まれていた（西 2007）。罪状は反逆罪、大量虐殺未遂、武装反乱などであった。ジャーナリストはおもに反逆罪または野党の共謀者として起訴された（Stremlau 2011）。NGO に対しても、秘密裡に野党へ資金提供を行い、

教救済・開発協会連合）に名称を変更している。
14 4つの野党が選挙協力を主目的として同盟を結んだ。CUD は、EPRDF の推進する民族自治がかえって民族対立を助長すると主張した（西 2007）。
15 エチオピアの総選挙では、通常、国会下院にあたる人民代表議会（House of People's Representatives）と9つの州レベルの議会（Regional State Councils）の選挙が同時に行われる。下院で最大多数の議員を擁する政党もしくは政党連合が政府の権限を担う（憲法第73条）。なお、上院議員は州議会によって選出されるか、州内での直接投票によって選出される（児玉 2015: 62）。
16 CUD は103議席、UEDF は54議席を獲得した（西 2017）。

野党と共謀したと政府は主張し、NGO 職員の逮捕や NGO の活動停止警告を行った（Ashagrie 2013）。11 月の暴動のあと、政府に批判的な新聞の編集者やジャーナリストが逮捕され、印刷所が閉鎖された。ブログは閉鎖され、抗議行動に市民を動員するために使われたとされる携帯電話のメッセージ機能は、1 年半以上にわたって停止された。最後まで拘留されていた野党指導者とジャーナリストのグループが刑務所から釈放されたのは、2007 年 7 月になってからであった（Stremlau 2011）。ブルハヌ・ネガや CUD 指導者の一部は、北米に活動の拠点を移し、グンボット・サバット[17]として政権への抗議を続けた（西 2017）。

5.2 政府によるマスメディアの統制

2005 年の選挙後、テレビ、新聞、ラジオなどのマスメディアは統制と監視の対象となった。選挙前は多くの新聞があったが、多くは廃刊となり、残った新聞のほとんどは、政府に同調した記事を掲載するのみとなった（Stremlau 2011）。そして、政府がマスメディアを利用して、再びプロパガンダを行うようになった。特に国営メディアは EPRDF の指導のもと、政治、経済、社会の各分野で国が劇的に発展したことをしきりに宣伝した（Meseret 2013）。これは後述する開発主義を推進するために EPRDF がマスメディアを利用したことを示している。

次の総選挙が 2010 年に予定されていたこともあり、政府はマスメディアそして NGO を規制する法案を次々に成立させた。まず、2008 年に「マスメディアと情報アクセスの布告」[18]が施行された。この布告は、報道に関する課題を明らかにするなど、肯定的な要素もあったが、懸念点も多くあった。たとえば、政府関係者に対する名誉毀損であれば、検察は訴えがなくても起訴する権限を与えられた（第 43.7 条）。この規定が国家によって乱用されることが懸念された。また、新聞やテレビなどマスメディアにおける編集の独立性に対する介入が許容され、政府が行う開発プロジェクトなどに対する指摘や批判を行うことができなくなった。結果として、政府の主要な政策が批判されることはなくなった（Meseret 2013）。

17　グンボット・サバット（Ginbot 7）は、国政選挙が行われた 2005 年 5 月 15 日（エチオピア暦で 1997 年グンボット月 7 日）から名付けられた（西 2017: 133）。
18　Freedom of Mass Media and Access to Information Proclamation No. 590/2008

さらに、2009年の「反テロリズムに関する布告」[19]も、ジャーナリストの活動を制限した（Meseret 2013）。同布告に対しても多くの問題が指摘された。たとえば、テロリズムの定義が広範で曖昧であるため、非暴力的な政治的反対意見も犯罪とすることができるという指摘がある。また、情報機関に対し、テロリズムの疑いのある人物の通信を傍受する権限を与えており、テロ事件の裁判で認められる証拠には、伝聞証拠や間接証拠、出所を明かさないあらゆる形態の証拠が含まれることになった。さらに、警察は、テロ行為を行ったと疑われる人物を裁判所の令状なしに逮捕することが可能となった。このような内容は、「表現の自由」のみならず、推定無罪、プライバシーの権利、市民の平和的デモの権利を侵害する可能性がある（Semahagn 2014）。

実際に、政府は民間メディアを取り締まるために「反テロリズムに関する布告」の規定に基づいて、多くの新聞社を閉鎖した。また、多くのジャーナリストが国外に逃亡を図ったが、他方で起訴され厳しい刑罰を言い渡されたジャーナリストもいた。政府は反政府的な思想や活動を取り締まるためにこの布告を適用し、多くの政治家、ジャーナリスト、NGO関係者を様々なテロ容疑で告発した（Semahagn 2014）。

5.3　政府によるNGOの統制

2000年以降、NGOが活動領域を拡大していたが、2005年の選挙を経て、2009年に「慈善団体および市民団体に関する布告」[20]（通称 Civil Society Organization Proclamation、以下CSO布告）が公布された。CSO布告公布まで、NGOに限定した法制度はエチオピアには存在しなかった。そのため、CSO布告が公布されると知った多くのNGOは、政府によるNGOに対する公的な認知を大いに喜んだ。実際に、CSO布告は、憲法第31条に示されている「結社の自由」の権利の実現と、エチオピアの人びとの発展のために、NGOの活動の支援および促進を目的とすることが明記された（FDRE 2009）。しかしながら、CSO布告の内容はNGOの活動を制限するものであったため、多くのNGOは落胆した。CSO布告に明記されてはいないが、CSO布告は

19　Anti-Terrorism Proclamation No. 652/2009
20　同布告の詳細については宮脇幸生編著（2018）『国家支配と民衆の力：エチオピアにおける国家・NGO・草の根社会』（大阪公立大学共同出版会）の第1章および第2章を参照されたい。

NGOの政治的介入を規制する政策として公布されたと推測されている。そしてCSO布告の影響により、NGOの数は一時は1,800団体を切るまでに激減した。つまり、「結社の自由」が保障されず、NGOの活動領域が大きく縮小したのである。

CSO布告には、様々な規定が含まれているが、そのなかでも特に二つの規定が多くのNGOからの批判の対象となった。それは、①「管理費」の上限の設定、②資金源によるNGOの分類と活動制限である。まず、①「管理費」の上限の設定については、具体的には、NGOの年間支出に占める管理費の割合を30％までに制限すると定められた。NGO側から批判があった点は、「管理費」と「事業費」の基準が曖昧な点である。「管理費と事業費に関するガイドライン」[21]に示されている具体的な「管理費」のなかには、事業費と判断される項目が含まれていたのである。「管理費」の項目には、職員の給与、通信費、事務所の家賃などの一般的に管理費とされる項目に加え、プロジェクト付けの職員（プロジェクト・マネージャー／コーディネーター）の給与や、プロジェクトのモニタリング費といった、プロジェクトに直接関係する費用が「管理費」に含まれた。[22]

そして、②資金源によるNGOの分類である。国外からの資金が10％以下の団体と10％より多い団体に分けられ、人権にかかわる活動や啓発活動などを許可されたのは、国外からの資金が10％以下の団体のみとされた。[23]エチオピアの約95％の現地NGOは、国外からの資金が10％より多く占めているというデータもあり（OMCT 2009）、多くの現地NGOは、国外からの資金援助によって運営されている。そのため、多くのNGOは、人権や政治にかかわるような啓発活動のみならず、エンパワメントの考え方に基づくような活動までも実施できなくなり、サービス提供中心の活動に制限されることになった。

21　Directives No.2/2011
22　「管理費」に関するガイドラインは数度修正が加えられた。プロジェクトに必要な物品や資材の輸送費も「管理費」に含まれていたが、2度目の修正で事業費に含まれた。また、能力開発（capacity building）、トレーニングにかかる費用の他、HIV/AIDS、障害者、高齢者に関するプロジェクトに関しては、プロジェクト・スタッフの給与を事業費とするなどの修正が一部行われた（Berhanu and Getachew 2013; ChSA 2014）。
23　これには、(1) 人権と民主主義的権利の促進、(2) 民族問題、ジェンダー、宗教間の平等の普及促進、(3) 障害者や子どもの権利の普及促進、(4) 紛争解決と和解の普及促進、(5) 司法と法の施行のためのサービスの効率性向上、の5つが含まれた（第14.2条）。

また、同様に国外からの資金によって活動する国際 NGO も人権や民主的な権利に関する活動などを実施できなくなった。CSO 布告によって、多くの NGO が活動の縮小や閉鎖を余儀なくされ、困難に直面した。実際に、2009 年から 2011 年の間に、現地 NGO 2,275 団体のうち、547 団体が再登録できなかったという報告もある（Jalale and Wolff 2019）。

　2000 年代以降、海外からの NGO に対する援助が増加するなかで、「ブリーフケース NGO[24]」といわれる、支援を必要とする人びとのためではなく、自己利益を追求するような NGO がエチオピアにおいても出現していた。CSO 布告の公布後、活動資金の大半を職員の給与に充てていたようなブリーフケース NGO は減少した。この点は、CSO 布告の評価できる点といえるかもしれないが、それ以上に NGO 全体の活動を限定した。CSO 布告の内容は、NGO に対して弾圧的であるとして、国内 NGO そして国外からも多くの批判を受けた。

　先述したように、2008 年に「マスメディアと情報アクセスの布告」、2009 年に「反テロリズムに関する布告」が同時期に出されており、CSO 布告にもマスメディアや NGO による反政府活動を封じ込める目的があると考えられている。このような対応への背景として、次の総選挙が 2010 年に予定されていたことのほかに、開発主義国家モデルと、EPRDF が支持した革命的民主主義[25]と呼ばれる新しい民主主義の形態が影響しているという指摘もある（Semahagn 2014; Stremlau 2011）。開発主義は、経済的繁栄を実現するために、政府が、社会的、経済的、政治的措置を統制する幅広い役割を担い、またそのための能力を有していることが前提とされている（本書第 2 章）。先述したように、マスメディアは EPRDF の開発を宣伝するために使われており、これは開発主義国家モデルを内外にアピールするものである（Meseret 2013）。

　革命的民主主義とは、民主主義の特徴である個人重視の考え方を否定し、集団の権利と合意を重視するものである（Gagliardone 2014; 本書第 1 章）。革命的民主主義では、意思決定プロセスは、党首の決定を国民に対して一方的に伝達するという形がとられた（Semahagn 2014）。つまり、EPRDF は、開発主

24　メレスはこのような個人的な福祉厚生の手段として国内 NGO や任意団体（Voluntary Organization：VO）を利用した人びとを皮肉を込めて「NGO・VO 起業家」と呼んだ。
25　革命的民主主義（Revolutionary democracy）と民族連邦制の概念は、デルグの軍事独裁政権に対抗して行われたゲリラ戦の中で生まれ、その定義は EPRDF が政権を握った後も進化を続けた（Gagliardone 2014; 本書第 1 章）。

義を進めるため、革命的民主主義の手法を用いた。そのため、多様な考え方を促すような NGO の存在や報道を自由に行うようなマスメディアは脅威と見なされ、統制の対象となった（Semahagn 2014）。このように、「結社の自由」そして「表現の自由」は大きく制限されたのである。

6. アビィ政権下でのマスメディアと NGO

6.1 アビィ政権下におけるマスメディア

6.1.1 緩和されたマスメディアへの法的規制と実態

　2012 年のメレスの病死後、ハイレマリアム・デサレン首相が後継者となり EPRDF の強固な支配は継続した。しかしながら、2015 年の選挙前後から EPRDF 政権に対する抗議や反発がおこると（本書第 7 章および第 9 章）、ハイレマリアムは国内の政情不安定を鎮静化させることができず、2018 年に突然の辞任を表明した。その後、アビィ・アフマドが首相に就任し、「結社の自由」と「表現の自由」をめぐる状況に転機が訪れた（Mulunesh and Breuning 2021）。アビィは、過去の政権が反逆罪として非難した政治活動を合法とし、野党党首らをエチオピアに帰国させて政治活動を再開させ、数千人の政治犯を釈放した。テロ組織として非合法化されていたグンボット・サバット、オロモ解放戦線（OLF）の活動禁止を撤廃した。そして、アメリカなどに亡命していたブルハネ・ネガなどの反政府活動の指導者たちがエチオピアへ帰国し、活動を開始した（児玉 2020; Addis Fortune 2018; Fick 2018）。

　また、1998 年以来国交断絶していたエリトリアと 2018 年 7 月に国交回復を行った。エリトリアとの和平に向けた活動が評価され、2019 年にアビィはノーベル平和賞を受賞した（US Department of State 2020）。国内外での和平や民主化に向けた改革のなかで、抑圧的な布告も改正した（US Department of State 2020）。2020 年には「ヘイトスピーチおよび情報操作の防止と抑制に関する布告」[26]が公布された。また、先述した 2009 年に公布された「反テロリ

---

[26]　Hate Speech and Disinformation Prevention and Suppression Proclamation No. 1185/2020

ズムに関する布告」を改正した「テロ犯罪の防止および抑止に関する布告」[27]も 2020 年に発布された。2021 年に公布された「メディアに関する布告」[28]は、ジャーナリストに対してより自由で保護的な環境を保証している[29] (RSF 2022)。200 以上のラジオ局、テレビ局、新聞社などの報道機関が認可を受け、民営のテレビ局も増加した (RSF 2022)[30]。アビィは、国際社会にアピールする諸政策を次々に打ち立て、就任直後にはエチオピアにおける「表現の自由」を拡大した。

6.1.2 TPLF との内戦におけるマスメディア統制

2019 年 12 月にアビィは、EPRDF を解党し、繁栄党を結成したが、TPLF は繁栄党に参加しなかった（児玉 2021）。それにより、アビィと TPLF の間での溝が深まり、さらに 2020 年に予定されていた第 6 回総選挙の延期決定によって、両者の対立は決定的となった。ティグライ州は州議会選挙を 2020 年 9 月に強行したが、連邦政府はこの選挙を無効であるとした。その後、ティグライ州の州都近郊にあるエチオピア国防軍の基地を TPLF 配下の軍隊が襲撃したことが発端となり、2020 年 11 月に TPLF との内戦が始まった（児玉 2021）。

内戦下で、政府はティグライ州に非常事態を宣言し、電気、銀行サービス、通信手段へのアクセスを制限した（Pichon 2022）。非常事態宣言には以下の 2 点が含まれた（外務省 2021）。

・非常事態宣言により許可された団体以外は、いかなる通信媒体でも軍の動き、戦場での活動、結果に関する情報を発信することは禁止する。民間人および軍の指揮官は、与えられた任務、使命を除き、軍の動きや戦場での活動、結果について発言することは許されない。
・非常事態作戦本部は、表現の自由を口実に、直接的または間接的にテロリ

27　Prevention and Suppression of Terrorism Crimes Proclamation No. 1176/2020
28　Media Proclamation No. 1238/2021
29　しかしながら、実際にはこの布告が適用されず、ジャーナリストが逮捕されている現状がある（RSF 2022）。
30　民営のテレビ局にはカナ（Kana）、EBS、ファナ BC（Fana BC）等がある（RSF 2022）。エチオピア放送庁によれば、27 の民営テレビチャンネル、19 の認可を受けた公共テレビチャンネル、33 の宗教チャンネルが開設された（LA-DEM-MED Ethiopia n.d.）。

スト集団を支援し、存続をかけた戦いに対する障害を作り出す者に対し、その行為を止めるよう警告する。治安部隊は、これに違反する行為を止めない者に対して、然るべき措置をとる。

　上記に基づき、連邦政府は、インターネットや情報を遮断し、ジャーナリストを拘束したため、人権侵害にあたる行為を行っているという批判もある（Civicus 2022a）。暴力の扇動、敵との協力、反政府グループを支援する情報の流布、国民と軍部との間における分断の促進などを理由とする告発で、ティグライ内戦を報道したジャーナリストや政府に批判的なジャーナリストが、政府によって、脅迫、恣意的な逮捕、報復にさらされた（Civicus 2023）。具体的には、ティグライ州やその他の地域で内戦が悪化するなか2021年6月21日に総選挙が実施されると、6月30日から7月2日にかけて15人のマスメディア関係者が拘束された（Civicus 2022b）。2021年7月15日、エチオピアのメディア庁（EMA）は、独立系メディアのアディススタンダードが国家の安全保障を損なう内容を掲載したとして、同メディアのライセンスを取り消した。同メディアはティグライ内戦を報道したため標的にされたといわれている。その後、マスメディア庁との合意により、2021年7月21日に活動の再開が許可された（Civicus 2022b）。そのほかにも、2022年9月7日、ジャーナリストのゴベゼ・シサイ[31]とロハTVの創設者ミアザ・モハメドが逮捕された。この2人は連邦政府と対立しているTPLFと関係があり、TPLFを支援する情報を流して国民を恐怖に陥れようとしたという告発で、翌日法廷に召喚されたが、正式な起訴はされなかった。両者はティグライ内戦を取材していた（Civicus 2023）。

　一方で、政府およびTPLF双方によるフェイクニュース（偽情報）合戦が行われたという報告もある。国境なき記者団によれば、政府側は、情報をコントロールし、未検証の事柄やフェイクニュースを使って、政府のメッセージを伝え、政府の行動の正当化を行っているという（RSF 2022）。ティグライ州の戦地への立ち入りが制限され、通信が遮断されていた間、国営テレビとティグライのテレビ局はお互いを「殺人者」とののしりあう放送がされてい

31　ゴベゼ・シサイは、YouTubeをベースとする民間放送局『The Voice of Amhara』の編集者兼創設者。

たという報告もある（NHK放送文化研究所 2021）。さらに、メディア庁は政府の言いなりであり、質の高い独立したジャーナリズムとは程遠いという指摘もある（RSF 2022）。TPLF側も、支持者が国防軍の画像を首都に進軍するTPLF軍のように加工して拡散した他、1980年代の干ばつの際に撮影された古い写真をティグライ州で飢餓に苦しむ女性として拡散したことなどが指摘されている（France 24 2021）。また、国外にいるディアスポラが双方のフェイクニュースを広める上で重要な役割を果たしているという指摘もある（France 24 2021）。

　その後2022年11月2日に、敵対行為の即時停止を柱とする和平合意に連邦政府とTPLFの代表者が署名した。和平合意によって、ティグライ州におけるマスメディア統制の状況は改善が進んでいると見込まれるが、エチオピア国内では、オロミア州やアムハラ州で様々な衝突が続いている。たとえば、オロミア州では、政府とOLFの和平合意に反発し、武力闘争を続けている武装派集団OLAが関与した襲撃事件がおこっている（関 2022）。

　そのほかにも、アムハラ州では2023年4月に連邦政府が州特別部隊の解体および警察・国防軍への統合を決定して以降、アムハラ州の武装勢力[32]がこれに抵抗し、治安部隊との間での対立が激化しており、2023年8月に非常事態宣言が発令された（中山 2024）。非常事態宣言により、ジャーナリストを保護するすべての法的規定は無効となり、多くのジャーナリストが拘束されている（RSF n.d.）。拘束の理由はテロリズムの助長などの容疑であり、拘束後は軍事キャンプなどに収監されているという。その他にも、19万人のフォロワーを有していたYouTubeチャンネルのエチオ・ニュースの創設者の一人が逮捕され、2023年11月にはエチオ・ニュースは閉鎖されたほか（RSF 2024）、外国メディアに対しても、2023年初頭に約15局が放送を停止された（RSF n.d.）。アビィ就任直後に拡大された「表現の自由」が内戦や政情悪化を受けて再び侵害される深刻な事態に陥っている。

32　アムハラ民兵組織ファンノ（Fanno）と呼ばれる。ファンノは、アムハラの若者を中心に構成される複数の民兵組織の総称である（原田 2024: 33）。

6.2　アビィ政権下における NGO：「市民社会組織に関する布告」

6.2.1　緩和された NGO への規制

　CSO 布告によって NGO の活動領域の縮小が進んで 10 年、CSO 布告を修正した「市民社会組織に関する布告」(以下、新 CSO 布告) が 2019 年 3 月末に公布された (FDRE 2019)。筆者は 2020 年に現地 NGO2 団体に、2023 年に現地 NGO2 団体および NGO ネットワーク団体 (コンソーシアム) 1 団体に、聞き取り調査を行ったため、その調査も踏まえながら NGO セクターの状況を考察する。

　新 CSO 布告では、これまで実施してきた開発に関する活動に加え、CSO 布告によって制限されてきた人権分野や民主主義にかかわる活動が可能となった (第6.9条)。また、政府による政策や法律の策定過程に NGO が積極的に参加するよう奨励までしており (第6.8条)、NGO の活動領域は大きく広がった。さらに、CSO 布告において批判された、資金源に基づく活動内容の制限などが、新 CSO 布告では削除された。新 CSO 布告の冒頭で、CSO 布告の欠点を認めたことも大きい。2021 年 6 月時点で正式登録されている NGO は、3,252 団体まで増加した[33] (Debebe et al. 2022: 10)。このような状況は、「結社の自由」の再拡大といえるだろう。

　また、手続きも簡易化された。CSO 布告のもとでは 1 年ごとに更新しなければならなかった NGO のライセンスは、新 CSO 布告のもとでは更新は不要となった[34]。管理費の上限については、30％から 20％に下げられたものの (第63.2条)、以前は管理費に含まれていたプロジェクト・スタッフの給与といった項目が、新 CSO 布告ではすべて事業費として認められることになったため、状況は好転したという。筆者による聞き取り調査では、現地 NGO すべてが、新 CSO 布告に対して肯定的な認識を示した。

　調査対象の現地 NGO によると、新設された NGO 担当局[35]では新たな職員が配置され、新 CSO 布告に基づく 2019 年の再登録手続きは、2、3 日で

33　うち 84％が現地 NGO、14％が国際 NGO、2％がネットワーク NGO (コンソーシアム) である (Debebe et al. 2022: 10)。
34　ただし、銀行口座を開くためには NGO 担当局からのレターが必要であり (第75.1条)、活動報告書と会計報告書を毎年提出する必要がある。
35　NGO を管轄する担当局として、Authority for Civil Society Organizations (ACSO) が新設された。

大変順調に終わったようだ。CSO 布告下では NGO に対して批判的な態度をとる職員もいたようだが、新設された NGO 担当局の職員は NGO に対して総じて協力的な態度を示しているという。また、2019 年の再登録時には、調査対象の NGO 団体は、CSO 布告のもとでは削除した人権にかかわる活動を、NGO が各々定める使命やビジョンの中に含めていた。2020 年時点で人権に関する活動や啓発活動を積極的に実施している現地 NGO もあった。さらに、NGO の中には、選挙にかかわる活動を行うように NGO 担当局から勧められたという団体もあった。デベベほか（Debebe et al. 2022: 10）もガバナンスや民主主義を扱う NGO の数が増加していることを指摘しており、同分野での NGO へ期待が高まっていることを示している（Mulunesh and Breuning 2021）。他方で、CSO 布告のもとで、活動の中心がサービス提供となり、また次項に述べるような資金難も重なり、多くの団体は活動の拡大と多角化には至っていない現状もある（Debebe et al. 2022: 15）。

CSO 布告のもとでは設立手続きが曖昧であった NGO ネットワークは、2000 年代初頭には少数であったが、NGO 担当局によれば 2021 年 6 月の時点で NGO ネットワークが 50 団体登録されており、その約半数は新 CSO 布告制定後に設立されたという（Debebe et al. 2022: 14）。NGO ネットワークは分野別に形成されている場合が多く（Debebe et al. 2022: 14）、NGO 間の協力体制が構築されている。

さらに、アビィは政府と NGO との対話も進めた。政府と NGO による対話フォーラム（GO-CSO Forum）が地域および国家レベルでも実施され、分野別の政府機関と NGO の対話フォーラムが開かれている（Debebe et al. 2022: 15）。調査対象の NGO も、NGO 担当局に招かれ、エチオピアにおける NGO の役割をテーマとする 2 日間のトレーニングを受けたという。政府は、NGO に対して開発のためのパートナーであるという認識を強めており（Debebe et al. 2022: 15）、NGO と政府の関係性の向上が見られる（Mulunesh and Breuning 2021）。このような状況により、エチオピアの「結社の自由」は拡大したといえるだろう。

6.2.2　新 CSO 布告の残された課題

新 CSO 布告によって、NGO に対する規制は大きく緩和した。ただし、現実的な問題として、資金獲得方法について NGO は困難に直面している。

まず、国際 NGO と現地 NGO の関係性が希薄であることが指摘されている（Debebe et al. 2022: 14）。これは国際 NGO の活動を制限した CSO 布告によって、多くの国際 NGO がエチオピアを離れた影響であるとともに、新 CSO 布告においても国際 NGO の活動内容には曖昧な点があるからである（Mulunesh and Breuning 2021）。さらに、2020 年以降のコロナ感染拡大や、TPLF との内戦などのエチオピア国内の情勢の影響もあり[37]、国際 NGO や国際機関、先進国からの現地 NGO への支援は大きく減ったままであるため、調査対象の NGO すべてが財政的な困難に直面していた。このような状況は多くの現地 NGO に共通した課題であると考えられる。

　そのようななかでエチオピア国内での資金を獲得する方法を NGO は模索している。新 CSO 布告では、NGO を財政的に支援するため、エチオピア政府の補助金などから成る市民社会基金（Civil Society Fund）の設立が明記されており、ガイドライン（directives）も作成されているものの、現時点（2024 年 7 月時点）では設立されていない。筆者による聞き取り調査によると、NGO 側ははじめから設立を期待していないようであった。

　また、資金獲得方法として NGO による収入創出活動（Income generating activity: IGA）がある。IGA は CSO 布告に続き、新布告でも認められている（第 64 条）。ただし、調査対象の NGO によれば、手続きの煩雑さや原資の必要性から、多くの NGO は IGA に取り組むことが難しい状況にあるという。IGA の例としては、事務所の一室の貸し出しや、調理や給仕などの職業訓練を実施している NGO が、生徒の実践教育のためにレストランを運営するといった取り組みがある。調査対象の NGO のなかにも、トレーニングなどに使用するために、新 CSO 布告以前から所有している複数の部屋をほかの NGO など外部組織に時々貸し出し、新 CSO 布告制定後 IGA として収入を得ていることがわかった。

　近年の動向として、企業の社会的責任（CSR）という考え方から、エチオピア国内の民間セクターからの NGO に対する寄付への期待が NGO の間で高まっている。調査対象の NGO の中には、銀行や外資の花卉農場から支援

---

[36] 第 62 条によれば、国際 NGO の政治的な活動は制限されており、現地 NGO とパートナーシップを組んで、現地 NGO に対する財政的・技術的な支援、物資の支援を行うことが奨励されている。

[37] 2023 年現地 NGO への聞き取り調査より。

を受けている団体もあった。しかしながら、税制優遇措置などが未整備であるため、民間企業による寄付の拡大は現状では難しく、国内の民間企業へのアプローチは困難であると調査対象のNGOは言及した。デベベほか（Debebe et al. 2022: 15）も、民間セクターとNGOの協調と対話、そして法的整備の必要性を指摘している。

また、資金源獲得のための方法として、エチオピア国民のNGOに対する寄付文化についても議論がある（Debebe et al. 2022: 15）。エチオピアの富裕層や中間層からの寄付の可能性である。そのためには、エチオピア国民がNGO自体やNGOの活動に対する信頼を有することが肝要である。調査対象のNGOによると、CSO布告のもとでも、活動の裨益者である地域住民は活動内容を直接目で見てNGOの活動を理解しているため、地域住民とNGOの関係性は良好であったと述べた。ただし、NGOとの直接の関係性がない多くのエチオピア国民が有するNGOの印象は、CSO布告をとおして10年にわたり醸成された否定的なイメージであるという。デベベほか（Debebe et al. 2022: 15）は、NGOはアカウンタビリティを十分に果たしておらず、活動の透明性を確保していないことを指摘し、年間報告書などの一般市民への公開など、NGOの情報を広く市民にわかりやすく伝える必要性を述べている。新CSO布告によってNGOのイメージは改善の方向へ向かっていると考えられるが、否定的なイメージを覆すためにはNGO側の工夫と努力が必要だろう。

7. おわりに

本章では、現代エチオピアにおいて、マスメディアとNGOセクターの政府との関係性と、政府による統制の状況を明らかにしてきた。市民社会において、マスメディアは「表現の自由」を、NGOセクターは「結社の自由」を保障するために重要な役割を担う。帝政期からEPRDF政権初期は、マスメディアおよびNGOセクターは政府により厳しく統制されていたといえる。2000年代に入り、市民社会を重視する国際的な潮流などの影響を受け、また、政府に対する国際的な評価を高めるために、マスメディアとNGOセクターの活動領域は飛躍的に拡大した。しかしながら、2005年の選挙におい

て、政府が予想しえなかった野党の躍進などが再びマスメディアとNGOセクターに対する強い統制につながった。

　その後、2018年にアビィ政権になると、法的にはマスメディアとNGOセクターに対する規制は緩和された。しかしながら、実際にはジャーナリストが拘束されるなど、マスメディアは統制されている。実際に、国境なき記者団による世界報道自由度ランキングにおいて、エチオピアは2019年には世界で110位だったのが、2024年には141位と下がっている（All Africa 2024）。また、先述したように、NGOに対する新CSO布告には不透明な部分がある。

　エチオピアの国内情勢はいまだ不安定であり、マスメディアおよびNGOセクターと政府との関係性について今後も注視していく必要があるだろう。また、本章では十分に議論できなかったが、人権、民主主義やガバナンスにおいて、マスメディアとNGOセクターがエチオピアにおいてどのような役割を果たすことができるのか、引き続き検討したい。

付記

　本章のNGOに関する箇所は、宮脇幸生・利根川佳子「序章　国家・市民社会・NGO：エチオピアからの視点」、利根川佳子「第2章　エチオピアにおけるNGOの活動領域の検討：市民社会に関する法律の影響とNGOの対応と認識」（宮脇幸生編著（2018）『国家支配と民衆の力：エチオピアにおける国家・NGO・草の根社会』大阪公立大学共同出版会）、利根川佳子「東アフリカのNGOの状況と課題：エチオピアとケニアを中心に」（大橋正明・利根川佳子（2021）『NPO・NGOの世界』放送大学教育振興会）をもとに新たな調査データと文献精査を加えて執筆したものである。

参考文献

Aalen, Lovise and Kjetil Tronvoll, 2009, "The End of Democracy? Curtailing Political and Civil Rights in Ethiopia," *Review of African Political Economy*, 36: 120, 193–207.

Addis Fortune, 2018, Show of Force, Posted September 16, 2018, (Retrieved July 20, 2023, https://addisfortune.net/articles/show-of-force/).

All Africa, 2024, "Ethiopia: In Abiy's Ethiopia, 200 Journalists Have Been Arrested Since 2019," All

Africa. (Retrieved July 18, 2024, https://allafrica.com/stories/202406030266.html?utm_campaign=daily-headlines&utm_medium=email&utm_source=newsletter&utm_content=aans-view-link).

Ashagrie G. Abdi, 2013, "The Ethiopian Civil Society Law in Light of the Principle of the Best Interest of the Child," *The Interdisciplinary Journal of Human Rights Law*, 7: 127–146.

Berhanu Denu and Getachew Zewdie, 2013, "Impact of the Guideline to Determine Charities'and Societies' Operational and Administrative Costs (70/30 Guideline）– Phase III" *Tracking Trends in Ethiopia's Civil Society Sector (TECS) Project Report 10,* Addis Ababa: Atos Consulting.

Borton, John, 1995, "Ethiopia: NGO Consortia and Coordination Arrangements, 1984–91," *Meeting Needs: NGO Coordination in Practice*, London: Earthscan Publications, 25–42.

Carter Center, 2009, *Observing the 2005 Ethiopia National Elections: Cater Center Final Report*, The Carter Center.

ChSA (Charity and Society Agency), 2014, *Amendments Made to Directive No.02/2003 Regarding Operational and Administrative Costs of CSOs.*

Civicus, 2022a, *Ethiopia in Monitor: Tracking Civil Space,* (Retrieved February 17, 2023, https://monitor.civicus.org/country/ethiopia/).

―――, 2022b, *Africa, People Power under Attack 2021. A Report based on Data from the CIVICUS Monitor*, Johannesburg: Civicus.

―――, 2023, *People Power under Attack 2022: A Report based on Data from the CIVICUS Monitor,* Johannesburg: Civicus.

Daniel Sahleyesus Telake, 2005, *Non-Governmental Organizations in Ethiopia: Examining Relations between Local and International Groups*, New York: The Edwin Mellen Press.

Debebe Hailegebriel, Akalewold Bantirgu and Yoseph Endeshaw, 2022, *Mapping Study of Civil Society Organizations in Ethiopia (2021)*, Authority for Civil Society Organization with the EU's Civil Society Fund III (EUCSF III) and the British Council's Civil Society Support Programme II (CSSP II).

Dessalegn Rahmato, 2002, "Civil Society Organizations in Ethiopia," Bahru Zewde and Siegfried Pausewang eds., *Ethiopia: The Challenge of Democracy from Below*, Uppsala: Nordiska Afrikainstitutet, 103–119.

―――, 2008, "The Voluntary Sector in Ethiopia: Challenges and Future Prospects," Bahru Zewde and Siegfried Pausewang, eds., *Civil Society at the Crossroads: Challenges and Prospects in Ethiopia*, Addis Ababa: Forum for Social Studies, 81–133.

Election Guide, 2016, Federal Democratic Republic of Ethiopia, Ethiopian House of People's

Representative, May 15, 2005, (Retrieved July 17, 2024 https://www.electionguide.org/elections/id/349/).

FDRE (Federal Democratic Republic of Ethiopia), 1995, Constitution of the Federal Democratic Republic of Ethiopia.

―――, 2009, *Charities and Societies Proclamation No.621/2009*, 13 February, 4521–4567.

―――, 2019, *Organizations of Civil Societies Proclamation No.1113/2019*, 12 March, 11006–11057.

―――, 2021, *Media Proclamation No.1238/2021*, 5 April, 13113–13222.

Fick, Maggie, 2018, "After Years in Exile, an Ethiopian Politician Returns Home with Hope and Fear," Reuters, (Retrieved July 20, 2023, https://www.reuters.com/article/us-ethiopia-democracy-insight-idUSKCN1NC0JD).

France 24, 2021, "Ethiopia's Warring Sides Locked in Disinformation Battle," (Retrieved July 21, 2023, https://www.france24.com/en/live-news/20211222-ethiopia-s-warring-sides-locked-in-disinformation-battle).

Gagliardone, Iginio, 2014, New Media and the Developmental State in Ethiopia African Affairs, April 2014, Vol. 113, No. 451: 279–299.

Jalale Getachew Birru and Jonas Wolff, 2019, "Negotiating International Civil Society Support: the Case of Ethiopia's 2009 Charities and Societies Proclamation," *Democratization*, 26(5): 832–850.

Jonsson, Urban, 2003, *Human Rights Approach to Development Programming*, Kenya: UNICEF.

Kassahun Berhanu, 2002, "The Role of NGOs in Promoting Democratic Values: The Ethiopian Experience," Bahru Zewde, Siegfried Pausewang. eds., *Ethiopia: The Challenge of Democracy from Below*, Addis Ababa: Forum for Social Studies.

Meseret Chekol Reta. 2013. *The Quest for Press Freedom: One Hundred Years of History of the Media in Ethiopia*. Lanham: University Press of America.

Miller-Grandvaux, Yolande, Micale Welmond and Joy Wolf, 2002, *Evolving Partnerships: The Role of NGOs in Basic Education in Africa*, United Sates Agency for International Development (USAID), Bureau of Africa, Office of Sustainable Development.

Mohammed Hassen, 1997, Review Essay: Gezetena Gezot, Matcha and Tulama Self-Help Association, *The Journal of Oromo Studies*, 4(1&2): 203–238.

Mulunesh Dessie and Marijke Breuning, 2021, Building Civil Society? An Assessment of the new Ethiopian Civil Society Law and Its Promise for Promoting Democracy, *Journal of Asian and African Studies*, 56 (5): 1079–1093.

LA-DEM-MED Ethiopia (Law, Democratisation and Media in Ethiopia), n.d., Broadcasting, (Retrieved

July 21, 2023, https://la-dem-med.et/broadcasting/).

OMCT (World Organization Against Torture) 2009. *Ethiopia: Law on Charities and Societies: Freedom of Association in Jeopardy!* 9 January, (Retrieved February 26, 2020, https://www.omct.org/human-rights-defenders/urgent-interventions/ethiopia/2009/01/d19771/).

Pichon, Eric, 2022, *Ethiopia: War in Tigray.* European Parliamentary Research Service.

RSF (Reporters without borders), 2022, Ethiopia, (Retrieved August 18, 2022, https://rsf.org/en/country/ethiopia).

―――, 2024, Ethio News, Symbol of Press Freedom's Persecution in Ethiopia, (Retrieved July 18, 2024, https://rsf.org/en/ethio-news-symbol-press-freedom-s-persecution-ethiopia).

―――, n.d., Ethiopia, (Retrieved July 18, 2022 https://rsf.org/en/country/ethiopia).

Semahagn Gashu Abebe, 2014, *The Last Post-Cold War Socialist Federation: Ethnicity, Ideology and Democracy in Ethiopia* (Federalism Studies), New York: Routledge.

Stremlau, Nicole, 2011, The Press and the Political Restructuring of Ethiopia, *Journal of Eastern African Studies*, 54, 716–732.

Tonegawa, Yoshiko, 2014, *Analysis of the Relationships Between Local Development NGOs and the Communities in Ethiopia: The Case of the Basic Education Sub-sector*, Osaka: Union Press.

UNHCR, 2014, *Ethiopia: Semayawi Party (Blue Party), Including Origin, Mandate, Leadership. Structure, Legal Status, and Election Participation; Party Membership; Treatment of Party Members and Supporters by Authorities,* 17 October 2014, (Retrieved February 24, 2022, http://www.refworld.org/cgi-bin/texis/vtx/rwmain?page=printdoc&docid=54c9f8064).

US Department of State, 2020, *Ethiopia 2019 Human Rights Report,* Country Reports on Human Rights Practices for 2019, United States Department of State, Bureau of Democracy, Human Rights and Labor.

Willis, Katie, 2005, *Theories and Practices of Development*, Oxon: Routledge.

NHK 放送文化研究所, 2021,『放送研究と調査　2021 年 1 月号』NHK 放送文化研究所, (Retrieved August 24, 2022, https://www.nhk.or.jp/bunken/book/monthly/asia/202101.html).

外務省, 2021,「エチオピア　非常事態作戦本部の発表（2021 年 11 月 25 日）」外務省安全情報.

国連人権高等弁務官事務所, 2014,『市民社会のための実用ガイド：市民社会スペースと国連人権システム』.

児玉由佳, 2008,「エチオピアにおける「市民社会」組織概観」児玉由佳編『アフリカ農村における住民組織と市民社会』調査研究報告書, アジア経済研究.

―――, 2015,「2015 年エチオピア総選挙：現政権圧勝後の展望」『アフリカレポート』53: 62–67.

―――, 2020,「エチオピア：混乱からの前身か、さらなる混乱か」『アフリカレポート』58: 29–40.

―――, 2021,「エチオピア内戦：権力闘争から武力紛争へ」『世界』2021, 11–14.

関隆夫, 2022,「政治経済の安定に向けた努力続く（エチオピア）」『地域・分析レポート』, 2022 年 4 月 28 日, 日本貿易振興機構．（Retrieved July 17, 2024, https://www.jetro.go.jp/biz/areareports/2022/33275854034a86d6.html）．

柘植洋一, 2009,「文字は誰のものか：エチオピアにおける諸言語の文字化をめぐって」梶茂樹・砂野幸稔編著『アフリカのことばと社会：多言語状況を生きるということ』三元社, 249–279.

中山泰弘, 2024,「アムハラ州の非常事態宣言、2024 年 6 月まで延長」『ビジネス短信』2024 年 2 月 7 日, 日本貿易振興機構，（Retrieved July 17, 2024, https://www.jetro.go.jp/biznews/2024/02/bb286931b89b0206.html）．

西真如, 2007,「民族自治か市民的共存か：2005 年 5 月国政選挙の争点を振り返って」『JANES ニュースレター』16: 48–51.

―――, 2017,「エチオピアの統合危機のゆくえ：民族自治と治療のシチズンシップに着目して」『アフリカレポート』55: 128–139.

原田陽子, 2022,「エチオピア民族連邦制度：その課題と今後の行方」『アフリカレポート』60: 1–6.

―――, 2024,「アムハラの武装蜂起：汎エチオピア主義からアムハラ民族主義へ」『アフリカレポート』62: 33–38.

眞城百華, 2018,「内戦支援から NGO へ：ティグライ女性協会の活動を中心に」宮脇幸生編著『国家支配と民衆の力：エチオピアにおける国家・NGO・草の根社会』大阪公立大学共同出版会, 104–139.

山田肖子, 2006,『万人のための教育（Education for All: EFA）国際開発目標が途上国に持つ意味：エチオピア国における政府と家計費のインパクト』Discussion Study 15, GRIPS Development Forum.

第Ⅱ部

エチオピアの民族連邦制

そのおこりと行方

第5章 ティグライ人民解放戦線による
　　　　ティグライ支配の構図――内戦期の遺産と課題

眞城 百華

1. はじめに

　2020年2月18日、ティグライ州の州都メケレのスタジアムでティグライ人民解放戦線（TPLF）創立45周年記念式典が盛大に開催された。1990年代以降の創立式典は5年毎に開催される総選挙に先立ちTPLFの権力誇示を行う最大かつ最良の政治宣伝の場であった。しかし2020年の式典は様相が異なった。TPLFの党首や中央委員会のメンバーの多くがデルグ政権下にゲリラ戦を展開した際の服装で式典に参加した。さらに1991年まで17年続いたTPLFとデルグ政権の戦争で戦死した元兵士の写真が州各地から集められ、1991年以降に生まれた若い世代がおびただしい数の殉死者の写真を掲げて観衆の前を行進した。ティグライにおける開発の成果や経済成長を喧伝してきたこれまでの式典と明らかに異なり、軍や警察の誇示とゲリラ戦時代の賛辞が目を引いた。

　TPLFは1991年のデルグ政権崩壊以降、与党EPRDF内でも主導権を握ってエチオピア政治の中核を担ってきたが、国内外でその統治に対する激しい批判が展開されてきた。2015年の総選挙前後からエチオピア各地で生じた民衆の抵抗は、TPLFを中心としたEPRDF政権に厳しい批判を突きつけ、2018年のアビィ政権誕生につながった。2019年末にアビィ首相はEPRDFの解党と繁栄党の結成という劇的な政治転換を導き、その結果、TPLFは与党EPRDFからの離脱を正式発表した。権力の中枢から外れただけでは国内のTPLF批判は終息せず、圧政に対する批判が高まったが、政治プロパガン

ダの影響も受けてティグライ全体に対する敵意が高じた。

　TPLFの与党からの離脱後、アビィ政権とTPLFの間の緊張は高まり、ついに2020年11月に中央政府とティグライの間で戦争が勃発した。攻撃の対象となったのはTPLFの政治家や党員だけではない。TPLFとティグライを一体として捉えたティグライ批判が戦争前から国内で高じた結果、戦争という最も過酷な状況下でティグライ州の一般市民が無差別に攻撃の対象とされ、甚大な被害が生じた。

　TPLFとはティグライにおいてどのような存在であったのか。なぜTPLFとティグライが一体と見なされたのか。TPLFとティグライという民族の関係はどのように構築されてきたのか。そしてTPLF結党から2020年のティグライ戦争に至る約50年の間にその関係はどのような変化を遂げたのだろうか。

　本章では、1975年のTPLF結党以降のTPLFとティグライ民族の関係を再検討することを第一の課題とする。1975～1991年のTPLFがけん引したデルグ政権との内戦にティグライ州の民衆がいかに関与し、TPLFの支持基盤を構築してきたのか。そしてその関係は、内戦終結後の1991年以降、特にティグライ州においてどのように変化してきただろうか。第二の課題は、ティグライにおける民族主義の検討である。TPLFがティグライを支持基盤として内戦を展開するにあたり、ティグライ民族意識をどのように戦略的に醸成し、利用してきたのかを検討する。

　EPRDF政権の特徴と指摘される民族連邦制、革命的民主主義や開発主義国家の理念はTPLFにより導入された。EPRDF政権下の政治、経済、社会の変容を分析する際に、TPLFがモデルとしたティグライ州における統治はいかなるものであったのか。実際にはTPLFモデルは、人口規模、地理的条件、民族の凝集性、政治力学、政党と市民の関係がまったく異なる他の民族や地域では、ティグライと同じように機能しえなかった。

　TPLFとティグライの人びととの関係は1975年から半世紀に及ぶが、EPRDF政権下で誕生した若い世代の台頭により、デルグ期のそれをモデルとした統治の限界も露呈している。ティグライ戦争を機に、ディアスポラや若者を中心にTPLFによる長期支配に対する疑義が生まれている。また戦争においてティグライが一体として捉えられ攻撃対象とされた経験により、若い世代はティグライ民族主義を再考し始めている。これまでのTPLFにより

喚起されてきたティグライ民族主義をティグライ史の文脈から批判的に検討する必要が高まっている。

2. TPLFと内戦下のティグライの変容

2.1 TPLFの成立と展開

　TPLFはその支持基盤であるティグライ州における影響力を、デルグ政権との内戦下で拡大した（Young 1997）。TPLFは1975年にデルグ政権下で成立したが、その設立には帝政期のティグライと帝国政府の関係が深く影響している。ティグライにおいて政治運動が高揚した背景には、首都を中心に展開された学生運動と、隣接するエリトリアにおける解放闘争の影響がある。1960年代後半から首都の大学を中心に展開された学生運動においては、階級、民族、宗教が争点となった（Bahru 1991）。ティグライ学生も首都の大学を中心とした学生運動に積極的に関与した。そのなかでティグライ大学学生協会が設立され、多様な主張を持つティグライ学生が参加した（Aregawi 2004: 579）。

　1974年1月からエチオピア革命が進展し、9月12日にハイレセラシエ皇帝が廃位され革命が達成された直後の1974年9月14日に、アディスアベバにおいてティグライ大学学生協会に参加していた7人のティグライ出身の大学生によりティグライ民族組織（TNO）が結成された（Aregawi 2004: 578）。革命後の中央権力を軍事評議会（デルグ）が掌握すると、それに反対したTNOのメンバーは首都の大学における学生運動に参画し、マルクス・レーニン主義や革命思想を学んだ経験をもとに、ティグライにおける変革を志した。同時期にTNOは、エリトリア独立を訴えるエリトリア人民解放戦線（EPLF）と連携を取り軍事訓練も開始した。1975年2月18日、TNOの7人に新たに4人のメンバーが加わり、ティグライ州西部のデデビットにおいてTPLFが結成された。TPLFはエチオピア国内におけるティグライの民族自決と社会主義革命を目標とした（Aregawi 2004: 578）。TPLF以外にも多様な政治的主張を持つティグライ知識人が、同時期に政治活動を展開した。他方でTNOに参加した一部の知識人はティグライ解放戦線（TLF）を結成し、ティグライの独立を主張した。TLFとTPLFは政治路線の相違から対立関

係にあった[1]。また TLF はエリトリア解放戦線（ELF）と連携した（Aregawi 2004: 586-587）。1970 年代の帝政末期から TPLF やその他のティグライの政治組織の成立と展開は、ティグライ民族主義の萌芽と捉えられる。

　TPLF はデルグ政権への対抗とティグライの解放、階級制度打破を訴えて活動を展開した。デルグ政権成立後、ティグライ州でも TPLF と TLF 以外に複数の反政府組織が活動を展開していた。TPLF と同じく学生運動を基盤に組織されたエチオピア人民革命党（EPRP）は、民族を横断した階級の解放を主張し、首都や他州での活動に加え支持獲得を狙ってティグライ州でも活動した。また帝政期のティグライ州知事でありティグライ王家出身のラス・マンガシャ・セユムがエチオピア民主同盟（EDU）を結成し、帝政期のティグライ支配層を中心に活動を組織化した。TPLF は結成直後から両勢力とティグライ州の支配をめぐり軍事対立を繰り返し、70 年代後半に両勢力をティグライ州から放逐した。他方、TPLF とデルグ政権の内戦は 17 年に及んだ。デルグ政権はマルクス・レーニン主義を標榜し、ソ連やキューバと同盟関係を締結し、軍事援助を受けてエチオピア各地における内戦で反政府勢力との攻防を繰り返した。対する TPLF も学生運動の影響を受けて結成前からマルクス・レーニン主義の影響下にあったために、冷戦構造下で西側諸国からの支援を獲得できなかった。TPLF はティグライ州の人口の大半を占める農民を支持基盤としてゲリラ戦を展開することで、デルグ政権打倒を目指した（Young 1997: 92-171）。

2.2　TPLF とティグライ

　TPLF はゲリラ組織であったが、ティグライにおいて農民に至るまで政治的影響力を及ぼした初の近代的政治組織でもある。TPLF が創設された 1975 年にはティグライ人口の約 9 割が農村居住の農民であり、識字率も 6.4％と非常に低かった（Young 1997: 67）。TPLF を結成した学生や知識人と農民の間には出身階級や教育水準において大きな乖離があったが、TPLF はその目的遂行のために農民の支持を得ることが不可欠であった。

　TPLF はティグライ州を拠点に活動を展開し、同州に居住するティグライ

---

[1]　のちに TLF の主要メンバーは TPLF に合流したが、合流後に複数の TLF メンバーは粛清された（Young 1997: 112）。

とマイノリティであるクナマやイロブの組織化を図った[2]。特に動員の対象とされたのは人口の約9割を占める農民層であった。

　TPLFは武装化した反政府勢力としてデルグ軍に対して軍事作戦を展開する一方で、農村における組織化や土地改革を推進し、また新たな統治機構を設立した。農村の組織化においてTPLFの政治部門と大衆組織部門が連携し、農民に対する政治教育が実施され、そのなかでティグライ民族主義も教え込まれた。TPLFにはこのように、人口の大半を占めた農民を動員、組織し、自らの組織とティグライ農民の紐帯を強固にしてきた経験がある。

　動員される側の農民にとってもTPLFとの関係は、生存ならびに農村の厳しい生活を変化させるために重要な絆となった。戦時下で、ティグライはTPLFと対立するデルグ政権による激しい攻撃対象とされ、農村に至るまでデルグ側の斥候が潜入し、農民は生存の危機にさらされ、農民が頼る先はTPLFしか選択肢がなかった。

　小学校もない農村で生まれ育ち教育を受ける機会もなかった農民たちが、男女、年齢問わず、政治訓練への参加が義務づけられ、反封建制、階級制度の打破、民族の解放、女性の解放など革命思想を教授された。人口の大半を占める農民の支持を獲得するために、ティグライ民族主義の喚起は重要な戦略でもあった。この点については第4節で検討する。

　TPLFは内戦下でもデルグ政権の影響力を排除したティグライ州内の「解放区」となった農村において、独自の政策を導入した。1970年代中庸からバイト（baito）と呼ばれる独自の行政制度をティグライ各地に導入した[3]（Vaughan 2011: 623; Young 1997: 187-196）。州知事が派遣した行政官による統治に代わり、TPLFの解放区では農村の住人から選出された代表が行政評議会（バイト）を構成して行政を担った。TPLFの幹部が農村の住民委員会によるバイトの運営を指導した。バイト設置に先立ちTPLFは農民、若者、女性の3つの組合を設置して農村住民を組織化し、TPLF支援やデルグ政権との対抗の基盤と

2　TPLF支配地域ではマジョリティであり最大の支持母体であるティグライ人を中心に組織化されたが、同地域に先住するマイノリティであるクナマとイロブについては別途、クナマ協会、イロブ協会が設立された（インタビュー：ハーネット・ヨハンネス・ツィゲ、2024年7月1日）。

3　1985〜86年までにTPLFは33郡と1都市でバイトを組織した。バイトの3つの委員会（行政、治安、経済・社会関係）の下で治安、ロジスティック、開発がすすめられる。これらのシステムはTPLFの大衆動員部門（kifle hezbi）によって調整され、中央委員会から動員者が選出され、その数は50人程度で各郡に一人以上配置された（Vaughan 2011: 623）。

した（Young1997: 172-196）。TPLFはさらにその政治方針を兵士や解放区の住民に徹底させるために政治訓練キャンプを設置した。各村から農民、若者、女性の組合代表が集められ、約2週間の政治訓練を受け、その思想と政治理念を農村に伝える役割を担った。TPLFがかかわる党の組織、政治訓練や軍隊において、後にギムゲマ（gəmgäma）と称される自己批判が行われた（Young 1997: 143, 203-204; Vaughan 2011; Labzaé 2021）。ギムゲマはその後、農民が参加する政治キャンプや農村においても実施された。

家父長制が根強く残っている農村では帝政期には農村女性の行政参加は皆無であったが、女性組合を中心に女性の農村行政への参画が確保され、バイトにも女性が参加した（Hammond and Druce 1990; 眞城 2017）。

TPLFは経済政策にも着手し、解放区の農村で土地改革を実施した。反封建性を掲げるTPLFにとって土地改革は最も重要な政策であった。かつての領主や大土地所有者の農地が接収され、TPLF幹部によって農民に土地が配分され、女性も土地配分の対象となった（Young 1997: 181-187; Hammond 1999; Hammond and Druce 1990）。

TPLFと農民の紐帯は、軍部による攻撃からの生活圏の防衛と保護、農民の行政参加、女性や若者の登用、農地配分、教育や医療サービスの提供を通じて強化された。TPLFは兵士の強制動員は行っていないが、デルグ政権と対峙するためにジェンダーにかかわらず多くの農民が動員の呼びかけに応じて兵士に志願し、軍事作戦に従事した（眞城 2017）。17年間の戦闘によるTPLF側の死者数の総計は約5万人と推計される（Young 1997: 147）。また、1991年の内戦終結時にはTPLF全党員数は約10万人といわれる（Schröder 2010: 950-953）。

ティグライ州を含むエチオピア北部は1984～85年にかけて大飢饉に見舞われた。ティグライ州も内戦に加えて飢饉の被災地となり食糧を求めて農民が隣国スーダンに向けて移動した。TPLFは独自の支援組織であるティグライ救済協会（REST）を1978年に結成し、農民への食糧支援、避難民の安全な脱出ルートの確保を行った（Peberdy 1985: 19; Hendrie 1994）。冷戦下であったがおもに西側の人道支援がTPLFとRESTを介して内戦下のティグライ州各地に届けられた。TPLFはティグライの兵士志願者に希望を募り、国外への政治亡命も支援した。TPLFが内戦期に得た支援の多くは、帝政期からデルグ政権期にかけて国外に流出した多くのティグライ・ディアスポラから寄

せられたものである。ヨーロッパ、中東、北米が主なティグライ・ディアスポラの拠点となった。REST の支援物資にはディアスポラからの支援も含まれ、またディアスポラは TPLF の海外拠点も構築し、TPLF への支援を欧米や中東において確保するための政治活動も展開した。

　TPLF の解放区は、1980 年代後半から拡大し、1989 年にはデルグ軍はティグライ州から撤退を余儀なくされた。ティグライ州全域が TPLF の支配下に入ると、デルグ政権崩壊前から州内各地で TPLF による行政が施行された。各農村で組織されたバイトは新たな行政組織の傘下に位置づけられ、TPLF の党員によって郡や県など地方行政が開始された。その際には内戦下のバイトにおける農民の行政経験が、新しい行政の構築に重要な役割を果たした。TPLF の解放区に 80 年代後半になって編入されたティグライ州南部などは、デルグ政権の影響下に長く置かれていた。また TPLF と軍の戦闘により荒廃した地域も多数あった。そのためティグライ州全域が TPLF による行政を同様に受容したわけではない。しかし、軍事力と圧政により甚大な被害をもたらしたデルグ軍を追放した TPLF の威信と支持は、ティグライ州において最高潮に達した。

　次節以降では、内戦中の TPLF の活動や組織化が内戦後のティグライ社会に及ぼした影響ならびに EPRDF 政権下のティグライについて検討する。

3. 1991 年以後の TPLF によるティグライ統治とその影響

　1991 年 5 月にデルグ政権が倒れると、反政府活動を展開してきた多数の解放戦線をはじめとした諸勢力は、次期政権に参画する政党として活動を開始した。TPLF も政党登録を行い、他の政党と連合を結び EPRDF を結成して国政に参画した。本節では、1991 年以降の TPLF のティグライ州における統治ならびにその影響について検討する。

3.1　民族連邦制移行に伴うティグライ州の変化

　EPRDF 政権は民族連邦制を採用し、「民族の居住地域」に沿った州区分を再設定し、各民族州に独立を許容する民族自決権をも新憲法で認めた。「民族の居住地域」に沿った州区分の再編は、政権の移行期に EPRDF によ

り意図的に設定された州区分である。行政再編の裏には州の境界設定に関与した政党の政治的かつ経済的思惑が絡む。ティグライ州も州境を新たに設定し、西部のウォルカイトやツェゲデ、またティグライ州南部のアラマタを同州に編入した（**図1**）。他方で東部のアファール居住地域はアファール州に併合された。州境の再編をめぐる対立は、上記に指摘したどの地域でも発生しているが、特に西部を取り上げる。

　州の領域を拡大した西部のフメラ、ウォルカイトやツェゲデは、デルグ政権期までベゲムデル州に属し、アムハラとティグライが共住する地域であった。同地域はアクセスが困難であり、低地にあるためマラリアなど熱帯病の危険性も高いが、土地不足や農業生産性の低さを課題とするティグライ州の農業開発にとって、経済的利点は高かった。TPLFは同地域を含むティグライ州西部を内戦期から拠点としており、地政学的かつ経済的利点について十分に認識していた。デルグ期まで州西部は、低地にあり農業生産性は潜在的に高いものの十分に開墾されていなかった。TPLFは同地域の州編入後に、除隊した元TPLF兵士で農業を生業とした希望者に農地を配分したが、その際に西部の農地を配分された元兵士も多い。後述するTPLFが所有する企業も同地域で大規模農場を経営した。同地域では、胡麻や綿花などの換金作物をはじめ農作物の生産性が高い。これらの農場では、6月の雨季開始から11月から12月の収穫期までの約半年間に、ティグライ州のみならずアムハラ州からも多数の農業労働者を雇用し[4]、農業生産性を飛躍的に拡大させた。

　他方、同地域のティグライ州への編入に対し、同地域に居住していたアムハラを中心に異議申し立てがなされた。特にウォルカイトではその帰属が政治化し、同地のアムハラ系住民は1995年の総選挙に先立ち、EPRDFが州境を恣意的に設定して同地をティグライ州に編入したことは連邦憲法第46条「国家や州は居住形態、言語、アイデンティティ、および関係民族の同意に基づいて境界を確定されるものとする」に違反すると主張し、ウォルカイト委員会を設立してウォルカイトのティグライ州編入に反対を表明した。2015年には同委員会は連邦政府、関係省庁、ティグライ州政府、EPRDF本部にも異議申し立てを行った。しかしながら一連の主張は聞き入れられず、

4　同地域における出稼ぎ労働の日当は農民にとって通常よりも高額に設定されており、十分な宿泊設備や食事がなく、またマラリアの危険性があるにもかかわらず高給を目当てに多くの農業労働者が集まった。

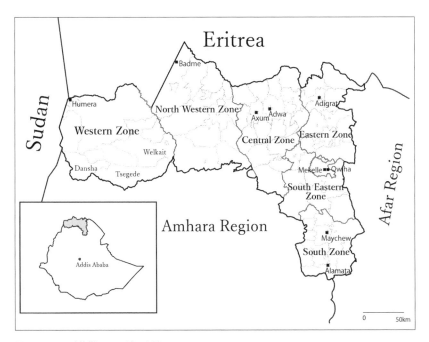

図1 EPRDF政権期のティグライ州

ティグライ州政府による妨害を受けて活動する委員会メンバーの逮捕や拘禁が相次いだ（John 2021）。アムハラ州では、ウォルカイトやツェゲデがティグライ州に編入されたことで、同地域における利権を喪失したこと、さらにティグライの富農や企業の農場に同地から排除された農民を含め多数の農民が季節労働者として雇用されたことにより、不満がさらに増幅された。2016年頃から、アムハラ州北部のゴンダールにおいてティグライ住民への攻撃など排斥運動が活発化し、死者も出ており、州境をめぐる対立はEPRDF政権期から政治化した。

暫定政権期に新設された州境により、2007年の時点でティグライ州の民族構成は、約400万人の人口のうち96％以上がティグライとなった。それ以外に同州に居住する少数民族、もしくは移住してきた他民族は約4％である。ティグライに先住していたマイノリティは、イロブが約3万人、クナマは3千人弱であった（FDRE 2008; Van der Beken 2015: 156）。1995年に民族連邦制が正式に採用され、憲法では各民族の権利は、独立する権利も含め承認

された。他方、同時に設立された各民族州においても州内に居住する諸民族の処遇について州憲法で定めた。州憲法は憲法に準じる位置づけであり法規上は諸民族の権利を制限できないが、他方で各州内の民族構成や歴史的背景を反映してその内容は州ごとに異なる点が特徴的である[5]。

　ティグライ州憲法は 1995 年に制定された。その前文では「我々ティグライ地方の人びとは」となっており、ティグライ州に居住する人びととすべての権利、つまりマイノリティであるクナマとイロブの権利の擁護も謳われた。ティグライ州憲法 39 条では、自決権をティグライだけでなく、イロブ、クナマにも法規上は認めており、州憲法上はこれらのマイノリティはマジョリティのティグライと同等の権限を州内で持つ（Van der Beken 2015: 157-158）。後述するように 2015 年までの同州における選挙では TPLF が議席を独占したが、州議会議員にはクナマとイロブを出自とする議員も選出された。両民族からは多数が内戦期から TPLF に参加しており、両民族出身の州議会議員は TPLF の党員である。しかしながら、実際は人口比からも明らかなようにマイノリティであり居住区も制限される 2 民族は、EPRDF 期を通じて自決権を求めて独立を要求していない。また、両民族は、州内の実務言語であるティグライ語により行政サービスを受けることを余儀なくされている。他方でクナマは、集住している地域では初等教育でクナマ語（サホ語）の使用を始めた。

3.2　TPLF の政治支配

　1991 年のデルグ政権崩壊後に、TPLF が政党に転じ国政に参画後もティグライ州において絶対的地位を維持した。1995 年の初の州選挙から 2015 年の総選挙まで TPLF は国政選挙と州選挙の双方において同州で議席を確保した唯一の政党であった。他方でティグライ州における地方選挙、国政選挙には野党も出馬したものの議席獲得はかなっていない。

　ティグライ州において TPLF が圧倒的優位な支配体制は顕著であり、1995 年以降に実施された 4 回の国政ならびに州の選挙では、TPLF が全議席を獲得した。2000 年前後には 1998 年に始まったエチオピア・エリトリア

---

[5] 1990 年代の州憲法採択後、2001 年以降にすべての州憲法は大幅に改訂され、2001 年末、連邦の 4 つの中核地域であるオロミア州、アムハラ州、ティグライ州、南部諸民族州はほぼ同時に改正憲法を採択した。

国境紛争をめぐり TPLF 内で対立が生じ、創設メンバーを含む多数の党員が TPLF を離脱した（Medhane and Young 2015: 390-392）。内戦期からメレス首相に比肩する影響力を有したテウォルデ・ウォルデマリアム、当時ティグライ州知事であったゲブル・アスラット、女性初の党中央委員会委員となったアレガシュ・アダネなど党の中核を占めた幹部が、メレス派と対立して離党し、新たにアレナ・ティグライ（Arena Tigray）と称する野党を結党した（Wudineh 2016）。

　TPLF にとって 1975 年の結党以来の最大ともいえる危機は、党の幹部間の対立や離脱だけでなく、内戦期から構築されてきた「TPLF の屋台骨」でもあるティグライ民衆からの支持の低迷にもつながった（Medhane and Young 2015: 399）。

　TPLF は 5 年毎に開催される総選挙に先立ち、選挙実施直前の TPLF の設立日である 2 月 18 日に TPLF 創立記念式典を州内各地で盛大に開催し、TPLF のプロパガンダに利用した。郡や県など各行政レベルで創立記念式典への参加動員が行われ、TPLF の退役軍人協会、政府系 NGO（GONGO）、ティグライ復興基金（EFFORT）企業、また私企業も参加し、全州をあげた盛大な式典が行われた。

　選挙に先立つ 1 年は集票のため党による組織的動員が実施された。特に若者がターゲットになり、大学生は 6 月から 9 月の大学の休暇中も党が準備したバスで集会場へ集められ、ほぼ強制的に TPLF の政治集会に参加させられた。選挙前の TPLF の政治集会への参加は党によって出席確認が行われており、将来、学生が行政機関などに就職する際にその参加率が採用や配置に影響を及ぼすと見なされていた。そのため、若者は党の選挙活動に関心がなくとも、政治集会への参加を余儀なくされる。州政府や TPLF が運営する EFFORT 関連会社の職員、GONGO の職員も、同様に勤務時間内に実施される政治集会への参加が義務づけられた。

　デルグ政権期の内戦を戦った経験を持つ TPLF の政治家が 2010 年代までは州議会の大半を占めたが、2015 年以降若い党員の台頭も一部で見られた。

　野党も 2005 年以降の選挙に参加したが、TPLF による政治活動への妨害を受けて議席獲得にはつながらなかった。2000 年には政党要件を満たせず、野党は州選挙に政党登録もかなわなかった（Aalen 2002）。ティグライ南部で結成されたアレナ・ティグライには、2005 年の選挙以降は影響力を持つ元

TPLF政治家も出馬したが、議席獲得はできなかった。2010年、2015年の選挙ではTPLFの事実上の一党支配体制に対する批判が国内外から高じたため、TPLFの野党弾圧は多少沈静化した。しかし若者を中心に支持を集める複数の野党が古参の野党とともに選挙に参加したものの、いずれも議席獲得には至らなかった。

3.3 ティグライ・モデルの構築：内戦期の遺産の継承と経済

本節では、内戦期のTPLFの支援組織を継承した政府系NGOならびに党所有の企業の活動を中心に、EPRDF期のティグライ州の社会と経済について検討する。

ティグライ州では全州を対象とする3つの大規模なNGOが設立された。最大規模のNGOは、RESTとティグライ開発協会（TDA）、ティグライ女性協会（WAT）である（眞城 2018）。これら以外にも州内には多数の小規模なローカルNGOや国際NGO、エチオピアの他の地域に本部を置くNGOが活動するが、先に述べた3つのNGOはTPLFと密接に関係しているため政府系NGO（GONGO）に分類できる。RESTは前節でも言及したが、1978年の設立以来、TPLFの支援組織として国内外に拠点を持ち、物資補給や食糧配給など人道支援の役割を担った。戦後に、TPLFから独立しNGO登録を行ったものの、その主要メンバーは内戦期と変わらない。内戦期に国際支援機関や団体と築いた協力関係をもとに、戦後復興の要として、井戸建設や水プロジェクト、農業指導、植林活動、マイクロファイナンス（Dedebit）[6]、保育所の運営などを全州レベルで展開した。また飢饉支援の経験をもとに各郡に食糧保管庫を建造し、きわめて機能的に食糧支援も行う。行政の再建に先んじて一連のプロジェクトを開始し、戦後復興への貢献も大きい。

TDAは、デルグ政権末期の1989年にアメリカのワシントンDCでティグライ・ディアスポラにより設立された（Bahru et al. 2010）。戦中からRESTを通じて国外からTPLF支援を行ってきたティグライ・ディアスポラが、戦後復興を目的にTDAを結成した。1991年にTDAは本拠地をエチオピアに移しNGO登録をして活動を開始した。TDAの開発プログラムでは教育、

---

[6] RESTが開始したデデビットはのちにREST傘下から離れマイクロファイナンス事業として独立した。ティグライ州全域で事業展開を行う。

保健が中心となり、学校や図書館、病院やクリニック／ヘルスセンターなどの建設を行っている。技術訓練センターを州内4ヶ所に創設し、メケレ工科大学、カラミノ高等学校の運営に携わっている。REST と同様に TDA の幹部の大多数が TPLF 党員であるが、REST と異なるのは、TDA がティグライ州内の公務員を「会員」登録して会費を徴収した点である。TDA の活動資金は、ティグライ・ディアスポラからの寄付や ODA や国際援助資金であるが、州の住民を中心に徴収する会費も活動の原資となる。NGO としての活動は目覚ましいが、党、行政、NGO が一体となっている点は内戦下の住民の組織化の延長線上に TDA の活動が位置づけられていることを示している。

　WAT は、1992年に NGO として創設されたティグライ州最大の女性組織である。その前身は、TPLF の女性幹部や女性兵士により内戦下で結成されたティグライ女性兵士協会（WFAT）である。WFAT でも幹部を務めた TPLF の女性幹部が WAT の初代代表と副代表に就任した。戦中の女性解放の経験を戦後も継承し、TPLF が組織した農村の女性組織と女性兵士組合が同目的のために結集した組織である。代表、副代表、幹部は3年毎に開催される総会で選挙により選出される（眞城 2018）。WAT 代表には、数名 TPLF 党員以外が就任したこともあったが、歴代代表の大半が党員である（Berihu 2019）。REST や TDA のように開発プロジェクト主導型ではなく、女性解放政策のために各農村に支部をもつ草の根のネットワークに基づいた活動が特徴的である。その活動は、TPLF が農村で行った女性の組織化を継承している。女性解放のアドボカシーに加え、経済的エンパワーメントのための技術・職業訓練学校の設立、マイクロファイナンス事業、保健衛生の講習を中心に活動している。

　上記3つの GONGO は、その設立経緯や活動が内戦下から TPLF と深くかかわり、州全域を活動対象とする大規模な NGO という共通の特徴を持つ。1990年代以降は党とは別個の組織として活動するが、その活動原資の差配は党や行政との交渉が一部で影響している。TPLF を内戦期に支えたティグライ・ディアスポラ、農民組合、若者組合、女性組合、女性兵士組合などの活動が、NGO に形を変えて戦後に継承された。名称や組織の改編だけではなく、党を中心としてこれらの NGO が戦中の各組織をつなぎ、党の影響が及びやすい形でその機能を維持してきた点は特筆に値する。各組織のスタッ

フは内戦期から関与する者も多くいるが世代交代も進み、REST や TDA は NGO として雇用創出の役割も果たす。WAT は、幹部以外は会員のボランティアにより運営される。

　ティグライ州における GONGO の活動は目覚ましく、EPRDF 政権下でエチオピアの他の州にも同様の組織の導入が促された。しかしながら、ティグライ州の GONGO の設立経緯を勘案すると、市民社会組織としてティグライ・モデルの GONGO を他州に移設したとしてもティグライ州と同等の組織化や活動が行うことが困難なことは明白である。政党と NGO の緊密な関係性は、援助を効率的に運用するという点では奏功しているが、他方で市民社会の活動が政治により制限されることも意味する。戦後復興期の 1990 年代は、他のローカル NGO の設立は制限された。後にエチオピアの他州と同じように多様なプログラムを提供するローカル NGO がティグライ州でも設立されたが、2007 年からティグライ州ではティグライ市民社会組織同盟（ACSOT）が元公務員により設立され同組織を通じて NGO 間の援助調整が図られるようになった（眞城 2018）。ACSOT のような組織がローカル NGO の活動の調整を図ることは、一見効率的な援助運用のように見えるが、GONGO の 3 組織が行ってきた援助資金の有効活用のための調整に新たに参画したローカル NGO も対象に組み入れたことになる。さらに 2009 年の「慈善団体および市民団体に関する布告（No.621/2009）（CSO 布告）」では人権やアドボカシーを行う NGO は活動を制限されたが、GONGO のうち WAT だけが大衆市民団体としてアドボカシー活動を継続した。GONGO の活動は援助の効率性の点では評価できるが、内戦期の TPLF の農村にまで至る組織化が戦後に GONGO による援助という形で継承され、TPLF による政治的影響力の維持に一定の役割を果たした点も看過できない。

　次に TPLF の経済、とくにビジネス関係を取り上げる。政党による企業の保有は、アフリカではルワンダなど一部の国のみで見られる稀有な事例である。TPLF は 1990 年代初頭から工業、農業、交通、製造業など幅広い分野で多数の企業を設立した。政党による企業設立の理念は内戦下で醸成され、デルグ政権が倒れたのち TPLF のもとに集められたティグライ・ディアスポラからの寄付を原資として、これらの企業は設立された。一連の企業はティグライ復興基金（EFFORT）というコングロマリットの傘下に置かれ、EFFORT

のCEOは代々TPLFの中央委員から任命された[7]。2011年の段階でEFFORT傘下の企業の業種は、エンジニアリング・建設、製造業、サービス業（交通など）、農産加工業、鉱業、の5業種20社となる（Vaughan and Mesfin 2011）。90年代初頭に設立されたメスフィン・エンジニアリングのように内戦下で戦死したTPLF兵士の名前を冠した企業もある。一連の企業は、1990年代以降のティグライ州の経済復興の核となった。EFFORT企業の展開は、当初はティグライ州内が中心であったが、その後エチオピア各地に事業を展開した。メソボ・コンクリートが生産するコンクリートは、戦後の建築ラッシュを後押しし、ティグライ州だけでなくアムハラ州やアファール州にも販路を拡大した。

　EFFORTがティグライならびにエチオピアの経済の発展に果たした貢献には一定の評価があるが、党が所有する企業体への批判はTPLF批判とともに2005年頃から高まった。特に2005年の総選挙後に、ティグライ以外の民族に属するエチオピア・ディアスポラがEFFORTとTPLFの癒着体制や利益占有を批判するネット情報を発信し、それがエチオピア国内で流布した。2015年の総選挙前には野党グンボット・サバットは、EFFORTによる利益独占を示す情報をインターネット上で公開して政権批判を展開した。また2013年頃からTPLF批判が国内で高まり、民衆暴動が首都やオロミア州で頻発した際には（Lyons 2021: 157-158）、EFFORT企業も外資系企業とともに攻撃の対象となった。EFFORTの企業活動と政党との関係については議論が分かれる。EFFORTがTPLFの活動資金を提供した点を否定する研究もあるが（Vaughan and Mesfin 2011: 58）、TPLFがティグライ州以外の州や地域においてEFFORT企業の操業に便宜供与したことや他の民間企業に圧力をかけたことなどが指摘され、TPLFとEFFORTの癒着について国内でも広く批判の対象となった。

　TPLFとEFFORTの関係について、政党による経済利権の独占や政治と企業の癒着構造が批判されてきたが、同時に両者の関係にはTPLFが2003年以降推進してきた開発主義国家理念も深く影響している。1991年にデルグ政権との17年に及ぶ内戦が終結したが、そのときに荒廃したティグライ

---

[7]　EFFORTのCEOには、メレス元首相の妻アゼブ・メスフィンや元スーダン大使アバディ・ザモなど古参のTPLF幹部が就任している。

州において、経済復興を牽引するアクターは不在だった。またティグライ・ディアスポラの個々の投資では、インフラの整備やビジネスを軌道に乗せることに限界があった。そのような状況において、政治が経済を牽引する形で戦後復興とその後の経済成長を導く目的で設立されたEFFORTの取り組みは、EPRDF政権下のティグライ州の経済復興や企業展開を見る限り成功したといえる。

　ティグライ州におけるEFFORTの試みは、他のTPLFの戦略と同じくEPRDF政権下で他の民族州にも導入された[8]。EFFORT成功の鍵は、TPLFとの深い紐帯と企業にティグライ・ディアスポラの投資を呼び込む仕組み、企業展開のための政治的配慮といえよう。

　ティグライにおける政党と経済界のつながりはEFFORTに限定されない。2000年頃からティグライ資本家の躍進がティグライ州内に限らず、エチオピア各地で顕著となった。ティグライ資本家のビジネスにおける許認可取得にTPLFによる配慮があったとの指摘もある。ビジネスを展開する地域の土地の使用権の許可は地域住民との関係に加え、土地を管理する行政の許認可が不可欠である。エチオピア各地に展開したティグライ資本家の投資やビジネスに対して、民衆の暴動が頻発した2015年前後から、批判や攻撃が高まった。2018年のアビィ政権誕生とともにTPLFのレームダック化が始まると、エチオピア南部を中心にビジネスを操業したティグライ資本家のプロジェクトの許認可が一斉に取り消された。これらのビジネスの一部は、2019年頃にティグライ州に資本を移した。

　ティグライ州における経済活動についてはEFFORTやティグライ資本以外にも、外資の導入も積極的に推進された。イタリア、インド、インドネシアなどの外資による繊維工場が州内各地で操業し、さらに州南部にはスペイン資本によるトマト加工工場もある。外資は、EFFORT企業やティグライ資本家が経営するビジネスにも投入された。さらに外資や民間資本をティグライ州に呼び込むために、州政府はメケレに工業団地を建設し、工場誘致を図った。また内陸に位置するティグライからの流通確保のために、道路整備や鉄道整備を進めた。これらはティグライ州に限定されず、エチオピア各地

8　アムハラ州のTiret、オロミア州のTumsa、南部諸民族州のWendoがEFFORTと同様に政党と連携する企業体として指摘されるが、いずれもEFFORTほどの規模や企業数を有してはいない（Vaughan and Mesfin 2011: 56-58）。

の産業化の中心拠点で推進されたプロジェクトと同様である（本書第 2 章）。

　TPLF が戦後の経済復興のためにティグライ州において導入した一連の経済活動は、ティグライ州における産業化を推進し、多くの雇用を生んだ。EFFORT 傘下の繊維工場では、農村女性が工場近隣に付設された寮に住みこみ、3 交代制で勤務した。また一連の経済活動や市民社会における TPLF の影響を検討する際に、TPLF 党員や元兵士が EFFORT 傘下の企業や GONGO に雇用された点も注意が必要である。

　TPLF は内戦中から土地の再配分を農村で実施し、戦後もそれを継続したが、除隊兵士で農業従事を希望すると農地が 1 世代に限り配分された。その際に、出身農村ではなく、農業生産性の高いティグライ州西部のウォルカイトやツェゲデ、ダンシャ、フメラ周辺の農地が希望者に配分された[9]。ティグライ州西部は、EPRDF 政権下で新たにティグライ州に編入された地域であり、アムハラ州と領域をめぐる深刻な対立が生じている地域である。政党支配を下支えする元兵士との紐帯維持のために土地政策や経済活動、市民社会組織が及ぼした影響も考慮する必要がある。

3.4　民衆支配の構造

　冷戦体制の崩壊は TPLF を中核とする EPRDF によるデルグ政権の崩壊を後押ししたが、同時に TPLF も戦後の国家建設の理念を再考する必要に迫られた。そこで新たに掲げられた理念がレーニン主義を踏襲した「革命的民主主義」である[10]（Aregawi 2009; Vaughan 2011; 本書第 1 章）。メドハネとヤングは、ティグライの農村を基盤に革命思想の実現を図った TPLF がその経験をもとにエチオピア全域で革命的民主主義を導入した際に直面した矛盾や課題を指摘する（Medhane and Young 2015: 393）。しかし、ティグライ州においてはデルグ政権期の TPLF と農民の関係は、そのまま EPRDF 政権下も継承された点が多々見られる。革命的民主主義の理念に則った TPLF の「農民を支持基盤とした革命」という党のテーゼは、TPLF 支配が継続するティグライ州においては EPRDF 政権下でも維持された。農民の支持を確保するために土地制

9　ティグライ州西部ではデルグ政権末期の 1980 年代後半にはフメラ低地の人口密度の低い地域において農業投資家に大規模な農地を貸し出す試みが TPLF によりすでに実施されていた（Lavers 2024: 78–79）。
10　革命的民主主義の EPRDF 政権における影響については、第 1 章第 3 節を参照。

度や GONGO を通じた農民支援は、内戦が終わった後も党の課題であり続けた。

　内戦期から党員の管理のために TPLF が導入したギムゲマ（自己批判）制度は、EPRDF 政権期にエチオピア連邦政府の行政の各部局にも一時導入されたが定着しなかった（Medhane and Young 2015: 394）。しかし同制度はティグライ州では行政機関を中心に残存した（Vaughan 2011）。TPLF による統治が革命思想の影響を色濃く残し、治安維持の名目で公務員や住民を管理する制度が内戦終結から 30 年後まで継続した点からも、TPLF による州行政支配の影響力は明白である。国家や州行政、政党が経済政策において主導した開発主義は、ティグライ州でも積極的に実施された。

　EPRDF 政権下のティグライ州における TPLF と農民の関係における研究でも、ティグライ農村部の歴史的経験は、エチオピアの中で明らかに独自の位置を占めていると指摘される（Segers et al. 2008: 93）。農村における開発プログラムの実施においては、地方政府の役人や農民代表がトップダウンのプログラムを確実に実施するために農民が動員されることはエチオピア全土で実施されている。ティグライの場合、内戦期に構築された TPLF と農民の間の紐帯の活性化によってそれが行われている点が特徴であり、農村における民主的な意思決定や開発プログラムの選択が実施されにくい環境にある点も指摘されている（Segers et al. 2008: 108-109）。

　TPLF はデルグ期の解放区において、農民がバイトと呼ばれる独自の行政機構に参画する道を開いたが、当時から常に農民による行政は党の指導下に置かれた。その構図は、EPRDF 政権下の郡や村の行政にも継承され、党の指導という名の管理が継承された。党の方針に反するものはティグライの行政から排除され、党の方針やギムゲマを受容できる党員がティグライ州行政の中心を占めることとなり、州行政の硬直性は負の遺産として戦後に継承された。

4. TPLF とティグライ民族主義

　TPLF は内戦下の大衆動員において、政治局を中心に政治教育やプロパガンダを推進した。反封建制や階級の解放、宗教や伝統からの解放、女性解放

などとともに、TPLFの動員にとって重要な政治主張がティグライ民族主義である。

1975年以降、TPLFがけん引する形でティグライにおける民族主義が高揚したが、その内実は常に同じであったわけではない。本項では、TPLFとティグライ民族主義の関係について検討する。

注目すべき第一の点は、TPLFは農民の動員を本格化するにあたり、1979年の第1回全体会議以降に、1943年にティグライ東部ならびに南部で発生した農民が多数参加したワヤネと称される反乱との連続性を強調したことである（Aregawi 2004: 587–589; Young 1997: 49–55）。象徴的なのはそれに伴う戦線のティグライ語の名称変更である。1975年の設立時のTPLFのティグライ名は「タガダロ・ハルネット・ヒズビ・ティグライ（*Tägadlo Ḥarənnät Ḥəzbi Təgray*）」（ティグライ人民解放戦線）であったが、第1回全体会議後に「ヒズバウィ・ワヤネ・ハルネッタ・ティグライ（*Həzbawi Wäyyanä Harənnätä Təgray*）」（ティグライ人民解放抵抗（ワヤネ））と名称を変更し、自称として「ワヤネ」を使用し始めた。それに伴い1943年のワヤネが第一のワヤネ（カダメイ・ワヤネ）、TPLFが第二のワヤネ（カアライ・ワヤネ）と称された（Aregawi 2009）。

知識人、また下級貴族であるマクワネント出身の子弟が結成したTPLFが人口の大半を占める農民の支持を獲得するために、1943年のワヤネとTPLFの連続性が創造された。このワヤネを用いたプロパガンダと動員は結果的にティグライの民族意識を高めたと評価されるが、TPLFの動員には階級闘争や封建制の打破、デルグ政権への反発や抵抗というスローガンも大きく影響を及ぼしており、ワヤネとの連続性の喧伝だけが農民のTPLFへの参加を後押ししたわけではない。しかし、TPLFのワヤネを用いた農民の動員は、民族主義の高揚を導き、それは反封建制とともにTPLFの支持拡大にとり重要なツールとなった。

TPLF結成の1975年の段階ではワヤネに関していくつかの英語文献で言及されていたものの、ゲブル・タレケによる包括的なワヤネ研究（Gebru 1984a; Gebru 1996）も未完であり、TPLFの幹部もその実態について十分な知見を持ちえなかった。ワヤネの指導者とされたブラッタ・ハイレマリアムはワヤネ鎮圧後にエチオピア南部のジンカに流刑に処された。彼は帝政末期の1972年にティグライに帰還し、自身のワヤネ経験についてメケレの高校などで講演会も開催した（眞城 2021: 316）。そのため、ティグライ学生がワヤネ

について知見を得る機会は限定的ながらもあった。他方で帝政期に「農民反乱」と称されたワヤネについての認識が、帝国政府により操作されていた点は留意すべきである。帝国政府は階級制度に基づいた統治体制を保つために、一部のティグライ貴族のワヤネへの参加や関与を隠蔽し、ブラッタ・ハイレマリアムというシフタ（盗賊・義賊）に導かれた農民反乱という側面のみを誇張した。そのためワヤネの参加者も反乱の総体を十分認識できない情報統制下にあった。しかしワヤネの実態よりも TPLF 幹部にとって重要な点は、約2万人ものティグライ農民が帝政に対して反旗を翻し、その後の鎮圧作戦において多大な被害と犠牲を生んだ点であり、その点が特に誇張された。TPLF のワヤネとの歴史的連続性の主張については、ワヤネ研究の第一人者であるゲブルも批判的見解を示している[11]（Gebru 1984b）。

　TPLF とティグライ民族主義の関係において注目すべき第二の点として、ティグライの民族自決権をめぐる TPLF の立場の揺らぎがある。すでに大学学生協会の時点からティグライにおける民族問題や民族主義に関する議論が行われていた（Tefera 2019: 69–70）。学生協会のメンバーにより結成された TPLF の前身組織である TNO でもティグライの抑圧され搾取されてきた歴史が強調され、その抑圧からの解放を達成するために民族主義組織結成の必要性が強調された（Aregawi 2009: 157）。これらの組織をもとに結成された TPLF がけん引した民族主義のプロパガンダは、その後のデルグ政権との 17 年に及ぶ内戦下でティグライ社会にティグライ民族主義を浸透させることになる。だが、そもそもティグライの民族意識ならびにティグライが民族として抱える課題、歴史認識、そしてそれらに通底する民族主義について TPLF 結成時に確固とした理念や認識が定まっていたわけではない。

　TPLF は結成直後から、ティグライの支配圏をめぐり、EPRP や EDU、ELF、デルグ政権との戦闘を展開する一方、大衆動員のためにどのようにティグライ民族意識をプロパガンダに利用するのか、またティグライ民族主義の行きつく先としてどのような政体が希求されるべきなのか、議論を繰り返した。マルクス・レーニン主義の影響を受けた幹部たちの民族問題に関す

11　ワヤネは、ティグライ州南部・東部を中心に発生しティグライ全域が関与していたわけではない点、ティグライ州北部の準州知事が帝国政府の要請で農民を率いてワヤネ鎮圧作戦に従事した点、ワヤネにはティグライ王家を含むマサフィンや非世襲貴族マクウォントも関与しており農民反乱と断定できない要素がある点など先行研究で指摘されており（眞城 2021）、TPLF による解釈を歴史的に検討する必要がある。

る多様な見解をもとに、TPLFが実際にティグライ全域を解放できるのか、またティグライ全域を解放後に分離独立を求めるのか、他の民族の諸組織との連携をどのように図り、デルグ政権を倒した後のエチオピアにおいてティグライの自決権をどのように維持するのか、など多くの課題を内包しており、長年にわたって議論が展開された（Aregawi 2009: 155-167; Young 1997: 99-100）。

例えば1976年にメレス・ゼナウィと一部の幹部によって作成された「マニフェスト」において、ティグライの独立が提唱された。これは一部で支持を集めたが、同時に独立を希求する「狭量なナショナリズム」であるとの批判も受けた。マニフェストは幹部の中でも議論を呼んだ。ティグライの独立を目指す路線を取ることで、共闘する他の反政府勢力との対立を生む可能性もあり、また大衆動員において反発を招く恐れも内包していたからである（Aregawi 2009: 158-162; Young 1997: 99-100）。第1回の全体会議においてこのマニフェストは否決されたが、その後、自決権をめぐる見解に関する党内の対立の存在は多くの混乱を招く原因となった（Young 1997: 99）。このことからTPLF内におけるティグライの民族自決権に関する統一見解がなかったことがわかる。党内においてこの点について十分な議論がなされていなかっただけでなく、ティグライの分離独立について一部に反対意見があった点も、ティグライの民族主義を検討する上で注目すべき点である。

三点目として、エリトリアとの関係もティグライ民族主義に大きな影響を及ぼしている点があげられる。エリトリアにおける解放闘争の展開は、知識人のみならず農民にいたるまでティグライの政治意識に深く影響を及ぼした。TPLFの初期メンバーであるムセ・キダネをはじめ、TPLF創設以前にEPLFに参加したティグライ出身者も多数存在する。EPLFはTPLF設立当初から軍事訓練のみならず、物資供与や組織の展開においても多くの支援を提供した。TPLFの設立を受けてEPLFも、ティグライ出身のメンバーのTPLFへの転籍を許可した。帝政や封建制に不満を抱き、EPLFに参加したティグライ出身者の中では、ティグライ民族主義を訴える政治組織の設立が望まれており、TPLFへの期待は大きかった。このことはティグライの民衆の中にティグライの現実に根差した民族主義を切望する声が存在していたことを示唆している。ティグライの民衆のなかにエリトリアやEPLFと一定の距離をとり、ティグライ民族主義を求める動きがみられた点は、TPLFによるティグライ民族主義の扇動と合わせてティグライ民族主義の検討にとって

重要な論点となる。

　ほかにも TPLF の民族主義戦略で注目すべき点では、ティグライ語の使用があげられる。TPLF による政治教育はすべてティグライ語で行われた。また大衆動員において人びとをひきつけたダンスや歌、ドラマもすべてティグライ語が用いられた。党の文化部が政治部の指導を受けてプログラムを作成した。また党の機関紙、ラジオ放送にもティグライ語が用いられた。帝政期ならびにデルグ期の教授言語はアムハラ語であったが、TPLF は解放区となった農村で開いた青空学級でティグライ語による教育を実施した。ティグライ語の使用は、デルグ政権下での内戦の最中に解放区の農村部ですでに広まっており、これは民衆の間にティグライ民族意識が浸透していく重要な鍵となった（Platt and Vaughan 2023: 68-69）。

　内戦期 TPLF による指導の下で醸成されたティグライ民族主義は、EPRDF 政権下でティグライの民衆の間でも一定程度、共有されるようになった。それに対抗する野党であるアレナ・ティグライの名称「アレナ」は 1943 年のワヤネが反乱に転じる前に、農民主導で自治組織を結成した際に用いられた自称である（眞城 2021）。アレナ・ティグライも独自の歴史解釈に基づいてティグライ民族主義の喚起と支持獲得を狙った。2015 年の選挙にはサルサイ・ワヤネ（第三のワヤネ）という野党も登場した。しかしながら、先の節でも言及したとおり TPLF 支配が強固なティグライにおいて EPRDF 期を通じて TPLF が提唱したティグライ民族主義を再考する動きはほとんど生じていない。

　だが 2018 年以降の TPLF のレームダック化が始まり、さらに 2020 年にティグライ戦争が勃発すると、ティグライ民族主義に対する関心が高まった。

　2020 年 11 月にティグライ州において繁栄党率いる連邦政府とティグライの間で戦争が発生した。2019 年に TPLF が EPRDF を離脱して以降、連邦政府ならびに隣接するアムハラ州との緊張関係が継続していたが、2020 年 9 月に TPLF が強行したティグライ州の独自選挙や同年 6 月のオロモ歌手暗殺へのティグライ勢力の関与の疑い、連邦政府軍将軍のティグライ赴任の妨害などをきっかけとして、連邦政府との対立が深まった。そして 2020 年 11 月 4 日、ティグライ州都メケレ郊外の連邦政府軍基地に対しティグライの武装勢力が攻撃を行ったことにより、ティグライ戦争が勃発した。

　2 年間にわたったティグライ戦争は、TPLF と連邦政府の対立に起因して

いる。しかし、この戦争はTPLFの幹部や党員だけではなく、ティグライ防衛軍（TDF）に参加した多くの兵士、また年齢やジェンダーにかかわらずティグライの一般市民に深刻な被害をもたらした（Goitom 2023; Rita et al. 2023; Birhan 2023）。ティグライ戦争の被害で特徴的な点は、戦時下に民族としてのティグライが攻撃の対象となった点にある。ティグライ州外でも首都や他の州に居住するティグライの一般市民が逮捕、拘禁、略奪、または殺害された。これらのことが契機となり、戦時中から、ディアスポラや知識人を中心にした幅広い層の人びととの間で、ティグライの歴史認識やティグライ民族主義に関する議論が行われるようになった。また、戦時中、エチオピア正教会が信者を戦争へ駆り立てたことに対してティグライにある正教会が不満を表明し、2021年5月7日にティグライ正教会としてエチオピア正教会の本部からの分離独立を表明した（Hagos Gebreamlak 2024）。

5. むすびにかえて

　本節では、これまで概観してきた1991年以降のTPLFの政治、社会、経済政策を包括的に検討したい。17年間のデルグ軍との内戦下でTPLFはティグライ民衆との紐帯を強固にし、デルグ政権による圧政からティグライ民衆を解放した。デルグ軍との内戦中にTPLFを支えた農村の諸組織、またティグライ・ディアスポラは、戦後の復興においてもTPLFがけん引する政治、経済、社会の改革や諸政策に追随し、貢献と支援を継続した。他方、TPLFが地域政党でありながら国政において与党を牽引する中核政党として果たした役割は、ティグライの人びととの視点からはどのように評価できるだろうか。

　1989年のEPRDFの結成は、TPLFにとってその後の党の方針を決定づける大きな決断となった。デルグ政権打倒とその後の新政権樹立をエチオピアの総人口の1割に満たない民族を支持基盤とするTPLFが主導するためには、オロモやアムハラをはじめとする多数派の民族や地域との連合が不可欠であった。TPLFはマイノリティでありながら与党連合において決定権を維持するために、EPRDF内の4政党の議決権を平等にすることを他党に了承させた。暫定政府樹立後は政府の諸機関や軍において、TPLFが支配力を強化することで他の与党政党をけん制した。TPLF内の危機として2000年以降

のTPLFの内部分裂とメレス首相派の影響力の強化が指摘されるが、メドハネとヤングはTPLFの分裂は国政を重視するメレス首相とその周辺のTPLFのメレス派政治家の勝利と評価している（Medhane and Young 2015: 391–392）。2001年のTPLFの分裂後、メレス首相の方針に反対したTPLFならびにEPRDFの政治家は政党から放逐された。TPLF内の権力闘争とも評価される2001年のTPLFの分裂は、TPLF幹部内の対立として単純化できない。エリトリアとの国境戦争をめぐる方針でメレス派は、国際社会による早期の紛争解決の要望を組み入れる形で対エリトリア強硬派の声を封じ込めた。ティグライにおいてTPLFの国政における影響力拡大は賛美されたが、他方でTPLFが国政を重視してティグライの州行政や人びととの関係構築を軽視したとの見方も、今次のティグライ戦争を機に高まっている。

　経済の点ではEFFORTのエチオピア全域における経済活動の展開についても、政党と癒着した企業による利益独占という批判を払しょくすることができなかった。領域も狭く、農業生産性が低く、市場、交通アクセス、労働力の点からもエチオピアの他の地域と比して利があるとはいえないティグライにおいて、EFFORTがもたらした経済的恩恵は大きい。しかしながら企業としてEFFORTが成長を続けるためには、ティグライにおける経済活動だけでは限界があった。一方で国政におけるTPLFの地位と同様に、EFFORTのエチオピア全域における企業展開は、TPLFと結びついたティグライ資本による他のエチオピア地域における利益の独占として捉えられ、深刻な軋轢の原因となった。戦争下ではティグライ州の経済にも甚大な被害が生じた。2020年11月のティグライ戦争勃発後、アビィ政権はEFFORTの資金をすべて凍結することを国会で決定した。戦時下ではEFFORT企業が集中的に攻撃と略奪の対象となり、戦後に操業不能な状態に陥っている。他方で、外資系企業の工場は攻撃を免れており、連邦政府の外資保護が連邦政府軍のみならずエリトリア軍や他の軍事勢力とも情報共有されていた点も、戦後明らかになった。

　外交についても少しふれておきたい。エリトリアとの国境紛争後の両国の断絶で最も影響を受けたのはティグライ州であった。エリトリアとの断交は海へのアクセスの封鎖を意味し、経済的損失は大きかった。また防衛上の負担に加え、TPLFやEPRDFと敵対する勢力がエリトリアと連携するなど、国内の政治問題にエリトリアが関与する構図ももたらした。またEPRDF政

権の肝いりで建設されたグランド・エチオピア・ルネサンス・ダムは、ナイル川流域のスーダンやエジプトとの対立を生むこととなった。

　2012年のメレス首相の死去まで、TPLF ならびに EPRDF においてメレス派を中心とした権力の均衡は維持されてきたが、2005年の総選挙後の政治弾圧以降、社会のいたるところに不満は蓄積されてきた。開発主義による経済成長は政治的不満を解消するにいたらず、むしろ新たに生じた深刻な経済格差は政治的不満に拍車をかけた。メレス首相死去後、EPRDF 指導部はハイレマリアムを首相として選出し与党支配の維持を目指したものの、EPRDF 内にも不協和音が生じた。このときすでに TPLF の影響力減退の兆候が生じていた。

　ここでティグライ民衆と TPLF の関係を振り返ってみよう。どこで両者の関係に温度差が生じたのだろうか。1997年に発表された TPLF に関する包括的研究でヤングは、世界史において農民革命は都市部の小ブルジョワジーが不満を抱く農民と共通の大義を持った場合にのみ生じると指摘している。そしてデルグに対する TPLF の勝利も、その図式によって説明されるとする（Young 1997）。EPRDF 政権下の TPLF について、メドハネとヤングは、「革命がある一定の段階に達すると指導者たちは権力の中心地である都市に居を構え農民の生活から距離を取るようになり、さらに新たな責任を担い、より広範な有権者を開拓する責務を負い、国際システムに参加しなくてはならなくなる」と TPLF とティグライ民衆の関係の変化を説明している（Medhane and Young 2015: 393）。EPRDF 政権下でも、ティグライ州では他の州よりも、党が経済や GONGO の運営に深くコミットし、農地改革も継続していた。このことから TPLF の指導部とティグライの農民や市民との関係は、対デルグ内戦下の関係性を継承しつつ、政党と有権者の関係に形を変えて続いたと言える。だが、ティグライの農民の視点からみて TPLF の対デルグ内戦下の諸政策の継続は、新しい時代や世代に対応し、十分その期待に応えたといえるだろうか。

　一方でエチオピアの他の領域における TPLF に対する批判の高まりは、内戦時代から TPLF と一体と見なされてきたティグライ全体に矛先を向けた批判や攻撃につながった。ティグライの政治家や資本家が台頭した結果、「ティグライには貧しい者はいない」「ティグライだけが豊かになっている」という言説が流布し、ティグライ嫌悪が醸成され、TPLF の国政における失

脚前後からティグライの民間人に対する暴力に結びついていった。

　TPLFの影響下にあるティグライ系メディアでは内戦期の映像が頻繁に放送され、ティグライと党の一体性がEPRDF期を通じて喧伝された。だが、他方で行政やビジネスで成功するとティグライから離れて首都や海外に活躍の場を見出したティグライ・エリートと、今も大半が農村に居住するティグライ民衆との間に温度差が生じていたことは否めない。TPLFの威光の下で不可視化されがちであったが、ティグライの民衆からの不満の声はティグライ各地で散見された。TPLFの退役軍人から年金や土地配分をめぐる課題が提起され、まだ開発課題が多く残される農村からも不満の声はあがった。また内戦を経験していない戦後生まれの若い世代は、TPLFと共闘の経験がないままその支配と管理の下に置かれていたため、そのくびきを逃れ自由な活躍の場を得ることを熱望した。だがこれらの変化を求めるなかで生じた不協和音は、TPLFの強大な権力を前にかき消されたり、制限を受けてきた。

　2020年9月にアビィ政権との対立の下で、TPLFがティグライ州における支配の正当性と政治的基盤の強さを示すために強行したティグライ州独自選挙において、TPLFは98.2％の票を得て、全152議席を獲得して勝利を宣言した（Tronvoll 2024）。他方で注目すべきは、同選挙において対抗する4つのティグライの野党が少ないながらも支持を獲得したことである。このことは、強大な権力の下で変化を求める異議申し立てが、ティグライでも存在することの証左でもあった。[12]

　ティグライ州におけるTPLFとティグライの関係は今後どのような道程をたどるのだろうか。2019年のEPRDF解党と、TPLFの繁栄党への不参加の表明後、2020年11月に発生したティグライ戦争は、ティグライに甚大な被害をもたらした。2022年11月に、エチオピア連邦政府とTPLFの間でプレトリア和平合意が締結された。2023年2月に協議が開始されたティグライ暫定政府の構成案は、TPLF主導で立案された。しかし戦争を主導し、戦争

12　ティグライ州選挙への登録を行ったのは、TPLF、ティグライ独立党、サルサイ・ワヤネ、ティグライ大国民会議（バイトナ）、アシンバ民主党の5つの政党のみであった。アレナ・ティグライは選挙登録を行わず不参加となった。アシンバ民主党以外の4政党は全38選挙区に候補者を擁立した。投票登録者数は約276万人であったが、ティグライ州外、特に首都に居住する多数のティグライ人は登録を拒否された。2020年9月に実施された州選挙においてTPLFが98.2％の票を獲得したのに対し、野党の得票はバイトナ（0.8％）、ティグライ独立党（0.71％）、サルサイ・ワヤネ（0.28％）と続いた。アシンバ民主党は数百票の得票にとどまった（Tronvoll 2024）。

による甚大な被害をもたらした TPLF に対する不信は、間違いなく TPLF とティグライ民衆の関係を大きく変容させる契機となる。

　本章ではおもに 1991 〜 2019 年の TPLF による支配の構図を政治、経済、社会ならびにティグライ民族主義の点から検討したが、TPLF の方針に抵抗する社会の様々な動きを十分検討できなかった。TPLF に対する不満や反対の声はティグライ戦争を契機に顕在化しており、TPLF とティグライ民衆の関係が再考され、変革も期待される。戦争という災厄をもたらした TPLF に対するティグライ内外の批判を受けて、2002 年前後に TPLF を離脱した元 TPLF 政治家や 2010 年頃から活動を活発化した新生野党は、活動を活性化している。1975 〜 91 年の内戦と 1991 年以降の戦後復興や経済成長を支えた TDA や REST など GONGO は、今次の戦争においても戦中から支援組織としてかつての役割を再び担ったが、その活動の限界に対して批判も生じている。他方で、TPLF や GONGO 以外の広範な支援の動きも顕著であり、TPLF 離れの一因となっている。TPLF が締結した和平合意に批判的な勢力も台頭し、野党による政治活動や野党支持も拡大している。TPLF 支配が強固であった 2019 年まで顕在化してこなかったこれら諸相の検討は、今後のティグライを分析するためには不可欠となる。

　2025 年 2 月、TPLF は結党 50 年を迎える。ティグライ戦争を経て、TPLF への批判も高まっている。他方で戦争を契機に、ティグライでは諸政党やディアスポラ、人びととの民族意識に関する議論が高揚している。

　プレトリア和平合意の締結に至る交渉過程から、TPLF の広報担当であったゲタチョ・レッダが連邦政府ならびに国際社会との交渉役となり、ティグライ州暫定政府知事に任命され、TPLF の副党首も兼任している。他方で TPLF 党首のデブレツィオン・ガブレミカエルは古参の党員を中心に党内で影響力を維持している。両者の対立は和平締結後にすでに生じていたが、戦後の同党の運営またティグライ州の統治をめぐる対立はさらに深まっている。2024 年末の段階で TPLF の国政復帰、またティグライ州における選挙実施の方針は定まっていない。戦争により深刻な被害をティグライにもたらした TPLF に対して、ティグライの人びとからは厳しい声も上がっているにもかかわらず、党内を二分する TPLF の内部対立は喫緊の課題である戦後復興を停滞させる要因ともなっている。

　TPLF によるティグライ支配の 50 年の評価がティグライの人びとからど

のようになされるのか、今後も注視する必要がある。

参考文献

Aalen, Lovise, 2002, "Expressions of Control, Fear and Devotion: The Elections in Mekelle and Wukro, Tigray Region," Siegfried Pausewang, Kjetil Tronvoll and Lovise Aalen, eds., *Ethiopia Since the Derg: A decade of democratic pretension and performance,* London: Zed Books, 83–99.

Addis Fortune, 2020, "Debretsion faces rough road ahead as Tigray State," September 24, 2020 (Retrieved July 22, 2023, https://addisfortune.news/news-alert/debretsion-faces-rough-road-ahead-as-tigray-state-president/).

Aregawi Berhe, 2004, "The Origins of the Tigray People's Liberation Front," *African Affairs* 103, no.413: 569–592.

―――, 2009, *A Political History of the Tigray People's Liberation Front(1975–1991): Revolt, Ideology, and Mobilisation in Ethiopia*, Los Angels: Tsehai Publishers.

Bahru Zewde, 1991, *A History of Modern Ethiopia 1855–1991*, Addis Ababa: Addis Ababa University Press.

Bahru Zewde, Gebre Yntiso and Kassahum Berhanu, 2010, *Contribution of the Ethiopian Diaspora to Peace-Building: A Case Study of the Tigrai Development Association*, Working Paper, no.8, Diaspora Peace Project, October, (Retrieved March 1, 2023, https://jyx.jyu.fi/handle/123456789/36888).

Berihu Lilay, 2019, "Assessment of the Role of Women Associations in Women Economic Empowerment: Case of Tigrai Women Association," Mekelle University, MA. Thesis, College of Law and Governance, Department of Political Science and Strategic Studies.

Birhan Gebrekirstos and Mulu Mesfin, 2023, *Tearing the Body, Breaking the Spirit: Women and Girl's Rape Stories from the Tigray War*, Kindle Direct Publishing.

FDRE (Federal Democratic Republic of Ethiopia Population Census Commission), 2008, *Summary and Statistical Report of the 2007 Population and Housing Census*, Addis Ababa: Central Statistical Agency of Ethiopia.

Gebru Tareke, 1984a, "Peasant Revolt in Ethiopia: The Case of Weyane," *Journal of African History*, 25: 77–92.

―――, 1984b, "Preliminary history of resistance in Tigrai (Ethiopia)," *Africa: Rivista trimestrale di studi e documentazione dell'Istituto italiano per l'Africa e l'Oriente*, 39(2): 201–226.

―――, 1996, *Ethiopia: Power & Protest, Peasant Revolts in the Twentieth Century*, Trenton: Red Sea Press.

Goitom Mekonen, 2023, *Primed for Death: Tigray Genocide-A Survivor's Story*, Independently published.

Hagos Gebreamlak, 2024, "Ethiopia: Nationalism creates schism in Orthodox Church," *The Africa Report*, February 14, 2024, (Retrieved July 30, 2024, https://www.theafricareport.com/336840/ethiopia-nationalism-creates-schism-in-orthodox-church/).

Hammond, Jenny, 1999, *Fire from the Ashes: A Chronicle of the Revolution in Tigray, Ethiopia, 1975-1991*, Trenton: Red Sea Press.

Hammond, Jenny and Nell Druce, 1990, *Sweeter than Honey: Ethiopian Women and Revolution: Testimonies of Tigray Women*, Trenton: Red Sea Press.

Hendrie, Barbara,1994, "Relief Aid behind the Lines: The Cross-Border Operation in Tigray," Joanna Macrae and Anthony Zwi, eds., *War and Hunger: Rethinking International Responses to Complex Emergencies*, London: Zed Books.

John, Sonja, 2021, "The Potential of Democratization in Ethiopia: The Welkait Question as a Litmus Test," *Journal of Asian and African Studies*, 56(5): 1007-1023.

Labzaé, Mehdi, 2021, "Gimgema: Civil Servants' Evaluation, Power and Ideology in EPRDF Ethiopia," *Journal of Eastern African Studies*, 15(4): 546-567.

Lavers, Tom, 2024, *Ethiopia's 'Developmental State': Political Order and Distributive Crisis*, Cambridge: Cambridge University Press.

Lyons, Terrence, 2021, "The Origins of the EPRDF and the Prospects for the Prosperity Party," *Journal of Asian and African Studies*, 56(5): 1051-1063.

Medhane Tadesse and John Young, 2015, "TPLF: reform or decline?" *Review of African Political Economy*, 97: 389-403.

Peberdy, Max, 1985, *Tigray: Ethiopia's Untold Story*, London, Relief Society of Tigray, UK support Committee.

Plaut, Martin and Vaughan, Sarah, 2023, *Understanding Ethiopia's Tigray War*, London: Hurst.

Rita Kahsay, Rowena Kahsay and Sally Keeble, 2023, *In Plain Sight: Sexual Violence in the Tigray Conflict*, Eleanor Press.

Schröder, Günter, 2010, "TPLF," Siegbert Uhlig ed., *Encyclopedia Aethiopica*, vol. 4 (O-X), Wiesbaden: Harrassowitz Verlag, 950-953.

Segers, Kaatje, Joost Dessein, Sten Hangberg, Patrick Develtere, Mitiku Haile and Jozef Deckers, 2008,

"Be Like Bees: The Politics of Mobilizing Farmers for Development in Tigray, Ethiopia," *African Affairs*, 108/430: 91–109.

Tefera Negash Gebregziabher, 2019, "Ideology and Power in TPLF's Ethiopia: A Historic Reversal in the Making," *African Affairs*, 118/472: 463–484.

Tronvoll, Kjetil, 2024, "Voting for War, to Secure Peace: Weaponising the Tigray 2020 in Ethiopia," *The Journal of Modern African Studies*, 62: 53–77.

Van der Beken, Christophe, 2015, "Federalism, Local Government and Minority Protection in Ethiopia: Opportunities and Challenges," *Journal of African Law*, 59(1): 150–177.

Vaughan, Sarah, 2011, "Revolutionary Democratic State-Building: Party, State and People in the EPRDF's Ethiopia," *Journal of Eastern African Studies*, 5(4): 619–640.

Vaughan, Sarah and Mesfin Gebremichael, 2011, "Rethinking Business and Politics in Ethiopia: The Role of EFFORT, the Endowment Fund for the Rehabilitation of Tigray," *Africa Power and Politics, Research Report 02*, (Retrieved July 1, 2023, https://assets.publishing.service.gov.uk/media/57a08aea40f0b64974000850/20110822-appp-rr02-rethinking-business-politics-in-ethiopia-by-sarah-vaughan-mesfin-gebremichael-august-2011.pdf).

Wudineh Zenebe, 2016, "EPRDF that I knew," *Reporter*, August 27, 2016 (Retrieved 20 May, 2024, https://www.thereporterethiopia.com/3651/).

Young, John, 1997, *Peasant Revolution in Ethiopia: The Tigray People's Liberation Front, 1975–1991*, Cambridge: Cambridge University Press.

眞城百華, 2017,「戦う女性たち：ティグライ人民解放戦線と女性」石原美奈子編著『現代エチオピアの女たち：社会変化とジェンダーをめぐる民族誌』明石書店, 146–179.

―――, 2018,「内戦支援から NGO へ：ティグライ女性協会の活動を中心に」宮脇幸生編『国家支配と民衆の力：エチオピアにおける国家・NGO・草の根社会』大阪公立大学共同出版会, 104–139.

―――, 2021,『エチオピア帝国再編と反乱（ワヤネ）：農民による帝国支配への挑戦』春風社.

第6章 「アムハラ」民族の再形成
──民族ナショナリズム台頭の背景

児玉 由佳

1. はじめに

　近年アムハラ州における、「アムハラ・ナショナリズム」の高まりが報道されている。アムハラは、エチオピア最大の民族であるオロモ（2,536万人、34.4%、2007年国勢調査、以下同）に次いで第二の人口を擁する民族である（1,988万人、27.0%）（Office of the Population Census Commission n.d.）。アムハラは、19世紀後半に形成されたエチオピア帝国の支配民族であったために、アムハラ民族の権利を主張・要求する必要がこれまでなかった。そのため、「アムハラ」としての民族感情が高まっている現状について注目が集まっている（Yechale 2021; Bantanyehu and Ishiyama 2021; Tezera 2021; Borago 2018）。

　民族ナショナリズムは、民族意識が高揚していく動きを一般に指しており、他民族に対する優越性の強調や敵意として出現する（Yechale 2021）。「アムハラ・ナショナリズム」が特に注目されているのは、アムハラはもともと汎エチオピア主義を支持していると考えられていたが、EPRDF政権下で民族ナショナリズムが一部で急速に高揚してきたためである。

　本章は、第1節「はじめに」と第5節「おわりに」を含めて5節で構成されている。第2節では、エチオピアの歴史を踏まえつつアムハラに関す

1　青柳によれば、民族とエスニック・グループは厳密には定義が異なる。前者は国家の枠などは関係なく原初的に存在しているのに対し、エスニック・グループの場合は、国家という枠の中に存在する「民族」であることが多く、他のエスニック・グループとの相互作用や帰属を選択できる可能性などを含意している（青柳 1996）。本章では便宜上民族を使用しているが、エスニック・グループとほぼ同義として使用している。

る議論をまとめる。アムハラは、その歴史的経緯から、エチオピアの他の民族とは異なる存在となっており、「アムハラとは誰なのか」が常に問われてきた。アムハラ・ナショナリズムについては、1995年に民族連邦制[2]が導入されて以降注目されるようになった。特定の民族が民族としてのナショナリズム的感情を多かれ少なかれ持つことは普通である。だがアムハラに関しては、連邦制導入まではアムハラ・ナショナリズムというものは存在しないものとして、アカデミズムにおいても政治的局面においても議論が進められてきた。このこと自体が、「アムハラ」の特異性を示している。

　第3節では、1991年にEPRDFが政権に就いてから、どのようにアムハラ・ナショナリズムが醸成されていったのかを検討する[3]。EPRDFが導入した民族連邦制は、人びとに民族意識を強く意識させることになった。各州に少数派として存在するアムハラは、EPRDFによるアムハラ＝抑圧者という言説の流布もあいまって他民族によって攻撃されることも多く、アムハラ自身がアムハラを守らなければならないという意識が高まっていった。また、新たに設定された州境によって、アムハラの居住地と考えられていた地域が他州に編入されたことも民族意識を高める要因となった。このような状況下で、若年層の高い失業率などの経済的不満と結びつき、アムハラ・ナショナリズムは高揚していったのである。

　そして第4節では、2018年にオロモであるアビィが首相に就任し、2019年にEPRDFを解散して繁栄党を結成してからのアムハラ・ナショナリズムの動向について紹介する。事態が流動的なため先行きは不透明であるが、2024年11月の段階では、ファンノ（Fanno）と呼ばれる反政府勢力がアムハラ州各地を占拠し、国防軍と対立している状況となっている。

2　1995年に発効した憲法に連邦制が規定されているが、憲法の文言の中には「民族連邦制（Ethnic Federalism）」という言葉は用いられていない。しかし、州の名称に民族名を冠しており、民族単位での新たな州の設立の権利を認めていること（憲法第47条）などから、民族連邦制と考えるのが妥当であろう。

3　なお、アムハラ・ナショナリズムの勃興については、外国に居住するアムハラのディアスポラによる影響も無視することはできないが（Tilahun 2024: 336）、本章では紙幅の都合もあり取り上げない。

2. エチオピアにおける政治変化と「アムハラ」をめぐる議論

「アムハラ」とは誰を指すのかという議論は、これまでのエチオピアにおける民族関係の歴史的変遷と関係している。19世紀末にエチオピア帝国が南部一帯を征服していくなかで、アムハラは支配民族として南部を政治経済的に支配してきた歴史をもつ。そのため、南部に居住していた被支配民族は、アムハラをエチオピア帝国と同義と見なした。被支配民族側は、支配者に対抗する過程で自身の民族意識を構築していく一方で、支配者である「アムハラ」とは具体的に何者なのかという問いはつきつめて考えられることはなかったのである。

そのため、1995年の憲法で民族をベースにした連邦制が導入されるにあたって、「アムハラ」は特定の民族なのかという議論が起きた。連邦制を構成する民族名を冠した州の中にはアムハラ州も含まれており、その妥当性が、民族連邦制導入の是非とともに議論されることになったのである。EPRDFが前政権を打倒した1991年に行われた「平和と和解に関する国民会議」では、後述するように「アムハラ」をめぐって議論が戦わされ、「アムハラ」に関して様々な論考が提示された。

2.1 アムハラとは誰なのか

アムハラとは、本来アムハラ語を母語とする人びとの総称であり、言語以外にエチオピア正教のキリスト教徒であることがアムハラの特徴の一つとして挙げられることも多い（Donham 2002: 12）。アムハラの伝統的な社会構造の大きな特徴は、共通の祖先をもつ人びとによって構成される共同体が土地の用益権（リスト *rəst*）などの分配を行う横軸と、貢納制度（グルト *gult*）を伴う王を頂点としたピラミッド型の支配構造の縦軸から構成されていることである[4]（Donham 2002: 39; Dunning 1970: 272-273; Hoben 1973: 6; Perham 1969: 277-286; Levine 1972: 57-58）。

しかし現実には、アムハラは均質な集団ではない。たとえば、アムハラ語

---

[4] 16世紀にはリストやグルトの存在は確認されている（石川 2009: 29, 214）。また、19世紀後半のアムハラによる南部征服によって、アムハラ以外の民族居住地においてもグルト制度が導入されたが、アムハラ支配のもと南部の農民は苛烈な徴税に苦しんだ（Donham 2002: 38-42）。

を母語する人びとの中にもイスラーム教徒が多く含まれている[5]。また、歴史的な経緯もあいまって、現在アムハラとされる人びとはエチオピアの各地に居住しており、そこでの社会的・経済的地位は様々である。19世紀末に南部を支配していく過程で北部から移住した「支配者」、都市部で汎エチオピア主義を主張する政治エリート、他地域に移動せず北部農村地域に居住する小農、デルグ政権期に再定住政策により南部に移住させられた農民もいる。アムハラと他民族の接触する地域では、他民族との交流が活発になるとともに、アムハラの支配者からの同化圧力だけでなく、通婚や自主的な同化の選択などによって、アムハラとそれ以外の民族との間の線引きは必ずしも明確なものではなかった（Takkele 1994: 179）。

　しかし、日常生活における民族間の交流に加えて、1960年代に入ってからは「アムハラ」を政治化する動きが広がった。政治的変革を目指すときには打倒すべき対象を明確に設定することで内部の結束を高めることができるが、その対象として、支配者としての「アムハラ」が言及されるようになったのである。

2.2　帝政末期：「アムハラによる支配」という言説

　「アムハラによる支配」という言説が用いられるようになったのは1960年代である[6]。この時期には、アフリカ大陸の各地で植民地支配からの独立に向けた運動が繰り広げられていた。エチオピアでも帝国の支配体制を批判する学生運動が活発化するなかで、「アムハラによる支配」という言説が用いられるようになったのである（Bahru 2014: 187-188, 201; Yilkal 2024）。

　特に、当時の学生運動の中心人物でもあったワレリン・マコネンが、1969年に出した声明「エチオピアにおける民族問題について」は、学生運動に大きな影響を与えた（Walleligne 1969）。ワレリンは、エチオピアは多数

---

[5] 国勢調査などでは、アムハラ民族におけるイスラーム教徒の占める割合を直接示すデータはない。しかし、アムハラ州東部には、アムハラであると同時にムスリムである人びとが多数を占める地域がある。たとえば南ウォッロ県では、99％がアムハラであるが、エチオピア正教徒は29％、ムスリムが71％となっている（Office of the Population Census Commission n.d.）。

[6] 「アムハラ」だけでなく、「アムハラ－ティグライによるヘゲモニー」として、ティグライが含まれることも多い（Bahru 2014: 200-201）。これは、帝政期において支配的な地位を得ていたエチオピア北部の民族として、アムハラとティグライが政治、社会、経済制度を共有していたことに起因している。

の民族のそれぞれが構築している国が集まったものであり、分離独立を含めて各民族の自決権を尊重すべきであると主張した。エチオピア人というものは存在せず、エチオピア・ナショナリズムとは、支配者であるアムハラ・エリートのヘゲモニーによるまやかしであると指摘したのである（Bahru 2014: 200）。当時の学生運動のイデオロギーの根底にはマルクス・レーニン主義があり、民族問題に関する主張は、レーニンの民族問題に関する議論に影響を受けていた[7]（Katsakioris 2019; Solomon 1993）。

　ワレリン自身はアムハラであり、投獄されていた時期の他民族出身の活動家との交流から、アムハラであることについての罪悪感をもったという（Bahru 2014: 199）。このような罪悪感をもつ背景には、帝政期におけるアムハラ優遇を挙げることができる。1955年に施行された修正憲法は、1931年憲法で定められた皇帝による絶対主義を引き継いだものであるが、前憲法で定めのなかった公用語をアムハラ語とし（第125条）、信仰の自由は認めている（第40条）ものの、皇帝はエチオピア正教を信仰し、国がエチオピア正教を支援すること（第126条）などが定められている。

　エチオピア全土の初等教育はアムハラ語で行われ、実務言語としてはアムハラ語のみが使用されていた（Getachew and Derib 2006: 45）。政府によるアムハラ語およびエチオピア正教の優遇は、アムハラとそれ以外の民族、特にエチオピア最大の人口を持つオロモとの対立を深めることになった（Marcus 1995: 99）。

　エチオピア政府のアムハラ優遇は特に教育の点で顕著であった。1960年の時点で公立小学校は620校あったが、そのうち首都アディスアベバに38校、エリトリアには126校、そして残りもほぼすべてアムハラが多く居住する北部にあった（Marcus 1995: 99）。このような教育の不均衡の結果、例えば1967年から1969年の間に12年生まで終了して大学入学試験を受けた学生のうち60％がアムハラであり、1970年の段階で、ハイレセラシエ1世大学（現アディスアベバ大学）には10％しかオロモがいなかったという（Begna 2006: 74）。

---

[7] ワレリンの主張はEPRDFの民族についての方向性に大きな影響を与えている。その端的な例として、EPRDFが1991年にデルグ政権を打倒するための最後の戦いを、彼の名前をとって「ワレリン作戦（Operation Wallelign）」と名付けていることがあげられる（Katsakioris 2019; Bahru 2002: 266–267）。

これは裏を返せば、「アムハラになる」、つまりエチオピア正教会の信徒となり、アムハラ語を繰ることができれば、アムハラ優位の社会で権力や資源にアクセスできるようになることを意味する。そのため、非アムハラの人びとのなかには、「アムハラになる」ことで政治的・社会的地位を獲得する者も多かった。

　学生運動における多数派は「アムハラ」の学生である。しかし、各地の民族解放闘争との接触が増えるにしたがい、「アムハラ」によって抑圧されているアムハラ以外の民族の解放への理解が進むことになった。またレーニンが、分離・独立までも含む民族運動を反封建制闘争であるとして支持していたこともあり（太田 1988）、学生運動の主張はより過激化し、民族の分離・独立を許容してこそ革命的であるという方向へと進んでいったのである（Yilkal 2024: 5-6）。

　ただ、学生運動のなかで語られる「アムハラ」は、あくまで支配者の別名であり、農村部に居住するアムハラ語を母語とする小農などは含まれていない。またアムハラの学生の多くがエリート層に所属していることを考えると、彼ら自身が「アムハラ」とは誰を指すのかという問いには無頓着だったといえる。帝政期において政治の中枢にいたのは、アムハラのなかでもアディスアベバ周辺に居住するショワの人びとであり、ショワ地域はアムハラだけでなくオロモを筆頭に多くの民族が居住し交流してきた地域であるという指摘もある（Hizkias 1996: 34）。学生運動における「アムハラ」とは、実際には現在権力を握っているショワの支配者および政治エリートを指しており、民族としてのアムハラを意識していたとはいいがたい。

　なお、すべての社会運動が民族解放を第一義にしていたわけではない。学生運動以外の社会運動では、都市部ではむしろ汎エチオピア主義を掲げる社会運動の方が中心であった。ここで掲げられた汎エチオピア主義とは、民族ではなく「エチオピア人」としてのアイデンティティとともに統一国家を建設しようというものである（Aaron 2002: 52）。エチオピア人民革命党（EPRP）や全エチオピア社会主義運動（MEISON）などは、汎エチオピア主義のもとで階級闘争を行うことを選択した集団である。ただし、ティグライ人民解放戦線（TPLF）やオロモ解放戦線（OLF）のように、民族解放闘争を最重要課題とする集団もいた（Yilkal 2024: 6）。デルグ政権期に勢力を拡大したのは、後述するように後者である。

2.3　デルグ政権期：「アムハラ」不在の民族解放闘争

　学生運動や反政府団体に加え、給料の遅配などによって不満を募らせた軍部などによって 1974 年に革命がおき、エチオピア帝国は終焉を迎えた。その後、社会主義を標榜する軍部を中心としたデルグが早い段階で権力を握ることになるが[8]、その過程で、当初は同調していた EPRP などの社会運動組織はデルグと敵対するようになった。1976 年には、EPRP は武力闘争へと舵をきり、デルグ派の左翼運動家などを暗殺するなどより暴力的な性格をもつようになった（Bahru 2014: 278-279）。デルグ側はこれに乗じて反政府勢力への政治的抑圧を強めていき、赤色テロルと呼ばれる左翼勢力の大量虐殺を行った。

　その結果、EPRP は壊滅状態となり、EPRP よりもデルグ寄りであった MEISON もその後粛清対象となった。多くの学生運動の指導者は処刑され、一部は国外へと亡命していった。1970 年代には、都市部で汎エチオピア主義を唱える団体はほぼ壊滅したのである（Bahru 2002: 247-248, 2014: 278-279; Marcus 2002）。

　地方では、EPRP の武装部門であるエチオピア人民革命軍（EPRA）が現在のアムハラ州ゴンダールで活動していたが、支持を拡大することはできなかった。汎エチオピア主義を掲げていた政治団体が力を失っていくなかで、反政府活動は、地方を基盤とした TPLF や OLF などの民族解放戦線が中心となった（Yilkal 2024: 6）。EPRA に属するエチオピア人民民主運動（EPDM）は、1980 年代後半に、勢力を拡大しつつあった TPLF と共闘した。EPDM は、後述のとおり EPRDF の傘下にはいったが、1994 年にその名称をアムハラ民族民主運動（ANDM）に変更し、汎エチオピア主義からアムハラ民族主義の政党となった（Vaughan 2003: 188-189; Bahru 2014: 279; Aregawi 2009: 305）。

　デルグ政権は、社会主義を標榜して国家統制を強め、強力な中央集権制度を構築することを目指しており、権力の分散につながる意味する民族の自決権については消極的であった。帝国時代から続いてきたアムハラ優位の行政制度などをそのまま引き継ぎ、他民族に資源へのアクセスや権力の分配を意識して行うことはなかったため、結果的にはアムハラが引き続き優位な地位

8　デルグ期において、1991 年に崩壊するまで独裁的な権力を持っていたのは、メンギスツ・ハイレマリアムだが、彼自身は南部のウォライタ出身であり、アムハラではなかったと言われる。

を維持することになった。ただし、この「アムハラ」は、単純に民族を表しているというよりも、帝政期から引き続き公用語とされたアムハラ語を駆使することで優位な立場を得ている層を指す。したがって、各地に、役人や教師、そして商人として「アムハラ」が多く居住することとなった。

その一方で、デルグ政権が行った再定住政策（resettlement）は、アムハラの農民に大きな影響を与えた。これまでの支配者としての南部への移動とは異なる形で、アムハラの農民が南部へと半強制的に移住させられることになったのである。再定住政策とは、人口稠密で食料を自給できずに飢餓の危険にさらされている人びとを、比較的人口密度が低い地域の未開拓地に移住させることで十分な食料の確保を目指すものである。多くの場合、エチオピア北部に居住しているアムハラやティグライが再定住の対象となった。特に、大干ばつに見舞われた1984年から1989年にかけては大規模な再定住プロジェクトが進められた。たとえば2年間で150万人の人びとが干ばつ地域から南西部へと移住したという[10]（Pankhurst 1990: 121-122）。このような歴史的経緯によって、富裕層だけでなく農民のアムハラも、アムハラ州以外の地域に多く居住するようになった。

またデルグ政権は、1975年に「農村部の土地の公的所有に関する布告No.31/1975」をだし、土地を国有化してそれまでの小作制度を廃止し、農民に土地を分配した。それまで南部では、帝政期には「アムハラの支配」によって北部からやってきたネフテンニャ（näftäñña）と呼ばれる軍人たちが徴税権をもち、農民から過酷な取り立てを行っていた。そのため、南部に居住する農民は、帝政期の厳しい徴税制度から解放されることになり、この土地再分配政策は歓迎されたという。その一方で、北部では、納税義務はあったものの農民の土地保有権は共同体で管理されていたことから、政府による土地の分配には抵抗があったという。ただし、実際の土地分配は、10ヘクタール以上の土地所有者を対象としており、すでに土地の細分化が進んでいた北

9　革命初期には、様々な言語が国内で使用されていることを政府は認識していた。たとえば、ゼメチャ（zämacha）と呼ばれる全国識字キャンペーンでは、人口の90％をカバーする15の言語が選択されていたという。しかし、これまでのアムハラ語偏重の教育の結果、識字教育のできる人材がアムハラ語しかできなかったことも多く、使用する文字はアルファベットではなく、アムハラ語に使用される文字（fidäl）であったために、実際の現地語による識字教育は十分なものではなかったという（Getachew and Derib 2006: 47-48）。

10　再定住政策は、ずさんな計画に基づいて行われており、多くの場合失敗に終わったと批判されている（Pankhurst 1990: 122; 石原 2006: 209-210）。

原爆被爆者の暮らしとトラウマ 愛葉由依 著

絡み合いを描きだす

トラウマと折り合いをつけながら生きてきた原爆被爆者に光を当て、それをめぐる因果論を当事者の記憶と主観的時間に沿って捉え直す。▼A5判上製・三五二頁・四三〇〇円

すべての指に技法を持つ 山本沙希 著

手仕事が織りなす現代アルジェリア女性の生活誌

手工芸に従事する女性たちの「なんとかやる」実践。稼得機会を得るために賢知と狡知を駆使した創意工夫によって紡がれる生活を描く。▼A5判上製・三〇八頁・四三〇〇円

歴史が生みだす紛争、紛争が生みだす歴史 佐川徹・竹沢尚一郎・松本尚之 編

現代アフリカにおける暴力と和解

アフリカの紛争や暴力の論理と動態を、「無秩序」や「野蛮さ」のイメージから距離を置きつつ、その政治経済・歴史的側面に注目して解き明かす。▼A5判上製・二九二頁・三八〇〇円

モビリティと物質性の人類学 古川不可知 編

人と物が行き交うグローバルな世界と移動論的転回のなか、人々と「私」の経験とともに、モビリティを再考する論集。▼A5判並製・二八〇頁・三三〇〇円

春風社

〒220-0044 横浜市西区紅葉ヶ丘53 横浜市教育会館3F
TEL (045)261-3168 ／ FAX (045)261-3169
E-MAIL : info@shumpu.com WEB : http://shumpu.com

この目録は2024年4月作成のものです。これ以降、変更の場合がありますのでご諒承ください（価格は税別です）。

ひとつとして同じモノがない
トヨタとともに生きる「単品モノ」町工場の民族誌　加藤英明 著

現代工業社会で従来ほとんど光が当たることがなかった「単品モノ」町工場へのフィールドワークから、そのダイナミズムを明らかにする。▼Ａ５判上製・二六六頁・四三〇〇円

果樹とはぐくむモラル
ブラジル日系果樹園からの農の人類学　吉村竜 著

その地に渡った日系人たちが、人間・作物・生態環境の三者関係のなかで農を業にしてきた軌跡を、培われてきたモラルに着目し描く。▼Ａ５判上製・三一四頁・四四〇〇円

カーイ・フェチ／来て踊ろう
日本におけるセネガルのサバールダンス実践　菅野淑 著

セネガルで踊られるダンス「サバール」が日本で実践されるに至った経緯と実際の様子を、両国における筆者の経験と調査を通して抽出する。▼四六判上製・三〇八頁・三五〇〇円

異なる者の出会いと共存
西アフリカ・ムスリムの人類学的聖者伝　坂井信三 著

西アフリカのムスリムたちは、文字に支えられた普遍的宗教と口頭伝承による多元的な知恵との共存をどのように追求してきたのか。▼Ａ５判上製・三五二頁・五〇〇〇円

ローカル・フードシステムと都市農地の保全 佐藤忠恭 著

庭先直売、移動販売、産消提携の立地と生産緑地

食料品アクセス確保に資するローカル・フードシステムの観点から、市街地と農地が混在する合理性を提示。都市農地保全の意義に迫る。▼四六判上製・二八〇頁・三七〇〇円

新聞4コマ漫画と内閣総理大臣 水野剛也 著

全国3大紙に見る小泉純一郎から野田佳彦までの首相描写

主要3紙の4コマ漫画から現職の首相までの全作品を精査。その量的・質的分析を通して、庶民の目に映る首相と政治のすがたを探る。▼A5判上製・六〇八頁・五四〇〇円

ミットフォードとギネス一族の御曹司 ジョナサン・ギネス、キャサリン・ギネス 著／大西俊男 訳

英国で一九八四年にギネス家父娘が著した伝記から、幕末明治に駐日外交官を務めたA・B・ミットフォードに関する章を含め抄訳する。▼四六判上製・二〇〇頁・三三〇〇円

日中戦時下の中国語雑誌『女声』 フェミニスト田村俊子を中心に 山崎眞紀子、江上幸子、石川照子、渡辺千尋、宜野座菜央見、藤野敦子、中山文、姚毅、鈴木将久、須藤瑞代 著

日中戦争期上海の女性雑誌『女声』について、日本人編集長田村俊子の姿勢を浮かび上がらせることを主眼に、各記事を分析した論集。▼A5判並製・四〇八頁・四五〇〇円

春風社の本 好評既刊

人類学・社会・歴史

共生と記憶の比較文化論
都留文科大学比較文化学科 編

多様な文化的背景を持つ他者を理解し、共存・共生していく道を見つける、その取り組みの現在地。創立三〇周年記念出版。 ▼A5判上製・三六八頁・四〇〇〇円

信仰と音楽は国境を越えて
オーストリアにおけるアレヴィーの儀礼実践と継承
鈴木麻菜美 著

トルコの宗教的少数派であるアレヴィーの人びとの、移民によって変遷するコミュニティのあり方と信仰実践に迫る。 ▼A5判上製・二九二頁・四五〇〇円

共在する人格
歴史と現在を生きるメラネシア社会
福井栄二郎 著

オセアニアに暮らす人々の歴史と現実から「人間」の可能性を描き出す、著者の長年のフィールドワークが結実した豊穣な民族誌。 ▼A5判上製・三七四頁・五〇〇〇円

海と路地のリズム、女たち
モザンビーク島の切れては繋がる近所づきあい
松井梓 著

アフリカ南部のモザンビーク島で、近所に住む女性同士からみる人間関係と暮らしを、生計や歴史も含みこんだ「リズム」から描き出す。 ▼A5判上製・三三八頁・五〇〇〇円

部では実際に再分配された土地は比較的少なかったと考えられる（Pausewang 1990: 45; Donham 1999: 31; 児玉 2015: 237）。デルグ政権が行った土地再分配や農産品の価格・流通の統制などは、アムハラが多く居住する地域において、歓迎すべきものではなかったかもしれない。しかし、政権への不満はあったとしても、それゆえにアムハラの民族解放をめざす動きにつながることはなかった。その理由として、上述したように、デルグの政治体制は「アムハラ」の言語文化や行政機構を流用しており、引き続きアムハラが他民族よりも優位な地位にあったことが挙げられる。

　その一方で他民族は、デルグの汎エチオピア主義的な政策の下、結果的にアムハラ文化への同化を強いられることになった。そのため他の民族解放闘争は、デルグ政権下の抑圧や経済的低迷ともに活発化していった。上述のとおり、帝政末期の学生運動では民族問題の解決が社会変革の重要な目的であったが、デルグ政権が選択したのは、各民族の平等などを表面上は謳いつつも、強力な中央集権制であり、民族自決権は許容しなかった（Aaron 2002: 68-72）。たとえば、1978年にジンマとハラルに住むオロモが、オロモ語を初等教育に使用することを要求するデモンストレーションを行ったが、政府は暴力的に対応し、250名の学生が殺されたという（Lewis 1993: 168）。このような事件などもあいまって、ティグライ主体のTPLF、オロモ主体のOLF、アファール主体のアファール解放戦線（ALF）などを中心に、民族解放闘争が活発化していった（Aaron 2002: 68）。

　なお、デルグ政権は、地方分権化につながる民族自決などの要求について、まったく関心がなかったわけではない。民政移管に伴って施行した1987年憲法では、エチオピアの憲法としてははじめてエチオピアにおける多様な民族の存在について前文で言及しており、自治区[11]を設置し、大幅な権限移譲を行うことを定めていた（第95-99条）。これはソビエト連邦の政策を参考にしたといわれる（Solomon 1993: 153-154）。このような方針転換には、TPLFやエリトリア独立を目指すエリトリア人民解放戦線（EPLF）などが北部で勢力を拡大していたことが背景にあったと考えられる。ただしこれらの条項に対

11　別の条例（No.14/1987）において自治区とされたのは、当時の行政区画でエリトリア、ティグライ、アッサブ、ディレダワ、オガデンである（Abraham 2005: 89; Taye and Tegegne eds. 2007: 43）。民族紛争、飢饉、飢餓などによって苦しむ地域が対象となっていた（Meheret 2002: 134-135）。

して反政府勢力は懐疑的であり、当時の政治的混乱を収束させることはできなかった。そして 1991 年にデルグ政権は EPRDF によって武力で打倒されることになる (Assefa 2007: 42-43)。

　民族解放戦線の旗印が「アムハラによる支配」からの解放である場合、アムハラ以外の民族にとっては大きな意味を持つが、アムハラ自身にとっては意味がない。また、上述のように「アムハラになる」ことを選択した非アムハラの人びとの帰属も曖昧なままとなる (Hizkias 1996: 35-36)。「アムハラ」は、デルグ政権に対して民族として結集して対抗することのないまま、EPRDF による民族連邦制という新しい政治制度に組み込まれていくことになったのである。

2.4　EPRDF 政権樹立期：「アムハラ」をめぐる議論

　1991 年 5 月に EPRDF が前政権を打倒した直後の 7 月、首都アディスアベバで「平和と和解に関する国民会議」が開催された。24 の民族運動団体、大学、労働組合団体から 500 人の代表者が参加した。[12] なお、当時 TPLF と対立していた政治団体や、民族をベースとしていない団体は参加していない (Aalen 2002: 7; Marcus 2002)。

　この国民会議において、アムハラが確立した民族なのかをテーマとしたパネル・ディスカッションが開催された。このパネル・ディスカッションには、当時の暫定政府大統領のメレス・ゼナウィと、地理学者メスフィン・ウォルデマリアム、哲学者エンドリアス・エシェテ、社会人類学者マコネン・ビシャウが参加した (Takkele 1994)。メスフィンは汎エチオピア主義の立場から、「アムハラ」とは文化的にアムハラに同化した都市住民を指し、エチオピアを一つにまとめていく重要な存在と位置づけ、アムハラはエチオピアのどこにでも居住できると主張した。一方で連邦制導入を目指しているメレス・ゼナウィは、アムハラは他の民族同様、独自の文化と居住地を有する一民族であるとして、「アムハラ州」を設けることを主張した (Pausewang 2005: 275)。

　メスフィンの主張は、民族主義に反対する立場から、連邦制自体に疑義を申し立てるものである。したがってメスフィンはアムハラ州の設立のみに反対したものではなく、民族単位の連邦制に反対する文脈からの主張であるこ

12　EPLF もオブザーバーとして参加。

とには留意すべきであろう。

　このように議論は対立したが、この大会に参加した団体は、各々の民族が政治エリートによって二級市民として扱われてきたことを糾弾し、すべての民族の権利を求めることを大会で一致して決議した（Marcus 2002）。ここでは直接的にはアムハラを名指ししていないが、これまでの歴史的経緯からも政治エリートとは「アムハラ・エリート」を指すと考えることが妥当であろう。さらに1995年憲法においてアムハラ州が設立されたことからも、政治的にはアムハラを一つの民族として扱う方向にとりあえずは決着したといえる。

　一方でこのパネル・ディスカッションだけではなく、EPRDFが進めていた民族連邦制の導入に対抗する形で、「アムハラ」についての議論が活発に行われた。議論の焦点は、アムハラとこれまでの支配者を同義とすべきなのかという点であり、多くの知識人の主張は、同義ではないというものであった（Lewis 1993; Takkele 1994; Chernetsov 1993; Hizkias 1996）。ヒズキアスは、アムハラに関する議論を以下の5つの論点に整理し、「アムハラ支配」という言葉は、不適切であり、誤解を招くものであるとしている（Hizkias 1996: 35-36）。

　第一に、アムハラ語を母語とし、エチオピア正教会の信徒である人びと自身が、同じ集団に属していると考えているわけではないという点である。アムハラの中でも、支配層は、ゴンダール・アムハラ、ショワ・アムハラ、ゴジャム・アムハラ、ウォッロ・アムハラといった地域ごとのサブ・グループの間で互いに競合し、さらに、他のアムハラのグループと対抗するために、オロモ、グラゲ、ティグライらと同盟を結ぶなどしてきた。第二に、「アムハラ支配」によって利益を享受したのは、おもにショワ・アムハラであったということである。第三に、「ショワ支配」であったとしても、その利益を享受できたのは、アムハラのなかでもごく少数の貴族階級と教育を受けたエリートに限られるということである。それ以外のショワ・アムハラは、他のアムハラや他民族と同様に貧困層であり搾取されてきた。第四に、ショワの支配者層の民族としてのアイデンティティについても疑義がある。ショワの指導者は、アムハラだけでなく、オロモやグラゲも多く含まれていた。ハイレセラシエ1世についても、祖母はグラゲであり、妻はオロモである。第五に、「アムハラ文化」といわれるものが、実際には他民族との交流によって影響を受けながら構築されてきたものであり、多民族文化とよぶべき性格

をもつものであるという点である。

　これらの議論は、表現は様々ではあるが、支配者とされる人びとが必ずしも民族としてのアムハラではないということが主張の中心となっている。チェルネツォフの議論（Chernetsov 1993）を紹介したパウゼヴァンは、「アムハラ」の二面性として、アムハラ化によって政治の中枢にいる都市部の政治エリートと、農村に居住しているアムハラ語を母語としている人びととの二種類で構成されていると指摘した（Pausewang 2005）。チェルネツォフの主張は、アムハラを二種類に分類している点では議論を単純化しているきらいはあるが、エリート以外のアムハラの存在にも注意を向けたという点では評価できる。多くの議論が、エリート以外の貧困に苦しむアムハラに対してどのように対応すべきなのかについては具体的に論じていない。当時の知識人の関心は、都市エリートの「アムハラ」に限定されており、現在のアムハラ・ナショナリズムの勃興については予測していなかったといえよう。

3. EPRDF 政権下におけるアムハラ：一つの民族集団として

3.1 アムハラ民族政党の誕生

　上述の 1991 年の「平和と和解に関する国民会議」が開催された時点では、民族としてのアムハラを代表する組織は存在していなかった（Takkele 1994: 183）。この当時、アムハラが中心となっている集団のうち、汎エチオピア主義を標榜していた EPDM が EPRDF 傘下のグループとして参加していた。1994 年になって EPDM は名称を ANDM に変更し、汎エチオピア主義からアムハラ民族主義の政党となった（Vaughan 2003: 188-189）。

　また、ANDM 結成前となる 1993 年には、全アムハラ民族組織（AAPO）が結成されている。この時期エチオピアの各地でアムハラに対する迫害が始まっており、アムハラを守るために結成されたという[13]（Takkele 1994: 183）。た

---

[13] AAPO は、2005 年の総選挙に向けて同年に設立された政党連合である統一エチオピア民主勢力（UEDF）に参加した。UEDF は EPRDF の対立野党による連合であり、反 TPLF を旗印に様々な反政府勢力を糾合したものである。2005 年の総選挙では 547 議席中 54 議席を獲得したが、その後選挙結果に抗議した野党側が政府によって抑圧・迫害されることになった（西 2007）。これ以降の総選挙は、EPRDF のほぼ一党独占の状態となり、反政府勢力への政治的弾圧は継続した。

だし、AAPOは設立時から政府による抑圧を受けてきた。AAPO創設時からの党首であったアスラット・ウォルデヤスは、1994年の逮捕から1998年に病気による特別措置で出所するまで拘留され、1999年に亡くなった（Barder 1999）。

AAPO結成の理由であるアムハラに対する迫害は、「アムハラによる支配」という言説がアムハラ以外の民族解放闘争によって浸透した結果といえる。前述のとおり、帝政期に南部征服の過程で北部から移動してきた比較的経済的に富裕な人びとやデルグ期の政治的エリート、そしてデルグ政権期に半ば強制的にアムハラ州から南部地域に移住させられてきた農民など、様々な政治的・経済的背景を持つアムハラとされる人びとが、アムハラ州以外に居住していた。彼らは、EPRDFが勢力を拡大するなかで、国家からの保護がなくなり、他民族からの敵意にさらされることになったのである。

EPRDFは、政権に就いたのちも民族連邦制を正当化するために、過去のアムハラによる支配を強調してきた。EPRDF高官やアムハラ以外の民族主義者は、アムハラを指す別称として、「（他民族に対する）差別主義者（Chauvinist）」、「抑圧者」、「復古主義者」、「ネフテンニャ」を使っていたという（Amanuel 2018）。

1995年より導入された民族連邦制によって、そのまま各連邦州に居住しているアムハラの境遇も大きく変化した。もともと首都などをのぞけば、アムハラ州以外にアムハラは少数しか居住していなかったが、デルグ政権期までは政府や学校などで主要な地位を占めることができた。しかし、連邦制導入後は各州の主要な民族が優遇されることになり、そこに居住するアムハラは不利な立場に置かれた。たとえば各州の公的な実務言語（official working language）は、これまでのアムハラ語から、その州の主要民族が使用する言語となった[14]（本書第3章）。そのため、アムハラ語しか話せないアムハラは、公的機関などからは結果的に排除された。

なお、1998年の段階で、連邦政府の役人43,752人のうち55%が「アムハラ」であったという。ここでの「アムハラ」の定義が、アムハラ民族なのか、アムハラ語を母語としているとものなのかは明示されていないが、いず

---

[14] 多民族で構成されており、多数を占める民族のいない南部諸民族州、ベニシャングル・グムズ州、ガンベラ州、そして首都アディスアベバ、ディレダワでは、公的実務言語はアムハラ語である。

れにせよ、これまでの「アムハラ」優位な状況が残存していた中央の連邦政府では、官僚として「アムハラ」が過半を占めていた（Vaughan and Tronvoll 2003: 94）。その一方で、連邦制度導入による地方分権化によって、州レベルの公務員については、新たに25万人程度の雇用が創出されたが、その雇用条件は、アディスアベバではなく連邦州に赴任し、州ごとに定められた公的な実務言語を使用して勤務することが必須となった。そのため、地方に赴任していた現地語を話せないアムハラの役人は離職を余儀なくされ、不満を募らせたという（Vaughan and Tronvoll 2003: 94）。

また、アムハラ州の貧困層が、隣接するベニシャングル・グムズ州やオロミア州に流入して、アムハラ以外の民族に農場での季節労働者や水汲みなどの日雇い労働のために雇われるといった、これまでとは異なる関係性が形成されているという報告も早い段階からなされている（Assefa 1999）。さらに土地不足の問題が深刻化しているアムハラ州から人びとが土地を求めて隣接する州に移住してくるために、土地をめぐる紛争も頻発した。

2007年の国勢調査では、アムハラのうち21%にあたる417万人がアムハラ州外に居住している（表1）。最大民族のオロモの場合は7%、178万人がオロミア州外に居住していることを考えると、アムハラは、他民族と比較してもアムハラ州以外の州に多く居住している（Office of the Population Census Commission n.d.; Central Statistical Agency 2011）。アムハラ州外でアムハラがもっとも多く居住している州はオロミア州であるが、もっともアムハラの割合が高いのは、都市であるアディスアベバ（47.0%）とハラリ（22.8%）を除くと、ベニシャングル・グムズ州（21.7%）である。

民族を基盤とした連邦制度による新しい国家建設にあたって、アムハラ以外の民族による政治勢力は、「アムハラ」を抑圧者として位置づけ糾弾することで、自分たちの選挙区における政治的支持を集めようとした（Bantanyehu and Ishiyama 2021: 1039）。このような政治手法は、アムハラ州以外に居住するアムハラに対する迫害を誘発する一因となったといえる。現在アムハラへの迫害が深刻なのは、ベニシャングル・グムズ州とオロミア州であることを考えると、アムハラが比較的多く居住している地域において民族間の摩擦が生じていることは明らかである。

このような民族対立が深刻化した原因の一つとして、民族連邦制の導入によって引かれた州境によって民族の地理的な境界を固定してしまったことも

表 1 連邦州別アムハラ人口（2007 年国勢調査）

州	全人口	アムハラ人口	アムハラの割合
ティグライ	4,316,988	70,561	1.6%
アファール	1,390,213	72,523	5.2%
アムハラ	17,221,976	15,752,992	91.5%
オロミア	26,993,933	1,943,578	7.2%
ソマリ	4,445,219	29,525	0.7%
ベニシャングル・グムズ	784,345	170,132	21.7%
南部諸民族州	14,929,548	411,756	2.8%
ガンベラ	307,096	25,862	8.4%
ハラリ	183,415	41,768	22.8%
アディスアベバ	2,739,551	1,288,895	47.0%
ディレダワ	341,834	68,962	20.2%
国全体	73,750,932	19,878,199	27.0%

（Office of the Population Census Commission. n.d をもとに筆者作成）

挙げられよう。上述のようなアムハラの人びとの、征服を意図しない土地を求めた移動は、以前から存在していた（Assefa 1999）。しかし、民族名を冠した連邦州の州境の存在によって、アムハラの人びとは領土に侵入してきた他民族として排除すべき存在となったのである。

3.2 連邦政府とアムハラ州との関係

このように、EPRDF 政権はアムハラに対して好意的であるとはいいがたかった。しかし、財政的な点からみると、必ずしも政府がアムハラ州に対して不当に低い国家予算を割り当ててきたわけではない（児玉 2024）。

児玉（2024）で検討しているように、連邦政府から各州への交付金は、ほぼ人口比に沿って各州に配分されている。毎年公表される国家予算に示されている各州への交付金の州ごとの割合は、データを入手できた 2008/09 年度から 2021/22 年まで、ほとんど変動していない。また、交付金額を各州の人口をもとに一人当たりの金額を州ごとに比較しても、特に突出して高い、もしくは低い州はなかった。たとえば 2021/22 年度の州別の交付金割合でみてみると、首都アディスアベバや比較的小規模の州については人口比よりも若干高い割合の交付金が支給されているものの、アムハラ州やオロミア州などへの交付金もほぼ人口比にそった交付金が支給されていた。したがって

公的には、必ずしもアムハラ州に不利益な扱いは行われていない。

　なお、国家予算の各州への交付については、連邦議院によって詳細に審議される。たとえば、2012年には、2012/13会計年度から2016/17会計年度までの連邦国家予算をどのように連邦州に分配するかを定めており、その方法は公開されている（The House of Federation of The Federal Democratic Republic of Ethiopia 2012）。少なくとも国家の財政面からは、特定の民族や連邦州に便宜を図っているとはいえず、むしろ適切に配慮している。

　また交付金だけでなく、非政府組織（NGO）の開発資金や国際援助など様々な形で、資金が各州に流入しており（宮脇・利根川2018）、それをめぐって政党と密接なつながりのあるNGOや政府系企業の存在についての指摘がなされている（Zakaariyaas 2010）。ザカーリヤースは、このような「政府系」NGOや政府系企業を列挙して、EPRDF政権による利権を告発している。おもにTPLF系のNGOが批判の俎上に挙げられるが、ザカーリヤースは、EPRDF傘下の各民族政党がそれぞれ「政府系」NGOや政府系企業と関係していることを糾弾しており、連邦制や特定の民族への批判というよりも、政権与党による利権の獲得を批判したものである（児玉2024）。

　EPRDF政権の中枢にいたTPLFが、軍部を含め多くの分野で利権を得てきたことも指摘されてきたのも事実である（Mohammed and Kidane 2023）。しかし、このような状況は反TPLF感情をもたらすものであるが、直接アムハラ・ナショナリズムにつながるものではない。

3.3　アムハラ州の若者とファンノ

　エチオピアの経済は、2000年に入ってからマクロ的には順調に推移してきた。2004年から2014年の間の実質GDPの平均成長率は10.6%を記録し、2004年から2019年までの15年間で、エチオピア一人当たりGDPで平均年間7%の成長率を記録するなど、「奇跡」と称されるほどの成長を達成した（Moller 2015; Schipani and Pilling 2022; 本書第2章）。

　また、2000年から始まった国連によるミレニアム開発目標や2015年からの持続可能な開発目標などによる国際援助もあいまって、教育環境が大幅に改善された。特に初等教育については学校の増設によってアクセスが劇的に向上し、1994年には19%だった純就学率が、2015年には85%に達している。ただし、質の面で大きな問題を抱えている。その端的な例が低い修了率

表2　州別都市部における若者（15〜29歳）の失業率（過去7日間、2020年1月）

州	失業人口（人）			失業率（%）			州都	州都における10歳以上の労働力人口における失業率（%）		
	合計	男性	女性	合計	男性	女性		合計	男性	女性
全国	1,249,878	421,269	828,609	25.7	18.8	31.7				
ティグライ	112,022	42,454	69,569	33.9	30.1	36.7	メケレ	22.4	16.0	28.3
アファール	15,359	5,103	10,255	30.0	20.7	38.7	セメラロギア	21.3	15.2	28.8
アムハラ	302,174	94,014	208,160	28.5	19.7	35.7	バハルダル	26.8	19.1	34.1
オロミア	361,940	106,008	255,932	25.2	15.7	33.7	アダマ	24.9	15.1	34.8
ソマリ	30,484	15,715	14,769	23.4	23.2	23.8	ジジガ	12.6	7.7	21.3
ベニシャングル・グムズ	10,586	3,423	7,163	19.8	13.5	25.4	アソサ	16.8	11.1	23.9
南部諸民族州	166,338	48,536	117,802	21.2	12.6	29.5	ハワッサ	20.3	15.0	26.9
ガンベラ	5,291	1,852	3,439	20.5	16.3	23.7	ガンベラ	16.8	12.2	22.1
ハラリ	5,108	2,313	2,794	23.1	18.7	28.7	ハラル	15.7	12.7	19.8
アディスアベバ	227,427	97,374	130,053	24.8	24.4	25.0	アディスアベバ	19.3	15.1	23.8
ディレダワ	13,149	4,477	8,672	29.7	21.9	36.5	ディレダワ	21.0	11.5	32.2

（Central Statistical Agency 2020をもとに筆者作成）

である。義務教育である8年生まで修了できた生徒は、2021/22年度で63.1%にとどまっている（Ministry of Education 2021/22, 37）。それでも、比較的高学歴といえる高校卒業（12年生修了）以上や職業訓練校卒業（10年生修了後、訓練校に就学・修了）などの資格を持つ若者は増加しつつある。

　しかし、このようなマクロ的な経済成長や就学機会の向上が、若者に効果的に恩恵をもたらしているかについては疑問がある。これはアムハラ州に限ったことではないが、都市部の若者の高い失業率は近年のエチオピアの課題である。**表2**は、エチオピア都市部における失業率を示したものである。アムハラ州の都市部は他の州の都市部と比べると比較的高い失業率となっているが、多くの都市部で概して若者の失業率が高いことがわかる。2020年1月のエチオピア都市部における若者（15〜29歳）の失業率[15]の調査では、エ

15　失業とは、調査日からさかのぼって過去7日間に経済活動を行っていない場合をさす。通常は求職活動を行っているものを失業者と見なすが、この調査では求職活動を行っていなくても失業していると見なしている。これは、発展途上国では自営業が多いうえ、労働市場に関する十分な情報を得られず求職活動自体が困難であることを考慮したためである。なお、ここで対象とする経済活動とは、農業も含めた自営業、民間企業社員、公務員、無償の家族労

チオピアの都市部平均 25.7% であり、アムハラ州都市部は 28.5% となっている（**表2**）。なお、10 歳以上の労働力人口における州都別の失業率（首都アディスアベバも含む）では、アムハラ州の州都バハルダルがもっとも高くなっている（Central Statistical Agency 2020）。

　このような経済的な苦境のもとで、その不満の矛先が政府に向かってもおかしくはない。かつて都市部のアムハラは、アムハラとしてのアイデンティティが希薄で、汎エチオピア主義を支持しているとされていた。しかし今の若者は、生まれたときから民族連邦制のもとで育ってきており、彼らにとって、歴史的経緯のために他民族から「アムハラ」であるというだけで敵意を持たれる状況は、受け入れがたいものがあるといえよう。このような状況下において、アムハラの若者は、「アムハラ・ナショナリズム」をベースに政治的な主張を行うことに抵抗はなくなってきているといわれる（Borago 2018; Bantanyehu and Ishiyama 2021: 1038）。アムハラの若者が抱える政府への不満が、民族ナショナリズムと結びついているのである。

　これらの若者の受け皿となったのが、ファンノという民兵組織である。アムハラでは、もともと農民が貢納の代わりに兵として奉仕するという伝統があり、組織化されたものではないが、領主からの招集があれば従軍したという（Levine 1972: 262–263）。このような民兵が、いつからファンノと呼ばれたのかについては不明だが、民兵は長らく国防の上で重要な役割を果たしてきた。この民兵の存在から、ファンノの起源を 16 世紀までさかのぼる論者もいる（Tilahun 2024: 328）。

　だがファンノとして明確に言及されるのは、1930 年代のイタリアによるエチオピア侵攻のときに祖国を守った戦士たちである。この場合のファンノは愛国者と見なされる存在である（Labzaé 2022: 246; Tilahun 2024: 328–329）。また、1960 年代の学生運動では、帝政に対抗するゲリラを指す言葉として、ファンノを使っていた（Bahru 2010 : 13）。

　アムハラの若者グループによる民兵が、ファンノの名で改めてエチオピアで広く知られるようになったのは、2016 年のウォルカイト（Welkait）問題に対するアムハラによる抗議運動である[16]。

働者、家事労働者などを含む（Central Statistical Agency 2020: 3-5）。
16　ファンノという名称は、他称ではなく、自らが名乗ったものであると考えられる（Ezega News 2020）。ファンノを名乗る民兵たちが、自らを「国の存亡の危機に立ち上がる愛国の戦

ウォルカイト問題とは、現在のティグライ州西部にあるウォルカイト郡[17]の帰属について、アムハラ側が本来ウォルカイトはアムハラであると異議を申し立てて、連邦政府と対立している状況を指す。この地域は、1935年の地図ではウォルカイトという一つの州であり、デルグ政権期にはアムハラが多く居住するゴンダール州に含まれていた（Perham 1969; Ministry of Education 1984）。しかし、1991年以降、ウォルカイト地域はティグライ州に編入されることとなった。2015年にゴンダールに設立されたウォルカイト・アムハラ・アイデンティティ問題委員会（Welkait Amhara Identity Question Committee）は、ウォルカイト地域の人びとはアムハラであり、アムハラ民族として差別されることなく尊重されるべきという主張を行ってきた。しかし、その希望は受け入れられず、2016年7月には主要メンバーが逮捕され、抗議デモに参加した人びとのうち37名が警察によって殺害された（Amnesty International 2016; John 2021）。

　このような政府の対応に対してアムハラ州全土で抗議運動が起きた。そのうちの一つが、同年7月に北ゴンダールで結成されたファノである（Tilahun 2024）。設立者のゴベ・メルキエは、インタビューで、アムハラの自由のためだけでなく、エチオピアを圧政から解放するために戦っており、現政権と戦う集団であれば共闘すると語っている。このように当初は、アムハラ・ナショナリズムを強調するものではなかった（Tesfa News 2016）。2016年に逮捕されたウォルカイト・アイデンティティ問題委員会メンバーが、次節で説明するアビィ政権による2018年の恩赦により釈放された後に、ファノの活動に合流したことを契機に、ファノはTPLF主導の政府に対する対決姿勢を強めた（Labzaé 2022: 246）。

　ただし、反政府勢力としてのファノは一つの系統だった組織ではなく、アムハラ州で活動する複数の武装勢力の総称となっている（borkena 2024b）。ラブザエ（Labzaé 2022: 246）は、ウォルカイト問題から生まれたファノとは別に、二つの系列のファノの存在を指摘している。

　ファノのなかでも数の上で重要な系列は、アムハラ州政府の指揮系統下にあったアムハラ特別部隊出身のグループである。政治犯として投獄されて

士」と重ね合わせていることを示唆している。
17　帰属を問われていた地域には、ウォルカイトだけでなく、ティグライ州のカフタ・フメラ郡、ツェゲデ郡も含まれる（Labzaé 2022: 246）。

いたアサムノウ・ツィゲが 2018 年に釈放され、アムハラ特別部隊の参謀長 (chief) となった。彼は、アムハラ・ナショナリズムを掲げて武器を取って自衛のために戦うことを呼び掛けており、若者からも支持を集めていた (BBC 2019)。数千人規模の兵士を採用し、特別部隊はファンノと呼ばれるようになった。ただし、この段階では、政府から給与をもらっているのだからもはやファンノではないという批判も多かったという (Labzaé 2022: 247)。

もう一つの系列は、後述する 2020 年以降のティグライ内戦でエチオピア国防軍 (ENDF) とアムハラ特別部隊[18]がティグライ州西部で軍隊を展開するにあたって、アムハラ州各地から集めた民兵たちである。彼らの多くは、エリトリアとの戦争 (1998〜2000 年) や 2006 年のエチオピアのソマリア侵攻などに従軍した帰還兵であり、町・行政村レベルでの治安維持のための民兵として活動していた (Labzaé 2022: 246)。内戦中にウォルカイト問題の対象となった地域を統合して暫定的にセティ・フメラ県を設立したのだが、そこに駐留することになったアムハラの兵士たちがファンノに転じたとされる (Labzaé 2022: 248)。

2016 年のウォルカイト問題に対して、アムハラ州では各地で抗議運動が相次いだが、それとほぼ同時期にオロミア州でも首都アディスアベバの拡大計画によってオロミア州の土地がアディスアベバに編入されることに対する大規模な抗議運動が起きていた。当時の首相だったハイレマリアム・デサレンは 2016 年 10 月に全土に非常事態宣言を出し、2018 年に引責辞任の形で首相を退き、その後継者として民族としてはオロモであるアビィが首相となった (児玉 2020)。

---

18 特別部隊とは、各州政府の傘下にある軍隊である。憲法によって治安維持のための州警察の設立が州政府には認められていたが、軍の保持は認められていない (第 52 条)。特別部隊は警察とは異なる準軍事組織であり、その起源はソマリ州でのオガデン民族解放戦線 (ONLF) に対抗するために 2008 年頃創設されたものである。その後各州に特別部隊が設立されていった (Hagmann 2020; Brook 2021; 原田 2022)。

4. EPRDF 政権末期から繁栄党政権期へ：混迷する民族関係

　2018 年 4 月に首相となったアビィは、就任してすぐにエチオピアの民主化に着手し、同年に政治犯を多数釈放した[19]。釈放された政治犯の中には、上述のウォルカイト・アイデンティティ問題委員会のメンバーや、アムハラ特別部隊の参謀長となったアサムノウも含まれていた。また、テロ組織として非合法化されていたグンボット・サバット（Ginbot 7）[20]、オロモ解放戦線（OLF）、オガデン民族解放戦線（ONLF）などに対する活動禁止を撤廃した。これによって亡命していた諸組織の指導者たちが続々とエチオピアに帰国し、合法的な政党として活動を開始した（児玉 2020; HRW 2019: 213; Addis Fortune 2018）。このようなアビィ首相の措置によって、当時エチオピアでは民主化への希望が高まったといわれている。

　この民主化の流れと合わせるように、2018 年 6 月には、アムハラ・ナショナリズムを標榜するアムハラ民族運動（NaMA）がアムハラ州州都バハルダルで設立された。NaMA のモットーは、「一人のアムハラはすべてのアムハラのために、すべてのアムハラは一人のアムハラのために（One for All Amhara, All Amhara for One）」である。NaMA は、アムハラの利益を守り、エチオピア各地で起きている民族紛争からアムハラを守ることを主張している（borkena 2018）。

　実際にこの時期、オロミア州やベニシャングル・グムズ州の各地で、現地の若者がアムハラの住民を攻撃して、追放する事件が起きていた。数千人規模のアムハラが避難民としてバハルダルまで逃れてきたという報告がある（reliefweb 2018; Tilahun 2024: 333）。このような事件が多発したために、NaMA

---

[19] アビィ首相は、2019 年にノーベル平和賞を受賞したが、その功績としては、国内における民主化改革だけでなく、アフリカの角地域の周辺諸国に対する紛争解決への貢献やエリトリアとの平和条約締結（2018 年）などが挙げられている（Nobel Peace Prize 2019）。
[20] グンボット・サバットは、2008 年に設立された反政府団体であり、武力による政権交代を目指していた。グンボット・サバットとは、2005 年 5 月 15 日（エチオピア暦でグンボット月 7 日を意味する）の総選挙後に政府の弾圧によって野党側の 200 名超の人びとが犠牲になったことにちなんだものである。エリトリアなどに本拠地を置き、エチオピア国内の反政府勢力を支援していたため、テロリスト団体として認定されていた（Daniel 2013）。なお、グンボット・サバットの創始者の一人であるブルハヌ・ネガは、2019 年にグンボット・サバットや他の野党とともに「社会正義を追求するエチオピア市民」党（EZEMA）を結成した。

や前述のファンノは、アムハラを他民族の攻撃から守ることを主張したのである。

4.1　クーデタとアムハラ・ナショナリズムの高まり

　「アムハラ・ナショナリズム」が高まっていることを顕著に示した事件が、2019年6月のアサムノウによるクーデタ未遂である。アムハラ州で州知事とその側近らが射殺され、同時に首都アディスアベバでは軍部トップらが殺害された。その首謀者であるアサムノウは、前述のとおり、2018年に恩赦によって釈放された政治犯の一人であり、釈放後アムハラ州特別部隊の参謀長に就任していた人物であった。彼は、反政府ゲリラや民兵を特別部隊に合流させるなどして勢力を増強していたが、このクーデタは迅速に鎮圧され、アサムノウら首謀者の射殺と、関与が疑われる185人の逮捕によって終結した（Elias and Meldrum 2019; Labzaé 2022: 247）。

　アサムノウは、クーデタ前に多数の若者を集めてファンノを自称する民兵を組織していた。アサムノウは、アムハラは武器をとって自衛のために戦うべきだと語っていたというが（BBC 2019）、この自衛の意味は、アムハラ州内というよりも、アムハラ州外に居住するアムハラを考慮したものといえよう。このクーデタの直前には、ベニシャングル・グムズ州とアムハラ州の州境において民族紛争が起きており、ベニシャングル・グムズ州に居住するアムハラが迫害されるとともに、その報復でアムハラ州から民兵が攻撃をしかけるといった報復の連鎖が続いていた（Kiruga 2019）。さらに、このクーデタと同時に、アムハラ州からの民兵が州境を超えてベニシャングル・グムズ州において人びとを攻撃したという報道もある（Elias and Meldrum 2019）。アムハラ州外におけるアムハラへの迫害は、アムハラ州内における「アムハラ・ナショナリズム」が高揚する要因ともなっているのである。

　アサムノウの死後、アムハラの都市部の若者にとって、アサムノウは、アムハラが自衛のために戦う必要があることを理解した先見の明のある英雄と見なされているという（Labzaé 2022: 247）

4.2　ティグライ内戦とアムハラ

　2018年にオロモであるアビィが首相となったのち、エチオピア政治は大きく変化した（児玉 2022）。2019年には、1988年に結成後31年続いた政党

連合の EPRDF は発展的解消のような形で繁栄党へと変わったが、それまで権力の中枢にいた TPLF は繁栄党には加わらなかった。その後 TPLF と繁栄党との対立は先鋭化し、2020 年にはティグライ州において武力衝突が起きた。戦局は拡大し、2021 年には TPLF 側の軍[21]がアムハラ州とアファール州に侵攻して、首都アディスアベバまで数十キロというところまで進んだ。その後 TPLF 側の軍はティグライ州まで撤退したものの、アムハラ州の一部も戦場となった。

　この戦闘には、エチオピアの正規軍である ENDF だけでなく、各州の特別部隊や民兵も参加していた。ティグライ州に隣接しているアムハラ州からは、アムハラ州特別部隊などのファンノも多く参加していた。特にティグライ州西部は、内戦の始まった 2020 年 11 月には民兵も含めたアムハラ軍によって早々に占領され、12 月半ばにはウォルカイト問題で対象となったウォルカイト、カフタ・フメラ、ツェゲデ郡を統合して暫定的にセティト・フメラ県が設立された（Labzaé 2022: 248）。内戦終結後も ENDF とアムハラ特別部隊の統治下に置かれているが、現在もアムハラとティグライの双方が領有権を主張している状態にあり、ウォルカイト問題は解決には至らず膠着状態にある（Harter 2023）。

　2020 年 11 月に始まった連邦政府と TPLF との内戦は、2022 年 11 月の休戦協定をもって終結した（African Union 2022）。この内戦では、主な戦場となったティグライ州のみならず、隣接するアムハラ州やアファール州も、TPLF 側の侵攻によって兵士だけでなく民間人も甚大な被害を受けたという（Aljazeera 2021; Amnesty International 2022）。

　なお、このような状況下で行われた 2021 年の総選挙では、他州同様アムハラ州でも繁栄党が圧勝した[22]。しかし、アムハラ州の選挙区で立候補者を擁立した NaMA が 470 議席中 5 議席獲得し、少ない議席であるものの、第 1 野党となった。NaMA は民族としてのアムハラを前面に出し、他州におけるアムハラの安全確保を訴えている。アビィ首相による総選挙後の組閣では、NaMA の党首がイノベーション・テクノロジー省の大臣になっており、

21　ここでは便宜上「TPLF 側の軍」としているが、実際には TPLF 以外のティグライの反政府勢力や民兵などが参加しており、自称はティグライ防衛軍（Tigray Defense Force）である。
22　内戦状態にあったティグライ州では投票は行われていない（National Election Board of Ethiopia 2024）。

繁栄党側もアムハラ・ナショナリズムの流れを無視できない状況になっていたことがわかる（Ethiopian Monitor 2021）。

　2022年11月に連邦政府とTPLFは休戦協定を結んだが、この協定では、連邦政府と共闘した州については言及されておらず、ティグライ州と、アムハラ州やアファール州との間で帰属が確定していない地域についても結論はだされなかった（Reuter 2022）。アムハラ州では、TPLF側との戦闘に参加し、犠牲があったのにもかかわらず、休戦協定の交渉への参加を認められなかったことに対して不満が募っていたという。ファンノの指導者の中には、このような政府の対応は、1991年の政権交代以降のアムハラの弱体化を図ろうという政治文化のせいだと批判した者もいたという（Tilahun 2024: 334）。

4.3　特別部隊解体への反発

　2023年4月、アビィ首相は、ティグライとの内戦の教訓から、各州の特別部隊を解体することを決定した。これに反対してアムハラ州では大規模な抗議運動が起きたが、この抗議は受け入れられず、特別部隊および民兵の武装解除が行われた。公的には数週間でアムハラ州における武装解除は終了したとされていたが、実際には、この決定に反発して、アムハラ州の特別部隊の30%が軍を離れ農村部へと姿を消し、ファンノと合流したという（Ashenafi 2023；原田 2024; Tilahun 2024: 329-330）。事態を重く見たエチオピア政府は、2023年8月4日にアムハラ州に対して非常事態宣言を出した。2024年7月に非常事態宣言は終了したが、各地でファンノとENDFの間の戦闘は続いている（Ethiopia Peace Observatory 2024）。

　ただし、和解の動きも生まれているという報道もある。政府とファンノとの交渉が難航している理由の一つに、ファンノ自体が組織的に統一されたものではなく、分散して個々に活動している寄せ集めの集団であることが挙げられる。しかし、これらの集団を統一した組織にしようという動きがある（Tilahun 2024: 335）。統一することによってより規律ある軍隊を作れるという側面もあるが、政府の交渉相手が絞られることで和解を目指しやすくなるという側面もある。2024年6月時点では、政府との和解を探っているグループがあるという報道もなされている（borkena 2024a）。

5. おわりに

多民族国家であるエチオピアは、連邦制導入後は、アムハラを他の民族に対する抑圧者として扱うことで、国の統一を維持してきた。しかし、そのような敵意に対して、アムハラが反発することを政府がどこまで予測できたかは不明である。いずれにせよ、人口数ではオロモに次いで全体の27%を占める民族であるアムハラの存在を敵視することは、得策ではなかったのは確かである。

また、アムハラ側は、周囲からの敵意に対して反発し、アムハラ・ナショナリズムと呼べるような意識が生まれることになった。しかし、アムハラの反政府勢力が、さらなる支持を得るために過剰に他の民族によるアムハラへの迫害を主張することもまた、共存への道を閉ざすことになる。

「アムハラ・ナショナリズム」は、これまでアムハラを取り巻いてきた状況が大きく異なってきたことから新たに生まれてきた。ほかの民族と新たな平和的関係を構築できるのかは、アムハラだけでなく、他の民族も、現在のアムハラについて正しい認識を持てるのかにかかっているのである。

参考文献

Aalen, Lovice, 2002, *Ethnic Federalism in a Dominant Party State: The Ethiopian Experience 1991–2000*, Bergen: Chr. Michelsen Institute.

Aaron Tesfaye, 2002, *Political Power and Ethnic Federalism: The Struggle for Democracy in Ethiopia*, Maryland: University Press of America.

Abraham Aklilu, 2005, "Ethnicity and Dilemmas of State Making: Ethnic Federalism and Institutional Reforms in Ethiopia," *International Journal of Ethiopian Studies,* 2(1/2): 77–119.

Addis Fortune, 2018, "Show of Force," September 15, (Retrieved May 1, 2024, https://addisfortune.net/articles/show-of-force/).

African Union, 2022, *Agreement for Lasting Peace Through a Permanent Cessation of Hostilities Between the Government of the Federal Democratic Republic of Ethiopia and the Tigray People's Liberation Front (TPLF)*, Pretoria: African Union.

Aljazeera, 2021, "Tigrayan Forces Announce Retreat to Ethiopia's Tigray Region," December 20,

(Retrieved May 1, 2024, https://www.aljazeera.com/news/2021/12/20/tplf-rebels-announce-retreat-to-ethiopias-tigray-region).

Amanuel Tesfaye, 2018, "Commentary: The Birth of Amhara Nationalism: Causes, Aspirations and Potential Impacts," *Addis Standard*, May 4, (Retrieved May 1, 2024, https://addisstandard.com/commentarythe-birth-of-amhara-nationalism-causes-aspirations-and-potential-impacts/).

Amnesty International, 2016, "Ethiopia: 25 Years of Human Rights Violations," (Retrieved May 1, 2024, https://www.amnesty.org/en/documents/afr25/4178/2016/en/).

―――, 2022, "Ethiopia: Summary Killings, Rape and Looting by Tigrayan Forces in Amhara," London: Amnesty International, (Retrieved August 23, 2024, https://www.amnesty.org/en/documents/afr25/5218/2022/en/).

Aregawi Berhe, 2009, *A Political History of the Tigray People's Liberation Front (1975–1991): Revolt, Ideology, and Mobilisation in Ethiopia*, Los Angels: Tsehai.

Ashenafi Endale, 2023, "Demilitarizing Regions: Averting Interwar or Disempowering States?" *The Reporter*, April 15, (Retrieved May 1, 2024, https://www.thereporterethiopia.com/33180/).

Assefa Fiseha, 2007, *Federalism and the Accommodation of Diversity in Ethiopia (Revised edition)*, Nijmegen: Wolf Legal Publishers.

Assefa Tolera, 1999, *Ethnic Integration and Conflict: The Case of Indigenous Oromo and Amhara Settlers in Aaroo Addis Alem, Kiramu Area, Northeastern Wallaga*, Addis Ababa: Addis Ababa University.

Bahru Zewde, 2002, *A History of Modern Ethiopia, 1855–1991(2nd edition)*, Addis Ababa: Addis Ababa Unvieristy Press.

―――, 2010, "Innocurous Days," Bahru Zewde ed., *Documenting the Ethiopian Student Movement: An Exercise in Oral History*, Addis Ababa: Forum for Social Studies, 1–18.

―――, 2014, *The Quest for Socialist Utopia: The Ethiopian Student Movement, c. 1960–1974*, Suffolk and New York: James Currey.

Bantanyehu Shiferaw Chanie and John Ishiyama, 2021, "Political Transition and the Rise of Amhara Nationalism in Ethiopia," *Journal of Asian and African Studies*, 56 (5): 1036–1050.

Barder, Brian, 1999, "Asrat Woldeyes," *The Guardian*, May 25, (Retrieved May 1, 2024, https://www.theguardian.com/news/1999/may/25/guardianobituaries.ethiopia).

BBC, 2019, "Ethiopia Amhara 'Coup Ringleader Killed'," June 25, (Retrieved May 1, 2024, https://www.bbc.com/news/world-africa-48743081).

Begna Fufa Dugassa, 2006, "Ethiopian Language Policy and Health Promotion in Oromia," *Journal of Sociology and Social Welfare*, 33(4): 69–86.

Borago Teshome, M., 2018, "What is the Point in Amhara Nationalism," *Ethiopia Insight*, December 18, (Retrieved May 1, 2024, https://www.ethiopia-insight.com/2018/12/10/what-is-the-point-in-amhara-nationalism/).

borkena, 2018, "National Movement of Amhara Party Officially Founded in Bahir Dar," June 10, (Retrieved May 1, 2024, https://borkena.com/2018/06/10/national-movement-of-amhara-party-in-bahir-dar/).

―, 2024a, "Ethiopia's State of Emergency Ends, Abiy Ahmed's Gov't Declines to Declared It," June 6, (Retrieved May 1, 2024, https://borkena.com/2024/06/06/ethiopias-state-of-emergency-ends-abiy-ahmeds-govt-declines-to-declared-it/).

―, 2024b, "Eskinder Nega's Remark about Possible Negotiation with Government," June 15, (Retrieved May 1, 2024, https://borkena.com/2024/06/15/eskinder-negas-remark-about-possible-negotiation-with-government/).

Brook Abdu, 2021, "Regional Special Forces: Threats or Safeties?" *The Reporter Ethiopia*, 2 January, (Retrieved May 1, 2024, https://www.thereporterethiopia.com/article/regional-special-forces-threats-or-safeties).

Central Statistical Agency, 2011, *Statistical Abstract 2011/2012(DVD)*, Addis Ababa: Central Statistical Agency.

―, 2020, *Key Findings on the 2020 Urban Employment Unemployment Survey (A Comparative Analysis with 2014–2016 and 2018 Survey Results)*, Addis Ababa: Central Statistical Agency.

Chernetsov, Sevir, 1993, "On the Origin of the Amhara," *St.Petersburg Journal of African Studies*, 1: 97–103.

Daniel Berhane, 2013, "Leaked Audio| Eritrea funds ESAT and Ginbot 7, " *Horn Affairs*, June 20, (Retrieved May 1, 2024, https://hornaffairs.com/2013/06/20/leaked-audio-eritrea-funds-esat-berhanu-nega/).

Donham, Donald L., 1999. *Marxist Modern: An Ethnographic History of the Ethiopian Revolution*, Berkeley: University of California Press.

―, 2002, "Old Abyssinia and the New Ethiopian Empire: Themes in Social History," Donald L. Donham and Wendy James, eds., *The Southern Marches of Imperial Ethiopia*, Oxford: James Currey, 3–48.

Dunning, Harrison C., 1970, "Land Reform in Ethiopia: A Case Study in Non-development," *UCLA Law Review*, 18: 271–307.

Elias Meserat and Andrew Meldrum, 2019, "Plotter of Failed Ethiopia Coup Killed, 182 Others

Arrested," *AP News*, June 25 (Retrieved May 1, 2024, https://apnews.com/article/ethiopia-ap-top-news-international-news-assassinations-addis-ababa-8fc610eaa0024f75a5e60ef5ff22d370).

Elias Meserat, 2019, "Ethiopia: 37 Killed in Another Region after Coup Attempt," *AP News*, June 26, (Retrieved May 1, 2024, https://apnews.com/general-news-36d94532c21045e3a050d67470d07a43).

Ethiopian Monitor, 2021, "Parliament Approves Abiy's New Cabinet," Ocober 6, (Retrieved May 1, 2024, https://ethiopianmonitor.com/2021/10/06/parliament-approves-abiys-new-cabinet/#:~:text=His%20new%20cabinet%20includes%2C%20%E2%80%93%20Deputy%20Prime%20Minister,Kamil%20%E2%80%93%20Minister%20of%20Agriculture%20%E2%80%93%20Omer%20Husen).

Ethiopia Peace Observatory, 2024, "Ethiopia Weekly Update (5 August 2024)," (Retrieved August 25, 2024, https://reliefweb.int/attachments/126fe44b-3181-481a-bd85-939d2849a22e/Ethiopia%20weekly%20update%20%285%20August%202024%29%20-%20Ethiopia%20Peace%20Observatory.pdf).

Ezega News, 2020, "Fano Will Not Lay Down Arms If Demands Are Not Met: Chairman," *Ezega News*, March 28, (Retrieved May 1, 2024, https://www.ezega.com/News/NewsDetails/7856/Fano-Will-Not-Lay-Down-Arms-If-Demands-Are-Not-Met-Chairman).

Getachew Anteneh and Ado Derib, 2006, "Language Policy in Ethiopia: History and Current Trends," *Ethiopian Journal of Education and Sciences*, 2 (1): 37–62.

Hagmann, Tobias, 2020, "Fast Politics, Slow Justice: Ethiopia's Somali Region Two Years after Abdi Iley," *Conflict Research Programme Briefing Paper*, London: LSE, (Retrieved May 1, 2024, https://www.lse.ac.uk/ideas/Assets/Documents/Conflict-ResearchProgramme/crp-memos/Hagmann-Two-years-after-Iley-final.pdf).

Harter, Fred, 2023, "Unresolved Status of Western Tigray Threatens Ethiopia's Peace Deal," *The New Humanitarian*, September 26, (Retrieved May 1, 2024, https://www.thenewhumanitarian.org/news-feature/2023/09/26/unresolved-status-western-tigray-ethiopia-peace-deal).

Hizkias Assefa, 1996, "Ethnic Conflict in the Horn of Africa: Myth and Reality," Kumar Rupesinghe and Valery A. Tishkov eds., *Ethnicity and Power in the Contemporary World*, Tokyo: United Nations University Press, 32–51.

Hoben, Allan, 1973, *Land Tenure among the Amhara of Ethiopia: The Dynamics of Cognatic Descent*, Chicago and London: The University of Chicago Press.

HRW(Human Rights Watch), 2019 *World Report 2019*, New York: Human Rights Watch, (Retrieved

May 1, 2024, https://www.hrw.org/sites/default/files/world_report_download/hrw_world_report_2019.pdf).

John, Sonja, 2021, "The Potential of Democratization in Ethiopia: The Welkait Question as a Litmus Test," *Journal of Asian and African Studies*, 56 (5): 1007–1023.

Katsakioris, Constantin, 2019, "Socialist Federalism as an Alternative to Nationalism: The Leninist Solution to the National Question in Africa and Its Diaspora," *Humanities,* 8(3).

Kiruga, Morris, 2019, "Ethiopia at a Crossroads as It Buries Its Dead," *Africa Report, June 27,* (Retrieved May 1, 2024, https://www.theafricareport.com/14628/ethiopia-at-a-crossroads-as-it-buries-its-dead/).

Labzaé, Mehdi, 2022, "The War in Tigray (2020–2021): Dictated Truths, Irredentism and Déjà-Vu," Jean-Nicollas Bach ed., *Routledge Handbook of the Horn of Africa*, Oxon: Routledge, 239–250.

Levine, Donald Nathan, 1972, *Wax & Gold: Tradition and Innovation in Ethiopian Culture*, Chicago: The University of Chicago Press.

Lewis, Herbert S., 1993, "Ethnicity in Ethiopia: The View from Below (and from the South, East, and West)," Crawford Young ed., *The Rising Tide of Cultural Pluralism: The Nation-State at Bay?*, Wisconsin: The University of Wisconsin Press, 158–177.

Marcus, Harold G., 2002, *A History of Ethiopia (Updated version)*, Berkeley: University of California Press, kindle.

―――, 1995, *The Politics of Empire: Ethiopia, Great Britain, and the United States, 1941–1974*, New Jersey: Red Sea Press.

Meheret Ayenew, 2002, "Decentralization in Ethiopia: Two Case Studies on Devolution of Power and Responsibilities to Local Government Authorities," Bahru Zewde, Siegfried Pausewang, Fantu Cheru, S. Brune and Eshetu Chole eds., *Ethiopia: the Challenge of Democracy from Below*, Uppsala & Addis Ababa: Nordiska Africainstitutet/Forum for Social Studies, 130–146.

Ministry of Education, 1984, *Atlas for Secondary Schools of Ethiopia*, Addis Ababa: Educational Materials Production and Distribution Agency.

―――, 2021/22, *Educational Statistics Annual Abstract (ESAA) 2014 E.C/2021/22, Federal Ministry of Education*, Addis Ababa: Education Management Information System (EMIS) and ICT Directorate.

Mohammed Yimam Endris and Mengisteab Kidane, 2023, "The Vicious Cycle of Power Rivalry And Fear of Losing Power Syndrome in Ethiopia," *Cogent Social Sciences*, 9(2), (Retrieved May 1, 2024, https://doi.org/10.1080/23311886.2023.2251290).

Moller, Lars Christian, 2015, "Ethiopia's Growth Miracle: What Will It Take to Sustain It?" *World Bank Blogs*, December 11, (Retrieved May 1, 2024, https://blogs.worldbank.org/africacan/ethiopias-growth-miracle-what-will-it-take-to-sustain-it).

National Election Board of Ethiopia, 2024, "Election Results," (Retrieved August 14, 2024, https://nebe.org.et/en/electionresultm).

Nobel Peace Prize, 2019, "The Nobel Peace Prize 2019," (Retrieved May 1, 2024, https://www.nobelpeaceprize.org/Announcements/The-Nobel-Peace-Prize-2019).

Office of the Population Census Commission, n.d., *The 2007 Population and Housing Census of Ethiopia: Statistical Tables for the 2007 [CD-ROM]*, Addis Ababa: Central Statistical Agency of Ethiopia.

Pankhurst, Alula, 1990, "Resettlement: Policy and Practice," Siegfried Pausewang, Fantu Cheru, S. Brüne and Eshetu Chole eds., *Ethiopia: Rural Development Options,* London and New Jersey: Zed Books, 121-134.

Pausewang, Siegfried, 1990, ""Meret Le Arrashu" Land Tenure and Access to Land: A Socio-historical Overview," Siegfried Pausewang, Fantu Cheru, S. Brüne and Eshetu Chole eds., *Ethiopia: Rural Development Options,* London and New Jersey: Zed Books, 38-48.

―――, 2005, "The Two-Faced Amhara Identity," *Scrinium*, 1(1): 273-286.

Perham, Margery, 1969, *The Government of Ethiopia*, London: Faber & Faber.

reliefweb, 2018, "Ethiopia: Government Must Protect Victims of Escalating Ethnic Attacks," June 8, (Retrieved May 1, 2024, https://reliefweb.int/report/ethiopia/ethiopia-government-must-protect-victims-escalating-ethnic-attacks).

Reuter, 2022, "Key Points in Ethiopia's Ceasefire Agreement," November 5, (Retrieved May 1, 2024, https://www.reuters.com/world/africa/key-points-ethiopias-ceasefire-agreement-2022-11-04/).

Schipani, Andres and David Pilling, 2022, "After the War Ends, Can Ethoipia's Economic 'Miaracle' Get Back on Track?" *Finanacial Times*, June 20, (Retrieved May 1, 2024, https://www.ft.com/content/a74b5486-d2fa-4cdd-98d0-20a7eaf4ede2).

Solomon Gashaw, 1993, "Nationalism and Ethnic Conflict in Ethiopia," Crawford Young ed., *The Rising Tide of Cultural Pluralism: The Nation-State at Bay?*, Wisconsin: Univ of Wisconsin Press, 138-157.

Takkele Taddese, 1994, "Do the Amhara Exist as a Distinct Ethnic Group?" Harold G Marcus ed. *New Trends in Ethiopian Studies: Papers of the 12th International Conference of Ethiopian Studies, Volume II: Social Sceinces,* Lawrenceville: Red Sea Press, 168-187.

Taye Assefa and Tegegne Gebre-Egziabhel eds., 2007, *Decentralization in Ethiopia*, Addis Ababa: Forum for Social Studies.

Tesfa News, 2016, "Ethiopia: Self Organized Rebel Group Says Armed Struggle Only Option," November 30, (Retrieved May 1, 2024, https://tesfanews.com/ethiopia-self-organized-rebel-start-armed-struggle/).

Tezera Tazebew, 2021, "Amhara Nationalism: The Empire Strikes Back," *African Affairs*, 120 (479): 297–313.

Tilahun Abere Chanie, 2024, "The Current Amhara Fano Resistance: Viewed from the Historical Military Tradition of the Amhara People," *East African Journal of Arts and Social Sciences*, 7 (1): 326–340.

The House of Federation of the Federal Democratic Republic of Ethiopia, 2012, *The Federal Budget Grant Distribution Formula: 2012/13-2016/17*, Addis Ababa: Branna Printing Enterprise.

Vaughan, Sarah, 2003, *Ethnicity and Power in Ethiopia*, PhD Dissertation, The University of Edinburgh.

Vaughan, Sarah and Kjetil Tronvoll, 2003, *The Culture of Power in Contemporary Ethiopian Political Life*, Stockholm: SIDA.

Walleligne Mekonnen, 1969, "On the Question of Nationalities in Ethiopia," *Struggle*, November 11, 1969, (Retrieved May 1, 2024, http://walilegnfordemocracia.com/onationalqu.pdf).

Yechale Degu, 2021, "The Transition of Amhara Nationalism from Pan-Ethiopia to Ethno Centric Orientations," *Global Journal of Political Science and Administration*, 9 (3): 27–41.

Yilkal Ayalew Workneh. 2024, "Reactions to Nation-Building: The Roots of Amhara Nationalism in Ethiopia and Its Implications," *Cogent Social Sciences*, 10 (1), (Retrieved August 25, 2024, https://doi.org/10.1080/23311886.2023.2286661).

Zakaariyaas, Mulataa, 2010, "Political Nongovernmental Organizations (NGOs) and Governmental Companies in Ethiopia: Political Roles of Local NGOs and Governmental Companies under the Ownership of TPLF/EPRDF Regime," (Retrieved May 1, 2024, http://www.oromoliberationfront.org/news/2010/Fake_NGO_of_the_TPLF_(gullaala_xummuraa)[1].pdf).

青柳まちこ , 1996,「「エスニック」とは」青柳まちこ編・監訳『「エスニック」とは何か：エスニシティ基本論文選』新泉社 , 7–22.

石川博樹 , 2009,『ソロモン朝エチオピア王国の興亡：オロモ進出後の王国史の検討』山川出版社 .

石原美奈子 , 2006,「「移動する人々」の安全保障：エチオピアの自発的再定住プログラムの事例」望月克哉編『人間の安全保障の射程：アフリカにおける課題』アジア経済研究所 , 194–249.

太田仁 , 1988,「レーニンにおける資本主義と民族問題」『岡山大学経済学会雑誌』19(3-4): 277–297.

児玉由佳, 2015,「エチオピアにおける土地政策の変遷からみる国家社会関係」武内進一編『アフリカ土地政策史』アジア経済研究所, 225–254.

―――, 2020,「エチオピア：混乱からの前進か、さらなる混乱か」『アフリカレポート』58: 29–40 (Retrieved May 1, 2024, https://doi.org/10.24765/africareport.58.0_29).

―――, 2022,「エチオピア内戦：収束への長い道のり」『国際問題』707: 49–56.

―――, 2024,「エチオピアの民族連邦制：憲法と実態の乖離の検討」佐藤章編『サハラ以南アフリカの憲法をめぐる政治』アジア経済研究所（オンライン出版，https://ir.ide.go.jp/records/2001165), 235–263.

西真如, 2007,「民族的自治か市民的共存か：2005年5月国政選挙の争点を振り返って」『JANESニュースレター』16: 48–51.

原田陽子, 2022,「2015年エチオピア総選挙：現政権圧勝後の展望」『アフリカレポート』60: 1–6 (Retrieved May 1, 2024, https://doi.org/10.24765/africareport.60.0_1).

―――, 2024,「アムハラの武装蜂起：汎エチオピア主義からアムハラ民族主義へ」『アフリカレポート』62: 33–38（Retrieved August 25, 2024, https://doi.org/10.24765/africareport.62.0_33）.

宮脇幸生・利根川佳子, 2018,「国家・市民社会・NGO：エチオピアからの視点」宮脇幸生編『国家支配と民衆の力：エチオピアにおける国家・NGO・草の根社会』大阪公立大学共同出版会, 10–36.

第7章　オロモ民族主義の過去・現在・未来
——民族連邦制の功罪

石原　美奈子

1. はじめに

　私は1990年以来、エチオピアのオロミア州各地——南部のネゲレ町（現在東ボラナ県）、南西部のジンマ県、西部のケッレム・ウォッレガ県、東部はバレ県・アルシ県——に点在するムスリム聖者廟を訪ねながら、その歴史を書き留める作業に従事してきた（Ishihara 1993; 石原 2009, 2021）。その過程で、オロモの人びとの民族意識の高まりと1992年に非合法化されたオロモ解放戦線（OLF）に対する複雑な思いに接してきた。

　OLFが非合法組織と指定され、メンバーの逮捕拘留が始まったのは、1992年6月のことである。同年11月、私はオロミア州ジンマ県ゴンマ郡アガロ町から12キロほど離れたところにあるボト町にいた。そこで当時最も羽振りがよく製粉所や生地店、雑貨店を営んでいたASの家に居候しながら、町の南西域にあるS村に出かけて世帯調査を実施していた。世帯調査をするなかで、数多くの世帯主あるいはその息子が逮捕拘留されていることを知った。聞くところによると、S村の近くに最近までOLFのキャンプがあったが、非合法化とともにキャンプは撤去され、メンバーは逃散したとのことであった。住民のなかにはOLFを支持する人がかなりおり、OLFの生活を支援していた住民は連行されたのである。ある日、私はボト町でオロモ語を教えてもらっていた小学校教師（ウォッレガ出身）の家で、親戚であるという10代後半くらいの体格のいい女の子を紹介された。彼女はOLFの戦闘員であるという。オロミア州ではOLFが非合法組織に指定された後、OLFの

リーダー格は国外に逃亡したが、普通のメンバーは知り合いなどに匿われながら、点々と居場所を変えて生きながらえていた。密告されたら逮捕されるという理由でインタビューは断られたが、その代わりに彼女は OLF の歌を歌い、それをオロモ語の正字法であるクベ（Qubee）で書き留めてくれた。当時、まだオロミア州の小学校ではクベを用いた教育が始まったばかりで、オロモ語を母語とする人びとの間でもクベでの読み書きは難しかった頃だったので、クベを使いこなす彼女を通して、OLF 内部での教育の一端を垣間見た気がした。

　現在オロモはエチオピア最大の人口を擁する民族となっており、「オロミア州（オロモが多数派を占めるとされる居住地域として EPRDF 政権が定めた州）」は国土面積の 4 分の 1 を占めるが、その人口規模と分布面積の大きさもあり、多様性に富んでいる。多様性は、生業・宗教のみならず政治的主張や立場にも現われている。16 世紀後半にエチオピア南東部から民族的な移動拡散を始めたとされるオロモは、北部高地に住むセム系アムハラやティグライを中心とするキリスト教王国に対する「アンチ・テーゼ」として位置づけられ（Levine 1974: 78）、エチオピア国家の歴史のなかで重要な構成要素となっている。ただ、「オロモ」という民族概念が、人びとの意識のレベルにおいても、名づけのレベルにおいてもクローズアップされるようになったのは 20 世紀に入ってからである。19 世紀末にメネリク 2 世の征服活動の結果としてエチオピア帝国が形成され、キリスト教徒アムハラが支配層を占める国家体制が成り立つと、オロモ語の使用やオロモ民族アイデンティティの価値が貶められた。そして戦後世界におけるナショナリズムの勃興とエチオピア国内外で教育を受けたオロモのエリートが社会主義の影響を受けて連携するなかで、オロモを被抑圧民族と位置づけその権利を要求するオロモ民族主義が発展する。帝政が崩壊し、諸民族の権利や主張が認められる希望がデルグ政権の圧政下で水泡と化すと、オロモ・エリートの多くが海外に拠点を移すようになる。そして、言論や集会の自由が保障された欧米でオロモ研究がさかんになり、「オロモ」の権利を求めて武装闘争を展開する政治組織の形成とあい

1　OLF は、ラテン文字を使用したオロモ語正字法を用いてオロモ語教本を作成し、戦闘員教育に活用した（Asafa 1998: 274）。
2　1970 年代以降、欧米におけるオロモ民族主義者の組織化が進められた。学生活動家の定期刊

まって「オロモ」意識はますます強化された。

　本章では、オロモ民族主義がどのような背景と要因によって生まれ、発展したのか、そして EPRDF 政権の民族連邦制のもとでオロモ民族主義がどのように多極分化しながら一部が過激化したのかについて整理する。その上で、1990 年代から各地のオロモ社会において調査研究を行ってきた筆者の経験を織り交ぜながら、オロモ民族主義の行方について考察してみたい。

2.「オロモ」とは

　「オロモ」という民族概念が重要になったのは、20 世紀に入ってからである。それまでは、せいぜい地域集団（ボラナ、カライユ、グジなど）あるいは、その下位集団（ゴサ（*gosa*）、コモ（*qomoo*）、セーニ（*seenni*）、すなわち人類学でいうところのクランに相当）が、政治的にも社会的にも重要であった。また今日では宗教的にも多様で、在来のワーカ神を信仰する集団もいるが、大半はキリスト教徒やムスリムとなっている。また、生業も様々であり、牧畜民もいれば農耕民もおり、商人や公務員・軍人となっている人びともいる。「オロモ語（*afaan* Oromo）」を母語とする者を「オロモ」と呼ぶとしても、「オロモ語」には方言があり、語彙面で地域差がある。現在ではエチオピア東部に住むイットゥやカライユはムスリム、南東部に住むアルシはムスリム、南部に住むボラナやグジはガダやワーカ信仰を保持しており、中央部のショワ地方のトゥラマは（主としてエチオピア正教会系）キリスト教徒、北東部（ティグライ州南部）のラヤ・アゼボはムスリム、西部のマチャはプロテスタント系のキリスト教徒が主であり、南西部のジンマ地方のマチャはムスリムとなっている。宗教・生業面で多様なこれらの集団は、系譜を遡れば祖先を一にする民族集団であったとするのがオロモ民族主義の立場をとる歴史家の見解である。オロモ民族主義の歴史家たちは「オロモ」の視点から歴史を記述する。16世紀後半、「オロモ」は、エチオピア南東部から四方に移動拡散を開始した。

行物として、ヨーロッパでは *Sagalee Oromo: the Journal of Oromo Students in Europe*、北米では *Waldhaansso: Journal of the Union of the Oromo in North America* が刊行された。そして1980 年代後半、オロモ・ディアスポラ研究者を中心としたオロモ学会 Oromo Studies Association が設立され、1993 年に学会誌 *Journal of Oromo Studies* が創刊された（Mekuria 2002: 195–197）。

それら「オロモ」諸分派は、移住先に住む土着の異民族を征服し、「オロモ化」し、移住先の生態環境に即した生業を取り入れ、移住先の土着民族から宗教信仰や社会形態についても影響を受け、結果的に地域・分派ごとに多様な社会形態や宗教信仰をもつようになった。

　オロモ民族主義の立場にたつ在米の歴史家アサファ・ジャラタは、異民族の「オロモ化（Oromoization）」が「名づけ（*mogasa*）」と「養育（*gudifacha*）」と呼ばれる慣習によってオロモのクラン（*qomo*）への「養取り」が行われたとし、「養子（*dhalata*）」は、養親のクランの系譜を辿るようになる、とする（Asafa 1993c: 16）。だが、私が調査を行ってきたジンマ地方において、現在「オロモ」であると自認するクラン（*seenni*）の（父系）系譜を辿ったところ、その多くが図1の系譜に合流しない上に、世代を遡ると非オロモ的な名前が挙げられるケースが多かった（石原 1996）。このことから、「オロモ」を自認しているすべての人びとの系譜を遡ればいずれかのオロモ分派に合流し、オロモは祖先を一にする集団であるとする見方がオロモ民族主義的歴史観であるが、そこで示されるオロモの単一性が恣意的であることは明らかである（図1参照）。

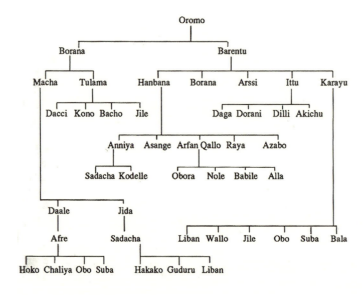

図1　オロモの系譜（Asafa 1993c: 17）

地域的にも分断され、宗教・階級・生業の面で多様な「オロモ」を一つの「民族」として政治的に糾合するためにはまずこの多様性をどのように捉え、どのレベルで共通性を認識するのかを見極める必要がある（Asafa 2007）。

　「オロモであること」、すなわち「オロモらしさ（*Oromummaa*）」についてはじめて考察を行ったのは、エチオピア在住のオロモの文化人類学者であるガマチュ・マガルサ（1996）である。ガマチュによると、「オロモらしさ」とは、オロモのパーソナリティーを構成する諸要素をさす。オロモは表面的には社会文化的に多様であるようにみえるが、「古来有する宗教的・哲学的思想体系の本質的な特徴を保持している」（Gemetchu 1996: 93）として、多様性の根底には共通性があると説く。こうした見方は、ガマチュが若いころ西ウォッレガ地方において調査助手を務めたことのある宣教師人類学者バーテルズ（Bartels 1983）の記述にも影響を与えている。『オロモの宗教（Oromo Religion）』を著したバーテルズは、オロモがキリスト教やイスラームに改宗した後も「神性を経験する伝統的な様式」は変わらず保持し続けていると述べている（Bartels 1983: 15）。

　ガマチュによると、オロモのアイデンティティは、その伝統・意識・社会経験によって形成される（Gemetchu 1996: 96）。オロモの伝統は、慣習（*aadaa*）、もしくは専門家（法に関する知識を有するハイユ（*hayyuu*）と、信仰体系や道徳的価値観の専門家ワイユ（*wayyuu*））によって語り継がれる口頭伝承を通して継承される。口頭伝承のなかで語られる言葉は歴史的状況のなかで意味を付与され、それにより伝統は歴史的性格をもつことになる。歴史的性格を有するため、被造物（*uumaa*）の慣習と創造主ワーカ（*waaqa*）神の意思であるアヤナ[3]（*ayyaana*）の間に葛藤が生まれる。この葛藤があるからこそサッフ（*saffu*）（社会的秩序と宇宙の秩序の諸要素の間の相互的関係）が必要になる。サッフ（倫理的規範）は慣習の根底にあってそれを正当化するものとされる。このオロモの伝統と弁証法的関係にあるのがオロモ意識である。オロモ意識は、社会文化的経験によって形作られる主観的な概念である。つまり、政府からの不当な扱いや弾圧、拷問など負の経験の積み重ねと身体に刻み込まれた記憶こそがオロモ意

3　アヤナについてバーテルズは次のように定義している。「あらゆる被創造物をしかるべき姿たらしめているワーカ神の創造行為であり、それによって被造物はこの世界であるべき位置を与えられ、他者との関係をあてがわれている。「ワーカの一部」であり「ワーカが具体化されたもの」である。人間の不可視の部分、その人格、幸運」（Bartels 1983: 371）。

識を創出するということになる。ただ、ガマチュはオロモ文化や意識が、単にこうした負の経験の産物であると理解すべきではないとも述べている (Gemetchu 1996: 101)。なぜなら、こうした共通の経験がなければオロモ文化やオロモ意識は存在しないという結論を導き出しかねないからである。だからこそガマチュは、オロモの歴史的継続性、本質的なアイデンティティと団結・統一性を説明するために、こうした社会的経験のみならず、オロモの（多様性のなかで見え隠れするとされる共通の）文化・伝統の存在に強調点を置くのである。

一方、アサファは、「オロモらしさ（Oromummaa）[4]」が、道徳的・倫理的規範（saffu）に基礎づけられた個人・集団の自由、正義、民主主義にあり、それはガダの諸原則に具現化されているとした（Asafa 2007: 2）。ガダは、現在でもエチオピア南部の牧畜民（ボラナ）社会で保持されている、年齢世代階梯制に基づいた政治・社会体系である（本書第8章・第9章参照; Asmarom 1973）。ガダは、ワーカ神信仰と不可分の関係にある。そのため、歴史的過程において隣接集団の影響を受けてキリスト教やイスラームを受容したオロモ諸社会ではワーカ神信仰とともにガダも放棄されている[5]（Knutsson 1967）。

その一つの例が、ジンマ地方のオロモ社会である。ジンマ地方に住む人びとはオロモ語を用いるという点では「オロモ」であるが、歴史のなかで自分たちを「オロモ」と認識し始めたのはデルグ崩壊以降のことである（Lewis 1996）。つまり、オロモ語を用いていても「オロモ」としての意識をもっていなかった代表的な例がこの地域のオロモ社会であった。ギベ川源流域に位置するジンマ地方（現在オロミア州南西部にあるジンマ県およびイルバボール県の東部）には、マチャ分派のオロモが移動し、土着の非オロモ諸民族を征服・オロモ化し、18〜19世紀に5つの王国（Gibe Shanan）を建てたとされる。非オロモの被征服諸民族の影響を受けたり、定着化によって階層化が進んだり

---

4 「オロモらしさ（Oromummaa）」に関するガマチュの記述は、哲学的考察に終始している（Gemechu 1996）。一方、アサファは、「Oromummaa」が「オロモの伝統と文化に埋め込まれた高次元の原則の上に構築すべきであり、同時に、すべての抑圧された諸民族に適用可能な普遍性をもたせなければならない」と述べている（Asafa 2007: 2）。このような議論は、オロモが現実には多様性に富んでいるために、抽象的・歴史的なレベルにしか共通性を見出すことができないことの現れである。

5 2016年、ガダはユネスコの無形文化遺産に指定され、オロミア州の学校教育のなかでガダを教科に含めることとなった。さらに近年、ガダとワーカ信仰（Waaqeffanna）を復活させる動きもみられる。

するなかでガダ（とワーカ信仰）は衰退し、その代わりにイスラームが取り入れられた（Guluma 1993）。19 世紀、紅海に通じる長距離交易の担い手であったムスリム商人たち（アムハラ語でナッガーディエ）を介してイスラームが伝わり、王族の支援を受けて民衆にも拡がった（Mohammed 1990; 石原編 2021）。この 5 つの王国は、周囲の非イスラームのオロモ首長国と対峙するなかで、自分たちを「ムスリム（*Naggaadoota*）」、非ムスリムのオロモ首長国を「オロモ（*Oromoota*）」と呼んで区別した（Cerulli 1922: 24-25）。ここで対置されているのは「ムスリム」と「オロモ」である。この 5 王国は、「オロモ」ではなくムスリムなのであると明確に認識されている（石原編 2021: 139）。20 世紀半ばにジンマ王国の歴史人類学的調査を行ったアメリカの人類学者ハーバート・ルイスも、ジンマでの調査時、現地の人びとが自分たちを「オロモ」と自称することはなく「ムスリム」と自認していたと述べている（Lewis 1965, 1996, 2001）。

　以上のように、「オロモ」という集団は、古の昔から存在していたというよりも、時代状況のなかで選択的に想起され、想像される共同体概念である。ガダやワーカ信仰が衰退し、イスラームやキリスト教を受容して多様な政治・社会・宗教的特色をもつようになっているオロモの人びとの間で、明確に他とは弁別可能な、共通の特色はほとんどなくなっている。その根幹にあるはずの、相互に意思疎通可能な「オロモ語」でさえ、方言差が大きく、また多民族が雑居する社会においては「オロモ」以外の集団（外国人でさえ）も「オロモ語」を話すことができる。となると、何をもって「オロモ」となすのであろうか。その曖昧さがあるからこそ、オロモは統一的な政治行動を取れなかった。また、流動的な異種混交社会のなかで、「オロモ」の純粋主義志向と排外主義（すなわちアパデュライ（Appadurai 2006=2010）のいうところの「不完全性の不安」）が生まれたのはそのためであろう。そして、そのオロモ純粋主義を培養する温床となっているのが、言論・結社の自由が保障される海外に拠点を移し、そこで新たな「オロモ」社会を形成する移民たち／ディアスポラであり、オロモ主義の歴史家たちなのである。いまや「オロモ」問題は、エチオピア国内の動向だけで説明・理解できるものではなく、常にエチオピアの政治動向を注視し批判的な声を投げかけるオロモ・ディアスポラの影響を視野に入れる必要がある。

3. オロモの弾圧とオロモ民族主義の発生・発展

オロモ民族主義の発展は、中央政府の対応と密接な関連がある[6]。オロモ民族は人口規模が国内最大であったため、常に中央政府から脅威ある存在と見なされた。したがって、帝政期を通じてキリスト教徒アムハラの支配体制のもとで、オロモ民族は「ガッラ」[7]と呼ばれて貶められ、二級市民として扱われた。公共の場でオロモ語を用いることは禁止され、オロモの文化は貶められ、社会的昇進を目指すオロモはキリスト教徒アムハラの名前に改名することを余儀なくされた。オロモの民族としての権利要求は、中央政府の政策と中央政府による弾圧のもとで強まった。それは以下のように整理することができる（表1）。

表1 19世紀末以降の中央政府の政策とオロモ民主主義のおこり・発展

	統治	中央政府の対応	オロモの政治姿勢
第1段階	メネリク2世	征服	オロモ諸政体の併合・征服
第2段階	ハイレセラシエ1世	中央集権化	オロモ文化の否定（アムハラ化）
第3段階	イタリア統治時代	ムスリム・オロモの権利回復	オロモ意識の覚醒（西部オロモ連盟）
第4段階	ハイレセラシエ1世	弾圧	オロモ主義の台頭（マチャ・トゥラマ自助協会）
第5段階	デルグ政権	弾圧と排除	オロモ主義の組織化（OLF）
第6段階	EPRDF政権	懐柔と排除	オロモ主義の分裂（OPDOとOLF）オロモ文化の復興
第7段階	繁栄党	交渉と弾圧	オロモ主義の合法化と武装組織の非合法化（OLFとOLA(Shene)）

---

[6] 本章では、オロモ民族主義の発展をおもに中央政府との関連において論じることにするが、隣国ソマリア、スーダン、エリトリアとのかかわり、ならびにアフリカをめぐる国際情勢もその発展の過程において大きな影響を与えたことは間違いない。ただ、本章では紙幅の都合上、限定的な言及に留めておく。

[7] 「ガッラ（Galla）」という名称は、社会的に「野蛮、未開」であるという後進性、宗教的には「ムスリムでも、キリスト教徒でもない」ペイガン（異教徒）であるということ、さらには「外部者、異人」であるという他者性の意味合いをもつ多義的な呼称である（Zitelmann 1996）。現在では蔑称であるとして忌避されている「ガッラ」という呼称は、エチオピア帝国形成過程において、キリスト教徒アムハラが征服者として自分たちの政治的社会的優位を正当化するために創出した「他者」概念であるとする見方が有力となっている（Hultin 1996）。

3.1 帝政期（19世紀末～1974年）

3.1.1 メネリク2世（在位1889～1913年）による軍事征服

19世紀末、（現在のエチオピア中央部）ショワ地方の王メネリクは、資源豊かな南部一帯を軍事的に征服した。南部一帯にはオロモをはじめ様々な民族がそれぞれの政体をなして居住していたが、銃で武装したメネリクの軍勢の侵攻に対して槍など伝統的な武器しかもたなかった南部諸民族は劣勢に立たされた。それでも頑強に抵抗し、屈服を拒んだ社会に対して、メネリクの軍隊は残虐な仕方で征服を強行した。たとえば、アルシ地方では、ラス・ダルゲ（メネリク2世の父方おじ、1827～1900年）がアルシの征服と平定を任され、1886年にそれを成し遂げた。その際、後世に記憶されるほどの虐殺行為が行われた。その一つが、12,000人ものオロモが殺害されたとされる「アズレ虐殺」であり、もう一つがアノレで数千もの人びとが犠牲になったとされる身体切断を伴う虐殺である（Abbas 2014: 155–158; 本書第9章参照）。

ショワ地方のオロモの多くはキリスト教徒アムハラの政治的・文化的優位のもとでその影響を受け入れた。ショワのオロモであったゴバナ・ダチ（1821～89年）は、メネリクに認められ、西部および南西部のオロモ社会の征服を任され、「ラス」の称号を授けられた。そのためオロモ民族主義者の間で、ラス・ゴバナは、オロモでありながらエチオピア帝国によるオロモ征服に力を貸したとして「裏切り者」扱いされている（Asafa 1993c: 53）。

キリスト教徒アムハラが政治的優位を占める帝国政府は、南部の征服地にあった王国や首長国から自治権を剥奪し、キリスト教徒アムハラ行政官を派遣し、各地に建設された町（*kätäma*）を拠点として地方を統治した。町にはアムハラ語の名前がつけられ、町を見下ろす丘の上には教会が建設された。南部の肥沃な土地は、北部出身のアムハラ行政官や植民兵（*näftäñña*）に封土（*gult*）として授けられ、農民たちは小作人（*gäbbar*）に転落した。そのなかで西部のレカ・ネケムテと南西部のジンマ王国だけが、莫大な税の支払いを条件に伝統的な政体の維持を認められた。

---

8 2014年、アノレに「アノレ・オロモ犠牲者記念像・文化センター」が建設された。そこには、右手に女性の乳房をのせた巨像が建てられており、元オロミア州知事ムクタル・カディルが設立記念式典に臨んだと明記された記念碑が建てられていた（2022年8月筆者訪問）。

9 ジンマ王国は、ギベ5王国の一つであり、ジンマのアッバ・ジファール2世のみがエチオピ

オロモ社会では、宗教儀礼（アバ・ムダへの巡礼）が禁止され、正教会系キリスト教への改宗が進められたが、それに反発してプロテスタント系キリスト教やイスラームに改宗する集団が多かった。オロモは「ガッラ」と呼ばれて貶められ、教会や役所、学校など公の場でオロモ語を用いることは禁止された（Mekuria 1997: 330）。そのため、政治的役職に就くためにはオロモであることを隠してキリスト教徒アムハラのようにふるまう必要があった（Mekuria 1996: 58）。

　この時代、海外に移住したオロモは、奴隷として売買された者が大半を占めた（Mekuria 2002）。なかには売買の末にスウェーデン人宣教師に見出されて解放され、スウェーデンで教育を受けた後に、プロテスタントの宣教師として帰国し、後のオロモ民族主義に大きな影響を与えたオネスィモス・ナスィブ（1931年没）のような人物もいた。オネスィモスは、アステル・ガンノ（解放されたオロモ女性の奴隷、1962年没）とともに、固有の文字をもたない言語であったオロモ語をエチオピア文字で記述する仕方を活用して、オロモ語訳の聖書はじめ数々のオロモ語による本を刊行し、西部オロモの数多くの子女をプロテスタント・キリスト教に改宗させた[10]（Mekuria 2002: 125-131）。オネスィモスらの活動は、キリスト教の宣教だけでなく、オロモ語を用いた教育にもおよび、ネケムテやネッジョはじめウォッレガ地方各地に学校や教会が建てられた。だが、20世紀初め、ウォッレガ地方はエチオピア帝国に編入され、エチオピア正教会が建てられ、アムハラ行政官が派遣されていた。アムハラ行政官はオロモ語で説教を行うプロテスタントの宣教師の活動を帝国への脅威と見なし、オネスィモスを告訴・逮捕するなどしてハラスメントを行った。

　メネリク2世の皇位後継者リジ・イヤス（在位1913～16年）の時代になると、帝国内の宗教信仰に対する規制が緩和されたので、オネスィモスはネケムテのオロモ領主クムサ・モロダの庇護を受けてオロモ語による宣教・教育

ア帝国への従属を受け入れ、その見返りとして自治権を認められた。その他の4王国は武力により抵抗したため、自治権を剥奪され、アムハラ行政官が派遣された（石原2007）。

10　讃美歌集 Galata Waaqayoo Gofta Maccaa は、1886年にエリトリアにあるミッションの印刷所で出版された後、改訂され、1894年に再出版され、さらに1917年にはオネスィモスによって増補されものが1917年に出版され、それは彼の死後1931年に再版が出された。新約聖書 Kaku Haaraa は1893年に出版された。アステル・ガンノとともにオロモ読本 Jalqaba Barsiisa が1894年に出版された。聖書 Macafa Qulqulluu は、1899年にスイスで印刷された（Mekuria 2002: 136）。

活動を再開した（Mekuria 2002: 149）。

だが、1930年に帝位についたハイレセラシエ1世は、アムハラ語の普及を通した国民教育を推進する政策に転じ、「部族語」を用いて宣教する外国人宣教師たちの活動を規制した（Mekuria 2002: 150）。

以上のように、公共の場におけるオロモ語の利用は、時には宗教的な理由（エチオピア正教会からの圧力）により、時には国民国家形成という大義名分のもとで、制限された。だが、19世紀末のオネスィモスらのオロモ語による宣教と教育の試みは、その後のオロモ民族主義の礎を築くことになった。

3.1.2 イタリア統治時代

イタリアは、エチオピア正教会とアムハラの支配からオロモを含めた被支配民族やムスリムを「解放」することを宣伝文句として1935年にエチオピアに侵攻した。イタリア人たちは奴隷を解放し、地主＝小作人制度（*näftäñña=gäbbar*）を廃止し、オロモ語によるラジオ局を設立した（Asafa 1993c: 154）。ジンマでは、最後の王アッバ・ジファール2世が死去した1934年以降、ジンマに与えられていた自治権はハイレセラシエ1世の統治下で剥奪されていたが、イタリア植民地政府は、アッバ・ジファールの孫アッバ・ジョビルを「スルターン」の位に据えて自治権を回復した（Sbacchi 1985）。

イタリア統治によりアムハラの頸木から解放されたオロモは、それを好機と捉えて、エチオピアからの分離独立も画策した。1936年5月、イタリアのエチオピア占領が確実なものとなると、ネケムテのオロモ領主（クムサ・モロダの息子）ハブテマリアム・クムサは、33人のオロモ中心の首長（非オロモの領主シャイフ・ホジャレも含まれる）が署名した文書を代表団にもたせてスーダンとの国境近くの町ガンベラに駐在するイギリス領事館に派遣した。文書は、ハブテマリアムを元首とする「西ガッラ連邦」を結成し、イギリスの委任統治領として認めてもらうよう、国際連盟への取り次ぎを求める内容となっていた（Gilkes 1975: 210-213）。この要請は結局かなえられなかったが、複数の地域の「オロモ」が合同して権利を要求した初の試みとして注目に値する（Ezekiel 2002）。

3.1.3 ハイレセラシエ1世のもとでの中央集権化（1941～74年）

1941年、イタリアの植民地政府が解体し、イギリス軍の支援を受けてハイレセラシエ1世が亡命先のイギリスから帰国を果たした後、各地のオロモ集団が中央集権化に反対して暴動を起こした。1943～48年、東部のハラルゲ地方のオロモが武装蜂起を起こし、北東部ではラヤ・アゼボとウォッロのオロモが1947年に武装蜂起を起こした（Asafa 1993c: 154）。

1960年代、アフリカで植民地支配を受けていた諸国が独立する動きが加速化するなかで、エチオピアでも19世紀末から20世紀初めに征服された諸民族の間で、帝国による支配を「植民地支配」と捉えて民族自決を求める運動が起きた。オロモにおいては、都市部を中心に自助協会が設立され、農村部では封建領主に抵抗する反乱が起きた。

1963～70年にかけて、エチオピア南東部バレ地方でオロモ農民とソマリ牧畜民が大規模な反乱を起こした。これは、ハイレセラシエ1世のもとで中央集権化が復活する過程でイタリア統治からの解放闘争において功績を認められたアムハラ軍人たちに賞与として土地が授与され、それにより多くのオロモ農民が土地を奪われたこと、さらに土地を保有し続けたオロモ農民に対する過重な税の取り立てがあったことに原因があった（Gebru 1991: 132）。エチオピアのオガデン地方のソマリが、1960年に独立したばかりの隣国ソマリアから支援を受けて組織された「西ソマリ解放戦線（WSLF）」による扇動と援助も反乱の拡大に影響を与えた。この反乱は、帝国軍によって鎮圧されたが、それによって「死者50万人、負傷者20万人以上が生じ、500万頭の家畜が奪われた」（Asafa 1993c: 160）とされる。[11]

一方、オロモのなかには、ハイレセラシエ1世に忠誠を誓い、イタリア統治下で解放闘争に身を投じ表彰されただけでなく、1960年に起きた皇帝に対するクーデタ未遂事件[12]にも加担するどころか弾圧側に回ったオロモ軍

---

[11] 正確な数値は不明とされる。ゲブル（1991）によると、政府の公的資料では「政府側の犠牲者は54人、反乱分子は871人、および500万エチオピア・ドルの損失」（Gebru 1991: 156）が生じたとされるが、これは過小評価に過ぎるとゲブルも認めている。だが一方で、アサファ（Asafa 1993c）が依拠しているゲメチュ・ベイナ（Gemechu 1992）の論文も犠牲者数を過大に評価している可能性がないとはいえない。

[12] イタリア統治時代に愛国主義運動「黒ライオン」に参加経験のある軍人メンギスツ・ヌワイ准将とアメリカに留学経験のある知識人ゲルマメ・ヌワイらが中心となって、ハイレセラシエ1世が南米に外遊中に起こした新政権設立の試みは、陸軍と空軍による弾圧によって失敗に終わった（Bahru 1991: 211-213）。

人（多くがショワ出身）も数多くいたことを忘れてはならない。例えば、西ショワ地方出身のジャガマ・ケッロ（1920～2017年）、ショワ出身のタッデセ・ビッル（1907～83年）、ワクジラ・セルダ、ダウィト・アブディなどがそうである（Mohammed 1998: 198）。

だが、政府が識字教育や学校教育の普及をはかるなかで、オロモ青少年への教育の普及を意図的に制限すると同時にアムハラ語一辺倒の教育が広まると、それまでハイレセラシエ 1 世に忠誠を誓っていた軍人たちの間で不満が沸き起こるようになった。福祉や教育部門における国家政策の空白を埋めるべく、各地の都市でオロモ住民による自助協会が設立された。なかでも 1963 年に設立された「マチャ・トゥラマ自助協会」は、オロモ民族主義の重要な礎石となっている。「マチャ・トゥラマ自助協会」は、オロモ社会の福祉・開発に対する中央政府の無関心を憂いたオロモの公務員（軍人・教員・行政機関）や商人たちが中心となって、診療所や学校などの公共施設や道路を建設する目的で設立された（Asafa 1993b: 273）。

1963 年 1 月、首都アディスアベバで、オロモ弁護士のハイレマリアム・ゲメダと退役軍人アレム・キッテーサらが、いくつかのオロモの自助協会（メタ・ロビ自助協会、ジバト・マチャ自助協会、トゥラマ・ショワ自助協会）を合体させて、「マチャ・トゥラマ自助協会」を設立した。同自助協会の本部は首都におかれたものの、全国各地に支部が展開し、宗教や職業の別なく大勢のメンバーが集まるようになり、全国的なオロモの自助組織に発展した。だが、組織が大きくなり、社会的にも地位のある人びとに支持されるようになると、当局の監視も厳しくなった。とくに耳目を集めたのが、タッデセ・ビッル将軍の参加であった。

タッデセ・ビッルは、敬虔なエチオピア正教会信徒の軍人で、周囲に自らがオロモであることを隠していた。だが、アクリル・ハブテウォルデ首相はじめとするアムハラの政府高官たちがオロモへの教育の普及に（オロモの社会進出を阻止するために）反対していることを知り、マチャ・トゥラマ自助協会に参加し、指導的な役割を果たすようになる。同協会は、オロモの自助組織ではあったが、被抑圧民族の社会福祉の整備も謳っていたので、オロモ以外の南部諸民族（ハラリ、アファール、ベニシャングル、ガモ、ギミラ[13]、イッサ、クッ

---

13 ギミラは、オモ系のベンチとシェコをさす。

ロ・コンタ、シダモ、ウォライタなど)の人びとの賛同も得るようになった。マチャ・トゥラマ自助協会は福祉や開発など非政治的な目的で活動していたが、それにもかかわらず政府から弾圧が強化されると、武装闘争という選択肢も視野に入れるようになった。マチャ・トゥラマ自助協会のメンバーのなかに、バレの反乱分子と連携をはかり、逮捕・処刑される者もいた。1966 年 10 月 15 日、アルシ地方のデーラ町で行われた会合が散会した後、帰途にあった参加者に対して警察が発砲し、死傷者が出た。会合に出席していたタッデセ・ビッルは、政府当局による同自助協会に対する取り締まり強化が首相アクリル・ハブテウォルデの謀略によるものであり、皇帝はこれに関知していないと思った。だが皇帝への陳情が無駄に終わると、タッデセは無謀にも皇帝暗殺計画を立てる。この情報が外部に漏れ出て、タッデセ・ビッルをはじめとする自助協会の幹部が一斉逮捕され、協会は解体された (Mohammed 1998)。

　こうした動きと並行して 1960 年代は、オロモ文化復興の動きもみられた。都市部中心にオロモ語でパフォーマンスを行う音楽バンドが出現するようになったのである。東部のハラルゲ地方で生まれたアルファン・カッロというグループは、アディスアベバでも上演を行うようになったが、当局から活動を規制され、メンバーの一部が逮捕された (Asafa 1993b: 274)。

　1967 年にマチャ・トゥラマ自助協会が解体させられると、首都アディスアベバ (オロモ語ではフィンフィンネ) では、オロモ研究を行う地下組織が生まれた。それが、「明けの明星オロモ (*Bakalcha Oromo*)」と「オロミア」である。これらは、それぞれ「運動 (*Warraqa*)」と「若者の灯 (*Gucha Dargago*)」と呼ばれる青年組織をもっていた (Asafa 1993b: 274)。1970 年前後には、オロモ語による学生新聞「これを知ってるか (*Kana Bekta*) ?」紙や英語冊子「オロモ：専制に抗する声 (*The Oromo: Voice against Tyranny*)」などが発行され、オロモの学生や知識人の間で読まれるようになった (Asafa 1993c: 162)。また、国外に拠点を移す者もいた。一部は、ソマリア経由で中東にわたりそこで軍事訓練を受け、一部はスーダンに移住した。

14　クッロはオモ系のダウロをさす。
15　マチャ・トゥラマ自助協会の書記をつとめていたマモ・メゼンムル大尉は、1964 年にバレで暴動を起こしていたオロモの指導者たちに書簡を送って連携行動をとろうとした廉で逮捕され、絞首刑に処された (Asafa 1993b: 157)。

1960年代、首都アディスアベバにあったハイレセラシエ1世大学では、オロモの学生は全体の10％を占めるに過ぎず、大半がアムハラかティグライであった（Balsvik 2005(1985): 279）。1970年以降、エチオピア西部のウォッレガ地方に「オロモ大学」が建設されるという噂が立ち、ウォッレガ州知事のカサ・ウォルデマリアム（ウォッレガ出身でハイレセラシエ1世大学初代学長（在任：1961～68年））によって書かれた企画書も出回っていたという。だがその後、彼はウォッレガ州知事（在任：1968～72年）を務めた後、農務大臣（在任：1973～74年）に就任することになり「オロモ大学」建設計画はたち消えとなった（Balsvik 2005(1985): 280-281; Pankhurst 2007: 351-352）。

　1970年代前半、西部のウォッレガ地方では、オロモ民族主義を唱え政治行動を起こそうとする地域的なオロモ青年団体（*Burqa Boji*、*Biqiltu Mandi*、*Lalisa Nejo* など）が結成され、多くの学生、教員、開発従事者が参加した（Asafa 1993b: 274）。だが、これらは地域的な活動にとどまった。

　1970年代に国内外のエチオピア人学生が階級闘争や民族について議論を展開し、組織化する動きを見せるなかで、地域・宗教・地位の違いを超えて統一的にオロモの権利を要求する組織としてオロモ解放戦線（OLF）が1974年に成立した。[16] OLFは1974年に最初のプログラムを発表した（これは、革命が進行するなかで1976年に修正された）（Asafa 1993a）。

　そこで目的として掲げられていたのは、言語・文化を貶められ、抑圧・搾取されたオロモを解放し、民族自決を実現するということであった（Asafa 1993b: 275）。なかには、オロミアとしてエチオピアから分離独立を目指すべきとする者もいれば、独立はせずに人口規模に見合った政治的役割と自治を要求すべきであると主張する者もいた（Lyons 2019: 32）。

3.2　デルグ政権期（1974～91年）

　1974年1月に南部のネゲレ町に駐屯する軍部隊（第4分団第24旅団）の下士官たちの暴動に始まった革命は、全国の軍や警察のみならず、タクシー運転手や教員など社会の様々なセクターに拡がり、権力をめぐる抗争の末に軍

16　1973年12月、アディスアベバで、マチャ・トゥラマ運動の地下組織が秘密会合を開いた。そこには、中東で軍事訓練を受けて帰国した者（フセイン・スラとエレモ・キルトゥ）もいた。その会合から、1974年1月にオロモ解放戦線（OLF）が生まれた（Mohammed 1998: 213）。

部と警察の合同委員会(デルグ)が同年9月に皇帝を廃位させ、政権を奪取した(Andargachew 1994)。

　全国で暴動やデモとその弾圧が繰り広げられるなか、1974年4月、OLFのエレモ・キルトゥ[17]率いるゲリラ戦闘員がエチオピア東部のハラルゲ地方のチェルチェル山地で最初の武装蜂起を起こしたが、鎮圧された。

　デルグ政権が1975年に実施した土地改革は、当初オロモに歓迎された。なぜなら、それによって帝政期にオロモ農民を搾取していたアムハラ封建地主が追放されたからである。だが、革命当初は民族主義よりも封建体制の打破に主眼が置かれたため、デルグ政権下でオロモ民族主義は後景に退いた。1978年には、デルグの執行部にいたオロモ軍人のタファリ・バンティ准将が殺害された。そして、社会主義を掲げる学生組織であった、全エチオピア社会主義運動(MEISON)とエチオピア人民革命党(EPRP)が対立を深め、後に双方とも弾圧される「赤色テロル」が起き、所属していた多くのオロモ・メンバーが殺害された。こうした動きのなかで、オロモ民族主義者たちは地方農村に潜伏し、一部の戦闘員は東方のハラルゲ地方に逃れ、西方に逃れたOLFはスーダンの首都ハルトゥームで事務所を開設した[18]。そこで、後に共闘することになるTPLFやエリトリア人民解放戦線(EPLF)と接触した。

　1979年、OLFの一部隊がはじめてEPLF解放下のエリトリア地域に訓練のために赴いた。1980年代半ば、OLFとTPLFは協力し合うようになったが、TPLFはOLFが非オロモ地域で活動しているとして非難し、OLFは

17　エレモ・キルトゥ(ムスリム名はハサン・イブラーヒーム、1936～74)は、イエメンのアラブ商人のもとで商いをならったオロモ商人であった。当初政治に無関心だったものの、1967年にアディスアベバに行った時、反政府活動に従事していると嫌疑をかけられて不当逮捕され、きつい拷問を受けた経験から、釈放後オロモ民族主義運動に身を投じることになった。1968年、ソマリアの首都モガディシュに向かい、そこでオロモ民族主義の活動家たちと出会い、イエメンのアデンに事務所を開設し、シリアやイラク、パレスチナ解放機構(PLO)、エリトリア解放戦線(ELF)から支援をとりつけた。さらにイラク政府の支援のもと、ゲリラ戦闘員として7ヶ月間の訓練を受けたオロモの部隊を結成し、1969年にハラルゲ地方に派遣した。だが、ソマリア国内を移動中に同国政府当局に拘束されたため、エレモはELFの助けを得てアファール砂漠からウォッロへ武器を密輸入し始めた。1973年アディスアベバでエレモは、他のオロモ民族主義者たちと合流し、翌1974年にハラルゲ地方のチェルチェル山地に移動し、武装活動を開始したが、同年8月当局に殺害された(Mohammed 2005)。

18　同じ頃、ハルトゥームに設立されたのがオロモ救済協会(ORA)である。この組織は、支援金の窓口となり、避難民救済、孤児の世話、医療・識字教育の提供などを行った。ORAは、オロモの子女にオロモ語正字法クベを用いた教育を提供し、これはEPRDF政権以降のオロモ語教育に大いに貢献した(Mekuria 2002: 200–201)。

TPLFの毛沢東主義に反対したので、共闘関係が深まることはなかった。OLFとTPLFの間の話し合いは1988年に決裂し、それ以降、両者の間には不信感が続いた（Lyons 2019: 33-37）。

　1970年代後半から80年代初めにかけて、OLFはエチオピア南東部を統制下に置き、1981年にはスーダンを拠点にして西方のアソサ（現在ベニシャングル・グムズ州州都）やデンビドロ（現在オロミア州のケレム・ウォッレガ県庁所在地）に影響範囲を広げるようになる。1982～83年、OLFはウォッレガから東方のイルバボールまで活動範囲を広げ、住民の支持も得て、2,000から3,000人の勢力に発展したとされる。1984～85年、政府が深刻な飢饉に見舞われたエチオピア北東部のウォッロ地方からアムハラ農民をエチオピア西部のオロモ居住地に土地を供与して再定住させる計画を実施すると、オロモの間で不満が高まり、OLFへの支持者が増えた（Gebru 1991: 211; Lyons 2019: 34）。

　一方、ソマリアでは1969年に軍事クーデタにより政権を獲得したシアド・バレ将軍が1977年に大ソマリア主義を掲げてエチオピアとの戦争に踏み切った。ソマリアには1970年代から80年代に最大規模のオロモ難民が流出し、ソマリア政府は彼らを「オロモ」ではなく「ソマリ」として受け入れ、難民キャンプ内でオロモ語の使用を禁止した。ソマリア政府は、その「ソマリ」難民に訓練を施し、西ソマリ解放戦線（WSLF）とソマリ・アッボ解放戦線（SALF）を結成し、エチオピア南東部の領土「返還」を主張した。だが、WSLFは、アワシュ川までの領土をソマリ民族のものと主張したため、おもに（バレ反乱参加経験のある）オロモ戦士（ワーコ・グートゥ含む）を中心に編成されたSALFと領土問題で対立した。WSLFがソマリ民族の土地と主張した地域に、オロモの領域が含まれていたからである。一方、OLFはSALFをソマリア政府の手先であると見なしたため、同調することはなかった（Gebru 1991: 210-211）。

　OLFとの関係がこじれたTPLFは、政権奪取を見据えて全国政党としてEPRDFを設立するにあたり最大民族オロモの存在を重視し、1990年に元デルグ軍兵士のオロモ捕虜をオロモ人民民主機構（OPDO）に組織し、EPRDFの一部とした。ただ、OPDOはEPRDFが創設したオロモの組織であるため、当初はOLFのようにオロモ民衆から支持を得られなかった。

　1991年4月、TPLFの部隊とTPLFが創設したOPDOの部隊が北から

ウォッレガに侵攻すると、OLF は西のデンビドロから東方に部隊を進め、EPRDF が同年 5 月末に首都アディスアベバを陥落させた頃、西ウォッレガのネッジョを掌握した。デルグ政権が崩壊し、デルグの軍隊が離散すると、OLF は帰郷した元オロモ兵士を再雇用することで増強をはかった。

3.3　EPRDF 政権期（1991 〜 2018 年）

　当初 EPRDF は、全国の民族政党に対して包括的アプローチをとり、OLF も首都陥落直後に打ち立てられた暫定政府に参加した。そして、EPRDF 主導のもと、暫定憲章の作成が行われた。だが、当初より OLF は EPRDF の傘下にあった OPDO と対立関係にあり、オロモ民族を代表するのは自分たちであると主張し続けた。1991 年後半以降、OLF と EPRDF の関係は悪化の一途をたどり、1992 年の選挙を目前にして、ついに EPRDF は OLF を非合法組織に認定するにいたる。その経過を NDI（National Democratic Institute for International Affairs の略。米国に本部を置く民主化促進のために活動する NGO）と AAI（African-American Institution の略。アフリカと米国の関係促進を目的とする教育機関）が行った報告を通してみていくことにする（NDI 1992）。

　1991 年 5 月 28 日、デルグ政権を倒した EPRDF は、国内の法秩序を建て直すために 7 月に暫定政府設立のための議会（以下、暫定議会）を開催した。そこには、OLF やアファール解放戦線（ALF）、ソマリの組織などは参加したが、EPRDF が指導的役割を演じることに強く反対していた組織（エチオピア人民革命党（EPRP）や全エチオピア社会主義運動とエチオピア民主勢力同盟（COEDF））は排除された（NDI 1992: 14）。暫定議会では国民憲章が作成され、27 政党の代表がそれを承認した。その憲章に従って暫定政府が樹立され、87 議席からなる暫定議会が創設された。20 ヵ条から構成された憲章のうち、第 2 条で、エチオピアの全民族（nationalities）の自決権と連邦国家の枠組のなかで民族アイデンティティと自治権が保障されることが規定され、第 13 条で、地方議会を設立するための法律を設け、地方議会の議員を選出する選挙が暫定政府樹立後 3 ヶ月以内に実施されるべきことが定められた。暫定議会の 87 議席のなかで、EPRDF が最大となる 32 議席を確保し、OLF もそれに次ぐ 12 議席が与えられた（NDI 1992: 14–15）。

　だが、この政治移行は、社会や経済全般にわたる移行と同時並行で行われ

たので、困難を極めた。とくに、デルグ政権が崩壊してから民族単位での組織化が進められ軍事部門の武装化を伴ったため、民族間の紛争が各地で起きていた。OLF はこの移行期に元デルグ軍のオロモ兵士を吸収して戦闘部門を 3 倍に増強した (NDI 1992: 15)。

1992 年 1 月 14 日に暫定議会で発布された「第 7 布告 (民族／地方自治政府の樹立)」に基づき、エチオピアは 12 の州と 2 つの特別行政都市に分けられた。また、郡が基本的な自治単位と規定され、郡の住民は郡議会議員を選出することになった。ところが、郡の境界線の位置をめぐって各地で係争が起きた。また、OLF 内部では、エリトリアのようにエチオピアから分離独立しオロミアを建国したいとする声も強く、これは EPRDF の国家構想と衝突し始めた (NDI 1992: 20-22)。

1992 年 1 月に制定された「第 8 布告」において、EPRDF 軍部隊が「暫定政権期の国防軍」として認定されるとともに、(地方政府が設立されるまでの暫定措置として) 暫定政府の統制のもとに地方警察部隊が配備された。だが、オロモ居住地域において、OLF の部隊と EPRDF が派遣した部隊との間で紛争が絶えなかった (NDI 1992: 15)。

さらに、1992 年 2 月に発布された「第 11 布告 (選挙管理委員会の権限と義務、選挙人と被選挙人の資格要件、選挙人登録プロセス、被選挙人認定手続きや選挙戦の形態に関する規定を定めた)」に基づき、行政村、郡、県のレベルで選挙管理委員会の設置が全国で進んだ。だが、6 月 21 日の選挙日に間に合わせることを優先事項としたため、様々なレベルで選挙管理委員会が機能不全に陥った。このことが、OLF の選挙ボイコットを促した主な要因となった (NDI 1992: 22)。

地方選挙に備えて、暫定議会は 1992 年 4 月に「キャンプ収容に関する合意」を発布した。これは、国内各地で紛争の主因となっていた戦闘部隊をキャンプ施設に収容するというものであった。この合意に基づき、OLF は 8 ヶ所の大キャンプと 16 ヵ所の小キャンプに部隊を収容するように求められたが、OLF 支持地域ではこの施策は否定的に受けとめられた。キャンプへの収容のプロセスは、EPRDF と OLF、そして仲介役としての EPLF の代表からなる三者委員会の監視のもとで実施された (NDI 1992: 15-16)。

1992 年 1 月に暫定政府のもとで発布された「第 9 布告」に基づき、全国各地の一部 (約 3 万) の行政村において試行選挙が行われることになったが、紛争が全国各地で収まらなかったため、それは 4 月までずれこんだ。4 月に

戦闘部隊の「キャンプ収容」が実現すると、試行選挙は実施された。だがこの試行選挙で、EPRDFが反対勢力を排除しようとする姿勢が明らかになった（NDI 1992: 24-26）。
　1992年6月21日の本選挙に向けて、選挙人登録が1992年5月23日に始まった。だが、辺境地域では登録作業に必要な物資の到着が遅れ、結局選挙日の前日まで登録手続きが行われることになった。その際においても、個人の政治的指向や帰属する民族を理由に登録できないなどのトラブルが生じた。また候補者の指名も遅延した上に、どのような手続きで候補者が選定・指名されたのかが明らかにされなかった。結果として、反対勢力は候補者を立てることができず、候補者の大半がEPRDFの支持者となった。1992年6月には、登録された政党の数は100以上となったが、その多くが政治的主張を共有するというよりも、民族を同じくする集団であった。EPRDFに反対する組織が選挙活動を行うと、当局から「抗議行動」にあたるとして逮捕やハラスメントを受けた（NDI 1992: 27-30）。
　こうして自由で公正な選挙の実施が期待できないと判断したOLFなど、EPRDFに反対する諸組織は、4日後に選挙をひかえた1992年6月17日、選挙ボイコットの決断を下した。アディスアベバの外交団は、暫定政府に対して選挙を2週間延期することを提案したが、雨期が迫っているという理由で、その提案は退けられ、6月21日の選挙が敢行された。結果として、選挙はEPRDFとその支持政党の圧勝に終わった（NDI 1992: 31, 34）。

　1992年6月の選挙ボイコット後、OLFは暫定政府から離脱し、各地に点在していたOLFキャンプは閉鎖され、2万人近いOLFのメンバーやOLF支持者と見なされた一般市民が逮捕・投獄された。[19]OLFの上層部は隣国（スーダン・ソマリア）に逃亡し、一般のメンバーは、オロモの支持者に匿われながら、転々と居場所を変えて生きながらえた。
　EPRDF指導下での「民主主義」の瓦解は、政治参加の領域だけでなく、表現・結社の領域にまでおよんだ。表現と結社の自由は、デルグ政権下で厳しく規制されていた。だが、同政権崩壊直後、表現の自由が保障されたとし

---

[19] そのうちの一つが、冒頭で紹介した、筆者の調査地S村に隣接して設けられたキャンプであった。

て、アムハラ語・オロモ語・英語など様々な言語による新聞や雑誌が出版されるようになった。オロモ語の正字法を用いた出版物（*Gadaa*、*Urjii*、*Biftu*、*Madda Walaabuu*、*Odaa* など）も数多く刊行された（Mohammed 2002: 31）。だが、1992年10月に「出版の自由に関する法」が制定されると、政府は出版の自由を保障するとしながらも、国家の安全を脅かす、もしくは個人や団体の名誉を毀損したり、根拠なく非難を行ったりしたという理由で出版社を処罰の対象とすることができるようになった。その結果、1997年までにオロモ語による雑誌の多くが廃刊となり、数多くの報道記者が逮捕・拘留された（Amnesty International 1998）。

1998年にエチオピア・エリトリア国境紛争が始まると、OLFはエチオピアの敵国エリトリアに拠点を移した。2000年に、OLFは、EPRDF政権に反対する他のオロモ組織（これまで対立していたイスラーム・オロミア解放戦線（IFLO）や、オロモ人民解放戦線（OPLF）、オロミア解放議会（OLC）、統一オロモ人民解放戦線（UOPLF）、オロモ人民解放機構（OPLO））と同盟を結び、統一オロモ解放軍（UOLF）を結成した。[20]

2006年、エチオピア軍によるソマリア侵攻に抗議してエリトリア国境警備にあたっていたオロモ軍人、カマル・ガルチュ准将がオロモ人兵士150人（500人とも言われる）を引き連れてエリトリア側に亡命した（Plaut 2006）。これは、政府軍内部にも、非合法組織と認定したOLFに通じる者があったことを示しており、EPRDF政権にとっては打撃であった。だが、カマル・ガルチュは、アルシ地方出身が大半を占めるダウド・イブサ率いるOLFのグループと融合することはなく、2008年、エチオピア国内にいるOLFに武装解除を呼びかけた。OLF内部に亀裂をもたらすこの呼びかけは、OLFの統率力の低下を示すものであった。

2009年7月に連邦政府が制定した「反テロリズム法」に基づき、EPRDF政権は、2011年、OLFを含む5組織を「テロ組織」に認定した。[21] 2012年にメレス首相が急死すると、TPLFは南部諸民族州の南部エチオピア人民民主運動（SEPDM）の党首であったウォライタ民族のハイレマリアム・デサレ

20　UOLFの党首はワコ・グトゥが、議長にはOLFの党首ダウド・イブサとIFLOのアブドゥルカリム・イブラヒム・ハミド（戦士名シェイク・ジャラ・アバガダ）が就いた（UN Office for the Coordination of Humanitarian Affairs 2000 2000）。

21　そのほかに国内組織としては、オガデン民族解放戦線（ONLF）、グンボット・サバット、国外組織としてはアルカイダ、アッシャバブがテロ組織に認定された。

ンを首相に据えた。この時点で、もはやOLFは、オロモ民族主義の声を代表して反体制行動を起こすほどの力はもっていなかった。

　この局面において登場したのが、アルシ出身で合衆国在住のジャワル・ムハンマドである。アメリカの大学で学んだジャワルは、2010年以降のアラブ諸国の変動（「アラブの春」）においてフェイスブックなどSNSが民衆動員に用いられたのにならい、2014年「オロモ・メディア・ネットワーク（OMN）」を設立し、「オロモ第一主義」を掲げて体制批判を行うとともに若者（qeero）の抗議行動を扇動した。アディスアベバ市の都市拡張計画（マスタープラン）をめぐって、同市を取り囲むオロミア州の住民の利益が保障されていないとして、2014年以降、数度にわたり抗議行動が行われた。また、2016年10月のイレーチャ祭では、祭りに集まったオロモ群衆が抗議行動を起こし、それを鎮圧しようとした政府軍と衝突して数百人の犠牲者が出るなどの事件も起きた（本書第9章参照）。

　このような動きが高じた結果、EPRDF政権はオロモの元軍人でOPDOの党首となったアビィ・アフマドを首相に選んだのである。

4. 民族連邦制が生み出した光と影

　EPRDF政権は、最大民族オロモに対して「飴と鞭」で臨んだ。
　1995年選挙の結果、EPRDF党首メレス・ゼナウィが実権のある首相の座に就き、象徴的な存在となった大統領にはオロモの歴史学者ネガソ・ギダダ（1995〜2001）が任命された。その後、歴代大統領はオロモが務めるのが慣例となった[22]。また、オロモの言語・文化の復興が許容され、2016年には「ガダ」が世界無形文化遺産に登録された（UNESCO 2016；本書第8章参照）。このようにオロモの民族としての権利を認める一方で、EPRDF政権に同調しないオロモ民族主義の運動や組織は弾圧されたのである（本書第9章参照）。

---

[22] ネガソ・ギダダは、西ウォッレガのデンビドロ出身のオロモ、ギルマ・ウォルデギオルギス大統領（2001〜2013）はアディスアベバ出身のオロモ、ムラトゥ・テショメ大統領（2013〜2018）は東ウォッレガのアルジョ出身のオロモである。

4.1　民族の言語・文化の復興

4.1.1　オロモ語の公用語化

　オロモ語は固有の文字を持たない言語であった。そのため、これまでエチオピア文字やアラビア文字などを用いて表記する試みはなされたが、帝政期にそれすら禁止された。EPRDF 政権下で民族の自決権が認められると、オロミア州はオロモ語を州の実務言語に定めた。そして、ラテン文字表記によるオロモ語の正字法（クベ）が定められた。オロモ民族主義者は、闘争の過程ですでにクベを用いた教育を解放区で導入していたため、導入にあたりそれほど混乱はなかったようである。小学校では、クベ正字法による教育が 8 年生まで行われるようになり、行政機関の文書もクベを用いることが義務づけられた。国営テレビ放送も、それまでのアムハラ語と英語に加えて、ティグライ語やオロモ語などでも行われるようになり、オロモ語の雑誌や書物の出版も増えた（本書第 3 章参照）。

4.1.2　オロモ文化の復興

　湖畔や山上で行われる神霊への感謝祭にあたるオロモの伝統行事であるイレーチャ祭は、帝政・デルグ政権期において低迷していた。それが、EPRDF 政権下で「復活」したのである。

　デルグ政権下の 1990 年 10 月、私はアディスアベバ大学に新設された大学院人類学専攻の院生たちとともに、（現在のオロミア州東ショワ県）ズックワーラ山に赴いた。ズックワーラ山の頂上には聖ゲブレメンフェス・クッドゥス教会があり、その横にはカルデラ湖があり、年に一度の巡礼が行われた。昼間に山上の教会でタボット（聖櫃）を囲んでキリスト教の祭礼が行われ、それで儀礼はおしまいかと思っていたが、人びとは一向に立ち去る気配がない。夕方になると、カルデラ湖を挟んだ対岸の森の方に人びとが移動し始めたので、わけもわからずついていくと、森のなかで焚き火を囲む輪がいくつかできあがっていた。人びとは太鼓に合わせて手拍子をとったり、踊ったり歌ったりしていた。なかには精霊に憑依される者もおり、憑依をはじめて見た私は衝撃を受けた。人びとの歌に耳を傾けても、当時、アムハラ語もオロモ語もあまり聞き取れなかった私にはよくわからなかったが、唯一聞き取れてやはり衝撃を受けたのが、「*Allah Akbar*（アッラー、偉大なり）」という言葉で

あった。キリスト教の祭礼であったはずなのに、イスラームの神アッラーと叫ぶのはどういうことだろうと不思議に思ったのを今でも覚えている。そのまま夜が明けると、人びとは湖の方に移動し草を水のなかに投げ入れているようであった。今、思い返せば、これはオロモの「イレーチャ祭」であったのだ。当時、まだデルグ政権下であったので、キリスト教の祭礼に隠れて、闇のなかで行われていたのではないだろうか。

　現在国内最大のイレーチャ祭は、アディスアベバの南東約50キロにあるビショフトゥ（アムハラ名はデブレゼイト）市にあるホラ・アルサディ湖で行われるイレーチャ祭である（Serawit 2019）。雨期が明けたばかりの9月末もしくは10月初めに行われるイレーチャ祭は、EPRDF政権当初は地域の住民が集まる程度の小さな祭りに過ぎなかったが、年々規模が大きくなり[23]、いまやオロミア州知事も出席し全国のオロモが参集する一大政治イベントとなっている。

　このイレーチャ祭はオロモの神ワーカに感謝を表明する祭りである。水辺で家畜を屠殺し、草を供えるほか、聖樹のもとで精霊アヤナ（ワーカの一部）に憑依される儀礼が行われる。精霊を統御する霊媒師が中心になるこの儀礼は、イレーチャ祭に欠かせない一部となっている。エチオピアにおいて精霊信仰および精霊憑依の現象は民族を問わず全国的にみられ、制度宗教（イスラームやキリスト教）との間に微妙な葛藤が起きており、公の場で行われるイレーチャ祭における精霊憑依の儀礼についても禁止する措置がとられることがある（Serawit 2019: 70）。こうした霊媒師の活動を規制する動きは、2009年に起きた霊媒師詐欺事件以来、報告が相次いでいる。それを受けて、オロモの霊媒師（アヤントゥ）たちは霊媒師をオロモ文化の一部と位置づけ、アッバ・ガダ事務所公認のもと、霊媒師団体が結成された。この団体は、オロモの霊媒師の権利保護と儀礼活動支援などの活動を行っている（垣見 2017: 49）。

---

[23]　2019年、アビィ政権下ではじめてアディスアベバでイレーチャ祭が開催された（Al Jazeera 2019）。

4.2 排外主義と過激派の誕生

4.2.1 排外主義

　オロミア州の人口は大半が「オロモ」を自称しているとはいえ、その他の民族も、とくに都市部において数多く住んでいる。EPRDF 政権が民族連邦制を導入した当初、オロモではない住民に対する排斥運動やハラスメントが絶えなかった。私が 1992~95 年まで調査の拠点としていたジンマ県ゴンマ郡アガロ市には、商売を得手とする民族で知られるグラゲが多数居住していたが、92 年以降、オロモの隣人から嫌がらせを受けて多くが転出を余儀なくされた。こうした嫌がらせは、死傷者を生み出さない限り、報道されることはないが、現実には数多く起きている。

　オロミア州を「オロモ」が居住する州と定めた場合、「オロモ」でない「少数民族」がオロミア州に居住する権利、土地を保有する権利をどのように実質的に保障するのかについては重要な課題となるであろう。

4.2.2　過激派の誕生

　2018 年 4 月にアビィ政権になり、政治犯が釈放され OLF に対する非合法認定も解除された。そして、同年 9 月、スーダン方面から OLF が（武器をもって）帰還を果たした。アビィ政権下で、これら武装した OLF（オロモ解放軍（OLA））[24]が、オロミア州各地でアムハラ市民・農民に対する虐殺を含めた暴力行為を行っていることはたびたび報道されており、それにオロミア州の民兵や州特別部隊もかかわっているともされて深刻な問題となっている。OLF への支持が、デルグ政権期から根強かったウォッレガ地域においては、デルグ政権の再定住政策などで移住してきたアムハラ住民に対する反感は根強い。そうした地域では、OLA のメンバーでなくても、職や土地財産をもたないオロモの若者が民兵や州特別部隊に参加することでそれを隠れ蓑にしてアムハラ住民の生存権を奪う、あるいは恐怖によってオロミア州からの避難を促す行動に出ているとされ、大きな問題となっている。

　一方、オロミア州において、OLA が雪だるま式に若者を動員しながら影

24　OLA は、指導部が 5 人から構成されることから「シェネ（オロモ語で 5 を意味する）」とも呼ばれる。

響範囲を広げているとする報道もある。最新式の銃器をもつOLAの武器供給源については、オロミア州の州特別部隊や民兵との関連を指摘する見方もあり、そうなると州特別部隊や民兵の合法性の問題も出てくる。また、それら軍事組織に加担する若者の動機も様々であり、今後、個別の事例を積み上げた更なる調査研究が必要となるであろう。

5. おわりに

　EPRDF政権下の民族連邦制のもとで、オロモはオロモ語を用いて教育を受け、オロモの伝統的な祭りを祝うことができるようになるなど、民族としての権利を享受できるようになった。その意味で、オロミア州に住むオロモの人びとは、民族連邦制の恩恵を被っているといえるだろう。すなわち「民族」の問題（言語・政治経済的権利・文化）は、EPRDF政権下で民族連邦制が導入され、「オロミア州」が成立し「オロモ語」による教育が実現したことで解決されたかのようにみえた。加えて2018年には、オロモのアビィが首相をつとめる政権が成立し、OLFは合法化され、オロモが求めていた「自由」「解放（bilisumma）」は実現できているのではないか、という見方もできる。だが、OLFの幹部メンバーがアビィ政権に組み込まれるなかで、それに反発した（若者中心の）急進派OLAが連邦政府と対立している。

　一方、オロミア州にはオロモではない人びとも大勢住んでいる。また、他の民族州に住むオロモの「少数派」もいる。民族連邦制は、民族と土地を結び付けることで、「少数派」問題を生みだした。民族連邦制が続く限り、民族州内の「少数派」の権利をどのように保障するかは、重要な問題となってくるだろう。

　現在エチオピアの人口は、EPRDF政権下で生まれ育った若者が中心になってきており、オロミア州で育った人びとにとって「オロモ」であることがますます自明のものとなり、重要性を増している。つまりオロミア州において、非「オロモ」がますます住みにくくなっているのである。異なる民族に対する非寛容を醸成したこと、自民族中心主義を推奨したこと、これこそEPRDF政権下で施行された民族連邦制という制度が残した禍根ではないだろうか。

参考文献

Abbas H. Gnamo, 2014, *Conquest and Resistance in the Ethiopian Empire, 1880–1974, The Case of Arsi Oromo*, Leiden & Boston: Brill.

Al Jazeera, 2019, "In Pictures: Ethiopia's Oromos celebrate Irreecha festival," (Retrieved March 7, 2023, https://www.aljazeera.com/gallery/2019/10/6/in-pictures-ethiopias-oromos-celebrate-irreecha-festival).

Amnesty International, 1998, "Journalists in Prison - Press Freedom under Attack," (Retrieved March 8, 2023, https://www.refworld.org/pdfid/3ae6a99ac.pdf).

Andargachew Tiruneh, 1994, *The Ethiopian Revolution 1974–1987, A Transformation from an Aristocratic to a Totalitarian Autocracy*, Cambridge: Cambridge University Press.

Appadurai, Arjun, 2006, *Fear of Small Numbers: An Essay on the Geography of Anger*, Durham : Duke University Press.（藤倉達郎訳, 2010,『グローバリゼーションと暴力：マイノリティーの恐怖』世界思想社.）

Asafa Jalata, 1993a, "Ethiopia and Ethnic Politics: The Case of Oromo Nationalism," *Dialectical Anthropology*, 18(3/4): 381–402.

―――, 1993b, "Sociocultural Origins of the Oromo National Movement in Ethiopia," *Journal of Political & Military Sociology*, 21(2): 267–286.

―――, 1993c, *Oromia & Ethiopia: State Formation and Ethnonational Conflict, 1868–1992*, Boulder & London: Lynne Rienner Publishers.

―――, 1998, "The Struggle for Knowledge: The Case of Emergent Oromo Studies," Asafa Jalata ed., *Oromo Nationalism and the Ethiopian Discourse: The Search for Freedom and Democracy*, Lawrenceville and Asmara: The Red Sea Press, 253–277.

―――, 2007, "The Concept of Oromummaa and Identity Formation in Contemporary Oromo Society," Sociology Publications and Other Works, (Retrieved February 11, 2023, https://trace.tenneessee.edu/utk_socopubs/10).

Asmarom Legesse, 1973, *Gada, Three Approaches to the Study of African Society*, New York: The Free Press.

Bahru Zewde, 1991, *A History of Modern Ethiopia, 1855–1991*, Addis Ababa: Addis Ababa University Press.

Balsvik, Randi Rønning, 2005(1985), *Haile Sellassie's Students: The Intellectual and Social Background to Revolution, 1952–1974*, Addis Ababa: Addis Ababa University Press.

Bartels, Lambert, 1983, *Oromo Religion: Myths and Rites of the Western Oromo of Ethiopia, An Attempt to Understand*, Berlin: Dietrich Reimer Verlag.

Cerulli, Enrico, 1922, *Folk Literature of the Galla of Southern Abyssinia*, Cambridge: The Peabody Museum of Harvard University.

Ezekiel Gebissa, 2002, "The Italian Invasion, the Ethiopian Empire, and Oromo Nationalism: The Significance of the Western Oromo Confederation of 1936," *Northeast African Studies* 9(3): 75–96.

Gebru Tareke, 1991, *Ethiopia: Power and Protest*, Cambridge: Cambridge University Press.

Gemechu Beyena, 1992, "The Bale Oromo Uprising of the 1960s," paper presented at 1992 Oromo Studies Conference, University of Minnesota.

Gemetchu Megarsa, 1996, "Oromumma: Tradition, Consciousness and Identity," P. T. W. Baxter, Jan Hultin and Alessandro Triulzi eds., *Being and Becoming Oromo: Historical and Anthropological Enquiries*, Lawrenceville & Asmara: The Red Sea Press, 92–102.

Gilkes, Patrick, 1975, *The Dying Lion: Feudalism and Modernization in Ethiopia*, London: Julian Friedmann Publishers.

Guluma Gemeda, 1993, "The Islamization of the Gibe Region, Southwestern Ethiopia from c. 1830s to the Early Twentieth Century," *Journal of Ethiopian Studies*, 26(2): 63–79.

Hultin, Jan, 1996, "Perceiving Oromo: 'Galla' in the Great Narrative of Ethiopia," P. T. W. Baxter, Jan Hultin and Alessandro Triulzi eds., *Being and Becoming Oromo: Historical and Anthropological Enquiries*, Lawrenceville & Asmara: The Red Sea Press, 81–91.

Ishihara, Minako, 1993, "A Note on Religious Activities of Some Sheikhs in Negelle, Borana Region of Southern Ethiopia," *Nilo-Ethiopian Studies*, 1: 75–81.

Knutsson, Karl E., 1967, *Authority and Change: A Study of the Kallu Institution among the Macha Galla of Ethiopia*, Göteborg: Elanders Boktryckeri Aktiebolag.

Levine, Donald N., 1974, Greater Ethiopia: The Evolution of a Multiethnic Society, Chicago: The University of Chicago Press.

Lewis, Herbert, 1965, *A Galla Monarchy: Jimma Abba Jifar, Ethiopia, 1830–1932*, Madison: University of Wisconsin Press.

―――, 1996, "The Development of Oromo Political Consciousness from 1958 to 1994," P.T.W. Baxter, Jan Hultin and Alessandro Triulzi eds., *Being and Becoming Oromo: Historical and Anthropological Enquiries*, Lawrenceville & Asmara: The Red Sea Press, 37–47.

―――, 2001, *An Oromo Monarchy: Jimma Abba Jifar, Ethiopia, 1830–1932*, Lawrenceville &Asmara: The Red Sea Press.

Lyons, Terrence, 2019, *The Puzzle of Ethiopian Politics*, Boulder & London: Lynne Rienner Publishers.

Mekuria Bulcha, 1996, "The Survival and Reconstruction of Oromo National Identity," P.T.W. Baxter, Jan Hultin and Alessandro Triulzi eds., *Being and Becoming Oromo: Historical and Anthropological Enquiries*, Lawrenceville & Asmara: The Red Sea Press, 48–66.

―――, 1997, "The Politics of Linguistic Homogenization in Ethiopia and the Conflict over the Status of Afaan Oromoo," *African Affairs*, 96: 325–352.

―――, 2002, *The Making of the Oromo Diaspora, a Historical Sociology of Forced Migration*, Minneapolis: Kirk House Publishers.

Mohammed Hassen, 1990, *The Oromo of Ethiopia: A History 1570–1860*, Cambridge: Cambridge University Press.

―――, 1998, "The Macha-Tulama Association 1963–1967 and the Development of Oromo Nationalism," Asafa Jalata ed., *Oromo Nationalism and the Ethiopian Discourse: The Search for Freedom & Democracy*, Lawrenceville: The Red Sea Press, 183–221.

―――, 2002, "Conquest, Tyranny, and Ethnocide against the Oromo: A Historical Assessment of Human Rights Conditions in Ethiopia, ca. 1880s–2002," *Northeast African Studies*, 9(3): 15–49.

―――, 2005, "Elemo Qilituu," *Encyclopaedia Aethiopica Vol, 2*, Wiesbaden: Harrassowitz Verlag, 252–253.

NDI(National Democratic Institute for International Affairs), 1992, *An Evaluation of the June 21, 1992 Elections in Ethiopia*, African-American Institute.

Pankhurst, Richard, 2007, "Kaśa Wäldä Maryam" in *Encyclopedia Aethiopica*, vol.3, 351–352.

Plaut, Martin, 2006, "Ethiopia's Oromo Liberation Front," *Review of African Political Economy*, 33(109): 587–593.

Sbacchi, Alberto, 1985, *Ethiopia under Mussolini*, London: Zed Books.

Serawit Bekele Debele, 2019, *Locating Politics in Ethiopia's Irreecha Ritual*, Leiden: Brill.

UN Office for the Coordination of Humanitarian Affairs 2000, 2000, "Ethiopia: Oromo Armed Groups Oppose Conflict with Eritrea," (Retrieved March 8, 2023, https://reliefweb.int/report/eritrea/ethiopia-oromo-armed-groups-oppose-conflict-eritrea).

UNESCO, 2016, "Gada system, an indigenous democratic socio-political system of the Oromo," (Retrieved March 10, 2023, https://ich.unesco.org/en/RL/gada-system-an-indigenous-democratic-socio-political-system-of-the-oromo-01164).

Zitelmann, Thomas, 1996, "Re-Examining the Galla/ Oromo Relationship: The Stranger as a Structural Topic," P.T.W. Baxter, Jan Hultin and Alessandro Triulzi eds., *Being and Becoming Oromo:*

Historical and Anthropological Enquiries, Lawrenceville & Asmara: The Red Sea Press, 103–113.

石原美奈子 , 1996,「オロモのクランの歴史研究の可能性について」『アフリカ研究』49: 27-52.
――――, 2007,「エチオピア帝国への包摂と地方の形成：旧ギベ 5 王国の事例を通して」福井勝義編『抵抗と紛争の史的アプローチ：エチオピア国民国家の形成過程における集団の生存戦略』京都大学大学院人間・環境学研究科福井勝義研究室 , 72-96.
――――, 2009,「近代エチオピア国家形成と異教「共存」：皇帝・霊媒師・踊る精霊たち」宮沢千尋編『社会変動と宗教の〈再選択〉：ポスト・コロニアル期の人類学的研究』風響社 , 137-175.
石原美奈子編 , 2021,『愛と共生のイスラーム：現代エチオピアのスーフィズムと聖者崇拝』春風社.
垣見窓佳 , 2014,「現代エチオピアにおける再オロモ化について：個人の選択的宗教行動を事例にして」名古屋大学大学院人文学研究科提出修士論文.

第8章　オロモの再想像／創造としての無形文化遺産
―― ガダ体系をめぐる重層的な文化翻訳のプロセス

田川 玄

1. はじめに[1]

　2016年11月28日から12月2日にかけてエチオピアの首都アディスアベバで開催された無形文化遺産の会議において、「ガダ (gada) 体系、オロモ固有の民主的社会政治体系」をユネスコの無形文化遺産の代表リストに登録することが決定された。オロモはエチオピアにおいて最も人口の多い民族であり、歴史的にはエチオピアの支配集団から従属的な位置におかれていた人びとである。文化人類学ではガダ体系は年齢体系という用語が用いられる[2]。この年齢体系が「オロモ固有の民主的社会政治体系」として無形文化遺産のリストに登録されたことは、オロモのエリートたちが進めてきた民族主義的な運動の一つの成果である。

　世界遺産が人類にとっての「真正性」および「顕著な普遍的価値」を求めるのに対して、無形文化遺産は文化の多様性を強調し、その担い手たちに注目する（飯田 2017a; 岩崎 2017）[3]。普遍的価値はグローバルな権威によって評価

---

[1] 本章の資料は JSPS 科研費（18H00785）（17K02031）（22K01098）の助成を受けて行った現地調査に基づく。

[2] 年齢体系は、年齢階梯、年齢組、世代組、年齢クラスなど様々な用語を包括する。ただし、ガダ体系は地域によって差異が大きく、松波（2017）のショア地域の報告にあるように年齢体系とはいえないものも見られる。

[3] 1972年に「世界の文化遺産及び自然遺産の保護に関する条約」（世界遺産条約）はユネスコ

されるが、文化の多様性を重視すればその文化の担い手なくして価値づけはできない。ところが、飯田（2017b: 28）が指摘しているように、文化遺産は政治資源としてアイデンティティ政治に用いられることもある。このことは、特に担い手が重視される無形文化遺産に当てはまりやすい。

それでは、ガダ体系の担い手とはいったい誰のことであろうか。ユネスコが公表している無形文化遺産の代表リストへの登録推薦ファイルでは、ガダ体系の担い手はオロモ民族全体になるが、実際の登録推薦を目指すプロセスでは、ユネスコというグローバルな機関に働きかけるナショナルなレベルの媒介者たちの活動が重要となる。その活動は、本来はローカルな世界に埋め込まれている文化を、定型化されグローバルなレベルで理解可能な無形文化遺産として「翻訳」する作業として行われる。

2. 翻訳作業としての文化遺産化

ここで「翻訳」ということばを用いると、読み手に対して1950年代以降の「イギリス社会人類学独自の仕事をあらわすもっともありふれた表現」（アサド 1996=1986: 262）であった「文化の翻訳」を思い起こさせるであろう。「翻訳」という比喩には「非西洋の未開の文化をテクストのように人類学者が読み解く」（真島 2005: 11-12）ことが含意される。

それは、ガダ体系の古典的な研究のなかに読み取れる態度である。エチオピア南部からケニア北部のオロモの地域社会ボラナが維持するガダ体系は、他の年齢体系と比べて複雑な構造と規則から成り立っているため、エリトリア出身の文化人類学者アスマロム・レゲッセ（Asmarom 1973: 121-134）は、その著書において「パズル」という言葉を用いる。また、この表現を受けてイギリスの社会人類学者であるポール・バクスター（Baxter 1978）は、「迷路」という語を使う。どちらも不可解な異文化を、理解可能なものとして読み解こうとしている。バクスターは、インフォーマントの「世代組は私たちの本である」という語りを紹介し、ガダ体系をボラナの神学あるいは政治哲学に

で採択され1975年発効した（UNESCO World Heritage Center 2023）。「無形文化遺産の保護に関する条約」は、2003年に採択され、2006年に発効した（UNESCO Intangible Cultural Heritage 2023）。

喩える（Baxter 1978: 155–157）。インフォーマントのいうところの「本」とは、聖書あるいはクルアーンのことを指しており、ボラナにもガダ体系は読み取るべきテクストであることが示されている。ただし、バクスターは、ボラナが人類学者にとっての「迷路」を何の苦もなく必要に応じて通り抜けていくとも述べる（Baxter 1978: 154）。

　しかし、「翻訳」という比喩には不平等性・権力性（アサド1996）、「文化的意味が透明に変換されることが前提とされることによる「翻訳」対象の本質主義的実体化と「翻訳者」の制度的主体化」（真島2005: 17）という問題をはらむ。ここにおいて制度的に主体化される「翻訳者」とは、文化政策にかかわる研究者を含むオロモのエリートであり、ガダ体系の文化遺産化が本質主義的にオロモ文化を実体化していく。これは文化遺産化のみならず、当初はディアスポラによって立ち上げられ、近年はエチオピア国内においても盛んに行われるようになったオロモ研究にも当てはまる。

　そのうえで、文化遺産化というプロセスには、「翻訳」のプロセスに重層的に担い手がかかわっており、文化表象の流通に多様な翻訳者がそれぞれの方法でかかわることによって生まれる「多方向的な運動性」（真島2005: 22）を見て取ることもできる。これは宮脇（2023: i）が述べる「エチオピア各地においてローカル・リージョナル・ナショナル・グローバルという多様なレベルにあるアクターが関与する複雑で重層的な資源ガバナンスのシステム」の形成とも重なる。

　こうした文化遺産をめぐる「翻訳」の重層性を検討するためには、森山（2007）による「文化」の「資源化」をめぐる議論も有用である。森山は、特定の対象が新たな意味や価値を付与され、新たな文脈に置かれるという「文化」の「資源化」のプロセスを「誰」をめぐる四重の問いとして整理している。具体的には、「誰」が、「誰」の「文化」を、「誰」の「文化」として（あるいは「誰」の「文化」へと）、「誰」をめがけて「資源化」するのかという問いである（森山2007: 86）。この問いの重なりは、「ローカル・リージョナル・ナショナル・グローバルという多様なレベル」のあいだで響きあう文化遺産化のプロセスと捉えなおすこともできよう。

　これまで文化遺産化を検討するための枠組みを確認してきたが、本章では、ガダ体系の無形文化遺産への登録をめぐる重層性を詳細に解きほぐすための準備段階としての民族誌的な報告を行いたい。具体的には、オロモとガダ体

系についての概要をごく簡単に示したうえで、無形文化遺産の代表リストへの登録推薦ファイルの記載内容に見られる特徴やそれと関連した文化遺産化をめぐる様々なレベルにおける諸アクターの活動を示していきたい。

3. オロモ・ナショナリズムに基づく文化政策

3.1 オロモとは

　オロモはエチオピアの最大民族である。歴史的には16世紀からはじまる移動により、現在のエチオピアとケニアの領域に拡大・定着した。この過程で多様な人びとを「オロモ化」しながら各地でオロモ社会を形成するに至った（本書第7章参照；石原1996; 田川2008）。かつてはガッラという他称で呼ばれており、エチオピア帝国においては支配民族のアムハラに対して従属的な位置づけをされていた。オロモは地域社会に分かれており、一つのオロモという民族意識を共有していたわけではなく、1960年代の帝政期にアディスアベバのエリートたちによりオロモとしての民族主義的な主張が行われた。

　1974年に帝政が倒れたエチオピアは社会主義を標榜する軍事独裁体制となり、支配民族アムハラの言語文化を標準化した国民文化の創造が試みられ、各民族の言語・文化に対しては抑圧的な政策をとった。

　1991年に「民族自決」を唱えた北部地域の民族ティグライを主とするEPRDFが政権を奪取し、エチオピアは民族を単位とする連邦制に移行した。この民族連邦制によって、州や県といった行政単位で民族主体の行政が可能になり、民族の言語や文化の独自性が学校教育やマスメディアを通して主張されるようになった。

　オロミア州でも、民族連邦制のもとで教育および文化政策のレベルでオロモ化が推進された（石原1996）。オロモ語が公用語となりラテン文字を用いたクベ（*Qubee*）と呼ばれる正字法が使われ、学校ではオロモ語を用いた教育が行われている。また、テレビやラジオではオロモ語の番組が放送され、近年ではオロモ語のローカルFM局も開設されている。伝統的な儀礼にはテレビ局が取材を行いニュース番組に取り上げられ、芸能番組では「民族固有」の歌やダンスが上映される。こうしたオロモ・ナショナリズムの文化政策のもとで、ガダ体系はオロモ固有のデモクラシーとして表象される（田川1998）。

3.2 ガダ体系

「オロモのガダ体系」の概要を書くことは容易ではない。なぜならば、すでに述べたように16世紀以降に移ったそれぞれの地域でオロモは文化的・社会的に多様に変化し、ガダ体系も大きく変容しており、地域によっては消滅しているからである。

ガダ体系についてのもっとも古い記述は、1593年にエチオピア教会の聖職者であったバフレイによって記された『ガッラの歴史』のなかに見られる。そこにはガダという言葉は記されていないにせよ、8年ごとに割礼によってルバ（*luba*）という集団が形成されること、5つのルバで40年間統治すること、次の世代が同様に40年間統治することのほか、戦いや嬰児遺棄のことなどが書かれている（Beckingham and Huntingford eds. 1954; 石川 2008）。アスマロム・レゲッセは、民族誌『ガダ：アフリカ社会研究の三つのアプローチ』において、バフレイの記述内容に彼自身が1960年代にエチオピア南部で調査したオロモの地域社会ボラナの社会組織の姿が類似していることを指摘し、「内的な構造的変化」があったにせよ、他のオロモ地域社会に比べてボラナがオロモの当初の姿を残していると主張する（Asmarom 1973: 11）。その後、『ガダ』は、他の年齢体系と比べて複雑な構造と規則をもつボラナのガダ体系を詳細に記述していることから社会人類学の年齢体系の研究においてしばしば参照されていたが、1990年代以降に盛んになったオロモ研究という枠組みによって新たに権威づけされることになる。

エチオピア国立ジンマ大学が刊行するオロモ研究の学術誌『ガダ・ジャーナル』に掲載されたオロモ地域社会グジ出身の文化人類学者タデセ・ベリソによる論文「オロモのガダ体系：なぜ民主的と見なされるか？」（Taddesse 2018）では、上述のアスマロム・レゲッセの『ガダ』を引用してガダ体系を定義している。それによれば、ガダ体系は男性の成員が5つの集団のいずれかに参加して年齢階梯を通過していくが、これらの集団へのリクルートは生物学的年齢ではなく社会的に定義される父子の世代関係によるものである（Taddesse 2018）。また、第6階梯はガダと呼ばれ政治・軍事・社会・儀礼のリーダーシップがあり、「ガダの父」と呼ばれる階梯の長は8年間リーダーあるいは代表者となる（Taddesse 2018）。このように「オロモのガダ体系」の記述は、しばしばボラナのガダ体系についての先行研究から参照される。

なお、筆者は（オロモではなく）ボラナのガダ体系の基本原理を次のような

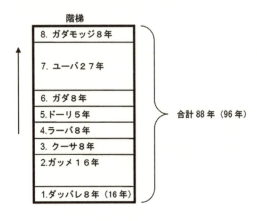

図1 ボラナのガダ体系の階梯（ラーバ階梯で子どもを養育できるようになったため、ダッバレ階梯は最長16年に延びた）

ものと捉える（田川 2001）。8年ごとに発足するルバと呼ばれる世代組が八つの階梯を通過していく。すべての男性は、自分の父親から五つ後の世代組に加入するが、リクルートが閉じられることはなく、常に成員は加入しつづける。つまり、すべての兄弟は同じ世代組に所属することになる。したがって、世代組は第1階梯においては年齢同質集団であるが、階梯を上昇するにつれて世代組の成員の年齢幅が拡大していく。**図1**はボラナのガダ体系の階梯の名前と年数である。

4. 無形文化遺産の「担い手」の活動

　ガダ体系がデモクラシーであるという語りは、筆者がはじめて1994年にボラナに調査に入ったときにすでに現地で流通していた（田川 1998）。ガダ体系をデモクラシーとして表象することは、ローカルなガダ体系に普遍的でグローバルな価値を与える。そのため政府の組織であろうが反政府の組織であろうが、ガダ体系はオロモの中心的な民族表象として用いられている。

　例えば、2015年にアディスアベバにオロミア州文化観光局が設立したオロモ文化センターにはガダ体系を表象した銅像が建てられているほか（**図2**）、エチオピア帝国に征服される前のオロモ民族は独自の言語と歴史、文化、そして民主的な政治制度のガダ体系をもっていたと記されている（Biroo Aadaafi Turizimii Oromiyaa 2015）。

　同様に、反政府組織であるオロモ解放戦線（OLF）のウェブサイト（2017）には、ガダ体系が、「オロモによって作り出された、効果的な立法司法制度

図2 オロモ文化センターに設置されたガダ体系の階梯ごとの人物レリーフ（筆者2016年撮影）

を備えた高度に民主的でもっとも卓越した政治制度である」と記述されている。

　このように政治的立場にかかわらず、ガダ体系はオロモにとって文化的な重要性をもつことが強調されてきた。それはガダ体系の無形文化遺産の代表リストへの登録を目指す活動に結びつく。

　エチオピアではユネスコの無形文化遺産への登録作業は、連邦政府の文化観光省に所属する文化遺産調査保護機関（Authority for Research and Conservation of Cultural Heritage）によって担われている。2019年のインタビュー調査において、文化遺産調査保護機関の担当者は、2008年ごろから無形文化遺産の代表リストへのガダ体系の登録を目指しており、そのために、オロモ各地でガダ体系の再創造が試みられたと語った。東ショワ地方で調査した垣見（2014: 45-46）は、オロモ地域社会トゥラマにおいて2007年から2008年にかけて七つの「ガダの父」事務所が設立され、オロミア州政府はそれらの事務所にライセンスを発行し、州の文化観光局を通して援助と監視を行っていること、また、両者が協力してオロモの伝統的な祭りとしてイレーチャ儀礼を再興したことを報告している（垣見 2014: 46; 第7章参照）。

　さらに、文化遺産調査保護機関の担当者によれば、2014年にガダ体系の中心的な役職者である「ガダの父」を構成員とする評議会が設立され、続いて地方でもそのための委員会が作られたという。この担当者の語りは、大場（2021）の報告とも合致する。大場は、ガダ体系に対する無形文化遺産の代表リストへの登録のキャンペーンにあわせて、2016年にオロモの地域社会

アルシにおいて「ガダ再興委員会」が設立され、2018 年から 2019 年にかけて同州バレ県でガダ体系の制度的な再創造の試みが行われたことを報告している。この一連の活動にはオロミア州文化観光庁が深くかかわっていたこと、さらに、アルシの長老の要請により彼女自身もそのプロセスに加わったことも記述している（大場 2021）。

ただし、こうしたガダ体系の再創造の動きは、無形文化遺産への登録を目指す運動以前から、オロミア州においてすでに行われていたようだ。なぜならば、1994 年から 1996 年までの調査で、筆者はボラナに隣接する地域社会グジの「ガダの父」選出に政府が介在したという話を耳にしたからだ。このとき当時のボラナ県文化観光局でグジの「ガダの父」の就任儀礼を撮影したビデオを見る機会を得た。未編集のビデオは長々と儀礼を映し出していた。そのなかで印象的だったのは、多くの部外者の存在と新たに就任する「ガダの父」が撮影者側と思われる人物の指示に細かく従っていたことだった。やがて、このときに就任したグジの「ガダの父」はテレビに堂々とした態度で出演するようになった。2022 年 12 月に彼は病気で亡くなった（BBC News Afaan Oromo 2022）。同じ月に筆者が現在のボラナ県文化観光局を訪ねると、局員たちは口々にグジのガダ体系は再創造されたものであると語りだしたのだった。[4]

また、文化遺産調査保護機関の担当者は、2014 年の評議会の設立のために、ガダ体系を維持していると見なされていた地域社会カライユ、グジ、ボラナの「ガダの父」をアディスアベバに招いたことを語った。ところが、ガダ体系の文化遺産化において中心的な役割を果たした担い手は、アディスアベバに近い東ショワ地方オロモの地域社会トゥラマであった。

当の担当者が認めるように、トゥラマの「ガダの父」は再創造された地位である。ところが、その「ガダの父」バイヤナ・サンバト氏が評議会の議長となった。担当者はその理由を、トゥラマがアディスアベバに近く、オロモの民族的大イベントとなったイレーチャ儀礼の開催地であり、また、バイヤナ氏が学校教育を受けておりアムハラ語を話せるからだと語った。なお、バイヤナ氏はかつて地方の役人だったそうだ。

---

[4] 1995 年に正式にボラナ県として発足した行政区域は、その後、民族構成と政治的思惑によって数回にわたり再編成された。その結果、一部がソマリ州に分割され、現在までにグジ県、西グジ県、東ボラナ県が誕生した。

その後のバイヤナ氏の活躍ぶりはマスメディアで様々に報道されており、OLF と政府との和平会議に出席したり、ソマリランドに親善活動として出向いたりしていた。こうした彼の一連の行為は、そもそも政府の主導によって再創造されたガダ体系の役職者がその役割を果たしているように見える。一方で、バイヤナ氏は、2014 年にアメリカのオロモ・ディアスポラが組織するオロモ学会に招待されてアメリカで講演を行った。文化遺産調査保護機関の担当者はバイヤナ氏について「政治的」であると述べていたが、彼の地位はそもそも文化政策のなかで政治的に作り出されたものである。それにもかかわらずバイヤナ氏を「政治的」と呼ぶのは、彼の活動が政府による文化政策の範囲をこえていたからかもしれない。

5. 登録推薦ファイルにおける記述

それでは無形文化遺産の代表リストへの登録推薦ファイルには、ガダ体系はどのように記述されているのであろうか。

ユネスコの登録推薦ファイルの書式は、国名、対象となる項目、関連するコミュニティ・集団・個人名、地理的な位置、問い合わせ先、そして、対象となる項目の特徴をわかりやすく記載する「定義と同定」などの欄があり、それぞれ決められた範囲内の字数でわかりやすく説明することが求められている（Intergovernmental Committee for the Safeguarding of the Intangible Cultural Heritage, 2016）。

はじめに「関係するコミュニティ・集団あるいは個人」の欄には、オロモ民族（Oromo Nation）と記載されている。つづいて、ボラナ、グジ、ガブラ、カライユ、アルシ、アフラン・カッロ、イトゥ、ウンバナ、トゥラマ、マチャが現在もガダ体系が機能している「主なクラン」であると書かれている。

---

5 例えば、和平会議への出席については、2019 年 1 月 23 日の Walta Media and Communication の報道 "Call For Peace"。また、ソマリランドの訪問については、2018 年 12 月 28 日の Horn Diplomat の報道 "Final Communique of the Council of Oromo traditional leaders and Somaliland traditional leaders"。

6 すべての無形文化遺産の代表リストへの登録推薦ファイルは、ユネスコのウェブサイトから閲覧・ダウンロードが可能である。ガダ体系についてのサイトは次のとおりである。（https://ich.unesco.org/en/RL/gada-system-an-indigenous-democratic-socio-political-system-of-the-oromo-01164）。

「地理的な場所とその範囲」の欄には、主なクランにはガダの会合や通過儀礼などが行われる儀礼的な中心地があり、法的・文化的に保護されていると記される。なお、本章では登録推薦ファイルにある「クラン」は、「地域社会」と記述している。

ところが、文化遺産調査保護機関の担当者は、ファイルに記載されているほとんどの地域ではガダ体系が失われており、現在も機能しているのはボラナとグジくらいであると筆者に語った。このため、ファイルにおけるガダ体系の記述は、主としてボラナの資料に依拠せざるをえない。その記載内容には、ガダ体系は包括的な制度として人びとの人生すべてにかかわり、社会的責任をもつ階梯には選ばれた議長がおり、紛争調停や社会秩序の維持などコミュニティを統治するための会合が開かれるとある。それは、オロモ・ナショナリズムの文化政策による民族表象として想像された「オロモ」のガダ体系の姿である。

また、登録ファイルにおけるガダ体系の記述には、女性の権利という項目がある（田川 2021）。無形文化遺産条約では、国際人権規定に反しないことが求められている（岩崎 2017: 63）。この条件についての欄には、ガダ体系には、女性が資源をもつ権利を認めており、男性がそれを侵害することを防ぐ制度があると書かれている。こうした記載は、無形文化遺産の代表リストへの登録申請プロセスのなかで、女性の人権というグローバルな価値が、実際のところはともかくとして、ガダ体系に本来備わっていた特徴として付け加えられたものである。

これに呼応するかのように、近年、ガダ体系における女性の権利について多くの研究が発表されている。例えば 2017 年にエチオピア国立ジンマ大学で開催された第 2 回国際オロモ学会では「シンケ制度についての論文：ガダ体系におけるジェンダー（Papers on the Siinqee Institution: Gender in Gadaa System）」というセッションがあり、4 件の発表が大会要旨集に掲載されている。これらの発表に共通しているのは、オロモ固有の文化において女性が平和構築や紛争調停などに制度的にかかわっているという主張である（Institute of Oromo Studies 2017）。

ガダ体系が民主的であるばかりか、女性の権利を認めているという言説に接すると、筆者は 1996 年のボラナのガダ体系の全体集会で、参加者の青年が「ガダ体系は民主的と言われているが、どう思うか」と私に問いかけたこ

図3 8年ごとに開催されるボラナの全体集会。写真は2012年の開催（筆者2012年撮影）

とを思い出す（図3）。彼は女性がガダ体系から排除されていることを指摘して民主的ではないと述べたのであった。

　そもそもボラナは家父長的な社会であり、伝統的には女性が直接に何らかの訴えを社会的に行うことはできない。未婚女性は父親を、既婚女性は夫を通してそれを行うべきであり、出自集団の会合に正式な成員として参加することはできないのである。日常生活においても、夫は杖だけを手にもち先を歩き妻が荷物を背負い後ろを歩くといったように、男性の優位性と女性の劣位性を示すジェンダー規範が強く見られる。[7] ボラナはしばしばオロモのかつての姿を維持している社会として称揚されるが、こうした点については触れられることはない。

　なお、ユネスコの登録推薦ファイルには、ガダ体系の無形文化遺産の代表

---

[7] 同様のジェンダー規範の存在は、グジにおいても指摘できる。筆者はボラナのインフォーマントからグジでは妻が帰宅した夫の足を洗うのだということを聞いたことがあり、実際、グジの集落を訪問したときにそれを目にして驚いた経験がある。

リストへの登録を求めて「ガダの父」などの有力者と「オロモ・コミュニティの成員」から集められた署名のリストが合計541筆付されている。ところが、そのなかで女性による署名は、筆者が確認できた限りわずか99筆しかなく、他の多くは年配の男性による署名である[8]（田川 2021）。

しかしながら、上述したローカルなジェンダー規範とは異なり、ナショナルな政治レベルにおいては、女性を代表するオロモの伝統的なリーダーの存在は実体化しているようだ。例えば、2019年1月に「ガダの父」と「シーケの母」がともにオロモ解放戦線の分派と政府の間の和平を取り持つ会議を組織したことが報道されている[9]。

6. 地域社会ボラナにおけるガダ体系の文化資源化

ローカルな地域社会においても、ガダ体系とそれについての知識に新たな価値づけが行われている。筆者が調査をはじめた1990年代当時から、ボラナにおいてボルボル・ブレ氏はボラナの歴史を歴代の「ガダの父」に沿って詳細に語ることのできる人物として知られており、外国人からエチオピア人までの様々な調査者のインフォーマントでもあったが、ボラナもまたボルボル・ブレ氏から歴史語りを聞くようであった。例えば、筆者はボラナの有力な儀礼首長を訪ねたことがあったが、彼は私にボルボル氏の歴史語りが録音されたカセットテープを渡したのであった。ボルボル氏が市場でそうしたカセットテープを売っていたという話を聞いたこともあったが、その後、ボルボル氏は「歴史の父」を名乗りラジオやテレビに出演し歴史語りを披露するようになった（cf. 大場 2013: 34-36, 2014: 71-76）。2016年9月には、オロミア州西グジ県にある国立ブレホラ大学からボルボル氏に名誉博士号が授与された（田川 2021）。ボルボル氏の歴史語りは、編年的に歴代の「ガダの父」とそ

8 　わずかではあるが一部の署名に性別が記入されておらず、また、判別できないものもあった。女性の署名が少なかった理由としては、学校教育を受けて文字が書け、こうしたプロジェクトにかかわることのできるような女性が少なかったからであると推察できる。署名した女性の多くは比較的若い年齢である。

9 　Ethiopian Press Agency (2019) のWeb記事。なお、シンケ（sinqe）あるいはシーケ（siiqee）という言葉が併用されている。近年、この言葉を冠した名称の銀行が登場するほど認知されているようである。

の時代の出来事を語るという方法であったが、こうした語り口はその当時としては比較的新しいものであった[10]（大場 2013: 34-36, 2014: 71-76）。ボルボル氏は伝統的な役職者ではなく、いわば物知り的な存在であったが、

図4　県立ボラナ文化センター予定地（著者2019年撮影）

内外の調査者にとっての著名なインフォーマントであるだけでなく、文化政策によってマスメディアを通して知識を語ることによって権威づけられ、最終的には名誉博士号という学術的な権威が与えられた。

　また、ボルボル氏の近親者にあたる元OLFメンバーのGW氏も、ボラナ文化の知識を語ることで社会的な地位を築き上げた一人である。GW氏（2019年当時68歳）は、デルグ政権下では1977～78年のオガデン戦争に民兵としてソマリア軍と対戦した経験をもつ。その後、OLFのメンバーとなった彼は、EPRDF政権下でエリトリア、スーダン、エチオピア西部ウォッレガ地方、ケニアなどに滞在した後、武装解除要請に応じてボラナの地に戻った。OLFとして活動していた頃、彼はボラナの文化やガダ体系について同胞たちに教え伝えていたという。帰還後に彼はボラナ県文化観光局の職を得たが、退職して文化継承を目的とする長老協同組合を立ち上げ、オロミア州ボラナ県ヤベロ市と交渉して儀礼地であった土地を取得した。この土地は県立ボラナ文化センターの予定地となっている（図4）。

　この予定地で、2017年11月30日におもにボラナ県で活動するローカルNGOのガーヨ牧畜開発イニシアティブ（Gaayo Pastoral Development Initiative: GPDI）が文化フェスティバルを開催した。GPDIはこの日をガダ体系が無形

10　大場（2013: 35, 2014: 74）は、ボルボル氏はアスマロム・レゲッセの助手であったと記述しているが、1995年にボルボル氏をアスマロムに引き合わせたボラナ出身の文化人類学者ボク・タチェ氏によれば、そのようなことはないとのことだった。

文化遺産として登録された日として認定し、「ガダの日」と名付けた（田川 2021）。GPDI は、その当時執行理事であった BT 氏によって 2017 年から 2 年間、アメリカの基金団体のクリステンセン基金から 10 万ドルの資金を得て「南部エチオピア・オロミア州リーバン・ディレ地域の文化的景観における土着ボラナ・コミュニティの知識体系と生物文化教育の促進」というプロジェクトを立ち上げており（The Christensen Fund 2019）、「ガダの日」の文化フェスティバルはプロジェクトの一環として行われた。BT 氏は国際 NGO で勤務した経歴をもちノルウェーで博士号を取得した文化人類学者で、2019 年には国立大学の要職に就いた。

　BT 氏の転出後も 2019 年 12 月に GPDI によってヤベロ市で開催されるはずであった「ガダの日」の文化フェスティバルは、州政府の要請により延期され翌年 1 月に行われた。ところが、次の年からは GPDI ではなくオロミア州が主催者となり、開催地もヤベロ市ではなくオロミア州の各地で順番に開催されることになったという。

　一方、GW 氏の取得した儀礼地は、その権利をめぐり GW 氏はヤベロ市当局と係争中であると聞く。2023 年 8 月の段階でボラナ文化センターは建設されていない。

7. おわりに

　本章では、ガダ体系の無形文化遺産の代表リストへの登録を目指す文化遺産化のプロセスにおける「ローカル・リージョナル・ナショナル・グローバルという多様なレベル」のアクターのかかわりの一部を提示してきた。ガダ体系の文化遺産化は、すでにある文化を保護するというよりも民族連邦制のもとで「オロモ」の再想像のための文化政策であった。そのプロセスには政策には収まり切れない様々な思惑をもつアクターの活動が含まれていた。例えば、ローカルなレベルとしてのボラナでは、テレビやラジオに出演し名誉博士号を授与された物知り、各地を転戦していた元 OLF メンバー、ノルウェーで博士号を取得した文化人類学者など多様である。現在も進行しているガダ体系の再創造の運動については、今後も注視していく必要があるであろう。

参考文献

Asad, Talal, 1986, "The Concept of Cultural Translation in British Social Anthropology," James Clifford and George E. Marcus eds., *Writing culture: The Poetics and Politics of Ethnography*, Berkeley: University of California Press.（春日直樹訳, 1996,「イギリス社会人類学における文化の翻訳という概念」クリフォード, J.・G. E. マーカス編, 春日直樹・足羽與志子・橋本和也・多和田裕司・西川麦子・和邇悦子訳『文化を書く』紀伊國屋書店, 261-301.）

Baxter, Paul. T. W., 1978, "Boran Age-Sets and Generation Sets: Gadaa Puzzle or a Maze?" P.T.W. Baxter and Uri Almagor eds., *Age, Generation and Time: Some Features of East African Age Organization*, London: Hurst, 183-206.

Beckingham, Charles Fraser and George Wynn Brereton Huntingford eds., 1954, *Some Records of Ethiopia 1593–1646: Being Extracts from The History of High Ethiopia or Abassia by Manoel de Almeida together with Bahrey's History of the Galla*, London: The Hakluyt Society.

Taddesse Berisso, 2018, "The Oromoo Gadaa System: Why Considered Democratic?" *Gadaa Journal/Barruulee Gadaa*, 1(1): 1-8, (Retrieved July 23, 2023, https:www.ju.edu.et/gj).

BBC News Afaan Oromo, 2022, "Abbaan Gadaa duraanii Gujii Yuuba Aagaa Xenxenoo boqotan," (Retrieved December 21, 2024, https://www.bbc.com/afaanoromoo/articles/c727vqyg786o).

Biroo Aadaafi Turizimii Oromiyaa, 2015, *Oromiyaa Madda Qabeenya Aadaafi Uumamaa*. Finfinnee(Addis Ababa): Oromia Culture and Tourism Bureau.

Ethiopian Press Agency, 2019, (Retrieved April 19, 2019, https://press.et/english/?p=1818#).

UNESCO, 2016, "Gada system, an Indigenous Democratic Socio-Political System of the Oromo,"(Retrieved March 10, 2023, https://ich.unesco.org/en/RL/gada-system-an-indigenous-democratic-socio-political-system-of-the-oromo-01164).

Horn Diplomat, 2018, "Final Communique of the Council of Oromo Traditional Leaders and Somaliland Traditional Leaders,"December 19, 2018, (Retrieved March 4, 2023, Horn Diplomat, https://www.horndiplomat.com/2018/12/19/final-communique-of-the-council-of-oromo-traditional-leaders-and-somaliland-traditional-leaders/).

Institute of Oromo Studies, Jimma University, 2017, *Book of Abstracts*, The 2nd International Oromo Studies Conference, Jimma: Jimma University.

Intergovernmental Committee for the Safeguarding of the Intangible Cultural Heritage, 2016, *Nomination file no. 01164 for inscription in 2016 on the Representative List of the Intangible Cultural Heritage of Humanity*.

Asmarom Legesse, 1973, *Gada: Three Approaches to the Study of African Society*, New York: Free Press.

The Christensen Fund, 2019, (https://www.christensenfund.org/funding/grants-search/grants-details/?org=2336).

OLF (Oromo Liberation Front), 2017, "Oromia Briefs," Washington,DC: Oromo Liberation Front, (Retrieved March 4, 2023, https://oromoliberationfront.org/english/oromia-briefs/).

UNESCO Intangible Cultural Heritage, 2023, "Text of the Convention for the Safeguarding of the Intangible Cultural Heritage," (Retrieved March 4, 2023,https://ich.unesco.org/en/convention).

UNESCO World Heritage Center, 2023, "Convention Concerning the Protection of the World Cultural and Natural Heritage,"(Retrieved March 4 2023, https://whc.unesco.org/en/conventiontext).

Walta Media and Communication,2019, "Call for Peace," (Retrieved March 4, 2023, https://waltainfo.com/21523/).

石川博樹, 2008,「『ガッラの歴史』訳注」『アジア・アフリカ言語文化研究』76: 87–107.

石原美奈子, 1996,「オロモのクランの歴史研究の可能性について」『アフリカ研究』49: 27–52.

飯田卓, 2017a,「「人間不在の文化遺産」という逆説を超えて」飯田卓編『文化遺産と生きる』臨川書店, 12–35.

———, 2017b,「人類学的課題としての文化遺産：二つの文化が出会う現場」飯田卓編『文明史のなかの文化遺産』臨川書店, 12–35.

岩崎まさみ, 2017,「無形文化遺産を語る人たち」飯田卓編『文化遺産と生きる』臨川書店, 41–67.

大場千景, 2013,「無文字社会における「歴史」の構造：エチオピア南部ボラナにおける口頭年代史を事例として」『文化人類学』78(1)：26–49.

———, 2014,『無文字社会における歴史の生成と記憶の技法：口頭年代史を継承するエチオピア南部ボラナ社会』清水弘文堂書房.

———, 2021,「アルシ・ディレンマ：エチオピア・アルシ社会におけるガダ再興運動が生み出す抗争と創造」『文化人類学』86(1)：5–24.

垣見窓佳, 2014,「現代エチオピアにおける再オロモ化について：個人の選択的宗教行動を事例にして」名古屋大学大学院人文学研究科提出修士論文.

田川玄, 1998,「語られる年齢体系と民族主義：南部エチオピア, オロモ系牧畜民ボラナのグミ・ガーヨの報告」『社会人類学年報』24: 99–122.

———, 2001,「「生まれる」世代組と「消える」年齢組：南部エチオピアのオロモ語系社会ボラナの二つの年齢体系」『民族学研究』66(2): 157–177.

———, 2008,「オロモ：近代エチオピアの抑圧された最大民族」福井勝義・宮脇幸生・竹沢尚一郎

編『講座　世界の先住民　ファーストピープルズの現在　第5巻　サハラ以南アフリカ』明石書店, 96–110.

―――, 2021,『エチオピアの無形文化遺産をめぐる文化の政治学』2017–21年度科学研究費補助金研究成果報告書（17K02031）, 広島市立大学.

真島一郎, 2005,「翻訳論：喩の権利づけをめぐって」真島一郎編『だれが世界を翻訳するのか：アジア・アフリカの未来から』人文書院, 9–57.

松波康男, 2017,「ハドラに集う女性たち」石原美奈子編『現代エチオピアの女たち：社会変化とジェンダーをめぐる民族誌』明石書店, 236–260.

宮脇幸生, 2023,「はじめに」宮脇幸生編『科学研究費基盤B「経済開発と資源の重層的ガバナンスに関する人類学研究：エチオピアの事例から」報告書』, 大阪公立大学現代システム科学研究科.

森山工, 2007,「文化資源使用法：植民地マダガスカルにおける「文化」の「資源化」」山下晋司編『資源化する文化』弘文堂, 61–92.

第 9 章　国家への集合的トラウマと エスノナショナリズムの隆盛
―― エチオピア南東部アルシにおける抵抗者たちの 経験とナラティブに焦点をあてて

大場 千景

1. はじめに

　「EPRDF は政権から降りろ！　我々は、EPRDF 政権を拒否する！」
　青年はステージの上でマイクをジャックし、腕を頭のうえでクロスしながら叫んでいた。ステージの前には、「オロモの儀礼」であるイレーチャ儀礼[1] (Irreechaa) に集まった群衆がひしめきあい、青年の叫びに賛同しながら同様のポーズをし、同じ合言葉でシュプレヒコールが始まった。若者たちがステージに乱入しようとして警察官ともみ合いになり、何人かの若者がステージに向かって石を投げた。軍人が空に向かって銃をうち、催涙弾を群衆の中に投げ込んだ。驚いた群衆は、一斉にステージの後方に逃げ出した。群衆が逃げた先には、水の浸食でできた深い溝があり、互いに押し合う形で人びとはそこに転落し、多数の死傷者がでた。政府からの公式発表によると死傷者

1　イレーチャ儀礼は、もともとオロモ諸社会の中でもトゥラマと呼ばれる分派集団が伝統的に行ってきた儀礼である。トゥラマの居住地の各地に散在する湖や川で、同地域で雨季が終わるころに、牧草と雨の恵みをワーカ (Waaqaa) に感謝するとともに、雄牛を供儀し、他民族からの攻撃を呪術的に祓い、テリトリーの安寧を祈るために行われてきた。現在は農耕化したトゥラマ社会であるが、かつての牧畜民文化を色濃く残す儀礼である。2000 年代の初め頃まで、この儀礼はトゥラマの古老が中心となって行うごく小規模な儀礼であった。

は 55 人であるが、実際にはそれを大幅に上回っていた。

　2016 年に起きたこの出来事の余波はオロミア州各地での若者を中心とする道路封鎖、暴動、政府系機関や車両、工場やプランテーションの略奪、焼き討ち事件、ティグライ系資本家や住民の集落への襲撃へと連鎖し、連邦政府が緊急事態宣言をだす事態へと発展した。コントロール不能となったオロモ[2]の暴走の前に、ティグライ主導の EPRDF 政権の弱体ぶりが露呈され、2018 年には「オロモ出身」の首相、アビィ・アフマド[3]が選出された。政権交代の引き金ともなった事件である。

　2005 年以降、EPRDF 政権は、国内最大民族であるオロモに対して、「オロモ文化」推奨政策を展開してきた。イレーチャ儀礼を「オロモの儀礼」としての大々的に取り上げ、その結果、「オロモの儀礼としてのイレーチャ儀礼」が誕生するわけだが、逆にそれは、オロモ・ナショナリズム発揚と政権批判の場を提供することにもつながった。それは政権が意図しなかった副産物だったかもしれない。そして、イレーチャ儀礼の空間は、最終的にはエチオピア全体を巻き込んだ反政府暴動の震源地となった。しかし、イレーチャ儀礼が政権にとって危険な兆候を示していたとしても、その実施に対して弾圧が加えられることはなかった。そこに「文化」を尊重するというアメを使って、オロモという危険な政治勢力をなんとか懐柔しようとした政権の明確な意図がみえる。

　EPRDF 政権下で行われたトゥラマのイレーチャ儀礼にみられるオロモの文化奨励政策がオロモ支配のためのアメであったとするならば、オロモ諸集

---

[2] エチオピアにおいてオロモ語を母語とする人びとは、人口の約 40% を占めている。20 世紀以前は、それぞれの地域の居住空間の風土性に適応しながらいくつかの集団に分かれ、それぞれの集団ごとに社会組織、歴史記憶、アイデンティティ、テリトリーを形成しながら居住してきた。しかし、20 世紀におけるエチオピアの政治的コンテクストを背景として、そうした地域的な差異を度外視し、オロモという民族とそのアイデンティティが彼らの中で創造されていった（Baxter et al. eds. 1996; 本書第 7 章）。

[3] EPRDF 政権末期、大規模な反政府運動を繰り返し、政権運営に多大な影響をもたらしていたオロモの支持を得るため、与党内での総選挙においてオロモに出自をもつアビィが首相として選出された。彼の父はオロモで、母はアムハラであり、彼が「純粋なオロモ」でないことが政治的判断と相まって、与党内での総選挙においてアムハラ議員の票がアビィに流れたのだと言われている。当時の与党は、オロモ系、アムハラ系、ティグライ系、南部諸民族系の 4 つの党で構成される連立政権であり、それぞれ 40 票をもっていた。与党内総選挙において、アビィのほかにティグライ系、ウォライタ系の議員が立候補していたがアムハラ系の議員は立候補していなかった。これはアビィかウォライタ系議員かで票割れを防ぐため、オロモ系とアムハラ系議員の間での事前調整があったと考えられる。

団の一つであるアルシの人びとにおいては、政権に反抗的な人物の逮捕・拘留というムチが支配のために行われていたといえる。アルシでは、ティグライ主導の EPRDF 政権が発足した 1991 年から 2017 年の崩壊に至る 26 年間、弁がたち、物怖じせず、地域社会で影響力がある一方、政権に対して反抗的な発言や態度をとる人びとへの監視、拷問、逮捕と拘留が行われていた。そうすることで、政権はその他大勢に対して無言の圧力をかけながら民衆への言動の統制ないし、規律訓練を行っていたのである。これはアルシに限らず、EPRDF 政権が全国的に行っていたもう一つの支配の在り方であったと考えられる。

　本章の目的は、第一に EPRDF 政権下で、国家から弾圧をうけてきたアルシの人びとの経験とそのナラティブに焦点をあてながら、アルシの人びとが根強く持っている国家への恐怖と猜疑を浮き彫りにすることである。弾圧を受けた人びとは、自分たちの経験と重ね合わせながら、19 世紀後半以降のエチオピアにおける一連の国家形成の過程を、圧倒的な暴力によって自分たちの社会の自律性（bilisumma）が奪われていった歴史として語る。本章では、この 19 世紀後半から始まる国家とのかかわりの中でアルシ社会が継承してきた集団的な国家への恐怖の記憶を「集合的トラウマ」として捉えている。トラウマは心理学や精神医学において個人に対して用いられてきた概念であるが、兼子は、社会学者ジェフリー・チャールズ・アレクサンダーの「文化的トラウマ論」を援用しつつ、トラウマは負の歴史的出来事が悪や悲劇の物語として言説化され表象されることを通して社会的に構築されるとしながら、社会を分析する上で重要な意義をもつとしている（兼子 2019）。本章では、アルシの抵抗者たちの 7 人のナラティブを比較・分析することを通して、口頭伝承が過去から現代に至るまで主要な情報源であり世界観を構築する上でその核となっている社会を背景として、国家への恐怖と猜疑がトラウマ的な効果を生みながら言説化され、集団内部で共有され、世代を超えて再生産／再構築されていることを明らかにしていく。

　本章の二つ目の目的として、世代を通して再生産／再構築されていった集合的トラウマと EPRDF 政権の瓦解の要因ともなったオロモ・ナショナリズムとの関係について考察を行いたい。兼子は、集合的トラウマの特徴として、集団のアイデンティティを揺るがすような恐怖の出来事は、拭い去ることができない恐怖と苦痛の記憶として集団レベルで持続的に共有されることに

よって、やがて集合的なアイデンティティ自体に変質をもたらすように働くと述べている（兼子 2019: 455）。本章でみていくように、アルシの集合的アイデンティティは、1970 年代から始まるオロモ解放戦線（OLF）の抵抗運動と期を一にして劇的に変質し、熱狂的なオロモ・アイデンティティを社会に醸成していった。本章では、この急速なアイデンティティの変質を、アルシ社会が抱える集合的トラウマに焦点をあてながら分析する。アルシの集合的トラウマは、その時々の政治的コンテクストと呼応しながら、国家への恐怖と猜疑を喚起し、彼らの生と社会にジレンマを生みだしてきた一方で、現在、アルシの若年層に狂信的なまでのオロモ・ナショナリズムを植え付け、国家への抵抗運動の原動力ともなっているということを明らかにしたい。

2. EPRDF 政権下で弾圧されたアルシの人びとの経験とナラティブ

　この節では、EPRDF 政権の弾圧政策の標的となった抵抗者たちの事例としてエチオピア南東部に位置するオロミア州西アルシ県のドドラ地域に居住している人びとを取り上げる（**図 1**）。

　ドドラは、アルシのなかでも現在でもガダと呼ばれる年齢階梯制に基づく社会組織を実践している数少ない地域の一つである。アルシでは、クラン組織を基盤とした自治とクランを超えた地域的な自治を行うガダ組織が互いに連関しながら自律的な社会を形成してきた（大場 2021）。アルシは、ガダを基盤とした共同体を地域ごとにいくつも形成してきたが、その一つであるコーラ・ガダ共同体（*Dadhachaa-Koola*）が本章の社会的背景としてある。現在、アルシが暮らす多くの地域においてガダ組織は機能していないが、ドドラ地域においては、ガダ組織に基づく自治として、2 週間に一度の間隔でヤー・バッロ（*Ya'a-Balloo*）と呼ばれる慣習法廷が開かれ、クラン内部で解決できない係争やクラン間の係争の裁定や、ドドラ地域全体にかかわる問題の意思決定などを行っている（**図 2**）。

　ヤー・バッロは、ドドラの町から 20 キロほど離れた村落部に流れる川のほとりで行われ、クランの役職者やガダの役職者および古老たちがおもに集まる。つまり、ここには政権が見せしめのターゲットにしやすい人物たちが

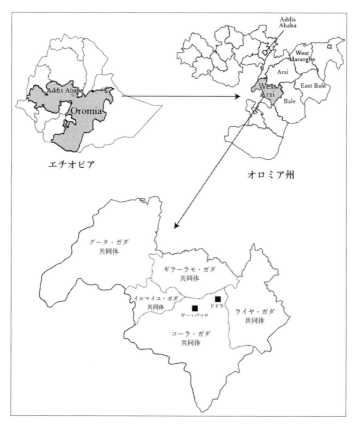

図1 オロミア州西アルシ県

1 ビルマジの 世代組	2 ブルトゥマの 世代組	3 ホラタの 世代組	4 バハラの 世代組	5 ローバレの 世代組
1 世代組の長 (Boku)	1 世代組の長 (Boku)	1 世代組の長 (Boku)	1 世代組の長 (Boku)	1 世代組の長 (Boku)
2 世代組の副長 (Hooka)	2 世代組の副長 (Hooka)	2 世代組の副長 (Hooka)	2 世代組の副長 (Hooka)	2 世代組の副長 (Hooka)
3 クランの役職者 (Sadeeta-fixee)	3 クランの役職者 (Sadeeta-fixee)	3 クランの役職者 (Sadeeta-fixee)	3 クランの役職者 (Sadeeta-fixee)	3 クランの役職者 (Sadeeta-fixee)
4 クランの役職者 (Sadeeta-gosa)	4 クランの役職者 (Sadeeta-gosa)	4 クランの役職者 (Sadeeta-gosa)	4 クランの役職者 (Sadeeta-gosa)	4 クランの役職者 (Sadeeta-gosa)

図2 ヤー・バッロの慣習法廷の役職者たち

集まってくるのである。現在ヤー・バッロには、ガダの役職者（20名）とクランの役職者（44名）を合わせると64名集まるが、そのうち、デルグ政権下で20名、EPRDF政権下で11名が逮捕・拘留の経験を持っていた。[4] 本章では、そのうち7名のライフ・ヒストリーの聞き取りに基づき分析を行う（表1）。それぞれのEPRDF政権下でのライフ・ヒストリーとそこに内在するナラティブに焦点をあてて、弾圧の経験が彼ら自身、そして彼らの社会に何をもたらしたのかについて考察したい。

2.1 抵抗者たちのライフ・ヒストリー

7名の抵抗者のライフ・ヒストリーを比較すると、そこには4つのタイプの国家からの弾圧の経験がみられた。第一のタイプは事例①の人物にみられる（表1参照）。以下は、彼のライフ・ヒストリーを要約したものである。

(1) 「恐怖が腹の中に入り込む」経験（表1の事例①参照）

モハメド（仮名）は、1955年に生まれた。ドドラ地域のガダ組織の中でボクと呼ばれるガダ組織の長にあたる立場にある人物であり、かつ教員としてドドラ地域の小中学校に勤めていた。彼が19歳のころ、帝政が崩壊した。彼はその当時学生運動に参加していた。デルグ政権末期の1991年、政府は文化殲滅政策を打ち出した。彼（当時36歳）はそれに異議を唱え、逮捕拘留6ヶ月の末、釈放された。釈放後も当局の監視下におかれ、教師の職を失った。その後再逮捕され、1ヶ月拘留の末、政治犯として死刑判決を受けた。しかし、拘留中にデルグ政権が崩壊したため、死刑は免れ、その後釈放された。

1992年、彼はEPRDFを構成する一政党であるオロモ人民民主機構（OPDO）への入党を打診されるが拒否し、当時同地域で多くの人びとが参加した

---

[4] アルシには5つの世代組があり、男性は世代組のいずれかに所属している。各世代組にはボク（*bokuu*）と呼ばれる世代組の長とホーカ（*hookaa*）と呼ばれる副長が一人ずついり、特定のリネージによって世襲されている。また、サデータ・フィーテ（*saddeeta-fiixee*）と呼ばれる役職者は、クランの役職者から世代組につき二人ずつ選ばれる。さらに、ドドラ地域には22のクランがあるが、各クランにつき、二人がクランの役職者として選出されている。彼らはサデータ・ゴサ（*saddeeta-Gosaa*）と呼ばれている。EPRDF政権下で1992年にオロモ解放戦線に参加していた事例⑥の人物によると、当時解放戦線に参加した人びとは、ドドラとその周辺の地域に限って言えば120名程度であったが、そのうちの8%の人びとがこのヤー・バッロの役職者たちであったという。

表1　7人のインフォーマントとその経験

	生まれた年 年齢（2024年現在）	役職	経験
事例①	1955年 69歳	ボク/教師	帝政期（ハイレセラシエ1世）：学生運動 デルグ政権期：逮捕、拘留、死刑判決 EPRDF政権期： 1992年解放戦線に参加、逮捕・拘留2ヶ月 2000年逮捕、拷問、拘留5ヶ月 2007年拘留 2008年拘留1ヶ月 2010年複数回拘留、計7ヶ月 2017年拘留9ヶ月
事例②	1964年 60歳	サデータ・フィーテ	1975年オロモ解放戦線参加（3年4ヶ月） 1978年降伏・拘留4ヶ月 1992年オロモ解放戦線参加（2年） 1994年降伏・拘留7ヶ月（アガルファ刑務所） 1994年再逮捕、尋問45日間
事例③	1961年 63歳	サデータ・フィーテ	1984年解放戦線参加（1年） 1985年降伏、逮捕なし 1992年解放戦線参加（1年） 1993年密告による逮捕拘留7ヶ月（フルソ刑務所）
事例④	1947年 77歳	サデータ・ゴサ	デルグ政権期で戦線に参加（1年）のち降伏、逮捕なし 1992年解放戦線参加のち降伏、拘留4ヶ月（アガルファ刑務所）
事例⑤	1945年 79歳	ボク	1975年解放戦線参加、降伏、逮捕なし 1992年解放戦線参加、降伏、拘留6ヶ月（アガルファ刑務所）
事例⑥	1957年 67歳	サデータ・ゴサ	1968年から初頭教育 1977年オロモ解放戦線に参加（デルグによる土地の収奪、叔父の殺害、父の逮捕と死） 1980年降伏、拘留なし、その後行政の仕事につく 1992年解放戦線参加 1993年解放戦線は離散したが、アルシの山中に5年潜伏 1998年密告による逮捕のち判決6年 2004年釈放 2021年逮捕拘留4ヶ月 2022年逮捕拘留4ヶ月（家族も拘束）
事例⑦	1984年 40歳	ヤーバッロ書記（父がサデータ・ゴサ）	2005年抵抗運動参加（教師の教え） 2010年逮捕拘束情報、父と対立 2014年逮捕情報 2015年若者をまとめる 2017年道路封鎖と大集会開催ののち軍人による暴行と骨折、逮捕なし

OLFによるゲリラ戦に参加した。2ヶ月ほど参加したが、体調不良のために自宅に戻り潜伏していたところ逮捕され、2ヶ月拘留された。その後、教職に復帰し、校長を務めた。だが、2000年（当時45歳）に再びOPDO入党を促され、再度拒否すると、校長を解任された上で逮捕・拷問され、アディスアベバの地下刑務所（通称マイクライ）に5ヶ月拘留された。2007年（当時52歳）、OLFに関与した人びとの一斉逮捕が行われ、彼も拘留された。2008年

にも扇動罪によって再逮捕され、1ヶ月拘留された。2010年、総選挙が行われた際にも逮捕され、アディスアベバの地下刑務所に3ヶ月間拘留された。釈放されたが、仲間の偽証により再び逮捕され、同刑務所に3ヶ月拘留された。また、ある人物に関する偽証を要求されたが拒否したため、再び地下刑務所に1ヶ月拘留された。その後、逮捕と拘留の連鎖はおさまったが、2017年（当時62歳）、ドドラにてヤー・バッロの役職者を中心とした一万人規模の政治集会が開催され、政権への不支持を表明したことにより逮捕され、9ヶ月拘留された。彼は、生涯を通して続いた監視、逮捕・拘留を、「恐怖が腹の中に入り込む（*sodaa garaa keesaa seenee*）」経験であったと語る。

　モハメド氏は、ヤー・バッロでボクというガダの役職者であると同時に公立学校の教師でもあり、初頭および中等教育に携わってきた。事例⑦の人物も証言しているように、教師たちは、学校教育の合間に、エチオピアの歴史を通してオロモが虐げられてきたという状況を解説し、抵抗を促す説教を行っていた。そして後述するように、彼らの教えが、2000年代以降の若年層の抵抗運動の原動力の一つとなっていくのである。こうした教師たちは、当局から扇動者と見なされ、逮捕・拘留された。事例①の人物もEPRDF政権の26年間のなかで8回にわたる逮捕・拘留歴をもっている。これは、本章の諸事例と比較しても最多である。
　第二のタイプは、事例の②、③、④、⑤にみられる（表1参照）。彼らは一様にデルグ政権とEPRDF政権の下で、OLFのゲリラ戦に参加している。以下は、事例②の人物のライフ・ヒストリーの要約である。

(2)　否定されるオロモ・アイデンティティ（表1の事例②参照）
　アフメド（仮名）は、1964年生まれである。ヤー・バッロにおいて、ガダの役職者（*saddeeta-fiixee*）として意思決定に重要な役割を果たしている。彼は、1975年のデルグ政権樹立に伴いOLFのゲリラ戦に兄とともに参加していた。まだ、11歳であった。アルシおよびバレの山中にて2年、その後ソマリアにて1年4ヶ月、OLFの戦士として戦った。1978年にエチオピアに戻るとOLFの戦士たちが降伏し始めており、彼も同じように降伏した。バレ県のゴッバ市の刑務所に拘留されたが、まだ14歳であったので4ヶ月で釈放された。1992年（当時27歳）、彼は再びOLFのゲリラ戦に参加した。2年間の

戦闘後、降伏した。その後、バレ県の刑務所に 7 ヶ月間拘留された。そこでは、500 人ほどの元 OLF 戦士が拘留され、毎日尋問と思想教育を受ける日々であったという。そこでは OLF 内で培われてきたオロモとしてのアイデンティティ（*Oromummaa*）が否定され続けた。刑務官に反抗すれば、刑期が長くなる。しかし、オロモとしての自分を否定することはできない、というジレンマに苛まれた。実際、刑務官の尋問や思想教育に反抗した人たちは、ショワ県のフルソに移送され、長期間拘留された。1994 年（当時 30 歳）、釈放されたものの、当局からの監視は続き、再び逮捕・拘留された。この時は様々なところに移送され尋問を受けた。この 45 日間は恐怖の日々であったという。その後、デルグ政権下においても、当局からの弾圧を避けるために場所を移動して密かに存続していたガダの慣習法廷（当時の名はヤー・ダッキーエ：*Ya`a-Dhakkiie*）において、ガダの役職者として地域の係争の調停に携わってきた。2004 年（当時 40 歳）、ガダやクランの役職者や古老、文化観光局とともに、慣習法廷を再構築して、本来の場所であるバッロの地にそれを戻した。

　事例②は代表的な例として提示したが、彼を含めた 4 人の抵抗者たちに共通してみられるのは、デルグ政権下においても OLF のゲリラ戦に参加していることである。そして、EPRDF 政権発足当初においてもゲリラ戦を行ったが、1 年から 2 年程度の戦闘後、降伏あるいは密告によって逮捕・拘留されている。その後、政治犯刑務所で尋問と思想教育を受ける日々を送るという共通の経験を持つ。彼らは、1990 年代半ばを境に表立った形で抵抗運動に参加しておらず、逮捕・拘留経験もなくなっている。2000 年代以降、彼らは抵抗運動とは一線を画し、ガダやクランの役職者として、地域の調停者の役割に専念するようになった。

　第三のタイプは、事例⑥の人物にみられるように、デルグ政権下での土地の収奪や家族の死といった個人的な経験を契機に OLF に参加している（**表 1** 参照）。1992 年、ドドラ地域のアルシの人びとの多くがゲリラ戦士となるなかで、彼もそれに同調したが、1993 年、ゲリラ戦は瓦解し始めたものの、彼は少数の仲間とともに西アルシ県の山間部に潜伏しながらゲリラ戦を継続した。彼は 5 年にわたり山間部に潜伏しながら行政官の暗殺を企てきたが、最終的には密告により逮捕された。逮捕後、連邦軍の施設に連行され、尋問

を受けた。この時、西アルシ県のいくつかの刑務所に連れていかれ、そのたびに集会が開かれた。行政官は、彼を殺すべきか否かについて人びとに尋ねたという。その結果、死刑にするべきではないとの判断がくだされ、最終的に刑事裁判にかけられ、6年の刑期が言い渡された。第二のタイプにみられる抵抗者たちとは違い、彼の場合は、政治犯刑務所に移送されることはなく、普通の刑務所の受刑者となった。刑期を全うし釈放された後、逮捕・拘留はなかったが、アビィ政権下での内戦に伴い、OLFの活動が再活発化したことによって、戦線との関与が疑われ、2021年と2022年において逮捕・拘留されている。第二のタイプが集団的に抵抗運動に参加しているのに比べ、第三のタイプは抵抗運動への参加が他の抵抗者と比べより個人的な動機に基づいていたため、言動や抵抗運動に対する考え方がより個性的であり、それゆえ、他の抵抗者とは異質な経験をしている。

　第四のタイプは、2000年代以降の若者世代の経験にみることができる。（表1参照）。第一から三のタイプの経験をした人物たちが山間部でのOLFのゲリラ戦に参加したのに対し、次に述べる事例⑦の人物は町で形成された新しいタイプの抵抗運動に参加していた。つねに、逮捕・拘留の脅威にさらされていたが、前者のような弾圧の経験を持たない。

(3)　恐れない若者（表1の事例⑦参照）

　フセイン（仮名）は、1984年生まれである。彼の父は、ヤー・バッロの役職者で、彼は、ヤー・バッロで書記をしている。EPRDF政権が樹立された時、7歳だった。その時、人びとが抵抗の中で死んだり、逮捕・拘留され、苦しんでいたりしたのを目の当たりにした。1997年、彼が13歳の時に学校教育を受け始めた。2005年の総選挙問題が起こった時、彼は20歳だった。学校では教師たちから、オロモが帝政期・デルグ政権期を通して「奴隷」化されてきたことや、その状態がEPRDF政権下でも続いていると教わった。教師たちは、「すべてのインフラの収益は連邦政府に渡り、広大な政府経営の共同農場からとれる小麦も我々のところにはやってこない。我々の土地のあらゆる資源は、我々のものだ。我々は奴隷状態から抜け出すべきだ！」と学校で自分たちに教えた。それに触発されて、2005年の総選挙の時に政府に対する抵抗運動に関与し始めた。

　2010年（当時26歳）、村役人である叔父から、自分が逮捕・拘留される予

定であることを知った。父は、「我々はメネリク 2 世の時も、ハイレセラシ
エ 1 世の時も、デルグの時も、国家に抵抗したが、勝てなかった。抵抗し
てもひどい目に合うだけで、勝てはしないからやめろ」と彼を説得した。し
かし、彼は父の助言を聞き入れなかったので、父は彼を家から追い出した。
2 週間後には和解したが、それでも彼は抵抗の意志を緩めなかった。彼が言
うには、父の時と自分の時とは状況が違う。昔は教育を受けているオロモが
少なかった。今は、オロモの中にも高等教育を受けて博士や軍の指揮官に
なった人がいる。だから、昔は抵抗運動がうまくいかなかったが、今ならう
まくいくと、抵抗の可能性に自信をもっていた。

　2015 年総選挙を目前に控えた選挙戦が行われていた 2014 年、彼は逮捕さ
れそうになったが、抵抗運動を中断させることはなかった。彼は政権転覆の
ために「槍をとり」、若者たちの先頭に立って、当時トゥラマのガダの父で
あったバイヤナ・サンバトとも連携をとった。2016 年には当局への抵抗の
ためオロミア州各地域の市町を通る幹線道路を封鎖し、オロモの自律を訴え
た。本章冒頭で触れたイレーチャ事件が日曜日に起こり、月曜日に事件で死
んだドドラの人びとの埋葬が行われると、水曜日にドドラの町で大集会が開
かれた。大集会は西アルシ県のいたるところで開かれた。大集会ではガダの
役職者が中心になって、EPRDF 政権の打倒と不支持、オロモの統治を宣言
した。そこには、ドドラだけではなく地域一帯のあらゆる階層の老若男女が
いた。あたり一面群衆であふれていた。木曜日には、若者たちが道路封鎖を
した。彼はその日、多くの若者と同じように、軍人に取り囲まれ、暴行を受
け、腕を骨折した。その後、ドドラの行政官たちに取り調べを受けた。取り
調べをしていた行政官の一人はフセインに、お前は乗っていた馬とともに殺
されればよかったのに、とすら言った。しかし、それを聞いていた別の行政
官たちは、いくら何でもそれは言い過ぎだといって彼をかばう側に回ったの
で、彼らの間で意見が二転三転し、結局彼は、逮捕を免れたのだという。集
会に参加したガダの役職者たちはその 2 〜 3 日後、逮捕・拘留された。そ
の次の年、政権が交代し、自分たちの抵抗運動が実を結んだのだと語る。

　彼の経験にみられるのは、教育による抵抗の形式と意識の変化である。武
力を用いない抵抗運動の仕方が模索され、1990 年代までの、OLF に参加す
る形での山間部でのゲリラ戦から、町場での道路封鎖やデモ、ビラや SNS

を使った情報の発信に抵抗運動の形式が転換されていた。そして、その変化が世代間の認識のズレを生み出していた。また、自分たちの抵抗運動によって、政権の交代が実現したとし、世代をまたいだ抵抗運動が自分の代で成功したのであるという達成感が強くみられた。

2.2 抵抗者たちのナラティブ

次に抵抗者たちの語りの在り方に焦点をあててみよう。複数の語り手が共通に語るいくつかのカテゴリーがみられた。私が分析したカテゴリーは、①国家からの暴力と抵抗の記憶、②政治犯刑務所での体制側からの思想教育、③国家に対する忍従と恐れの感情である。それぞれ**表1**の事例を挙げながらみていこう。

2.2.1 国家からの暴力と抵抗の記憶

アルシがエチオピア帝国と遭遇したのは 1880 年代である（Abbas 2014）。ショワ王国のメネリク 2 世が南部エチオピアへ侵攻を始めたのである。メネリク 2 世は最初にトゥラマを征服し、それを足掛かりにさらに南部のアルシへ戦闘部隊を送り込んだ。アルシの古老たちの歴史記憶によると、アルシにとって、メネリク 2 世が戦場に持ち込んだ銃器は、呪術以外の何物でもなかったという。家畜の乾いた皮をたたくような音が鳴ったと思ったら、敵が目の前にいないのにもかかわらず味方が死んでいる。それでも彼らは、槍と盾と馬の機動力を駆使して 5 年間、戦い続けた。業を煮やしたメネリク 2 世の部隊は、効果的にアルシを攻略するために、彼らの政治組織であるガダを攻撃するという方針を採用した。それを象徴する戦いが、アルシの人びととの間で広く記憶されている「アノレの虐殺」である。東アルシ県に位置するアノレの地でガダやクランの役職者が集まり、ガダの権力の移行儀礼（*ballii*）[5]をしている時に、メネリク 2 世の遠征部隊がアルシを攻撃したという。

メネリク 2 世の部隊は、アルシの人びとに「お前たちはガダに従うのか？　それとも王に従うのか？」と尋ねた。「ガダに従う」と答えた人びと

---

[5] アルシの 5 つの世代組は、8 年に一度の間隔で循環的に権力を交換してきた。権力を得た世代組は、8 年間、数々の通過儀礼を行い、社会全体の安寧に責任をもつ。世代組から世代組へと権力を移行させるバッリの儀礼の際には、その地域全体からガダやクランの役職者が一堂に会する。

と「王に従う」と答えた人びとが二ヶ所に分けられた。この時、「ガダに従う」とした人びとが多数を占めていたという。「ガダに従う」とした人びとの中でガダやクランの役職者たちは銃殺され、その他の名のある強者たちは、右手の肩、肘や手首から下を切り落とされた。彼らの妻の右乳房も切り落とされ、それらの切り落とされた腕や手や乳房がオダの木に吊り下げられたという。この凄惨な事件は、当時のアルシ社会に瞬く間に口頭で伝承され、アルシ社会に衝撃を与えた。この出来事以降、メネリク軍はさらに南部へと侵攻を進めていったが、それぞれの地域のガダのリーダーたちは、逃げるか、即時降伏をしていったという。

　多くのアルシによって共有された「アノレの虐殺」に関する歴史記憶は、世代を超えて継承されていき、国家のもつ圧倒的暴力とその惨劇の実例としてアルシの人びとの記憶に刻みこまれていった。パークは、このアノレに関する「トラウマ的歴史記憶」がイメージやモニュメント、ナラティブやジェスチャーを通して、次世代へとトラウマの追体験を促しながら、現在の政治的反応と想像力の土壌となっていったと分析している（Park 2021）。

　アルシにおける国家からの暴力の記憶として、1950年代に起きたハイレセラシエ1世による彼らの宗教的リーダーであったカッル（qalluu）[6]の拘束と留置所での死亡という事件もよく語られる。アルシは、地域ごとにガダ組織を形成してきたが、ガダの役職者たちは、共通してカッルに家畜を献上し、祝福をしてもらうムーダの儀礼を行っていた。アルシは、8年に一度、バレ県ダッロ・マンナ地域に居住するカッルのもとでガダの通過儀礼の一つであるムーダの儀礼を行うため、アルシに存在する複数のガダ共同体からそれぞれガダの役職者たちが同地に赴くことが習わしであった。そのアルシ社会における宗教的主柱であったカッルがハイレセラシエ1世の命によって殺されるという事件は、彼らの世界観を揺るがし、メネリク2世の遠征以降エチオピア帝国の統治システムが浸透していくなかですでに解体しつつあったガダ・システムの崩壊とアルシのイスラーム化を進める契機となった。

　アルシにおいて、こうした国家からの肉体的・精神的暴力にかかわる経験は、世代を通して口頭で伝承されながら、次世代においても追体験され、奴

6　カッルとは、彼らの信仰してきたワーカと人間との間に存在する神聖な存在として認知されてきた。アルシではライトゥ・クランのドイヨ・サブクランから世襲的に選ばれる。

隷化 (gabrumma) の歴史として認識されていた。本章の抵抗者たちも、以下のようなナラティブを語っている。

> ひいおじいさん、おじいさんの代から、アムハラによって奴隷化されてきた。アムハラに負けてきた。彼らを退けようと頑張ったがだめだった。我々は負けてきた。(**表 1** の事例④の語りより引用)

> メネリク 2 世から、ザウディトゥ、ジャノイ（ハイレセラシエ 1 世をさす）からメレス・ゼナウィ政権（EPRDF 政権期）にかけて、ずっと我々は奴隷化されてきた。我々は奴隷になることを望まない。我々は自分たちの意志で物事を決定するという自律性 (bilisumma) を得たいのだ。(**表 1** の事例③の語りより引用)

> アルシは自律性を求めるが、死ぬことを嫌がる。しかし、皆が死を恐れなければ、自律性は一日で達成するだろう。自律性は生命をかけなければ達成されない。なぜなら、ハベシャ（アムハラやティグライをさす）は人の話を聞かない。デモクラシーがない。恐れや武力に対する恐怖しか与えない。もしデモクラシーがあるなら、人びとに支持されなければ権力は得られない。メネリク 2 世やタイトゥ、ハイレセラシエ 1 世やデルグや EPRDF は人を暴力で統治してきた。「アノレの地で腕や乳房が切断された時 (gaafaa Aanoole, halka muree, harma muree)」[7]からはじまった。そして彼らは今でも人の話を聞かない。だから我々は一つにならなければならない。(**表 1** の事例⑥の語りより引用)

こうした抵抗者たちのナラティブから、彼らのもつ国家への認識が見えてくる。彼らにとって国家 (mootummaa = 王政から派生した言葉) は、外部の暴力的、敵対的勢力であり、彼らの自律性を脅かし、奴隷化しようとする権力機構として捉えられている。メネリク 2 世の帝政から EPRDF 政権にかけて形態を変化させながら彼らの前に登場した国家に対して、一貫して抵抗の姿勢を崩さなかったのは、彼らがこうした国家観をもっているからである。民族

---

[7] 現在、この言い回しは、アルシの人びとのみならず、多くのオロモ諸社会で共通に語られ、メネリク 2 世によるオロモ征服という歴史的出来事を象徴的に示す合言葉となっている。

の自律を標榜する民族連邦制を掲げた EPRDF 政権ですら、例外ではなかった。

　この国家観の根底には、メネリク 2 世の征服活動がもたらした恐怖と猜疑の集合的記憶がある。「アノレの戦い」を経験した同時代の人びとがその記憶を口承化し、それが現在に至るまで怨念のようにアルシ社会につきまとっている。その怨念は、抵抗者たち自身がもつ国家からの精神的・肉体的暴力の記憶と連関されながら、集合的トラウマとして再生産／再構築されている。だからこそ、抵抗者たちは、国家の圧倒的な暴力とともに「奴隷化」されてきた恐怖の歴史をのりこえて、再び自分たちの社会の自律性を取り戻すために戦ってきたのだ、とするナラティブを繰り返し語るのである。

2.2.2　政治犯刑務所での体制側による思想教育

　抵抗者たちの多くは、1992 年の山間部でのゲリラ戦に参加して逮捕され、バレ県にあるアガルファ刑務所やショワ県のフルソ刑務所に送られたのだが、そこでの経験を以下のように語る。

> 「たとえ死んで、死体がハゲタカに食われたとしてもオロモとしてのアイデンティティ（Oromummaa）は手放すことはしない。私はオロモだ。死ぬことを恐れない。私の名はオロモだ。オロモとしてのアイデンティティは私のものだ。それは絶対だ！」と私がいうと、彼らはその考えはやめろと言った。（**表 1 の事例⑤の語りより引用**）

> フルソでは、受刑者が七、八百人ぐらいおり、いつも授業があった。タダセというやつが、「抵抗運動には意味がない。OPDO というオロモの政党がある。OLF は正しくない。OPDO は正しい。OPDO を信じろ。OPDO に協力すべきであって、OLF に協力すべきではない。メレスの政権はよい統治をする。お前たちは政権に従うべきだ。だから、OLF から離脱すべきだ、OLF は人を殺す。正しくない。他民族を憎む。アムハラやティグライを憎む。他民族と共存するのが我々 OPDO だ」と我々に毎日、一日中、説いた。誰もそれに異を唱えられる者はいなかった。我々は捕まっているのだ。どうやったら、反抗できるのか？　そして、恭順を示した我々は釈放された。（**表 1 事例③の語りより引用**）

事例⑤の人物は、抵抗者たちのなかでも最高齢の79歳で、1945年生まれである。彼は1975年、30歳の時にデルグ政権下でOLFに参加している。彼のナラティブには、オロモとしてのアイデンティティ（*Oromummaa*）が強く表れている。死を賭しても自分がオロモであることをやめないと彼は刑務官たちに宣言するのであるが、それを真っ向から否定されてしまったという。
　しかしながら、彼が自明のものとして宣言したオロモというアイデンティティを彼以前の世代が共有していたかどうかは疑問である。メネリク2世からハイレセラシエ政権下を生きた彼以前の世代は、圧倒的な暴力によって屈服させられるという出来事に直面し、そのアルシのトラウマ的経験を口承化していった世代である。彼らが伝えた国家との遭遇の主人公たちは「オロモ」ではなく、「アルシ」であったことは一考に値する。つまり、現在に生きる抵抗者たちが自明のものとしている「オロモ」は、過去のアルシの歴史語りの基本用語にはなかったということだ。「オロモ」という新しい概念は、デルグ政権下でのOLFの活動をとおしてアルシのナラティブに浸透してきたと考えられる。
　抵抗者たちが抵抗のための母体としたのは、1973年に発足したOLFであった。最初に武力闘争を始めたOLFのリーダーは、ハラルゲ出身のエレモ・キルトゥという人物で、彼は、ハイレセラシエ1世政権下での不当な逮捕や拷問を経験したことから抵抗運動に身を投じた（Mohammed 2005）。事例⑥の人物によると、OLFの中心的な指導者の一人であったアルシ出身のワーコ・グートゥが戦線に参加した背景には、前述したハイレセラシエ1世によるカッルの殺害が強い動機としてあったという。ワーコ・グートゥは殺害されたカッルの叔父にあたり、身近でアルシの宗教的主柱の敗北という出来事を目の当たりにしたのである。こうした事例をみると、国家からのトラウマ的経験あるいは記憶をもつ個人がOLFに積極的に参加しているといえる。そして、集合的トラウマからぬけだそうとする個々人がOLFの強い原動力となってきた[8]。
　アルシの集合的トラウマは、それまでの声の文化のみならず、この抵抗組織をとおして、OLFの標榜する「「オロモ」の独立のために戦う」という思想と連関しながら、アルシ社会を超えた空間で、より強固に、再生産／再構

8　OLFの成立と展開については本書第7章参照。

築されていった。その過程でアルシからオロモへの集合的アイデンティティの変質が不可避的に生じたのである。その結果、抵抗者たちは、自らがオロモであることを自明の前提として語ることになった。アルシの抵抗者たちのほぼすべてがOLFに身を投じた背景には、彼ら自身のもつ集合的トラウマとOLFの思想が共感、共鳴関係にあったからである。集合的トラウマとOLFの思想は、前者がレジスタンスへの強力な動機となり、後者がトラウマを超克するロジックと方途を提示することで、相補的に作用しながら、オロモという新しい集合的アイデンティティの定着を促していったのだ。

しかしながら、抵抗者たちが自明のものとしたオロモ・アイデンティティは、EPRDF 政権によって否定されてしまう[9]。投獄された刑務所において、OLFそのものの否定あるいは、オロモとしてのアイデンティティの否定という説教を毎日聞かされ、それに反抗の意を示せば、刑期が長くなる。しかし、それを受け入れることは、彼ら自身が培ってきた信念をあきらめるということでもある。抵抗か服従かのジレンマに苛まれたことが彼らのナラティブから読み取れる。このジレンマは釈放後にもついてまわり、やがて、国家に対する忍従と恐れの感情を形成していく。

2.2.3 国家に対する忍従と恐れの感情

奴隷化の打破と自律性を目指して戦いを挑んだ抵抗者たちは、逮捕や拘留、彼らが保持してきた信念が否定されるという一連の経験を経て、挫折の念を持ちながら、その後の人生を送ることになった。彼らは、一様に現状には満足しておらず、国家への不満を抱えている。

> 今でも、アルシは幸せではない。しかし、私は抵抗運動に参加することはも

---

9 本章では、語り手たちが頻繁に言及していた、オロムンマ（Oromummaa＝直訳：オロモであること、またはオロモ性）をオロモ・アイデンティティと翻訳した。第7章ではこの言葉を「オロモらしさ」と訳しているが、本章ではオロモの人びととの間で自らの存在証明となる言葉として発話されているため、このように訳している。オロモという概念やオロムンマという言葉は、OLFの形成とその抵抗活動への参加を通して、アルシの人びとの中で定着し、オロモというアイデンティティを醸成していったことは本文の中で述べた。当時、オロモ・アイデンティティの体現者がOLFそのものだった。彼らにとって、国家≒アムハラへの抵抗者である我々オロモ、という構成要素が、彼らのオロモ・アイデンティティに不可避的に付随していたのである。だからこそ、民族連邦制についての教えを広め、オロモという民族集団自体を否定するはずがない指導者たちが、思想教育の中でOLFの存在を否定した時、彼らは、オロモ・アイデンティティ自体を否定されたと捉えたのである。

はやできない。納得してもしなくても、この状況のまま生きるしかない。平和に生きるしかない。戦いは、腹が減るし、人も殺す。自分も死ぬ。仕事もなくなり、子どもは学校に通えなくなる。だから、自分は地域の調停者として生きるしかない。我慢するしかないのだ。ここが問題だ、改善せよとか、ここはよい点だから変えるなということができない。今の状況を黙って受け入れるしかないのだ。我慢して生きるしかないのだ。アルシは我慢している。いつも何かの指令がくる、金を集めよだとか、小麦を集めよだとか、義務が課される。最近も小麦100kgを3,200ブルで売れとの指令がきた。[10] 我慢するしかないのだ。政府がまた勝手に人を逮捕するようになってきている。（**表1**の事例③の語りより引用）

　事例③の人物は、再び抵抗者になるには失うものが多すぎるし、かといって、現在の国家の在り方には懐疑的で、全面的に服従することもできないというジレンマに苛まれている。事例⑤の人物は、抵抗運動に関する語りをすること自体がおもしろくないことであるようだ。以下の語りは、その端的な例である。

今も我々の腹は元気でない。もうこの話をするのはやめよう。我々の腹は病んでいる。自律性を得られなかった。自律性を得られなかった。我々は統治者にならなかった。いたるところにオロモがいるのに。いまだに奴隷状態にある。それ以外に何がある。この奴隷状態以外に何がある。この状態をつくったのも我々自身なのだ。我々が我々を売ったのだ。この間だって……。
（**表1**の事例⑤の語りより引用）

　ヤー・バッロの中でも最年長であり、ボクでもある彼は、彼らの文化やアルシの「奴隷化」が始まる以前の歴史を語る時、極めて快活な口調で滔々と

10　ティグライ戦争とその後のオロミア州やアムハラ州での抵抗組織と連邦軍との極地的戦闘が続く中、投資家の撤退、観光客の減少等で財源を失った連邦政府は、財政回復のために近隣諸国に小麦を輸出するという国を挙げての政策を打ち出した。ロシア・ウクライナ戦争によって小麦の国際価格が高騰したこともその要因となっている。アルシの居住地域はエチオピアにおける有数の穀倉地帯であり、2023年2月には、バレ県ローベ地域には小麦および小麦製品の生産のための工場の完成式典が開かれ、アビィ首相も参列した。本章の舞台であるドドラ地域においては、連邦政府や州政府管轄の広大な小麦の共同農場が複数あり、この同年に経済特区化されている。農民からの小麦の買い上げ政策はこの動きを背景としている。

語る。一方で、EPRDF政権下のこととなると、語調を弱め、彼の自宅であるにもかかわらず、まるで誰かに聞かれたらまずいかのようにこそこそ口調になりながら、悲しみと諦めを込めて現在の状況を嘆く。また、彼らが求めてやまなかった自律性を阻んだのはほかなる体制側についた同胞であるとする。

> 彼ら（EPRDF政権）は我々を買った。そして我々を殺した（*keenna bitanii, keenna nu jala bitanii,nu fixanii*）。仲間が金に釣られて我々を政府に密告し、彼らはその情報をもとに山間部にやってきて我々を取り囲んだ。彼らは我々もこの土地も知らない。知っているやつが金に釣られて我々を売った。彼らから地位をもらい、そして我々を売った。彼らは、家にもやってきて、女たちを拷問し、我々がどこにいるかも聞き出そうとした。いつ帰ってくるのか？　夜帰ってきて泊っていくのか？と聞いた。アルシを怖がらせた。そして金や権力で釣った。OLFの経験をもつ者たちは、彼らを恐れている。その経験を持たない者は黙っている。（**表1**の事例④の語りより引用）

事例④の人物もまた、国家への恐れとともに、同胞が密告や地位の獲得を通して体制側につくという事態、抵抗か服従かで分断されてしまった社会への失望を語っている。

1990年代までの抵抗者たちは、国家からの監視、逮捕・拘留を通して、「恐怖が腹の中に入り込む」経験を半世紀近くの間に断続的に経験し、抵抗運動の挫折と現状への失望を語る。若年世代の抵抗者もまた、この国家への恐怖と猜疑を共有している。事例⑦の人物は、「子どものころから自分は知っていた。政府が理に叶わないことをしているのも、嘘ばかりついているのも、それで人びとが頭に蚤にたかられたように苦しんでいるのも、どうにもならなくてあえいでいるのも知っていた」という。しかしながら、1990年代までの抵抗者とちがい、彼は現状を変革していくことに対して希望を見出している。アビィ政権が登場する少し前のEPRDF政権の末期、彼はシャシャマネの町で開かれた政府が主催する集会に呼ばれて以下のように演説したという。

> EPRDF政権に抵抗して勝ったが、まだ、目的は達成されていない。135年の

間、我々は苦しんできた。アムハラが統治し、アムハラ語をしゃべらなければならなかった。政府はオロモの首相を選ぶべきだ。オロモ語が公用語になるべきだ。オロミア州の境界は守られなければならない。行政の言語はオロモ語になるべきだ。オロモの資源は、オロモが管理するべきだ。すべてのセクターはオロモが統治すべきた。首都でもオロモ語で教育を始めるべきだ。オロモ語とアムハラ語を公平に扱うべきだ。「オロモの文化」を尊重すべきだ。法に反して、人びとを暴行し、拘束することをやめるべきだ。（**表1**の事例⑦の語りより引用）

彼は、その集会で群衆からの共感と喝采を受けた。彼は、抵抗をしたことで弾圧を受け恐怖を植えつけられてきた自分より上の世代は、恐れて本音を言わないが、こうした発言をすることで未来が変わっていくことを願って怖いけれども、このような演説をしたという。

ここで直接語られているのは、行政と教育におけるオロモ語のあり方についての語り手の考えである。現在、連邦政府で用いられている公文書や行政官との応答、会議など、行政にかかわる実務言語はアムハラ語であるが、連邦政府では実務言語としてオロモ語も使うべきであり、また、全国的にアムハラ語が必修教科として教育されているようにオロモ語も同様に必修言語化すべきであるとする考えである。だがその背後には、抵抗者たちのナラティブにみられた、①国家からの奴隷化という歴史（*gabrumma*）、②オロモとしてのアイデンティティ（*Oromummaa*）の存在、③死守せねばならない自律性（*bilisummaa*）、そして、④国家への恐れと猜疑、という4つの共通の認識がみられる。こうした認識を共有しつつも、一方で、抵抗か服従か、自律性の希求とはうらはらに国家への恐怖で動けないというジレンマと無力感を抱える旧世代と、抵抗か服従かではなく発言と対話に活路を見出そうとする新世代という、世代間のコントラストがあるのだ。

3. 国家への集合的トラウマとオロモ・ナショナリズムの隆盛

3.1 集合的トラウマからオロモ・ナショナリズムへ

アルシの集合的トラウマは、メネリク2世からハイレセラシエ1世に至

る帝政、デルグ政権、EPRDF 政権、アビィ政権という国家権力の変遷の中で、それぞれの政治的コンテクストと呼応しながら、再生産、再構築されていった。19 世紀末のメネリク 2 世からハイレセラシエ 1 世までの時期において、アルシでは、声の文化を背景として国家への恐れや猜疑を基調とした集合的トラウマが生成、継承されてきた。その中心のテーマは社会が奴隷化 (*gabrumma*) されるという悲劇の記憶である。

　デルグ政権から 1990 年代までの EPRDF 政権前期では、奴隷化という集合的トラウマに、OLF での戦闘と逮捕という経験が加わる。OLF の戦士となる中で、アルシは、オロモとしてのアイデンティティ (*Oromummaa*)、死守すべき自律性 (*bilisummaa*) という新しい言説を取り込んでいく。一方で、監視、逮捕や服役という経験を通して、オロモとしてのアイデンティティの否定と自律性の保持の不可能性に直面し、彼らは、抵抗か服従かのジレンマを抱えながら集合的トラウマを再構築していった。

　2000 年代以降の EPRDF 政権後期からアビィ政権においては、テレビやインターネットの普及とともにフェイスブックが若者の間で情報伝達ツールとなっていく。そうした新しいメディアの登場を受けて、米国のオロモ系ディアスポラたちが発信する言説がアルシ社会の中に入りこんでいった。リアンスは、米国に暮らすディアスポラたちを「紛争を創出するディアスポラ」と名付け、紛争や暴力によって自国を追われ、そのトラウマ化した記憶を保持した闘争するディアスポラたちが、エスノナショナリズムを生み出し、近年インターネットやマスメディアを通してホームランドの政治に影響を与え、新たな紛争を生み出す原動力となっていることを論じている (Lyons 2007)。

　オロモ・ディアスポラは、亡命後、米国において独自のコミュニティを形成してきた。リアンスが指摘しているように、その閉じられた空間の中で、デルグ期に受けた迫害の記憶に基づく集合的トラウマを純粋培養し、オロモ・ナショナリズムを熟成させてきた。そして、彼らが創り出した「被害者としてのオロモ」という言説とその超克のためのオロモ・ナショナリズムは、帝政期から EPRDF 政権にいたるオロモに対する弾圧という恐怖の経験と連動しながら、メディアを通してオロモ諸社会において、さらに強固に、イデオロギー的に移植されていった。

　例えば、特に 2010 年代に入ってオロモ諸社会で強い影響力をもち、米国

でテレビ局を経営するアルシ出身のジャワル・ムハンマドがその典型である（本書第7章参照）。彼は、EPRDF政権によって2014年に発表された首都拡張計画がオロモへの経済的搾取であり、その地のオロモの文化やアイデンティティ、自律性を破壊する行為であるとして繰り返し演説を行い、国家への恐怖や猜疑を再生産するとともに、オロモの若者たちに蜂起を促していた。他のオロモ系ディアスポラの人びとも同様にこうした言説を様々なメディアを通して米国からエチオピアへと発信していた。このことは、彼らが「紛争を創出するディアスポラ」であることの証左である。ディアスポラたちの「被害者としてのオロモ」言説がアルシ社会に入り込んでいくことで、集合的トラウマが新たに再構築されるなか、その反動として、オロモ・ナショナリズムが社会に爆発的にひろがることになったのだ。

　集合的トラウマの変遷をアルシの世代別にみると、国家への最初の抵抗者で、その原初的経験から、集合的トラウマを生成し共有していた第1世代がいる。彼らが語ってきた歴史記憶には、恐怖や猜疑、絶望といった集合的トラウマが内在している。これが、アルシの集合的トラウマの原初形態である。次に、OLFの戦士となった第2世代がいる。彼らは、本章が取り上げてきた抵抗者たちにあたり、彼らのナラティブからは、第1世代の集合的トラウマに加え、挫折、葛藤、失望、忍従といった集合的トラウマがみられる。

　そして、第1世代と第2世代の集合的トラウマに加え、ディアスポラたちのナラティブをもとに、集合的トラウマを再構築している第3世代がいる。彼らは、2000年代以降の新しいタイプの抵抗運動に参加しており、EPRDF政権交代という成功体験、悲劇の解消という経験とナラティブをもつ。国家への集合的トラウマは、3世代を通して、それぞれの政治的コンテクストと呼応しつつ、再生産／再構築されてきた。そして、そこには、国家への恐怖と猜疑が通底音として流れている。

3.2　集合的トラウマのカタルシスと回帰

　2018年3月、オロモ出身のアビィ・アフマドが首相に就任した。このことは、アルシ社会にとって、彼らの抑圧者の権化であったティグライ主導のEPRDF政権からの解放を意味した。アビィ首相が最初に行ったことは、OLFなど複数の民族解放戦線の合法化である。OLFの帰還は、アルシにお

いて熱狂的に受け入れられた。アディスアベバから東アルシ県と西アルシ県、そしてバレ県へといたる道路や街が OLF の旗や OLF のシンボルであるオダの木のペイントで埋め尽くされた。その道路上にある町々でスタジアムに老若男女が集い、凱旋集会（*simannoo*）が開かれた。また、抵抗運動にメディアを通して影響を与え続けた米国のディアスポラたちへの歓迎も華々しく行われた。同年5月、バレ県北部オダ・ローバ地域でガダ再興会議が開かれた。「オロモの首相」という「後ろ盾」を得て、ガダによる自治を画策しようとアルシが動き出したのである（大場 2021）。

　これらの一連の動きは、まるでこれまでの悲劇への反動、あるいはカタルシスのようなものであった。こうした社会的雰囲気のなかで、若者たちは、OLF の戦士たちを称えはじめ、彼らの歴史やゲーラルサと呼ばれる英雄を称える叙事詩が、この時期、若者たちの自費出版という形で大量に生みだされた。例えば、アマーン・ニャファロという若者が『芸術の中の銃（*Qawwee Aartii keessaa*）』という自費出版の詩集の中で事例⑥の人物を英雄の一人として謳っている（Amaan Nyafaroo 2021）。アマーンは、事例⑥の人物の勇敢さや神出鬼没の戦いぶりを詠いつつ、彼が密告によって捕まってしまった時の情景を抒情的に描写している。

> 敵は彼を市中に連れ出し、さらし者にすることで民衆に戦いの無意味さを警告しようとした。その時、彼は人びとの前でこう言った。……私の敵はあなたたちの敵でもある。彼らは今日私を噛んだら、明日お前たちを噛むだろう。私を殺したければ殺すがよい。私の死は、オロモの自律性への供儀だ。私は死ぬまでオロモのために戦う。抵抗をやめようとは絶対に言わない。彼がそう言うと、群衆は泣いた。そして彼が殺されてしまうことを恐れた。人びとは、彼は我々の英雄だ、と言った。……彼の信念は次の世代の抵抗者たちに受け継がれている。（Amaan Nyafaroo 2021: 133–136）

　前節でも言及したように、事例⑥の人物は逮捕後、いくつかの刑務所に連れていかれ、そこで集会が開かれたと証言しているが、この時の彼の言動が叙事詩の中で詠われている。群衆の前での彼のヒロイックな言葉に群衆は涙を流すのである。ここでヒロイズムが成立するのは、アルシの人びとがもつ英雄に対する文化的な憧憬もさることながら、国家への恐怖とそれに命を懸

けて立ち向おうとする同胞というビジョンを群衆が共有しているからである。その恐怖が強ければ強いほどヒロイズムはその濃度を増していく。彼の意志は、次の世代へと引き継がれていると謳い上げられているように、この詩人は、事例⑥の人物がみせた国家への恐怖と猜疑、断固抵抗の意志は、若者世代に共有されているとしている。

　2018年の自由で開放的な社会の雰囲気は、2019年から2020年にかけて一変する。アビィ首相が新党である繁栄党を結成したことが、オロモ諸社会全体を二分する議論を巻き起こしたのである。これまでの民族による自治を基盤とした国家運営か、あるいは、アビィが掲げる民族を超えた「エチオピア人」による国家運営か、という議論である。多くのオロモ諸社会の人びとにとって「エチオピア人」とは何を指すのか不明であり、アムハラを主体としたかつてのエチオピア帝国やデルグ政権の再来を危惧する者たちは、一挙にアビィ支持をやめ、米国のディアスポラでオロモの自律を説くアルシ出身のジャワル・ムハンマドの支持に回っていった。そして、この時期、オロモの若者、通称ケーロ（qeeroo）を中心とした暴動がアルシの主要市町村において起こったのであるが、彼らはジャワル・ムハンマド支持者であった。

　2019年11月には、ジャワルが何者かに襲撃されているという一報をフェイスブックに載せたことがきっかけとなって暴動がおこった。この時、アルシの各地での道路封鎖とアムハラを中心とした他民族への襲撃、正教徒とイスラームの乱闘が起こった。さらに、2020年6月には、オロモの歌手で、オロモの自律性を歌詞にのせて歌い上げ、熱狂的な若者の人気を得ていたハチャールの暗殺事件をうけた追悼兼暴動が起こった。この時も前回の暴動と同様、アルシ各地での道路封鎖とアムハラを中心とした他民族への襲撃が起こっていた。これらの一連の動きは、EPRDF政権の交代を自分たちの抵抗運動の成功事例として捉えていた若者たちによって、極めて迅速にそして過激に行われていた。彼らは、オロモの首相率いる現政権はそれまでの国家と違って、対話は可能であり、自分たちに対し、不条理な暴力を行使しないと信じていたのである。

　しかし、彼らの信頼に反して、この暴動が落ち着いたころ、2020年7月にジャワル・ムハンマドの逮捕と拘留が行われた。これは、オロモ諸社会に衝撃を与える出来事であった。逮捕されたジャワルはアルシの人びとにとって、政府によって見せしめに刑を科された殉教者のようであった。そして人

びとの間では、再び国家への恐怖と猜疑が蘇ることとなったのである。ジャワルの逮捕以降、アルシの若者たちは暴動を起こすこともなかった。2020年から2021年にかけて、米国のオロモ系ディアスポラがメディアを通じて蜂起を複数回呼びかけていたが、彼らは無反応であった。

2024年現在、アルシでは、かつてのEPRDF政権下のような鬱々とした空気の中で人びとは沈黙している一方で、彼らの居住地域を含めたオロミア州の各地で、OLFの過激派OLA（通称シャネ）による警官や政府軍との戦闘が断続的に続いている。2018年にアルシの町中のいたるところに彩られたOLFのシンボルはいつの間に塗りつぶされてしまった。東アルシ県の県庁所在地であるアサラ市の街角に建てられた、「若者通り（*Dhaanndii-Qeeroo*）」の小看板、リオ・オリンピックのマラソン男子銀メダリスト、フェイサ・リレサの両腕をクロスに掲げた抵抗ポーズ写真がプリントされた看板もいつのまにかなくなっていた。その看板の下で、いつも靴磨きをしている若者にそのことを尋ねると、彼はいかんともしがたいとでもいうように、ふてくされたような、旧世代の抵抗者たちがみせてきた無力感を漂わせた表情を浮かべていた。

4. おわりに

本章では、EPRDF政権下でのアルシの人びとの経験に焦点をあて、その経験が彼らの歴史記憶と連動しながら、アルシ社会に集合的トラウマをもたらし、人びとの認識や社会の在り方に影響をあたえていることについて記述した。アルシに限らず、オロモ諸社会において、メネリク2世の大遠征からEPRDF政権に至るまで連綿と継承されてきた国家への集合的トラウマは様々な形で表出している。本章では、その一つの現れとしてオロモ・ナショナリズムの隆盛に焦点をあてた。

本章の冒頭で取り上げたイレーチャ儀礼の場となったトゥラマ社会の場合、彼らの歴史的な居住テリトリーが首都アディスアベバ周辺地域に位置し、アルシよりも国家と地理的に近いがゆえに従属的な関係を強いられてきた。メネリク2世の征服期には、多くのトゥラマが居住地域を追われ、強制的な移住を余儀なくされた。その後、帝政期やデルグ政権期を通してトゥラマは、

かつての文化を秘匿的に継承しながらも、言語、宗教、アイデンティティなどのアムハラ化を行って恭順を示すことで、国家に抗するのでなく取り込まれていく方向へと進んだ。EPRDF政権下においても、OPDOへの参加者が他のオロモ諸社会に比べて格段に多かった。トゥラマ社会がオロモ懐柔政策の舞台となったのもこうしたことと無関係ではない。2000年代以降、トゥラマ社会から政府の傀儡的なガダが誕生し、イレーチャ儀礼の「オロモ化」が実践されてきた。オロモ・ナショナリズムの隆盛を受けて、トゥラマの若者を中心にエチオピア正教からかつてのワーカ宗教への転向が進み、独自のガダの再興運動が内部で起こってきたが、トゥラマ社会がラディカルなオロモ・ナショナリズムの方向に進んでいっているようには見えない。

　一方、アルシの場合は、トゥラマのように国家への服従を受け入れ、積極的に国家運営に参入するという割り切った関係を生み出せていない。彼らの場合は、服従か、抵抗による自治かの常態的ジレンマに陥ってきた。「オロモの独立」を掲げ、現在でも連邦政府との戦闘を継続しているOLAへの共感をもちながらも、国家へ恐怖をもつゆえに、完全なる抵抗からは距離を置いている。その一方で社会内部に強烈なオロモ・ナショナリズムを抱え込んでいる。デルグ政権下において米国へと亡命したオロモ・ディアスポラとアルシとは親和的関係をもち、それがまた彼らのジレンマを助長している。

　EPRDF政権が行ってきたムチによる支配は、当該社会の歴史語り、同時代の抵抗者たちの物語り、そしてメディアを通して拡散するディアスポラの物語と連動することで、アルシにおける国家への集合的トラウマが世代を超えて再生産／再構築をすることに寄与した。そして、このことが今後のエチオピアの国政の行方にも暗い影を落としている。

　2023年3月からエチオピア政府とOLAとの和平交渉が始まったが、両者はいまだ、決裂したままである。このまま極地的戦闘が続いていけば、両者ともに消耗していくのは目にみえている。和平交渉の中で政府がOLAに政治的地位を約束しているのだから、なぜ彼らはそれを受け入れないのかと、私は本章の語り手の一人であるモハメドに尋ねたことがある。すると、彼は、OLAには、オロモの独立以外の選択肢はないから、政府の提案は受け入れないだろう、という。どうして、彼らはそんなに頭が固いのだろうか？と聞くと、政府はそうして懐柔し、武装解除させておいて、ほとぼりが冷めたら逮捕や拘束を行ったり、秘密裡に抹殺したりするだろうから、OLAの幹部

たちは政府の甘言を信じることはできない、という。理屈ではない恐れ、だまし討ちにあうかもしれないというが恐れがあるから、自分たちが政権を担うはずのオロモの独立、確実に身の安全が確保できるという保障以外は受け入れられないというわけだ。

　この見方は、帝政から現政権に至るまでの弾圧経験の中で、実際行われてきたことに基づいて、あるいは集団的トラウマがさらに集団的パラノイアを発症させながら、培われていったものであるのかもしれない。そのいずれにせよ、問題なのは、国家とは不条理で信用ならない、ひたすら暴力的な存在でしかないとする認識がすでにオロモの人びとの間で言説化してしまっているということなのだ。

　アビィ・アフマドが政権の座につくことで、一時的であったがこの国家なるものへの恐怖と猜疑は払拭され、アビィはオロモの絶大なる支持を得ることには成功した。しかし、それも束の間のことで、いまやアビィも新党の結成やジャワル・ムハンマドとの対立を経てこの猜疑の対象にされている。彼らの中では、政治的方向性や思想の違いですら、国家への恐怖と猜疑の発動要件になっている。猜疑が一度起これば、政府の言動はパラノイア的解釈に基づいて査定され、国家とオロモは、別々の世界線にそれぞれ存在していってしまうのである。この先、彼らが猜疑心を抱かないような、この二つに分かれた世界線をつなぐオロモ的人物が新たに政権運営にかかわっていかない限り、この平行関係は続いていくだろう。

参考文献

Abbas Gnamo, 2014, *Conquest and Resistance in the Ethiopian Empire, 1880–1974: The Case of the Arsi Oromo*, African social studies series 32, Leiden: Brill.

Amaan Nyafaroo, 2021, *Qawwee Aartii keessaa*, Ismaa`il Abaaraayyaa.

Baxter, Paul. T. W., Jan Hultin and Alessandro Triulzi, eds., 1996, *Being and Becoming Oromo: History and Anthropological Enquiries*, Lawrenceville: The Red Sea Press.

Lyons, Terrence, 2007, "Conflict-Generated Diasporas and Transnational Politics in Ethiopia," *Conflict, Security & Development*, 7(4): 529–549.

Mohammed Hassen, 2005, "Elemo Qilituu," Siegbert Uhlig ed., *Encyclopaedia Aethiopica Vol. 2*,

Wiesbaden: Harrassowitz, 252–253.

Park, Young Su, 2021, "Re-membering Dismemberment: Haunting Images of Amputation at Aanolee and Oromo Political Subjectivities in Ethiopia," *Ethos: Journal of the Society for Psychological Anthropology,* 48(4): 477–497.

大場千景, 2021,「アルシ・ディレンマ：エチオピア・アルシ社会におけるガダ再興運動が生み出す抗争と創造」『文化人類学』86 (1): 5–24.

兼子諭, 2019,「トラウマ概念の社会学的応用とその意義：文化的トラウマ論の検討から」『社会学評論』69(4): 453–467.

第10章　民族連邦制の功罪
――南部諸民族州からの分離と新たな州の設立

吉田 早悠里

1. はじめに

　80を超える民族が居住するエチオピアにおいて、民族の融和は難しい政治的課題であり続けてきた。社会主義を標榜したデルグ政権が1991年に倒れ、EPRDFによる政権が樹立されると、1995年に民族を基盤とした連邦制が導入された。国内は、民族を軸として9つの州に分けられた。州内で主要な位置にある民族の名前を冠する州に、オロミア州、アムハラ州、ティグライ州、アファール州、ソマリ州、ハラリ州がある。一方で、南部諸民族州、ベニシャングル・グムズ州、ガンベラ州は、複数の民族が州内に居住している。なかでも南部諸民族州は、エチオピアの総人口の約2割が居住する一方で、国内の民族の半数を超える56の民族が集中したことから、「連邦のなかの連邦（a federation within a federation）」（Vaughan and Tronvoll 2003: 15）と呼ばれた。

　しかし、EPRDF政権樹立から四半世紀を経て、南部諸民族州内の各地で同州からの分離ならびに新たな州の設立をめぐる運動が相次ぎ、住民投票の結果を受けて新たに3州が設立された。その皮切りとなったのが、2019年11月にシダマ県が南部諸民族州から分離してシダマ州として成立したことである。2021年11月には、南部諸民族州内の南西部に位置した5県、1特別郡が同州から分離し、南西エチオピア諸民族州が成立した。2023年7月には、南部諸民族州の6県、5特別郡が分離して南部エチオピア州が成立し、南部諸民族州に残された地域は中央エチオピア州として再編された。つまり、

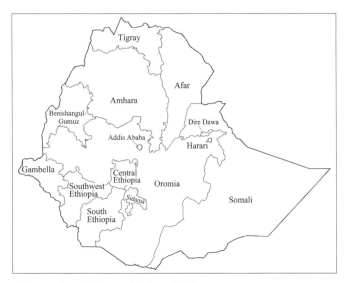

図1 2023年7月以降のエチオピアの州区分

南部諸民族州は解体されたのである。

　数多くの少数民族が暮らすエチオピア南西部において、南部諸民族州からの独立と新たな州の設立が相次いだ理由と背景は何なのか。EPRDF政権による民族連邦制は個々の民族に何をもたらしたのか。本章ではこれらについて、シダマ州に次いで南部諸民族州からの独立を州政府に求め、南西エチオピア諸民族州への再編を経験するとともに、同州のなかでも最も人口が多く、政治・行政の中心がおかれることになったカファ県を取り上げて検討する。

2. エチオピアと民族連邦制

2.1　国家と民族

　エチオピアは、80以上の民族を擁する多民族国家である。19世紀後半にエチオピア北部に位置したキリスト教王国が南部一帯に暮らす諸民族を征服することによって、近代国家としてのエチオピア帝国が形成された。このエチオピア帝国は、各民族が有する文化、歴史、そして言語について抑圧的な態度を取ってきた。帝国体制下ではアムハラが覇権を握り、北部出身の民族

と南部一帯の諸民族の関係は支配・被支配関係として形成されていった。こうした北部出身民族による南部一帯の諸民族に対する収奪的支配の問題は、1960年代から1970年代にかけて学生運動が活発化するなかで、政治課題として顕在化していった。

　1974年に革命で成立した軍部主導のデルグ政権は、社会主義を標榜して中央集権体制を形成した。そこでは、民族の平等が謳われたものの、各民族の自治が考慮されることはなかった。1991年、民族自決を旗印に各地の反政府勢力が結集し、デルグ政権が倒された。その後、EPRDF政権によって1995年に憲法が制定され、民族連邦制を導入したエチオピア連邦民主共和国が成立した。

　EPRDF政権の特徴として挙げられるのは、1995年に制定された憲法においてすべての民族の自決権を認め、要求があれば分離・独立も認めている点や、民族居住地域を基準に9つの州に分けた連邦制を採用している点である。連邦憲法39条1項では、「すべての民族は、分離独立をも含む無制限の自決権を有する」とされた。ここでいう民族とは、連邦憲法第39条5項において、「広範に亘り共通の文化ないし同様の慣習をもち、相互に理解可能な言語をもち、共通のあるいは関連するアイデンティティをもつと信じ、心理的にも一体感を有し、大部分がひとつながりの領域内に居住する」人間集団のことと定義されている（FDRE 1995）。

　このような民族自決が導入された主な理由の一つに、母語での学習に対する要求があった。教育において母語を使用することは、民族の文化、アイデンティティ、歴史を維持し、発展させるために不可欠である。連邦憲法は、第5条にて「エチオピアのすべての言語は、平等な権利を有する」とし、すべての民族に自らの言語を発展させ、その文化を促進し、その歴史を遺産として保存する権限を認めている。また、「アムハラ語を連邦政府の実務言語とする」とともに、州は「それぞれの実務言語を決定する」[1]と定めている。この権利には、教育やその他の公共サービスにおいて民族の言語を使用することも含まれている。

　しかし、地方分権と民族自決の原則は、一定の政治的・文化的自決権をもつ新たな政治的単位を創出した。その結果、教育や行政機関で使用される言

1　ハラリ州は、州言語としてハラリ語とオロモ語の2言語を採用している。

語をめぐる対立や、行政区域の境界線をめぐる争い、恣意的に言語がつくられることなど、様々な問題が生み出されることになった。

2.2　民族連邦制と資源配分

　エチオピアの民族連邦制の大きな特徴の一つは、連邦政府と連邦を構成する州・地方政府の間で権力が分有されていることである。憲法では、連邦政府の諸権限が列挙される一方で、残余的権限が州政府に残されている。EPRDF政権下では、連邦政府と州政府はともに経済・文化・社会政策を創出する権力を有しているが、どちらも同一政党が与党であるため、両者の政策において矛盾が生じることはなかった。ただし、連邦単位である9つの州政府は、連邦政府と同一の権力と義務を有するものの、あくまで連邦政府が重要な権力を掌握していることから、州政府に与えられるのは行政的なものに限られた（Semahagn 2020: 189-191）。

　特に重要な点として、連邦政府と州政府の間での財政資源配分をめぐる問題がある。憲法発布の前の布告では、連邦政府が地方の住民から徴収した税収（歳入）は、一定程度の割合で連邦政府と地方政府がそれぞれ使途を決めることができた。しかし、1995年に定められた憲法では、第94条で連邦政府に州の緊急事態や復興、開発に関する助成金の支出とその使途を監査する権限を与えている。加えて、1994/95年以降、連邦政府は計算式に基づいて国庫歳入から各州政府に対して交付金を支給する形となった。この主な目的は、地域間の平等を実現し、新しい州の官僚機構を存続させることにあった。当初、この地方交付金の計算式は、州の人口規模、貧困度、歳入創出能力という3つの要素で構成されたが、資源分配をめぐる論争を引き起こし、後に改訂が重ねられることになった（Asnake 2009: 88-89）。

　州政府は徴税権を有しているが、歳入を増やすために課税基準を変更する

2　例えば、1894年までウォライタ王国を擁していたウォライタは、1974年からのデルグ政権以降、言語的に類似性を備えるガモ、ゴファ、ダウロと同じ行政区分を与えられてきた。しかし、ウォライタは自ら固有の言語と文化を持つ民族であると主張し、1994年、独自の行政組織の編成を求めた。これに対して政府は、ウォライタは近隣諸地域と言語・文化の面で分けることが難しいとし、ウォライタの要求を拒否してきた。その後、ウォライタ、ガモ、ゴファ、ダウロの言語をもとにウォガゴダ語（Wagagoda）がつくられ、学校教育での使用が決まった。だが、これに反対したウォライタによって暴力を伴う事件が発生した。2000年、政府はウォガゴダ語を撤廃し、ウォライタは一つの県として成立した（石原 2001: 96; Aalen 2002: 96-97; Vaughan 2006: 189-194）。

ことはできず、自律的な財政運営は困難である。連邦政府は歳入を独占しており、州政府の歳入は連邦政府からの地方交付金に大きく依存している。例えば 1993/1994 年度の会計では、州全体の総歳出が 31 億 4,500 万ブルであり、州による歳入はそのうちの 26％ にあたる 8 億 700 万ブルにすぎず、残りは連邦政府からの地方交付金や助成金であった。つまり、各州は連邦政府によって全歳入の 80％ から 90％ を管理されるとともに、その歳出パターンも監視されている[3]（Keller 2002: 36）。これにより、州政府の自己管理／行政の権利は間接的に弱められており、州政府は州内の開発の優先順位を決める自由裁量権をほとんど有していなかった（Semahagn 2020: 191, 197-198）。

　この点についてケラーは、一般的に連邦政府と州政府の間で歳出配分に関する一定程度のコンセンサスが存在するが、連邦政府からの地方交付金をどのように配分するのかについては州内で対立が生じることがあると指摘している。例えば、アムハラ州で州と県の希望が一致しない事態が発生した際、各県は計画を変更して「よりバランスの取れた開発のために」連邦政府や州政府が定めたガイドラインに従うよう説得された。このような事例は、県や郡などの地方自治体には予算配分を含む政策決定において自由裁量権がほとんどないことを示している。これは特に郡レベルにおいて顕著であるという（Keller 2002: 41）。

　州間でも連邦政府からの地方交付金の金額や歳入創出能力に不均衡がある（Keller 2002: 42）。例えば、アスナケはハラリ州と南部諸民族州シダマ県を比較して、このふたつの地域に対する連邦政府からの地方交付金の分配額の不均衡について論じている。2007 年のハラリ州は人口 18 万 5,000 人程度であるが、南部諸民族州シダマ県の人口は 277 万 6,928 人[4]であった。2006/07 会計年度において、ハラリ州は連邦政府から 1 億 2,053 万ブルの地方交付金を配分されたが、同年度にシダマ県が南部諸民族州から配分されたのは 3,075 万ブルであった。このような資源配分の偏りは、自らの民族州を有さない民族が独自の州や（県と同等の権限を有する）特別郡の新設を求める動きにつな

3　ケラーはこのように述べているが、州政府の歳入・歳出が同額ならば、連邦政府によって管理される州政府の歳入は全体の 70 ～ 80％ になるはずである。

4　2007 年の国勢調査では、シダマ県の総人口は 295 万 4,136 人で、州内のシダマの人口は 289 万 3,947 人とあり（Population and Housing Census 2007b: 140）、アスナケが示したシダマ州の人口 277 万 6,928 人の根拠は不明である。

がっている[5]（Asnake 2009: 91-92）。

　ランカスターは、こうした不均衡な資源分配や財政管理上の不備は、特定の民族に連邦政府から軽視されているという意識を抱かせ、民族連邦制に対する不満の種となって紛争の誘因となりかねないと論じている（Lancaster 2012: 45-46）。

3. 南部諸民族州と新たな州の設立

3.1 南部諸民族州における民族自決

　エチオピアに暮らす民族のうち、半数以上が南部・南西部に集中している。EPRDF政権下の1995年から2019年までの間、南部諸民族州には56の民族が居住してきた。南部諸民族州内で人口が最も多い民族はシダマで19.4％を占めた。次にウォライタが10.6％、ハディヤが8％、グラゲが7.5％、ガモが7％、カファが5.4％と続いた[6]（Population and Housing Census 2007b: 135-136）。

　これらの民族は、それぞれ固有の言語、歴史、文化的背景を有している。例えば、ウォライタ、カファ、シェカをはじめとした民族は、19世紀末までそれぞれ独立した王国をもっていた。また、州内に暮らす民族の主たる生業形態も、農耕や牧畜、狩猟など、多岐にわたる。民族の数と比例して、州内ではアフロ・アジア語族セム系（グラゲ語など）、クシ系（シダマ語、カンバータ語、ゲデオ語、コンソ語など）、オモ系（ウォライタ語、カファ語、ベンチ語、ゴファ語など）、ナイロ・サハラ語族（コエグ語、ムルレ語、ムルシ語、ニャンガトム語など）といった多くの言語が話されている。

　多民族からなる同州は、1995年制定・2001年改訂の南部諸民族州憲法（SNNPRS 2001）によって民族自決が保証され、民族を基盤とした県・特別郡から構成された。例えば、州憲法第45条第2項は、州内の民族が居住様式、言語、アイデンティティ、人びとの合意に基づいて独自の県あるいは特別郡

5　人口・経済規模の大きい都市が県から分離・独立して特別郡になることで、直接、州政府から予算を獲得しようとする動きもある。
6　エチオピアにおける国勢調査は、2007年以降、実施されていない。それゆえ、ここでは2007年の国勢調査のデータを用いる。

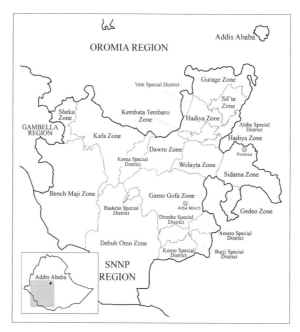

図2 2007年の行政区画
（南部諸民族州政府作成地図をもとに筆者作成）

を有するものと規定している。憲法上、県と特別郡は同等の地位にある（州憲法第80条）。県ならびに特別郡の評議会の権限については、州憲法第81条に定められている。県と特別郡の評議会は、実務言語を決定し（同第3項 (a)）、民族が自らの言語を話し、書き、発展させ、自らの歴史を遺産として保存する権利を保護する（同第3項 (b)）。南部諸民族州の行政では、アムハラ語が実務言語として使用されたが、州内の各県・特別郡では自治機関を有する民族が行政・教育における使用言語を決定する権利が認められている。また、県と特別郡の評議会は、州政府から割り当てられた予算に基づいて独自の予算を承認する権限を有する（同第3項 (d)）。

政治面では、各民族がそれぞれの政党を組織した。南部諸民族州の与党は、1994年に結成された南部エチオピア人民民主運動（SEPDM）であった。

SEPDMは、アムハラ民主党（ADP）[7]、オロモ人民民主機構（OPDO）[8]、ティグライ人民解放戦線（TPLF）とともに、連立与党 EPRDF を形成する主要政党であった。SEPDM は、南部エチオピア人民解放戦線（SEPDF）が母体である。SEPDF は、もともとデルグ政権期の武装闘争中に TPLF によって捕虜とされた人びとが、TPLF によって訓練、組織され、デルグ政権崩壊後は民族コミュニティを動員して指導する立場になって結成された。SEPDM は 1994 年に結成され、エチオピア南部の 23 の民族政党がメンバーとして加入して以来、南部諸民族州行政を担ってきた（Chanie 2007: 362）。他方で野党は、1993 年 12 月に結成された南部エチオピア人民民主連合（Southern Ethiopia People's Democratic Coalition）であった。しかし、2019 年 12 月にアビィ・アフマド首相が EPRDF を解党して繁栄党を結成したことにより[9]、SEPDM は解散して繁栄党に合流した。

3.2　南部諸民族州とその再編

　南部諸民族州では、その成立以降、州内の県・特別郡の分離・再編が断続的に行われてきた。同州は、1994 年の国勢調査では 9 県、5 特別郡から構成されていた[10]。しかし、2007 年の国勢調査では、13 県、8 特別郡となった[11]（図 2）。この間に生じた行政区画の再編による大きな変更点は、北オモ県の解体と再編である。北オモ県には、ウォライタ、ガモ、ゴファ、ダウロをはじめ、複数の民族が暮らしていた。しかし、2000 年には民族を単位としてダウロ県、ガモ・ゴファ県、ウォライタ県、バスケート特別郡、コンタ特別郡へと再編された（Vaughan 2003: 251–260）。

7　アムハラ民族民主運動（ANDM）が母体である。
8　OPDO は、2018 年にオロモ民主党（ODP）に名称を変更し、改組された。
9　TPLF を除く、EPRDF 政権と協力関係にあった各州の政党が繁栄党に加わった。すなわち、ODP、ADP、SEPDM、ソマリ民主党（SDP）、アファール国民民主党（ANDP）、ハラリ国民連盟（HNL）、ベニシャングル・グムズ人民民主党（BGPDP）、ガンベラ人民統一民主運動（GPUDM）の 8 党である。
10　その内訳は、グラゲ県、ハディヤ県、カンバータ・アラバ・ティンバロ県、シダマ県、ゲデオ県、北オモ県、南オモ県、カフィッチョ・シェカッチョ県、ベンチ・マジ県、イェム特別郡、アマロ特別郡、ブルジ特別郡、コンソ特別郡、ディラシェ特別郡である。
11　グラゲ県、ハディヤ県、カンバータ・ティンバロ県、シダマ県、ゲデオ県、ウォライタ県、南オモ県、シェカ県、ガモ・ゴファ県、ベンチ・マジ県、ダウロ県、スルテ県、イェム特別郡、アマロ特別郡、ブルジ特別郡、コンソ特別郡、ディラシェ特別郡、バスケート特別郡、コンタ特別郡、アラバ特別郡である。

また、EPRDF政権成立当初、南部諸民族州の西部はカファ県、シェカ県、ベンチ県、マジ県の4県に分かれていた。その後、1996年にカファ県とシェカ県が併合されてカフィッチョ・シェカッチョ県に、ベンチ県とマジ県が併合されてベンチ・マジ県の2県に再編された。だが、シェカはカファとは言語が異なることや行政上の予算配分への不満を主張し、2000年にシェカの主張が認められてカファ県とシェカ県が分けられた。また、ベンチ・マジ県は、2020年9月にベンチ・シェコ県と西オモ県に再編された（Addis Standard, May 25, 2021）。

　各県内でも、郡の分離・再編は継続的に行われてきた。また、行政区画の再編がなされなくとも、県都が変更される場合もあった。[12]

3.3　南部諸民族州からの分離

　2018年から南部諸民族州の各地で、同州からの分離および独自の州の設立を求める動きが活発化した。きっかけとなったのは、2018年7月にシダマ州の設立に関する住民投票が決定したことであった。

　シダマは、2007年の国勢調査では人口約295万人であり、南部諸民族州で最大の民族であった（Population and Housing Census 2007a: 73）。1991年にEPRDFが政権を掌握した直後、シダマ州がつくられた。しかし、同地は1994年にシダマ県として南部諸民族州に編入された。個別の民族州にて自治を行うことを望むシダマの人びとにとって、シダマ州の喪失は大きな不満として燻ることとなった。シダマ州の設立をめぐっては、2002年にデモ行進が行われたほか、2005年の国政選挙においても政治的取引の材料となった（e.g. Aalen 2011: 151-152; Mains 2019: 71-72）。その後もシダマは、南部諸民族州における予算配分に対する不満などを理由に、同州からの分離・独立を求め、2018年7月、シダマ州の設立に関する住民投票の実施が決定した。エチオピア国家選挙管理委員会（NEBE）によってシダマ州の分離・独立をめぐる住民投票が2019年9月20日に実施され、有効投票数のうちの97.7%が分離・独立に一票を投じた（NEBE 2019）。その結果、2020年2月22日にシダマ州が正式に発足した（Abbink 2022: 328）。

12　例えばシェカ県では、県都は北部に位置し、シェカがマジョリティを占めるマシャ郡マシャであったが、2021年に県内の南部に位置するイェキ郡テピに変更された。

表1　州への昇格を要求した県（人口、要求日）(Kulle 2021)

県	人口	要求日
シダマ県	410万人	2018年7月18日
カファ県	120万人	2018年11月15日
グラゲ県	180万人	2018年11月28日
ベンチ・マジ県	90万人	2018年11月29日
ハディヤ県	80万人	2018年12月1日
ダウロ県	70万人	2018年12月6日
ウォライタ県	220万人	2018年12月9日
ガモ県	100万人	2018年12月12日
カンバータ・ティンバロ県	100万人	2018年12月19日
南オモ県	80万人	2019年4月23日
ゴファ県	130万人	2019年5月22日
ゲデオ県	120万人	不明

　シダマによる独自の州設立の要求に続き、2018年11月には、カファ県、グラゲ県、ベンチ・マジ県、同年12月にはハディヤ県、ダウロ県、ウォライタ県、ガモ県、カンバータ・ティンバロ県のそれぞれの県議会にて、2019年4月には南オモ県、5月にはゴファ県の県議会において南部諸民族州評議会に独自の州の設立を求める決定がなされた。いずれの民族も、シダマが民族名を冠した州を手にしたのと同様に、民族名を冠した独自の州の設立を州政府に要求した。それぞれの県議会における決議の後には、州および連邦政府の対応に対する大規模デモやボイコット、暴動も各地で発生した。[13]

　こうした動きのなか、シダマ県に次いで州への昇格を要求したカファ県の県庁所在地ボンガをアビィ首相が2019年9月に訪問した。[14] アビィ首相はボ

---

[13] 例えばウォライタ県では、南部諸民族州評議会に独自の州設立を求める要望に対する州政府の対応に対して、2019年5月17日、ウォライタ県の県庁所在地ソッドにて大規模デモが実施された。2019年7月には、ウォライタ県代表者が10日間、SEPDMの会議への参加をボイコットした。さらに2019年8月9日、ウォライタ県指導者と野党ウォライタ人民民主戦線（Wolayta People's Democratic Front）を含む26人が逮捕された。これらをうけ、ふたつの町で激しいデモが発生し、21人が死亡した（Ethiopia Peace Observatory 2021）。

[14] カファ県では2018年から2019年にかけて、若者たちを中心として政府に対するデモが起きるなど政治活動が活発化しており、それがアビィ首相のボンガ訪問や南西エチオピア諸民族州の設立の実現に大きな影響を与えたことが考えられる。ただし、こうしたカファによる自治州の新設をめぐる世論の高まりや政治活動の活発化について、具体的に誰がその動きを先導したのか、カファの与野党の政治家がどのように関わっていたのかなどは、現時点では明らかにできていないため、今後の課題としたい。

ンガで行った演説で、カファの歴史・文化に対して深い理解を示した上で、新しい州を設立したとしても同県における開発・発展の問題を魔法のように解決することはできないと述べた（France 24 2021）。アビィ首相は、カファ県のみならず、各地で新たな州の設立と自治を求める他の民族を牽制しようとしたといえる。

加えて連邦政府は、各県が州への昇格を求める動きに対して、予算不足のために単独の県が州に昇格することは認められないとした[15]。例えば、政府はカファ県が南部諸民族州から分離する場合、近隣の県と連合した形での分離および新たな州の設立であれば要望を検討するとした。その結果、カファ県、シェカ県、ベンチ・マジ県、ダウロ県、コンタ特別郡が連帯することになったのである。

その後、カファ県、シェカ県、ベンチ・シェコ県、ダウロ県、西オモ県、コンタ特別郡の5県、1特別郡が南部諸民族州から分離して、南西エチオピア諸民族州を設立することの是非を問う住民投票がNEBEによって2021年9月30日に実施されることになった。登録有権者総数は1,344,622人、投票者実数1,262,679人、投票率は93.9%であった（NEBE 2021）。当該地域の住民の大多数が新たな州政府の設立に票を投じ、2021年10月30日、連邦議会にて南西エチオピア諸民族州の成立が承認された（BBCM 2021）。そして、2021年11月23日に南西エチオピア諸民族州が成立した。

南西エチオピア諸民族州が11番目の州として成立したことは、南部諸民族州内の県や特別郡の分離・独立要求を更に活発化させた。2022年には、ウォライタ、ガモ、ゴファ、南オモ、ゲデオ、コンソの6県と、ディラシェ、アマロ、ブルジ、アレ、バスケートの5特別郡が南部エチオピア州の設立を求める請願書を連邦議会に提出した[16]。その後、2023年2月6日に新たな州の設立の是非を問う住民投票が実施された。ウォライタ県を除いた5県、5特別郡の登録有権者総数は1,951,656人、投票者実数1,767,987人、投票率は89.4%であり、当該県・特別郡の住民の大多数が新しい州の設立を支持した（NEBE 2023: 4）。そして、この5県、5特別郡における住民投票の結

15　2023年2月18日、オロミア州ジンマ県にてジンマ大学に勤務するオロモ男性から聞き取り。
16　政府に対する要求が受理される地域がある一方で、要求が受理されない場合もある。2022年8月後半には、南部諸民族州からの分離を求めるグラゲ県の要求を認めない州政府の対応に不満をもつ人びとにより、グラゲ県の県庁所在地ウォルキテにてストライキや暴動が相次いだ。

果が 2023 年 2 月 20 日に確認・承認された（Addis Standard 2023a）。ウォライタ県では、この住民投票に際して 74 ヶ所の投票所で有権者名簿の大規模な不正がみつかったことから、選挙管理委員会は同県での住民投票の結果を無効とし（NEBE 2023: 5）、2023 年 6 月 19 日に住民投票が再実施された（Ashenafi 2023）。この住民投票の結果を受けて、2023 年 7 月 5 日に 12 番目の州にあたる南部エチオピア州の設立が議会にて全会一致で承認された（Addis Standard 2023b）。そして、南部諸民族州に残った地域は、中央エチオピア州へと再編された。

3.4　南西エチオピア諸民族州の特徴

　南部諸民族州から分離し、新たに設立された州は、どのような特徴を有しているのだろうか。南西エチオピア諸民族州を取り上げ、具体的にみていく。

　南部諸民族州と同様に、南西エチオピア諸民族州は州内に複数の民族を抱えている。5 県、1 特別郡から構成される同州は、西オモ県を除いて、それぞれが民族名を県・特別郡の名称に冠している。ただし、それぞれの県・特別郡内には、複数の民族が共住している。それゆえ、南西エチオピア諸民族州は、一つの民族がマジョリティを占めるシダマ州とは大きく異なる。これは、南部エチオピア州も同様である。

　2023 年 8 月の時点で、南西エチオピア諸民族州は州憲法の制定にむけて草案を作成している[17]（SWEPRS 2023）。この草案において、同州における各民族の権利は EPRDF 政権期と同様に保障されている。例えば第 5 条では、同州の実務言語はアムハラ語とされているが、各県では県内の実務言語を評議会にて決定できることが明記されている。第 39 条では、民族自決が保障されており、その内容は連邦憲法が保障する民族の権利と同一である。

　他方で、南西エチオピア諸民族州の大きな特徴として、同州では州行政において行政機能を一都市に集中させず分散させる複都制（multi-capital city）を採用している点があげられる。州憲法の草案第 6 条では、州都は一つ以上とされ、その詳細は州法で制定されると明記されている。

　州内の県庁・特別郡庁の所在地は、カファ県はボンガ、ベンチ・シェコ県

---

[17]　2021 年 11 月に南西エチオピア諸民族州の州憲法が制定されたとされるが、筆者が調査を実施した 2023 年 8 月の時点で州憲法はまだ草案であるとカファ県で説明を受けたため、本章では草案とする。

はミザンテフェリ、シェカ県はテピ、ダウロ県はタルチャ、西オモ県はジェム、コンタ特別郡はアメイヤである。このうち、南西エチオピア諸民族州の政府・行政の中心は、カファ県ボンガにおかれている。加えて、ボンガには財務省や都市開発省、建設省などがおかれている。また、ミザンテフェリには法務省や投資省など、タルチャには州議会（Regional Council）、教育省、保健省など、テピには州民族評議会（Region's Nations Council）がおかれている。2023年8月の時点ではジェムとアメイヤには州の行政機関は設置されていないが、いずれも将来的に州行政機関の設置を受け入れることになっている（Addis Standard 2022）。

こうした州内での行政機能の分散は、各県・特別郡を構成する民族間でのパワーバランスに不均衡が生じることを防ぐ意味を有しているものの、実務上の不都合を生み出している。というのも、会議や研修、各省間でのやりとりの際に県を跨いで移動せねばならず、移動に伴う交通費と時間が負担となってしまっているからである。そのため、将来的には複都制は廃止されてボンガにすべての省が集められることになるだろうという意見もある。[18]

4. 南西エチオピア諸民族州設立の背景と要因

4.1 カファ県と抑圧の歴史

南部諸民族州から分離し、南西エチオピア諸民族州が新たに設立された背景と要因はいかなるものだったのか。ここでは、南西エチオピア諸民族州のなかで最も多くの人口を抱え、政治・行政の中心がおかれることになったカファ県を取り上げて検討する。

カファ県は、首都アディスアベバから南西へ約455キロメートルに位置している。同県の人口は約120万人で、オモ系カファ語を話すカファがマジョリティを占めている。そのほか、ナオ、チャラ、アムハラといった民族が暮らしている。ナオ、チャラはカファ県南部に暮らしているが、ナオの人口は約9,800人、チャラの人口は約13,000人である（Population and Housing Census 2007a: 73）。ナオとチャラは、人口規模、行政を担う人材の不足といっ

---

[18] 2022年12月28日、ボンガにてカファ男性から聞き取り。

た点から個別の県や特別郡を設立するには至っていない[19]。

　もともと、現在のカファ県の地には、14世紀頃から1897年までカファ王国が位置していた。カファ王国は、アラビア半島との紅海交易において重要な産品であった奴隷、コーヒー、麝香(じゃこう)などの供給地として繁栄し、19世紀までカファ高地において最も強大な力を持つ王国であった(Lange 1982: 180)。カファ王国は、カファ王を頂点とした王政が執られていた。王国内は、ウォラフォ(worafo)と呼ばれる行政単位に分けられて、地方行政が行われてきた。

　しかし、19世紀後半、ショワ地方出身のメネリク2世が治めるエチオピア帝国が、南部や西部の諸民族・王国を征服、統一するようになる。メネリク2世は、豊富な自然資源や人的資源を有するカファ王国を征服しようと数回にわたって試みるものの、いずれもカファ王国の抗戦によって敗退する。しかし、メネリク2世の軍が1896年にアドワの戦いでイタリアに勝利してライフル銃を入手すると状況は一変した。1897年、ライフル銃で武装したメネリク2世の軍に対して、カファ王国の軍は太刀打ちできず、甚大な被害を出して屈服した。そして、カファ王国は崩壊してエチオピア帝国に編入され、同地に暮らす人びとはエチオピア帝国による圧政と搾取、貧困、奴隷交易、略奪とこれらに伴う人口流出などによって深刻な経済・社会的打撃を受けた(Orent 1969: 44; Kochito 1979: 22)。

　1935年から1940年のイタリア統治期になると、イタリア政府はカファ王国時代の政治体制の再建を試み、最後のカファ王の甥アッバ・カストを「王」に擁立するなど、カファの王侯貴族や支配的なクランの出身者が権力の座に戻ることを後押しした。イタリアがエチオピアから撤退し、ハイレセラシエが再び皇帝の座につくと、カファ県ではアムハラによる統治に対する不満が噴出した。1942年から1944年にかけての2年間、一部のカファを中心にアムハラへの抵抗運動が起き、カファ県の森林でのゲリラ戦も展開された。しかし、抵抗運動のさなかにアッバ・カストが死去するとともに、抵抗運動は鎮圧され、カファ社会全体を動員するような政治運動や抵抗運動には発展しなかった。

　エチオピア帝国政府は、アムハラへの同化政策を導入して、カファの人び

19　2018年にナオとチャラが多く暮らすデチャ郡内の3つの行政村が、新たにゴバ郡として分離・再編された。これは、カファがマジョリティを占めるカファ県において、実質的にゴバ郡をナオとチャラの郡として成立させたものであるといえる。

とを政治、経済、社会、文化的に抑圧し、支配下に組み入れた。ハイレセラシエ帝政期にはカファからも国会議員が選出された。しかし、そうした人物をはじめ、カファ県において社会・行政・宗教的に重要な地位にあったカファの人びとは、アムハラの衣服や西洋的な洋服を纏い、エチオピア正教に改宗していった。また、デルグ政権になると、社会・行政・宗教的に重要な地位にあった者たちは処罰の対象とされ、そうした人びとが表立って活動することは困難になった。20世紀を通して、カファの人びとが自らの文化や歴史、在来宗教を語ったり実践したりすることや、それらを後世へ継承することが困難な時代が続いたのである。

4.2　民族自決の経験と民族意識の高揚

　EPRDF政権のもとで民族自決が認められると、カファ社会の状況は大きな変化を迎えることになった。ハイレセラシエ帝政期、中央の帝国議会にはカファ出身の議員もいたものの、カファ県を治める行政官の多くは中央から派遣されたアムハラであった。しかしEPRDFになると、カファの人びとは政党を組織し、連邦ならびに州の議会ではカファ県から選出された議員が人びとの声を代弁し、カファ県のレベルでは、県内の全ての役場でカファの人びとが役職に就いて自治を行った。EPRDF政権下の連邦制によって、カファの人びとはカファ王国の崩壊とともに失った自治を手にしたのであった。

　カファ県では、イタリア統治下でカファ語による教育が行われたものの（Sbacchi 1985: 160）、ハイレセラシエ帝政期、デルグ政権期には、行政や学校教育ではアムハラ語が用いられた。EPRDF政権当初、カファ県ではアムハラ語が行政での実務言語となった。しかし、2008年からはカファ語が実務言語として使用されることになった。学校教育では、1995年頃から1年生から4年生の授業はカファ語で行われ、さらに2022年9月からは1年生から6年生までの授業がカファ語で行われることになった。アムハラ語は、あくまで一科目として学習する位置づけとなったのである。

　1999年には、ボンガにカファ民族学博物館が開館した。この博物館は、カファ県文化観光部文化課の管理下にあり、館内にはカファ王国の歴史を紹介するパネルや、カファの人びとの伝統的な楽器、槍や盾などの武器、食器、衣服、身の回りの品々などが展示された。同館は、普段は閉館しており、カファ県を訪れた連邦・州政府の役人や、外国人訪問者に対して特別に開館さ

れることが多く、カファ県の住民の大半は同館に入ったことがない。とはいえ、このように自民族の文化や歴史を展示する博物館の開館自体、まさしくEPRDF政権での民族自決が可能にしたものであった。そして、こうした博物館は、カファの人びとが自らの文化や歴史を再確認し、それらに誇りをもつことを後押しした。

　また、EPRDF政権下で数多くのテレビ局やラジオ局が開局され、民族語での放送が行われるようになった。2009年には、カファ県でカファFMラジオ放送局が開局され、開局当時、毎日2回（朝・晩）各3時間のプログラムが放送されるようになった。放送は基本的にすべてカファ語でなされ、随時、ナオ語、チャラ語での短いプログラムも放送される。このカファFMラジオ放送が開始されるや否や、カファ県に暮らす人びとは、朝晩、この放送に耳を傾けるようになった。こうした動きは、カファの人びとが自らの民族アイデンティティを強固にする機会となったといえる。

　EPRDF政権下での民族自決は、カファの人びとの民族意識の高揚という点において大きな意義を果たした。それぞれの民族の母語を用いた行政・学校教育や、メディアでの情報発信は、カファ県のみならず、他県においても類似した状況にある。こうしたなかで、それぞれの民族が近隣の民族の動きについて意識し、互いに追随したり連帯したりする状況も創出されていたといえる。

4.3　南部諸民族州内での不公平感

　カファ県は、2021年に南部諸民族州から南西エチオピア諸民族州へと再編されたが、もともとはシダマと同様に一つの民族による民族州としてカファ州の設立を求めていた。カファ県からカファ州への昇格を求めた理由として、エチオピア国内および州内での経済的状況に対する不満が挙げられる。エチオピアは、2004年以降、二桁を超える経済成長率を達成してきたが、こうした経済成長はおもに首都や都市部において顕著であった。

　一方、カファ県では、道路、電力といったインフラ、産業の整備は遅れてきた。ボンガで電力を24時間使用できるようになったのは2006年からであり、各郡の役場所在地や幹線道路沿いの村において電線が敷設されたのは2007年頃であった。県内には、国内有数の紅茶農園があるが、それ以外の産業は乏しい。住民の大半は農民であり、彼らの主たる現金収入源は、栽培

したコーヒーの木から収穫したコーヒーの実を売却することである。カファ県の住民の間では、カファ県がおかれた地理的状況と関連して、同地が開発・発展から取り残されているという意識が共有されてきた。

　カファ県で、南部諸民族州から独立し、新たな州の設立を求める声が高まった理由の一つが、同県が南部諸民族州の州都アワサから地理的に遠く、アワサへの移動・交通手段の面で不便を強いられるとともにそれが予算上および実務上の問題となっていたことである。例えば、カファ県の役人たちがアワサで開かれる会議や研修に参加するには、ボンガから約455キロメートル離れたアディスアベバを経由し、さらにそこから278キロメートル離れたアワサへと向かわなければならなかった。空港がないカファ県では、アディスアベバやアワサへの移動手段は自動車が主とならざるを得ない[20]。つまり、カファ県の役人は、少なくとも片道700キロメートル以上の距離を片道2日間、往復4日間かけて移動しなければならなかった。こうした問題は、同地の住民の間でカファ県をはじめとする南部諸民族州内の南西部に位置する県・特別郡に過度の負担を強いるものであり、州内の県・特別郡の間での不平等につながっていると受け止められていた。

　カファ県において、こうした経済的な状況は、カファ州の設立とそれによって実現する自治を通して是正することができると考えられていた。カファ州の設立によって州都がボンガとなることで、移動・交通手段ならびに予算面での負担が大幅に軽減されることは明らかであった。ただし、新しい州の設立によって、カファ県におけるインフラや産業の整備、ひいては開発・発展がどのように実現可能なのかについては定かではなかった。2019年9月にアビィ首相がカファ県ボンガを訪れた際に、新しい州を設立したとしても同県における開発・発展の問題を魔法のように解決することはできないと語ったことは、経済的発展と新たな州の設立が直接的に結びつかないことを示唆したものであったといえる。

4.4　近隣地域との地理・歴史的関係

　南西エチオピア諸民族州を構成する地域は、19世紀末にエチオピア帝国

20　2019年頃からは、カファ県の役人が用務で出張する際、ジンマとアディスアベバ間、ならびにアディスアベバとアワサ間の移動にあたって国内線飛行機を用いることも増えている。

図3　1935年の行政区画
（Perham 1969、Bahru 2001(1991): 86 をもとに筆者作成）

に編入されるまで複数の王国が存在し、歴史的に深い相互関係を有してきた。たとえば、カファ県には1897年までカファ王国、シェカ県には1898年までシェカ王国、ダウロ県には1891年までダウロ王国、コンタ特別郡にはコンタ王国が繁栄していた。とりわけ、南西エチオピア諸民族州の政治・行政の中心がおかれることになったカファ県に位置したカファ王国は、カファ王国の東部・南東部に位置したコンタ、ダウロ、コイシャを18世紀頃から吸収し、その後、カファ王国の北西部に位置したシェカ王国にも力を及ぼした（Lange 1982: 197-198）。さらに19世紀には、カファ王国はギベ川流域まで拡大し、ジンマのオロモやグラゲと戦ったと伝えられているほか（Lange 1982: 202）、ウォライタやカンバータの土地まで征服に赴いたとも伝えられている（Orent 1970: 277）。

19世紀末、同地域がエチオピア帝国に征服・編入されると、同地域はカファ、ベネッソ、ゴルディヤ、シェワ・ギミラ、クッロ・コンタ、マジに分けられた（図3）。

ハイレセラシエ帝政期になると、エチオピアは14の州に分けられた。南

図4 ハイレセラシエ帝政期の行政区画
（Mesfin 1970: 3 をもとに筆者作成）

　西エチオピア諸民族州に該当する地域は、カファ州（Kafa *ṭäqǝlay gǝzat*）として、リンム、ジンマ、クッロ・コンタ、カファ、マジ、ギミラの6つの県（*awraǧǧa gǝzat*）に分けられ、州都はジンマにおかれた（**図4**）。他方で、それまではカファの一部であり、シェカがマジョリティを占める地域は、イルバボール州モチャ県（Illbabor *ṭäqǝlay gǝzat* Mocha *awraǧǧa*）とされた。

　デルグ政権期になると、ハイレセラシエ帝政期とほぼ同様の行政区分が継承された。カファ州（Kafa *kǝflä hagär*）は、リンム、ジンマ、クッロ・コンタ、カファ、ギミラ、マジ・ゴルディヤの6つの県（*awraǧǧa*）に分けられ、州都はジンマにおかれた（**図5**）。

　EPRDF 政権になると、この地域の行政区分は大きく再編されることになった。民族連邦制が導入された EPRDF 政権以前と以降における行政区分の顕著な相違点は、ハイレセラシエ帝政期とデルグ政権期にかけては、オロモの住民がマジョリティを占めるジンマ県とリンム県がカファ州に組み入れられていることである。ジンマ県とリンム県とされた地域には、19 世紀後半から 20 世紀初頭まで、ギベ5王国と称されるジンマ王国、ゲラ王国、リ

図 5　デルグ政権期の行政区画
（Ethiopian Mapping Authority 1988: 3 をもとに筆者作成）

ンム・エンナルヤ王国、グマ王国、ゴンマ王国が位置していた。これらの王国と隣接するカファ王国の間では、王族間で婚姻関係が結ばれ、歴史的に深い繋がりが形成されてきた。EPRDF 政権下になると、これらギベ 5 王国が位置した地域は民族を単位としてオロミア州に組み込まれたのである。同様に、ジンマ県とリンム県に隣接し、住民のマジョリティをオロモが占めたイルバボール州のブノ・ベデレ県とウォッレガ県もオロミア州へと編入された。

　EPRDF 政権下でオロミア州へと組み入れられたこれらの地域は、オロモがマジョリティであり、住民の多くはムスリムである。他方で、南西エチオピア諸民族州となった地域に暮らす住民の大半はキリスト教徒である。オロミア州ジンマ県と南西エチオピア諸民族州のカファ県の間を流れるゴジェブ川は、州の境界であるとともに、実質的に民族・文化的な境界でもあるのだ。

　このように南西エチオピア諸民族州の設立は、同地域の地理・歴史的背景に沿ったものであった。他方で、EPRDF 政権下の行政区分のあり方は、民族に重きをおいた一方で、それぞれの地域における地理・歴史的背景と、そ

こで形成されてきた民族や文化、宗教の違いを超えた人びとの関係を等閑視していたともいえよう。

5. おわりに

　EPRDF 政権の成立から四半世紀を経て、エチオピア南西部では南部諸民族州からの分離と新たな州の設立が相次いだ。EPRDF 政権下で憲法にて民族自決が認められたことは、個々の民族が自らの言語で歴史や文化を語り、それらを発展させ、アイデンティティを強化する機会を創出した。各民族が民族政党をもち、民族名を冠した州や県、特別郡などで自治を行い、さらには住民投票によって個々人が自らの意思を表示する。これらは、EPRDF 政権による民族自決政策と民族連邦制の功績として評価できる。
　一方で、民族連邦制のもとでの州内における予算配分に対する不満や、個々の民族の自決権が蔑ろにされているといった意識、地理的状況と関連した行政・実務上の不都合、歴史的背景などの重なり合いは、新たな州や県の設立を求める動きを生み出した。その結果、南部諸民族州は 4 州へと分裂し、国内の行政区分の細分化が進むことにもなった。皮肉にも、民族自決政策と民族連邦制こそが、南部諸民族州を解体させたともいえる。
　ケラーは 2002 年の論考にて、連邦・州政府よりも下位レベルにおいて行政能力の不足が深刻であり、これがエチオピアの民主主義と発展の足枷になっていると指摘した（Keller 2002: 46）。これに対し、南部諸民族州がシダマ州、南西エチオピア諸民族州、南部エチオピア州、中央エチオピア州へと分離・再編されたことからは、高等教育を受けた人びとの増加により、それぞれの地域や民族において行政を担う人材が十分に育ってきていることがうかがえる。ただし、新しい州の設立に伴う州省庁の設置は、人口増加と失業率の高さから就職困難な状況にある若者の就職先の受け皿となっている可能性もある。
　2019 年にアビィ・アフマド首相率いる繁栄党による政権になって以降、エチオピア国内はティグライとの内戦（2020 年 11 月～ 2022 年 11 月）や、オロモやアムハラの反政府勢力との闘いが続いており、民族の融和はこれまで以上に困難な政治的テーマになっている。さらに、国内の人口増加や、海外に

暮らすエチオピア人ディアスポラの存在感の高まりなど、エチオピア国内外を取り巻く状況は大きく変化しつつある。EPRDF 政権が樹立された時期とは大きく異なる社会・経済的状況のもとで、民族の違いを超えた連帯・協調・調和をどのように実現していくのか、エチオピアが抱える課題は重い。

参考文献

Aalen, Lovise, 2002, *Ethnic Federalism in a Dominant Party State: The Ethiopian Experience 1991–2000*, Bergen: Chr. Michelsen Institute.

―――, 2011, *The Politics of Ethnicity in Ethiopia: Actors, Power and Mobilisation under Ethnic Federalism*, Leiden: Brill.

Abbink, Jon, 2022, "Ethiopia," Albert K. Awedoba, Benedikt Kamski, Andreas Mehler and David Sebudubudu eds., *Africa Yearbook*, *Volume 18: Politics, Economy and Society South of the Sahara in 2021*, Leiden: Brill, 323–337.

Addis Standard, 2021, "News: Bench Sheko Zone Council Calls for Regional, Federal Intervention amid Recurring Violence," May 25, 2021, (Retrieved February 11, 2023, https://addisstandard.com/news-bench-sheko-zone-council-calls-for-regional-federal-intervention-amid-recurring-violence/).

―――, 2022, "#ASDailyScoop: Southwest State Council Approves Multi-Capital City Bill," August 11, 2022, (Retrieved June 6, 2023, https://addisstandard.com/asdailyscoop-southwest-state-council-approved-multi-capital-city-bill/).

―――, 2023a, "News: NEBE Reports Majority Vote in Favor of New Region in Recent Referendum, Irregularities in Wolaita Zone," February 21, 2023, (Retrieved March 14, 2023, https://addisstandard.com/news-nebe-reports-majority-vote-in-favor-of-new-region-in-recent-referendum-irregularities-in-wolaita-zone/).

―――, 2023b, "News: Ethiopia House of Federation Officiates Creation of New State in Southern Ethiopia," July 5, 2023, (Retrieved July 15, 2023, https://addisstandard.com/news-ethiopia-house-of-federation-officiates-creation-of-new-state-in-southern-ethiopia/).

Ashenafi Endale, 2023, "Board Prepares to Rerun Wolaita referendum," *The Reporter*, May 6, 2023, (Retrieved July 29, 2023, https://www.thereporterethiopia.com/33744/).

Asnake Kefale Adegehe, 2009, *Federalism and Ethnic Conflict in Ethiopia. A Comparative Study of the*

Somali and Benishangul-Gumuz Regions, Ph.D. thesis, University of Leiden, Leiden: Department of Political Science, Faculty of Social and Behavioural Sciences, (https://hdl.handle.net/1887/13839).

Bahru Zewde, [1991]2001, *A History of Modern Ethiopia 1855–1991, Second Edition*, London and Oxford: James Currey.

BBCM Africa Watchlist for 23 November, 2021, *BBC Monitoring Africa*, (Retrieved February 11, 2023, https://www.proquest.com/wire-feeds/bbcm-africa-watchlist-23-november/docview/2600576188/se-2).

Chanie, Paulos, 2007, Clientelism and Ethiopia's Post-1991 Decentralisation, *The Journal of Modern African Studies*, 45 (3): 355–384, (http://www.jstor.org/stable/4501295).

Ethiopian Mapping Authority, 1988, *National Atlas of Ethiopia*, Addis Ababa.

Ethiopia Peace Observatory, 2021, "Welayta Conflict," March 29, 2021, (Retrieved February 11, 2023, https://epo.acleddata.com/welayta-conflict/).

FDRE (Federal Democratic Republic of Ethiopia), 1995, *The Constitution of the Federal Democratic Republic of Ethiopia*, Addis Ababa.

France 24, 2021, "Vote on Breakaway Region as Ethiopia Faces Tests to Unity," September 28, 2021, (Retrieved February 11, 2023, https://www.france24.com/en/live-news/20210928-vote-on-breakaway-region-as-ethiopia-faces-tests-to-unity).

Keller, Edmond J., 2002, "Ethnic Federalism, Fiscal Reform, Development and Democracy in Ethiopia," *African Journal of Political Science*, 7(1): 21–50.

Kochito Wolde Michael, 1979, *Historical Survey of Kaffa: 1897–1935*, B.A.Thesis: Addis Ababa University.

Kulle Kursha, 2021, "EIEP: A Special Statehood Request in Ethiopia's Southwest," *Ethiopia Insight*, August 6, 2021, (Retrieved February 11, 2023, https://www.ethiopia-insight.com/2021/08/06/eiep-a-special-statehood-request-in-ethiopias-southwest/).

Lancaster, Ross, 2012, *Federalism and Civil Conflict: The Missing Link?*, M.A. thesis: University of North Texas.

Lange, Werner J., 1982, *History of the Southern Gonga (Southern Ethiopia)*, Wiesbaden: Franz Steiner Verlag.

Mains, Daniel, 2019, *Under Construction: Technologies of Development in Urban Ethiopia*, Durham and London: Duke University Press.

Mesfin Wolde Mariam, 1970, *An Atlas of Ethiopia*, Addis Ababa: Ministry of Education and Fine Arts.

NEBE (National Election Board of Ethiopia), 2019, "Sidama Referendum," (Retrieved February 11,

2023, https://nebe.org.et/sites/default/files/Sidama-Referendum-english.pdf).

―――, 2021, "Statement on the South West Ethiopia People's Referendum October 9, 2021," (Retrieved February 11, 2023, https://nebe.org.et/en/node/657).

―――, 2023, "A Report on the Implementation and Results of the Referendum Held by the National Election Board of Ethiopia in Six Sones and Five Special Woredas under the Southern Regional Government," (Retrieved April 6, 2024, https://nebe.org.et/sites/default/files/statment%20of%20 report%20on%20referendum%20result.pdf).

Orent, Amnon, 1969, *Lineage Structure and the Supernatural: the Kafa of Southwest Ethiopia*, Ph.D. Thesis. Boston University.

―――, 1970, "Refocusing on the History of Kafa Prior to 1897: A Discussion of Political Process," *African Historical Studies*, 3(2): 263-293.

Perham, Margery, 1969, *The Government of Ethiopia*, Evanston: Northwestern University Press.

Population and Housing Census, 2007a, National Statistical, (Retrieved February 11, 2023, https:// www.statsethiopia.gov.et/wp-content/uploads/2019/06/National_Statistical.pdf).

―――, 2007b, SNNPR Statistical, (Retrieved February 11, 2023, https://www.statsethiopia.gov.et/ wp-content/uploads/2019/06/Statistical_SNNPR.pdf).

Sbacchi, Alberto, 1985, *Ethiopia under Mussolini: Fascism and the Colonial Experience*, London: Zed Books.

Semahagn Gashu Abebe, 2020 (2014), *The Last Post-Cold War Socialist Federation: Ethnicity, Ideology and Democracy in Ethiopia*, London: Routledge.

SNNPRS (Southern Nations, Nationalities and Peoples' Regional State), 2001, *The Revised Constitution, 2001 of the Southern Nations, Nationalities and Peoples' Regional State*, Awassa.

SWEPRS (South West Ethiopian People's Regional State), 2023, *South West Ethiopian People's Region Draft Constitution*, (unpublished).

Vaughan, Sarah, 2003, *Ethnicity and Power in Ethiopia*, Ph.D. Thesis, The University of Edinburgh.

―――, 2006, "Responses to Ethnic Federalism in Ethiopia's Southern Region," David Turton ed., *Ethnic Federalism: The Ethiopian Experience in Comparative Perspective*, Oxford: James Currey, 181-207.

Vaughan, Sarah and Kjetil Tronvoll, 2003, *Ethiopia: Structures and Relations of Power: Background Documents Country Strategy Ethiopia 2003-2007*, Stockholm: Sida.

石原美奈子 2001,「エチオピアにおける地方分権化と民族政治」『アフリカ研究』59: 85-100.

第Ⅲ部

開発政策と人びとの生活の変化

第 11 章　周辺民族にとっての国家の諸相
——西南部の農耕民マロと EPRDF 政権を中心に

藤本　武

1. はじめに

　エチオピア西南部には人口数百人から数百万人まで大小様々な少数民族が暮らしている。湿潤な熱帯雨林から半乾燥のサバンナ帯、平原から急峻な山地まで多様な生態環境に居住する。そのため生業も狩猟採集から牧畜、焼畑農耕、根栽農耕など様々である。
　ただし彼らにはエチオピアという国家との関係で一定の共通性が見いだされる。19 世紀末にエチオピア領に編入されるまで、彼らはアムハラなど国家支配層よりシャンキラ（「未開人」の意）と蔑称され、奴隷狩りなどの対象となってきた。また帝国への編入後は、北部等からやってきた入植者の搾取にさらされた。それに対する反発もあってか、北部の人びとやその出身者の大半がエチオピア正教徒なのに対し、彼らには現在もエチオピア正教徒は少ない。国家との関係は、搾取や支配の様相によって民族ごとに違いがあるとはいえ、多くの少数民族は国家に対して反発や抵抗、拒否感などを覚えてきた（あるいは覚えている）ことは事実である。しかしその感覚は、1970 年代半ばのエチオピア革命を契機に大きく変わった。南部の多くの農耕民社会では入植者が事実上一掃され、また 1990 年代に民族自治を基本とする統治へ転

1　本章の「少数民族」は、国家との関係で弱い立場に置かれた人びとを指している。アムハラ、ティグライ、オロモなどの主要民族と異なり、西南部を含む周辺部に暮らすエチオピアの大半の民族は、制度上はともかく、実質的には国政に参加する機会もほとんどない不利な立場に置かれている（本書第 12 章参照）。
2　ただし南部でも、帝政期に北部から移住した高地民の作った町（ケテマ）には、デルグ期以

換したことで変化しつつある。人びとと国家の関係はエチオピア領に編入されてから100年あまりのあいだに移り変わってきたが、とりわけこの半世紀大きく変化してきた。

本章では、筆者が1990年代よりフィールドワークを行ってきたマロの人びとを事例に、少数民族の人びとと国家との関係の変化の諸相を見ていく。また後半ではEPRDF政権下で推進されたマロ周辺での開発プロジェクトの問題を検討する。

2. マロと国家の関係の変遷

2.1 マロという人びと

マロはエチオピア西南部に暮らすオモ系言語を話す少数民族で、2024年の統計では人口約20万人である。[3] 30年前の国勢調査ではマロの人口は19,918人とされており、[4] これらの数字が正しいなら、30年間でマロの人口は約10倍に増加したことになる。[5] 彼らは高度1,000〜3,000メートルほどの険しい山地でエンセーテ（*Ensete ventricosum*）やテフ（*Eragrostis tef*）など多様な作物を栽培する農耕民である（藤本2007）。

彼らの居住域は、現在の南エチオピア州ゴファ県マロ・コザ郡およびマロ・ガダ郡に含まれる[6]（図1）。マロはかつてカーテ（*kaate*）と呼ばれる王を擁する独立した王国を形成したが、19世紀末のエチオピア帝国の南部への領域拡張に伴い、エチオピアに編入された（Fujimoto 2007; 藤本2008）。

　　　降も入植者の子孫が多く暮らしている。
3　　マロ・コザ郡の郡都ラーハの把握する人口統計より。
4　　Federal Democratic Republic of Ethiopia Office of Population and Housing Census Commission Central Statistics Authority 1998 より。
5　　これは30年間、毎年約7%ずつ増加していることになり、大変な増加率である。マロほどでないにせよ、南部の少数民族のこの30年の人口増加率は概して高く、それが本章3.1で後述される今日人びとが悪条件の土地にも自発的に移住するようになっている背景とみられる。なお、エチオピア全体の人口増加率は3%前後で推移しており、南部の人口増加率の高さは際だっている。
6　　EPRDF政権下では、マロの領域は長く南部諸民族州ガモ・ゴファ県マロ・コザ郡だったが、2019年の繁栄党への政権交代後、南部諸民族州やその県や郡の分離傾向が顕著となり、今日の形となっている。なお、ラーハの町には現在のゴファ県からマロ県への分離独立を訴えるスローガンが各所にみられる。

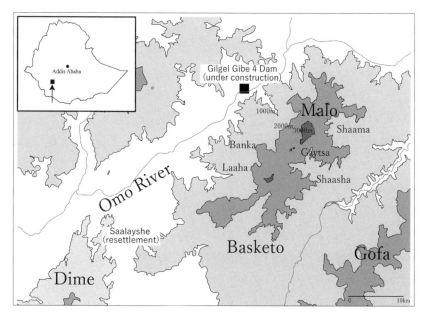

図1　エチオピア西南部に暮らすマロの人びとの領域

2.2　帝政期

　19世紀末にエチオピア帝国軍が北側からオモ川を越えてマロの領域に進軍すると、後述するバンカに拠点を置いた[7]。そこはマロとそれ以外の在来勢力との緩衝地帯に位置する農村だったが、その後、軍人や入植者らが暮らし、エチオピア正教の教会も建設され、急速にケテマ（アムハラ語で要塞や町の意味）へと成長していった。

　マロの王は領域中央に位置するシャーマに居を構えていたが、帝国支配下でバラッバート（balabbat アムハラ語で領主の意味）という役に任じられ、権力を失うことはなかった。地元農民から穀物や家畜を徴収し、それを帝国に納める役を担うことになった。つまり帝国支配が始まった当初は間接統治だった。しかしその時期は長くなく[8]、エチオピア中央からアムハラを中心とするネフテンニャ（アムハラ語で入植者の意）が入植するようになると、彼らが穀

7　本章「3.2.3　地域の歴史的背景と将来的影響」を参照。
8　マロの王はバラッバートになって人びとを搾取したが、彼もアムハラの入植者に騙されて、力を失ったとされる。

物や家畜などを直接徴収するようになった。その際、入植者は銃を携帯し、マロの人たちの銃などの所持を禁じていた。人びとは入植者の脅しにさらされながら暮らすことになった。居住地を移すことも禁止され、生まれた土地に縛られた隷属状態に陥った。この時代を人びとは「アマーラ・ウォデ (*amaara wode*「アムハラの時代」。マロ語でアマーラはアムハラ、ウォデは時代の意味)」といい、忌まわしい時代として語る。[9]

　その後、イタリア占領期 (1936～1941) にアムハラは迫害を恐れてオモ川下流域へと逃亡したが、イタリア占領から解放され、ハイレセラシエ皇帝による帝国支配が復活すると、彼らはマロの地に戻り、支配層として再び君臨した。ただし以前のようにマロの各地に分散し、人びとを直接支配したわけではなく、コザなどいくつかの地に集まって暮らす形となった。[10] 1950年代に実施された土地測量で、マロの多くの人は定められた税を払えなかったため、ティシャイニャ (*t'ishaynya*) とよばれる小作人へと転じた。[11] アムハラはマロの村々に分散して直接支配するのではなく、不在地主として君臨する一方、マロの役職者に徴税を担わせていた。このハイレセラシエ皇帝の時期をマロの人びとは「ジャノイ・ウォデ (*janoy wode*「皇帝の時代」)」や「アダーレ・ウォデ (*adaare wode*「地主の時代」)」などという。

　このように帝政期といっても半世紀以上の長期におよび、イタリア占領期で大きくわけられるが、いずれの時期も、マロの人びとは、国家の名のもとに人びとを搾取するアムハラを中心とする北部出身の入植者に土地や財産をとりあげられ、過酷な隷属状態におかれてきた。人びとの言葉を借りていえば、マロはアムハラのために働かされてきた。そのため、「エチオピア＝アムハラ＝マロの敵」という認識であった。その象徴がエチオピア正教であり、インジェラであった。一部のマロはアムハラと結託して役人となり搾取に協力したが、人びとの大半は搾取される側であり、この時代は過酷な時代として記憶されている。

9　こうした状況はマロに限ったものではなく、19世紀末に帝国に併合された西南部の多くの農耕民社会で経験されたことであった (e.g. Abbink 2007; Donham 1986, 1994)。
10　イタリア占領期前、入植者が最も多く暮らし、統治拠点が置かれていたのはバンカで、当時はマロ・バンカ郡であったが、イタリア占領期後、バンカは寂れていき、代わりにコザにアムハラが多く暮らすようになり、マロ・コザ郡となった。その後、革命を経て、デルグ期に役場は低地のラーハに移ったが、名称はマロ・コザ郡のままである。
11　ティシャイニャとは、アムハラ語で小作人を意味するチセニャ (*čəsäña*) がマロ語に転訛したものである。

2.3 デルグ政権期

　1974 〜 75 年のエチオピア社会主義革命後、それまで地主層として君臨し、人びとを苦しめてきたアムハラは、マロの地から一掃され、オモ川下流域に逃れていった。マロの人びとは自らの土地を取り戻すだけでなく、新たに土地を切り開くなど自由を満喫しつつあった。帝政期、入植者として君臨したアムハラがインジェラとよばれるテフを主原料とする発酵させたパンケーキを日常的に食するのをマロの人びとは見ていた（そして女性たちはそれを作るのを手伝わされていた）が、それを食べることはなかった。それは人びとを苦しめるアムハラが食べるインジェラを支配の象徴として拒否・反発する気持ちが強かったからでないかと思われる。古老たちに聞くと、アムハラが食べているのを日々目にしていたが、マロの人たちは誰も食べていなかったという。ところが、革命でアムハラが一掃されると、今度は人びとがインジェラを食べ始めた。その正確な理由は今となってはわからないが、おそらくは人びとを長く苦しめてきたアムハラがマロの地からいなくなり、自分たちの土地を取り戻したことに伴う解放感や祝宴的雰囲気が関係していたとみられる（藤本 2019）。

　しかし、その祝宴的状況は長くは続かなかった。直後の 1976 年、マロの半分近い集落はボディなどの低地牧畜民の大規模な襲撃を一方的に受け、1,000 人以上の人びとが殺害されるとともに、多数の家屋が焼かれ、また大量の家畜が略奪された（Fujimoto 2009）。背景には、土地を追われたアムハラの旧地主層が牧畜民に襲撃を呼びかけ武器（弾薬）を大量に配っていたことがあった。これはマロに対してだけでなく、オモ川対岸のコンタに対してもまったく同様のことが同時期に行われていた（福井 2007）。その後、こうした襲撃は 10 年ほどなかったが、1980 年代後半から場所を変えながら毎年のように行われるようになっていった。さらに 1980 年代のエチオピアは北部で内戦が続き、マロの人たちも容赦なく戦闘に駆り出されていた。各家から若者を一人出すよう求められ、人びとはそれを厳守したわけでなかったが、兄弟の多い家では年少の若者が戦場に向かうことは珍しくなく、大半はそのまま帰ってくることはなかった。戦闘経験のない若者たちが過酷な前線に動員されたのだった。

　デルグ政権期はマロの人びとにとっては戦争が絶えない時期として認識され、やはりいい時代であったとは言われない。ただこの時期、マロの人たち

は国家のために戦わされ、そのなかで「エチオピア＝アムハラ」というわけではかならずしもないことを認識するとともに、新たな敵（低地牧畜民）の存在を認識したのだった。デルグ期、国家の力は絶対的なものではなく、様々な命令や弾圧をしてくるものの、むしろ無力であり、人びとはその指示に従わないことも多かった。たとえば、宗教活動は表向き禁止されていたが、実際は宗教活動は水面下で活発に行われ、ミッションのキリスト教がこの時期にマロに広く普及した。

　人びとにとって国家は、帝政期のように日常的に搾取する存在でなく、時折一方的要求をしてくるものであり、依然として人びとを苦しめる存在であったが、帝政期の入植者のような絶対的なものでなかった。また、低地牧畜民は王国期まで頻繁にマロにやってきて交易したり一部暮らしていたとされるが、弱小だった。それが帝政期に武器を大量に獲得して農耕民を脅かす存在になり、その力が実際に使われたのがこの時代だった。帝政期のような階層的な封建体制は崩壊したが、だからといって人びとが安心して暮らせる時代になったわけではなく、人びとの国家に対する不信や警戒は依然として強く続いていた。

2.4　EPRDF 政権期

　マロでは低地牧畜民の略奪的襲撃とともに EPRDF 政権期が始まった。1980 年代末から 1990 年代前半にかけての政権移行期、国家権力はマロの域内で形骸化し、毎年牧畜民の襲撃に見舞われていた。マロ・コザ郡の役場のあるラーハも 1991 年、家財の略奪にとどまらない全面的な焼き討ちに遭い、町は壊滅的状況に陥った。筆者が 2 年後の 1993 年にはじめて訪れた際も、その時の様子が詳しく語られた。その後、役場や警察署が作られ国家が権力基盤を築いていくと、牧畜民は撃退され、襲撃は起こらなくなった。マロの人びとはこの時期から国家の力や恩恵を感じるようになった。

　また 1990 年代後半からマロの域内で学校建設やクリニックの設置が急速に進んだ。筆者が調査を開始した 1990 年代前半、マロの領域に学校はわずか 4 つしかなかった。そのため学校に通う子どもはごく少数であり、その子どもたちも片道 2 時間以上かけていくことも珍しくなかった。またクリニックもガイツァなどにあったが、機能していると言いがたく、人びとも利用しておらず、村人が急病にかかった時はラーハなどの町まで人びとが担架

で担いでいくしかなく、途中で息絶える人も珍しくなかった。筆者は担架で運ばれていく人を当時何度も見た。

　こうした状況が1990年代末ごろから急速に改善されていった。学校は1990年代末に20ほどになっていたが2024年には50以上にまで増え、また高等学校に該当する12年生まで学べる学校もマロの域内にすでに5つある。クリニックの数も2024年には66に増えている。そしてそれぞれの施設で働く医療従事者の数もかつてと比べものにならないものとなった。[12]

　また、人びとの生活に大きな変化をもたらしたのは製粉所の普及である。筆者が調査を始めた当初、デルグ政権期に導入された製粉機を見かけることがあったが、いずれも故障しており、稼働しているものはなかった。そのため女性たちはサドルカーンの石臼で夕食後などに穀物を製粉するのが日常であった。それが1990年代半ばごろから小型発電機で稼働する製粉機が村に少しずつ導入されるようになり、現在製粉所がない村はないだけでなく、一つの村に複数あるほど普及している。[13] 女性たちの労働時間が短縮され、従来の石臼では製粉が容易でなかったトウモロコシが容易に製粉できるようになったことで、練粥などトウモロコシの粉食が一般化するよう食生活が変化しつつある（藤本2021）。

　マロの域内で行われる定期市（*gabe*）も筆者が調査を開始した当初10ヶ所ほどであった。しかし1990年代末ごろから各地で行われるようになり、現在は小規模なものを含めると40〜50あるとみられる。また昔からあった10ヶ所ほどの定期市は週1回か2回だったが、今日では週の半分近くの日に開かれるようになっている。それに伴い、石鹸や食用油など日常生活品を扱う常設の商店（*suk'e*）も出現するようになった。筆者が当初から調査を行うガイツァではこうした商店が30ほど見られるようになっている。マロの人だけでなく、外部出身の商人が店を営むようになっており、村から町になりつつある。

　マロへいたる交通網も大きく変わった。筆者が調査を開始した当初、マロ

---

[12] とはいえ、クリニックや病院は今も人びとには恐ろしいところのようであり、評判は決していいとはいえない。手術などでつらい思いをしたり、治療後に回復しなかった経験を持つ人が多いためと思われる。

[13] 2024年にラーハの役場できいたところ、68あるということだった。いずれも民間のものであるため、役場が把握できていないものもあるということであり、実際はより多い可能性がある。

とゴファの領域の境を流れるヒルギノ川に橋はなく、水量の少なくなる乾季しか車は渡れなかった。また少し雨が降るとぬかるんで、通行できる状態ではなくなる道だった。それが1990年代末にヒルギノ川に橋がかかるとともに、砂利道の改修が行われ、また舗装道路が徐々に整備されていった。それにともない、2000年代になると従来の4WD車だけでなく、ピックアップトラックなどの商業車もゴファからバスケートを経てマロに入ってくるようになった。さらに2010年代後半からは雨季をのぞいてバスも毎日運行するようになっている。外部世界との交流が増え、一部の人びとは衣服や香辛料などの商売を通じて大きな富を築くようになった。従来のように自給的な農業をしているだけでは貧しいままであると認識し、人びとは商業活動に積極的に乗り出し、やがて定期市の場所付近に常設の商店が立ち並ぶようになった。人びとは「発展（開発）」（limaate）を様々に実感するようになった。

1993年に分離独立を果たしたエリトリアと1998年にエチオピアが国境紛争を起こすと、マロの若者も戦争に駆り出され、また再び低地牧畜民がマロやコンタを襲うことがあった（藤本2010）。しかしマロへの襲撃はその後起こっておらず、むしろ低地牧畜民への国家による大規模な銃狩り（武装解除）が行われるなど、国家が積極的にこの問題に介入する新たな展開もみられた。

EPRDF政権期、マロの人びとは国家による庇護や経済的な発展を様々に感じてきた。筆者は1990年代後半からマロのこうした急速な変化を各所で見聞するようになった。やがて人びとは国家・政府について肯定的に語るだけでなく、自分たちもエチオピア人であると表明するようになってきた（Fujimoto 2023）。そうした意識がいつからもたれるようになったのかを確定することはとてもできないが、こうしたことがよく語られるようになったのは2000年代になってからと思われる。

ただし問題がないわけでは決してない。人びとはエチオピア国家の恩恵を受けるようになったといっても、それまでがひどかったからにすぎない面もある。以下に見る、マロ周辺で21世紀になって行われてきた開発プロジェクトは必ずしもうまくいっているわけではないし、また地元の人びとに対し国家から適切に説明がなされているわけでもなく、むしろ人びとはいいようにあしらわれている面がうかがわれるのである。

3. マロ周辺での開発プロジェクト

3.1 リセトルメント（再定住）プロジェクト

3.1.1 リセトルメント（再定住）および地域の概要

　1990年代末から噂では聞いていたが、2004年から2006年にかけてマロの領域の西方、ディメの領域との境のサーライシェとよばれる無人地帯に再定住（safara）プログラムが実施された。[14] コンソ、ディラシャ、ガモなどの民族集団の人びとが入植している。マロの人びとのなかにも再定住プログラムに参加して移住する人もいたが、ほとんどはすでに故郷に戻っている。なぜマロの人たちは再定住村に定着しなかったのか。

　このプロジェクトは農村の貧しい人びとに土地を提供し、食料の増産をはかるとともに、換金性の高い作物の栽培を奨励し、それを輸出用作物に育成することが目標であった。つまりたんに食料の自給率を高めるだけでなく、国家の基幹産業として商業的農業を発展させることが構想されていた。このようにデルグ期に実施されたリセトルメントとは異なる高い戦略的目標が掲げられていた。またデルグ期のように貧しい農民を強制的に移住させたりすることはなく、移住を望む農民に自発的に参加してもらう形で実施した点も異なる。デルグ期のリセトルメントのようにエチオピア北部から南部へといった遠隔地への移住でなく、州内での移住を基本としている点も異なっていた[15]（Pankhurst and Piguet eds. 2009）。しかしながらプロジェクトは短期間のうちに終了している。政府の関心の焦点が農村から都市へこのころより移ったためと思われる。デルグ政権期のリセトルメントのように惨憺たる結果を招いたわけでないにもかかわらず、早期に幕引きが図られたのだった。[16] 本章

14　safaraとはアムハラ語のsäfärの現地語化した言い方である。säfärはデルグ政権期に実施された再定住（resettlement）プログラムのことで、惨憺たる結果に終わったことで知られる。マロ語でsafaraは、同じくデルグ期に実施された集村化プログラムも意味しているが、マロでは再定住・集村化いずれも実施されなかった。だがマロの北側のコンタ、および東側のゴファの領域周辺部では集村化プログラムが1980年代に実施され、とりわけコンタではこの政策によってオモ川流域の集落が多数放棄させられた。

15　そのため、実施主体も連邦政府ではなくそれぞれの州政府である。

16　EPRDF政権期のリセトルメントは、デルグ期のもののようにひどいものであったわけでなく、おおむね評価されている（Pankhurst and Piguet 2009）。ただその後の研究者による議論・分析は多くない。

はエチオピア各地で実施された再定住プロジェクトの全体を総括することが目的ではないが、再定住プロジェクトはEPRDF政権の理念が色濃く反映されており、その概要を記すだけでなく、以下では筆者が2016年および2024年にサーライシェを訪れた際の状況を報告する。

　すでに述べたように、マロの領域周辺では1990年代後半から急速に交通網が整備された。1998年ごろヒルギノ川に橋がかけられ、それに前後して車道の整備が進んでいった。2000年代になるとマロの南側のバスケートの中心地ラスカからマロのラーハにいたる道の一部が全天候型の舗装道路になっただけでなく、20メートルほども幅のある広大な道路が整備された。一日の通行量が数十台しかないところに見合わない過大な整備であった。その背景には、このリセトルメント・プロジェクトがあった。ラーハをこえて西のディメの方角に行く道はそれまで歩道しかなく、車道は敷設されていなかった。そもそもマロ方面からディメ方面へ行く人の数など定期市の日に多少人の移動があるだけで、そのあいだは無人地帯が続くため、ふだんはほとんど通行がなかった。その広大な無人地帯はサーライシェとよばれる平原で、樹木の混じるサバンナ帯だった。帝政期までは人が多少暮らしていたが、その後、数十年無人となってきたところで、ゾウやキリンが比較的最近まで生息していた自然豊かなところである。筆者が長老から聞いた話では、1974年の革命でアムハラが追放された際、この無人地帯にまだアムハラが隠れているかもしれないとマロの人びとが確認に訪れた。そのときに様々な野生動物が豊富に生息している地として印象に残ったという。ただ、川がないため人が多く暮らせるところではないということだった。農耕民のディメがかつて多少暮らしていたとされるが、むしろゴルデと称されるボディなどの牧畜民が放牧地として利用するところだった。そのサーライシェがリセトルメントの対象地に選ばれ、大規模な道路開発が行われたのだった。

　道路建設はサトゥコン（Satcon）というエチオピアの建設会社が実施しており、筆者もその事務所を訪れたりして関係者に話を聞いた。国のプロジェクトとして建設を担っていたが、途中何度も資材の調達や支払いの遅延など

17　マロとディメのあいだはまったくの無人地帯ではなく、ボロダ・カクシャなどいくつかの集落があるが、それらはこの車道沿いではなく、もっと高い南側の丘陵地帯に位置している。それらの集落の人びとはかつてドーロという首長国をラーハとともに構成しており、マロ王国に対抗する首長国の一つだった。

図2　緑豊かなメンデール1

のトラブルに見舞われ、予定よりはるかに整備が遅れていた。リセトルメントの開始前に建設を終える予定だったが、それには間に合わず、2016年時点でも未舗装の砂利道であちこち舗装工事が続いていた[18]。それでも商業用の車両も蛇行しながら通年走行できるようになっており、大方の目的は達成されているようだった[19]。

　サーライシェにはメンデール（*Mändär*、アムハラ語で「村」の意味）1〜4という4つの地区がある。メンデール1と2はやや高いところにあり、マロ側から入ると最初に通る。現地の事務所できいたところ、もっとも南に位置するメンデール1は人口1,357人でガモ・ゴファ出身者からなるということだった（図2）。その西側にあるメンデール2も同じくガモ・ゴファ出身者からなり、人口は2,934人ということだった。他方、メンデール2の北側のや

18　正確には、ソッドーサウラーラスカーラーハーガローハナーマジと数百キロにおよぶ国道建設プロジェクトと南部州の実施する再定住プロジェクトは本来別のものである。しかし実際にはこの国道沿いに再定住プロジェクトがサーライシェ以外にも複数実施されており、両プロジェクトは密接に関係している。レイヴァース（Lavers 2024）は、南部での低地農業開発プロジェクトはダムや灌漑プロジェクトと多くリンクしているといい、サーライシェと後述のギベ第四ダム開発は当初より関連していた可能性もある。

19　2024年に再訪すると道路建設はすでに完了していた。

や低い乾燥した地にあるメンデール3にはコンソとディラシャの人びとがおり、そのメンデール3の東側に隣接する同じく乾燥した景観のメンデール4にもコンソとディラシャの人びとが入植していた。メンデール3の人口は2,986人、メンデール4の人口は3,227人とのことだった。このようにそれぞれの地区は出身地に応じて居住地が区別されている。なおメンデール4にはアムハラも数世帯入植している。

3.1.2 サーライシェの農業

　サーライシェの各入植者には耕作用の土地が与えられている。後述するように、耕作用の土地は場所によって条件が異なり、広さも同じでないが、いずれも1ヘクタールは優にこえる土地が与えられており、筆者がマロで調査している感覚からすると、土地は十分あるように思われた（図3）。

　また入植者には居住地用の区画が別に与えられ、その敷地内に地域で一般的な円錐型の草ぶき屋根の円形家屋が建てられている。ただこの家屋は入植時に同郷者らで協力して建てたものであらかじめあったものではない。そのため家屋の様式は出身地の違いを反映してメンデールごとに異なっている。またその後、トタン屋根の方形家屋を建てた人もいる。また入居して10年前後たっていることもあり、家の周りの居住地用の区画内で果樹や被陰樹などを植えたり、野菜やイモ類を小規模に栽培したりしており、緑豊かなメンデールもある一方で（メンデール1および2）、家以外にはほとんどそのままになっている区画が目立つメンデールもあった（メンデール3および4）。入植者の出身地の庭畑の文化がさかんなところとそうでないところの違いを反映しているとみられる。なお、入植時には、耕作用の去勢牛1頭、犂や鍬などの農具一式、護身用の山刀、金属鍋、毛布が与えられ、最初の一年間は毎月10キロの食料が配られたという。[20]

　入植当初、ゴマの換金作物栽培が奨励され、畑一面でゴマが栽培された。輸出用のものであった。しかしゴマは長期休閑が必要で、一度栽培すると4～5年はその畑で作ることができない。そのため広い耕地があってもその

---

[20] 2024年3月に再訪すると、各メンデールの人口はほぼ倍増しており、またメンデール3および4も大多数はガモ出身者となり、集落の景観に違いは見られなくなっていた。なお遅れてきた入植者に土地や生活物資が配られることはなく、その人たちは出ていく人から土地を購入するか、まだ持ち主のいない周辺の荒地を切り拓いて入植している。政府の手を離れてもなおリセトルメントは拡大しつつある。南部の急速な人口増加が関係しているとみられる。

図3 広大なサーライシェの耕地

一部しか使えないことになり、人びとはゴマ栽培を早々に放棄し、1～2年の短期休閑で4～5年栽培し続けることができるトウモロコシやコメの栽培が現在中心となっている。ほかにはモロコシが自給用に多少作られている。エチオピア固有の雑穀テフもあるが、このあたりは暑すぎるため、あまりとれない。ゴマは現在畑の脇で多少作られている程度で、畑一面に作られていることはない。

　ここではトウモロコシ、コメとも主たる耕作期である8月から12月にかけて栽培するだけでなく、その後の1月から5月ごろにかけても栽培することがある。トウモロコシの後にコメ、あるいは反対にコメの後にトウモロコシといった具合である。つまり二毛作である。これまでトウモロコシ中心だったが、近年はコメも重要になってきている。コメはトウモロコシよりやせた土地でも育つので栽培しやすいという。いずれの作物も犂による牛耕で広い面積を耕し、ダーペ (*daape*) およびユーラ (*yuura*) とよばれる化学肥料[21]を投入しながら栽培する。マロでも低地では犂を用いた耕作が行われるが、ここでのように広い面積が耕作されるわけではなく、費用負担の大きい化学

21　ダーペはDAP（リン酸二アンモニウム）、ユーラは尿素肥料のことである。

肥料の使用も限られる。トラクターなどの農業機械があるわけではないが、マロに比べると、多投入型の大規模農業が試みられていることがわかる。農産物の販売による農業収入はマロよりはるかに多いとみられるが、生活は必ずしも豊かではない。化学肥料の購入費がばかにならないためである。それでもこの地の農業ではもはや化学肥料は欠かすことのできないものとなっている。

なお、この地で現在急速に広がっているコメは、政府に奨励された作物ではなく、入植しようとやってきたアムハラが持ってきたものという。日本で一般的な水田稲作でなく、畑に直播する陸稲栽培である。そのため水田稲作に比べ、収量は低いが、同時に労働投下も少ない。コメは長粒種のインディカ米である。人びとはこのコメをほとんど市場に出荷し、販売しているが、一部は自宅でも消費している。どのようにして食べるのかも日本のコメと大きく異なるため、以下簡単に報告する。

このあたりではコメは新しい作物であり、その主たる利用はインジェラの原料の一部として用いるというものである。インジェラはテフを主原料とした穀物の粉を水でといて発酵させ、焙烙と呼ばれる円形の土器に流しいれて焼くエチオピアを代表するパンケーキである（藤本 2022）。テフは比較的高価なため、トウモロコシ、モロコシ、コムギ、オオムギ、シコクビエなど様々な穀物が多少加えられて作られることが多いが、近年人気が高いのはコメを加えたインジェラである。テフのみで作ったインジェラより白くなるだけでなく、食べた際もよりおいしくなるという[22]。もちろんこの場合は最初にコメを粉にして加えている。つまり粉食である。ほかにもコメの粉をトウモロコシなどの酵母発酵パン（ダッボ *dabbo*）の原料の一部にしたり、粥の原料にしたりする。粒食もないわけではないが、玉ねぎやほかの調味料と一緒に炊いたものをインジェラを食べる際の副食の一つとして作るというくらいであり、日本で一般的な炊いたコメを主食として消費することはない。このようにインジェラなどパンの文化がベースにあり、そこにコメが部分的に入っている状況である。エチオピアの都市部ではコメを炊いて食べることも行われるが、現在にいたるまで一般的でない。アフリカの大半ではウガリなどの練

22　人びとは白いインジェラの方が価値が高いとみる傾向があるが、ただ加えすぎると食感が変わってしまうので一部加えるのみである。

粥が日常的に食べられているところでも、コメは炊いて食べるところが多いが、ここではそのようになっていないことに注目しておきたい。

3.1.3 家畜略奪被害

　このサーライシェのリセトルメントは、当初想定されていなかった深刻な問題をじつは抱えている。筆者が各メンデールを訪れた際に真っ先に言われたのは、家畜の略奪被害についてである。マロでは1970〜90年代にオモ川下流の牧畜民による襲撃で家畜略奪に幾度もあってきたことはすでに述べた。ただこの20年あまり家畜の略奪は発生していなかった。しかしその代わりにというべきか、サーライシェで略奪が日常的に発生し、役場が把握している情報によれば、5年間でメンデール2からメンデール4でウシが合計1,500頭以上略奪され、住民11人が殺害されていた。リセトルメントが始まってしばらくのころはより多くの人が殺され、家畜被害も大きかったが、数はわからないとのことであった。つまり家畜略奪とそれに伴う住民殺害は最近始まったのでなく、リセトルメント開始当初から起こっていた。現在は大規模な略奪がないかわりに小規模な略奪が頻繁に起こるようになっている。いずれもゴルダと他称されるオモ川下流域の牧畜民の仕業とみられるものである。

　リセトルメント開始当初はウデ（ude）と呼ばれる当番制の放牧グループに日中家畜を預け、夕方そこから家畜を受け取って連れて帰るということが行われていた[23]。しかし放牧中に牧童が数十人の武装集団に突如襲われて家畜が丸々盗まれることが何度も発生し、近年は家畜を群れで放牧させることはほとんど行われなくなっている。かわりに各世帯で家畜に食べさせる草を日中刈り集め、その束を家に持ち帰って家畜に食べさせるようになっている（図4）。つまり舎飼いである。そのため武装集団による家畜略奪も、日中ではなく夜中に村はずれの家を5人ほどの少人数にわかれて行うようになっている。住民もメンデール内で武装した自警団を結成して不審者がいないか夜間監視するようになっているが、一向に止められていないのが実情である。

　略奪集団はオモ川に沿って下流域から来て、メンデールに至るといくつかのグループにわかれて家を襲う。家畜を略奪したら一目散にオモ川べりに戻

23　日帰り放牧。これは今日マロで行われているのと同じものである。

図 4　刈り集めた草を束ねて少女たちが家に持ち帰る

り、対岸に渡り家畜を連れて下流に逃れていく。オモ川を渡るのは追っ手から逃れるためである。住民が泳げないのを彼らは知っているのである。

　こうした治安面の問題から、マロ出身のサーライシェ入植者の大半はサーライシェから引き揚げ、マロに戻った。しかし、コンソやディラシャ出身者は地元の土地を売ってきた人が多く、戻るに戻れない。そのため、コンソやディラシャ出身者の多いメンデール 3 と 4 は家畜略奪が頻発し治安状況がよくないにもかかわらず、引き揚げる人は多くなかった。

　この家畜略奪の問題はマロやコンタでは帝政崩壊後の 1970 年代から始まったが、牧畜民地帯に接するディメではそれ以前から苦しめられてきた問題で、地域で決して新しい問題ではない。襲撃の仕方は一様でないが、略奪集団がオモ川下流域からひそかにやってくることは共通している。襲ってくる集団が銃を携えて武装しているのに対し、襲われる住民側は武器をほとんど持っていないという武器をめぐる非対称性も共通する。この問題は帝政期以来の南部をめぐる国家支配の問題と密接に関係して発生している（藤本 2010）。

　このサーライシェは、リセトルメントのプロジェクトが開始される前はおもに牧畜民が放牧地として利用していた土地であり、彼らはこのプロジェクトに強い不満を抱いているとみられる。地域事情を考慮せず、無人地帯であ

るかのように扱って始められたこともこの問題を複雑にしている。今後、エチオピアの国家統治が何らかの事情で脆弱化した際には、このリセトルメントに対して家畜略奪にとどまらず、住民を追い払うことを意図した破壊的な襲撃が仕掛けられる可能性もないわけではない。[24]

3.1.4 小括

　大規模な道路開発とともに進められたサーライシェのリセトルメントは、いくつかの点で計画どおりに進まなかった。まず、道路造成がプロジェクト開始に間に合わなかった。また当初ゴマの換金作物栽培が計画されていたが、10年ほど経過した時点でゴマの栽培は低迷していた。計画が周到に準備されたものでなく、甘い前提で進められたものであったことを示している。とはいえ、土地は肥沃で、トウモロコシや当初想定されていなかったコメの栽培が活発に行われており、計画が単純に失敗に終わったわけではない。ただ化学肥料を大量に投入するなど多投入型の農業で、生産量も大きい反面、経済的負担も大きく、入植者の生活は決して豊かになったわけではなかった。

　さらに最大の問題は、家畜略奪に頻繁に見舞われるなど、人びとは想定外の治安問題に直面していることである。入植者はプロジェクトの募集に応じてやってきただけだが、そのプロジェクトは地域の複雑な歴史・民族的な事情を考慮して策定されておらず、そのためかえって問題を悪化させていた。地域事情を考慮しない国家主導の一方的な計画による開発プロジェクトの矛盾がこうしたところに現れているといえよう。そしてこの問題は、次に見るマロ周辺でのもう一つの大規模開発プロジェクトでも同様に見いだされるの

---

[24] 2016年訪問時には、オモ川から一番遠いメンデール1のみ略奪被害はなかった。しかし2024年の再訪時には、メンデール1でも家畜略奪の被害は発生するようになっていた。以前から被害に遭っていたメンデール2〜4では2018年11月10日（エチオピア暦2011年3月1日）早朝、一斉に襲われ9人が殺害され、800頭以上の家畜が奪われた。アビィ政権発足後、半年あまりの時期であることに注目しておきたい。マロやコンタでも政権交代期に大規模な襲撃が行われてきた。サーライシェではその後も小規模な家畜略奪が繰り返されており、前回訪問時より家畜略奪の範囲が拡大し、頻度は増加していた。人びとによると、EPRDF政権期より現在の方がリセトルメントは放置されており、そのため家畜略奪は頻発するようになっているという。またリセトルメントに限らず、マロなど周辺地域において人口増大とともに拡大する富の不均衡の問題にもEPRDF政権期には土地の再分配を郡レベルで積極的に実施するなどして是正していたのに対し、現政権にはそうした姿勢はなく、問題が放置されていると人びとは認識しており、前政権期に高まっていた人びとの国家への信頼は今日失われつつある。

である。

3.2 水力発電ダム建設

3.2.1 ギベ第四ダムの概要

2016年3月16日、コイシャ水力発電プロジェクトの契約がエチオピア電力公社（Ethiopian Electric Power Corporation（EEPCo））とイタリアの大手ゼネコンであるサリーニ・インプレジーロ社（Salini Impregilo）のあいだで結ばれた。[25] エチオピア西南部を流れるオモ（ギベ）川での四番目に建設される水力発電ダム（Gilgel Gibe IV Dam）である。同社のホームページによると、契約額は25億ユーロあまりである。完成時の堤頂長（ダムの横幅）は990メートルとされ、これは日本最大の黒部第四ダムの堤頂長492メートルの倍以上であり、すでに運用が始まっているギルゲル・ギベ第三ダムをしのぐ規模である。出力も第三ダムが1,870メガワットなのに対し、第四ダムは2,160メガワットとされる。完成は2020年が予定されていたが、2024年時点でも完成には至っていない。[26] 筆者は2016年9月および2024年3月にダム建設現場を訪れた。ラーハから最寄りの大きな村落であるバンカ近くのエッチェという集落まで初回訪問時には車道が通っていなかったが、再訪時にはすでに砂利道ながら車道が開通していた。エッチェから先は舗装こそされていないものの大型車も通れる立派な車道ができており、オモ川べりへと1,000メートルほど下っていくと建設現場にいたる。

現場は両岸の斜面が急速に切れ落ちる峡谷の谷底にあり、標高600メートルほどと低いこともあり、灼熱の暑さである。その谷底を濁流のオモ川が激しく流れている。その川幅が狭くなっている地点に2016年時点では人が歩いて渡ることができる仮設のつり橋が架けられていたが（図5）、2024年にはこれはすでに撤去されており、代わりにそのそばに2016年には鉄骨コ

25　同社はエチオピア最大の水力発電ダムである青ナイル川のグランド・エチオピア・ルネサンス・ダム（GERD）やオモ川の他のダムの建設も受注し、エチオピア政府とのあいだでの汚職と不透明性が指摘されてきた企業である（Mains 2019）。本書第12章の報告にあるように、2015年にすでに完成したギルゲル・ギベ第三ダムはオモ川下流域に暮らす牧畜民の生活に破壊的影響を及ぼしている。なお、ミラノに本社のあるこの企業は現在 Webuild SpA という社名に変更している。

26　2024年3月現場で電力公社関係者からきいたところ、完成度は61％で、2027年完成予定とのことであった。

ンクリートの橋脚が建設（図6）されていただけだった橋が完成し、工事関係のトラックが慌ただしく往来していた。2016年に仮設の橋を渡って対岸に行くと、立派な舗装道路が通っており、建設労働者を運搬するバスが何台も止まっていた。その上流部で斜面が掘削されており、ダンプカーが10台ほど砂埃を巻き上げながら削った土砂を運搬していた。筆者が休憩所で建設労働者に聞いたところ、ダウロやコンタの若者でいずれも毎朝コイシャからバスに一時間ほど乗ってこの現場に来ているが、100人以上はそうやって毎日来ている

図5　建設現場にかかる仮設のつり橋

という。ただし、近くの丘の上にはカンペ（kampe、キャンプのこと）と呼ばれる外国人技師や一部幹部が滞在する護衛付き住宅があるといい、帰りにそれと思われる建物も確認された。その時はダムの掘削工事が始まったばかりでダムの建設はこれからの段階であったが、2024年時にはダムの建設が活発に進められていた（図7）。

　2回目の訪問時にわかったのは、ダム建設のキャンプはすべて北側（コンタ側）にあり、ダム建設もそこから活発に進められている一方で、肝心の水力発電所は南側（マロ側）におかれ、そこはまだほとんど建設が進んでいなかったことである。水力発電はダムに貯えた水を送水管より落下させ、三つのタービンを回転させることによって電力を起こす仕組みだが、まだこちらはこれからの状態だった。またダムに貯まった水が多くなりすぎるとダムの破壊につながりかねないため、一定量をこえると放水路から水が排出される仕組みがあるが、この建設もマロ側で予定されており、こうした水力発電の中心にあたる部分の建設は着工したばかりの段階にあった。電力公社の説明によると、この放水路の建設予定地で現在掘削作業が進められており、そこで掘削した岩を大型トラックに積んでコンタ側に運び、そこで細かく破砕し

図6　鉄骨コンクリートの橋脚の建設（2016年）

図7　ダム建設現場の様子（2024年）

て作った砂利をベルトコンベヤーでダムの建設現場まで運ぶ形となっている。そしてその運搬作業のためにオモ川を渡る橋が、ダムの下流側、約1キロのところに建設されたのだった。[27]

3.2.2 ダム建設をめぐる情報の非対称性

3.2.1 で、建設工事はマロ側（南側）からではなく、対岸のコンタ側（北側）から進められていると述べた。しかし、南北の非対称性は開発の進捗状況にとどまらないことが明らかとなった。

じつは筆者は、建設されているのはコンタ側へいたる橋と車道であるとマロの人たちやラーハの役場で聞いており、水力発電用のダムが建設されていることは現場を訪れるまで知らなかった。筆者は 1990 年代後半からこの件をたびたび耳にしていたが、そこでも常にオモ川を渡る橋と車道の建設という話だった。オモ川でダム建設がいくつも進められていることは知っていたが、まさかその一つがマロの領域周辺で行われているとは 2016 年まで知らなかったのである。2024 年の調査時、マロの人たちにこの点について改めて聞いたところ、やはり筆者がきいたガイツァおよびシャーシャの人たちの多くは橋と車道について知っているだけであり、それは無事完成したと語る。アムハラ語を話すマロの人のなかにはダム建設について知っている人もわずかにいたが、多くの人たちはダム建設については 2024 年時点でも知らなかった。オモ川といってもマロのほとんどの人にはじつは関係がないため、牧畜民が襲撃に来るといったことでないかぎり、オモ川に関心をもっていないようだった。またダム、それも水力発電ダムといったものが人びとになじみがないことも無関心の大きな要因のように思われた。[28]

筆者はこれをラーハの役人に伝え、問題ではないかときいたところ、彼らもこの状況はよくないと思っているということだった。まず 20 年以上前に

27　2016 年訪問時には役場からの紹介で訪れ、検問も特になかったが、2024 年の訪問時には役場からのレター持参が必須で、また役場の車で来ることも条件となっており、連邦警察による検問がオモ川近くであった。許可されると電力公社の説明役がつけられ、建設現場を一望できるビューポイントでダム建設の説明を受けられた。ただしそこでの写真撮影は禁止であった。

28　これは第 12 章で取り上げられているギルゲル・ギベ第三ダムをめぐるダサネッチと大きく異なる点といえる。牧畜民ダサネッチにとって定期的に氾濫をもたらすオモ川は生計維持に必要不可欠なものであるのに対し、農耕民マロにとってオモ川は直接生計にかかわるものではなかった。無関心の背景にこうした状況の違いがあるだろう。

この計画が伝わってきた際にダムではなく橋の建設の話になってしまったこと（役人たちもその原因はわからないとのことだった）、その後、郡の集会などでリカンバーレ（lik'ambaare 行政村長）に対してダム建設の状況を説明しているが、郡長ら一部の役人はダムの建設現場を訪れて知っているが、リカンバーレは現場を訪れていないため、あまり理解していないだろうということだった。

　今回建設現場でエチオピア電力公社の説明役にも聞いてみたところ、自分たちは地域の役人らを招待して定期的に説明を行い地元の理解も得ていると言い、これで地元に対する説明は事足れりと思っているようであった。筆者がマロの人たちはダム建設をほとんど知らないと伝えると、それは役人たちが説明することだといい、自分たちが住民のところに出向いて直接説明する必要性は感じていないようだった。ダム開発によって今後人びとの生活に影響がおよぶ可能性が高いにもかかわらず、それについて人びとへの情報提供が十分なされていないのは明らかである。発電で得た電力の大半はアディスアベバへ供給されることになるとのことだったが、この説明もなされていないだろう。しかしこうした巨大な施設はこれまで周辺になかったのであり、このダムは遅かれ早かれマロの人たちに様々な影響を及ぼす可能性が高い。情報周知や資源配分に課題があるなかで進められているプロジェクトといわざるを得ない。

　またこの地は複雑な歴史をたどって現在にいたっており、直近に暮らすマロの人びとだけでなく、他の人びともこの地にかかわりがあるが、そうした人たちも関係する周辺住民と認識することなく、建設が一方的に進められている可能性が高い。そうした地域への説明および地域に関する理解を欠く一方的な開発がすでに影響をおよぼし始めており、その中には次に紹介するように深刻なものも含まれている。

3.2.3　地域の歴史的背景と将来的影響

　現在マロとコンタの領域で建設された車道のルート（およびそのオモ川の渡渉地点付近にあるダム建設現場）はじつはマロとコンタ間での古くからの主要な交易路であった。実際、19世紀末にエチオピア帝国軍がマロの地に最初に

29　ギルゲル・ギベ第三ダムの建設計画について地元に直前までほとんど知らされていなかったことが第 12 章で述べられている。

30　マロとコンタのあいだには筆者が把握するかぎり 3 つの交易路があったが、19 世紀末までの

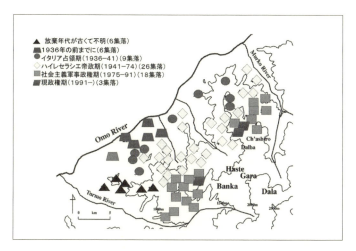

図8 マロ西部域の集落の放棄年代と分布

到達したのもこのルートを通ってだった。その際に支配拠点として築かれたバンカは、帝政期にはマロ・バンカ郡と呼ばれた一帯の行政中心地とされ、町としてにぎわった。またバンカからオモ川にいたるルート上やその周辺には多数の集落があったことも人びとに記憶されている。しかし20世紀末までの一世紀ほどのあいだに約70あったそのすべての集落は放棄されており、高度1,600メートルのバンカより下は高度600メートルのオモ川まで高度差1,000メートルにわたって広大な無人地帯となっていた(藤本2012)(図8)。バンカはマロ一帯の中心地ではすでになく、マロの辺境に位置する一農村になっていた。

　この地がマロの領域となったのは19世紀半ばから後半とみられるが、まもなく帝国支配に遭い、その後、集落放棄へといたった。集落が放棄された要因は複数あり、時期により異なるが、大きくは帝国編入により地域(マロ西部域)が政治経済的に周辺化し、治安が悪化してきたことによる。とりわ

王国期もっとも重要だったのがこのルートとされ、ドナムの論考にも記されている(Donham 1994)。なおこのルートはバンカより先、マロの王都のあったシャーマに至り、さらにゴファの領域へ抜けていった。シャーマからゴファへ抜けていくルートは、筆者もかつて歩いたことがあるが、この道がマロ・ガダ郡の成立に伴い、近年車道となった。コンタ側はジンマへといたるルートであった。

けデルグ期以降は低地牧畜民による家畜略奪の襲撃によるとみられた[31]（藤本 2012）。

　このようにこの一帯はずっと無人地帯としてあったわけではなく、むしろ帝国編入前はマロやその他の人びとの集落があった地域であり、人びとに記憶されるここ数十年のあいだに無人地帯となってきたところだった[32]。ただマロの人びとが家畜放牧をときおり行ったり、あるいは低地牧畜民が自らのテリトリーとして権利を主張する地域であった。こうした歴史があるにもかかわらず、まるでまったく無人地帯であるかのように今回オモ川でのダム建設およびそのための道路建設が進められている。

　じつはこの開発によりすでに地域に変化が生じつつある。2016年に訪れた際、エッチェから下方への車道建設に伴い、道路周辺のいくつかの放棄集落に人が戻ってきていることを確認した。車道建設に伴い、低地への家畜放牧や交易が容易になったことや建設関係者の存在により牧畜民のマロへの襲撃の可能性は低くなっていることなどがおもな理由であった。しかし2024年に再訪すると、車道沿いのかつての放棄集落に人家がびっしり建っていた。きいたところ皆この5〜10年ほどのうちにやってきた人たちで、かつてあった集落と関係のない人も多く来ていた。印象的だったのはバナナやアボカド等の換金作物栽培で活況を呈していることだった。ダム開発および車道建設によりプロジェクトと直接関係しない現象が自生的に展開しているのだった。

　また、注意しておきたいのは、建設現場近くの高台に設けられている関係者のキャンプが低地牧畜民の襲撃に見舞われ、すでに破壊工作に遭っていることである。これは何を意味しているのか。建設関係者の財を略奪する意味あいももちろんあるだろう。しかしそれ以上に建設工事に反対し、反発する意志を示しているとみるべきだろう。すでに述べたように低地牧畜民はマロやコンタへ家畜略奪を主とする大規模な略奪をデルグ期から幾度も行ってきたが、そうした国家支配の埒外の彼らの活動を阻害するものであるとして反発しているとみられる。また何よりダムの下流域に暮らす自らの生活に及ぶ

31　牧畜民の襲撃を恐れる住民の多くは、隣接するゴファの西部に移住した（藤本 2012）。
32　オモ川対岸のコンタでも帝国編入後、同様にオモ川流域の集落はすべて放棄され、広大な無人地帯が形成されている。この地では今日ダム開発の拠点がおかれているコイシャ（Koysha）より下部にわずかに残っていた低地集落もデルグ期に実施された集村化政策によって強制的に放棄させられた。

将来的な影響を懸念し、反発しているのだろう。そのためキャンプ周辺は2024年時点で、連邦警察による厳重な警備が行われるようになっている。

3.2.4 小括

　リセトルメント（再定住）プロジェクトとともにマロの領域の周辺で現在行われている水力発電ダムの建設は肝いりの国家プロジェクトである。ダムの建設現場とその周辺はかつてマロの集落が多数あった地域であるが、国家支配の過程で政治経済的に周辺化し、無人地帯となってきた。その地で行われる国家主導の巨大開発は地域の歴史的背景への理解を欠いたまま、まるで誰のものでもない昔からの無人地帯であるかのように、一方的に計画立案され、将来影響がおよぶであろう周辺住民への説明が十分行われないまま現在建設が進められている。国家の周辺地域とそこに暮らす少数民族へのEPRDFとその後の政権の態度が典型的に示されている事例といえるだろう。

　国家と少数民族の関係は帝政期までのように搾取的なものというわけではない。とはいえ、いびつで一方的な関係性であることは明らかだろう。国家が目指す開発目標達成のためには少数民族はいまだに尊重すべきまっとうな対象とされていないのである。こうしたかたちで地域の事情を考慮せず進められる開発はたとえそれが当初の目標を達成したとしても、地域に決して望ましい影響をおよぼすことはなく、むしろ破壊的な影響をおよぼしうることは日本を含む世界各地の開発プロジェクトがこれまで示してきたことである。

4. まとめ

　マロの人たちは19世紀末の国家編入後、国家支配に対する不信感を帝政期のあいだ抱いてきたが、国家体制が盤石でなく紛争が絶えなかったデルグ期をへて、経済開発が活発に行われるEPRDF政権期には国家に庇護され、自らもその一員（国民）という意識をもつようになった。つまりこの半世紀の中でマロの人びとと国家の関係は大きく変化してきた。とりわけ子どもたちは小学校にほぼ全員行くようになるなど、この30年間に起こったマロの人びとの生活変化には大きなものがある。マロの人びとのあいだに国家に対する信頼感が醸成されつつあることは重要な変化であり、注目すべきだろう。

そしてこれはマロに限らず西南部の少数民族に大なり小なりある動きではないかとみられる。

ただしマロの領域の周辺部で近年行われている二つの大規模開発プロジェクトをみると、依然として周辺地域に暮らす少数民族と国家のいびつな関係性が見いだされるのであった。まずどちらのプロジェクトも地域住民への説明が不十分なまま一方的に行われている。それだけでなく、かつて集落放棄が起こってきた治安に問題があるところで実施されていた。それらのプロジェクトの実施を見るかぎりあたかもそれぞれの地はまったくの無人地帯であるかのような認識に立ち、地域の歴史的背景を考慮しないで開発プロジェクトは推進されているのであった。そのため一部の人びとの反発を招き、襲撃が発生するなどの事態となっている。またいずれも安易な計画のため、当初の計画どおりには進んでいなかった。

牧畜民と農耕民の紛争を論じた拙稿（藤本 2010）でも述べているように、低地牧畜民が武装化したのは国家支配の矛盾による側面が大きく、国家支配の矛盾のなかで作り出された新たな「敵」であった。EPRDF 政権（およびその後の現政権）は国家主導の極端な開発政策を推進する一方（Clapham 2018）、国家権力によってそうした「敵」を力で抑え込む強硬な政策がとられている。しかしそうした政策によって長期的影響をこうむるのは地域住民であり、プロジェクトに参加した人びとである。それぞれの地域で歴史的に形成された複雑な利害関係を考慮することなく、あたかも無人地帯であるかのような理解に基づいて開発を推進する限り、今後も暴力による反撃や略奪などの問題は続き、開発の恩恵は限られたものにとどまるはずである。国家主導の力による一方的な開発（state-led development）（Lavers 2024）を脱し、地域における合意形成や和解をより重視する姿勢に転じる必要があることは明らかだろう。

EPRDF 政権が成し遂げた功績は周辺地域に暮らす少数民族の国家への信頼感を醸成するなど評価すべきことが多々あることはまちがいないが、同時に解決の容易でない矛盾・課題を依然として多く抱えていることもまた事実だろう。

参考文献

Abbink, Jon, 2007, Naft'añña. S. Uhlig, ed., *Encyclopaedia Aethiopica, Vol. 3*, Wiesbaden: Harrassowitz Verlag, 1099-1100.

Clapham, Christopher, 2018, "The Ethiopian Developmental State," *Third World Quarterly* 39(6): 1151-1165.

Donham, Donald, 1986, "Old Abyssinia and the New Ethiopian Empire," Donald Donham and Wendy James eds., *The Southern Marches of Imperial Ethiopia*, Cambridge: Cambridge University Press, 3-48.

―――, 1994, *Work and Power in Maale, Ethiopia*. (2nd ed.), New York: Columbia University Press.

Federal Democratic Republic of Ethiopia Office of Population and Housing Census Commission Central Statistics Authority, 1998, *The 1994 Population and Housing Census of Ethiopia, Results for Southern Nations, Nationalities, and Peoples' Region. Volume II: Analytical Report*, Addis Ababa: Central Statistics Authority.

Fujimoto, Takeshi, 2007, "Malo Ethnography," S. Uhlig ed., *Encyclopaedia Aethiopica Vol.3*, Wiesbaden: Harrassowitz Verlag, 711-713.

―――, 2009. "Armed Herders, Unarmed Farmers, and the State: An Analysis of Violent Conflicts in the Middle Omo Valley with Reference to the Cases in Malo, Southwest Ethiopia," *Nilo-Ethiopian Studies* 13: 63-77.

―――, 2023. "Cultivating in the Indigenous Way, Eating in the National Way: Changing Food and Identity among the Malo, Southwestern Ethiopia," *African Study Monographs, Supplementary Issue*, 61: 41-63.

Lavers, Tom, 2024, *Ethiopia's 'Developmental State': Political Order and Distributive Crisis*, Cambridge: Cambridge University Press.

Mains, Daniel, 2019, *Under Construction: Technologies of Development in Urban Ethiopia*, Durham: Duke University Press.

Pankhurst, Alula and François Piguet, eds., 2009, *Moving People in Ethiopia: Development, Displacement & the State*. London: James Currey.

藤本武, 2007,「作物資源の人類学：エチオピア西南部の少数民族における多様な作物の動態」『文化人類学』72(1): 21-43.

―――, 2008,「マロ：アフリカの山に生きる人びと」福井勝義・竹沢尚一郎・宮脇幸生編『講座世

界の先住民族　第 5 巻　サハラ以南アフリカ』明石書店 , 63–79.

―, 2010,「アフリカにおける牧畜民・農耕民紛争：エチオピア西南部の事例分析」『文化人類学』75(3): 347–370.

―, 2012,「フロンティアの変容：エチオピア西南部の山地農耕民マロの集落放棄に関する考察」『アフリカ研究』80: 15–26.

―, 2019,「テフとインジェラ：エチオピアにおける食と農の展開に関する事例分析」『農業史研究』53: 27–38.

―, 2021,「エチオピアの農耕民マロのパンをめぐる民族誌：在来のパンについて」『農耕の技術と文化』30: 65–87.

―, 2022,「酸っぱさに憑かれた人びと：エチオピアのパン類をめぐって」横山智編『世界の発酵食をフィールドワークする』農山漁村文化協会 .

福井勝義 , 2007,「国家変革期における民族間の虐殺と略奪」福井勝義編『抵抗と紛争の史的アプローチ：エチオピア国民国家の形成過程における集団の生存戦略』京都大学大学院人間・環境学研究科 , 217–296.

第12章　力の政治文化と困窮するくらし
——EPRDF 政権下での牧畜社会の経験

佐川 徹

1. 力の政治文化

　20世紀半ばから21世紀にかけて、エチオピアの政治体制は、立憲君主制のもとで近代化を試みた帝政からマルクス・レーニン主義に依拠した軍事政権、そして民族連邦制を採用し一定の経済自由化を進めた EPRDF 政権へと移行してきた。とうぜん、各政権の統治システムやイデオロギー的指向には大きなちがいが認められる。だが、エチオピアを対象とした研究を長く続けてきた二人の著名な政治学者は、政権間の差異をこえて共通するエチオピア国家／社会の政治文化とでも呼べるものの存在を指摘している。

　一人目のジョン・マルカキスは、エチオピアには政権上層部に就いた者たちが権力独占を執拗に追及する姿勢が共有され続けてきており、この姿勢が国内勢力の絶え間ない分断を招いてきたという。エチオピアでは EPRDF 政権にいたるまで、政策を決定する中心のエリートと、その決定を実行するだけの周縁部の補助エリートという構造が再生産され続けてきた。つまり、この国の支配者層は周辺民族に自分たちの政治の将来を決定する権利を与えてこなかった。マルカキスは、21世紀にエチオピア国家が成熟を図るためには、この姿勢が克服される必要があると述べる（Markakis 2011）。もう一人のクリストファー・クラパムは、エチオピアが相対的に強い力を有した国家であるにもかかわらず、歴代政権が国内開発に失敗を重ねてきた理由として、「上からの」力の行使こそが開発の成功条件であるという前提に依拠し続けてきた点を挙げる（Clapham 2006）。彼によれば、エチオピアでは数世紀にわ

たって権威主義と服従の習慣が行きわたってきたし、エチオピアにおける「国家の文化」は階層的で異論に不寛容なものであり続けてきたという[1] (Clapham 2018)。くわえて、エチオピアの農村研究者として著名なデッサレン・ラフマトも、三つの政権は農村に徹底的な管理をおよぼす欲望を有した「侵入的体制 (intrusive regimes)」である点で共通していると指摘する。この体制下において、指導者は民主主義的な手続きを自己の権威を脅かすものとして拒否するし、公務員の間には「国家主義的な精神 (spirit of statism)」が浸透するため、小農が国家との関係でイニシアティヴを取る余地はほとんどない (Dessalegn 2009)。

なぜ力の独占と行使に固執する姿勢がエチオピア国家、あるいはその政権上層部に存在することになったのかは興味深いテーマだが、ここでは予備的な指摘だけをしておく。独立後のアフリカ国家の性格をめぐっては、19世紀後半以降に形成された植民地国家の性格が継承された点がよく指摘されるが (Young 1994)、1936年から1941年の短いイタリア占領期を除いて独立を保ったエチオピアに、この議論は適用できない[2]。だが、国家の性格が歴史的な過程で形成されてきた点については、エチオピアも同様であろう。エチオピアは、19世紀半ばから西欧諸国への進出に対抗するために、国内の諸勢力間で激しい闘争を重ねた。「テオドロス2世が始め、ヨハネス4世が作りあげ、メネリク2世が確固たるものにし、ハイレセラシエ1世が完成させた」(Teshale 1995: 311) とされる近代国家としての統一を図る過程で、エチオピアの権力中枢部には、強制力を用いてでも対抗勢力を駆逐しようという「暴力の文化」(Reid 2011) が根付くことになったとの指摘がある。

これが「統治する側」内部の「文化」だとすれば、「統治する側とされる側」の関係においては、より長い時間軸のなかで「ヒエラルキーへ深い敬意を払う社会」が形成されてきたとの指摘がある (Lefort 2012)。エチオピア国家の中心を占めてきたアムハラやティグライなど同国北部の住民は、近代以

---

1 マルカキスは1965年から1969年までハイレセラシエ1世大学で教鞭をとった。クラパムは1964年から1965年にエチオピアに長期滞在した。それ以来、両者ともエチオピアの政治について多くの著作を発表し続けてきた。

2 エチオピアは、「アフリカで唯一の在来国家」(Clapham 2019: 33) として、アフリカ国家論でしばしば例外的な国として扱われてきたが (Chabal and Daloz 1999; Englebert 2009)、近年では「日常国家 (everyday state)」という概念のもとに、他のアフリカ国家との共通性を見出すことに主眼を置いた研究も増加している (Mulugeta 2020; Chingò 2022)。

前から疑似封建的な土地制度下で統治されてきた歴史などから、「上からの命令／秩序」(Vaughan and Tronvoll 2003: 33) に服従しやすい傾向を有しているというのである。たとえば、同国北西部の農村に暮らすアムハラの小農は、これまでの政権がいずれも政府の方針や決定への批判に不寛容で、政府への支持を表明しない者は反体制派と見なされ制裁の対象にされてきたと語る。旧政権を打倒し新たに形成された政権も、「社会主義」や「民主主義」など用いる言葉は変わるものの、自分たちに競合する他の勢力を許容しないという点では一貫している。人びとは、国家は「われわれ農民」の生活に介入し命令する他者でしかありえないことを過去の経験から学習しているので、上からの命令に従うことになるのだという (Poluha 2003)。

　以上の歴史的／文化的説明の是非について、本章ではこれ以上論じることはしない。以下で主題としたいのは、この「力の政治文化」がエチオピアの国家辺境部に生きる人びとの生活に与えた影響である。1991年の権力掌握以降、民主化と分権化を積極的に進めたEPRDF政権は、露骨な「力の政治文化」からの脱却の道を模索しているかにもみえた。しかし、エチオピア・エリトリア戦争にともなう政権内の権力闘争や、2005年の総選挙で苦戦した経験を契機に、この政権は権威主義的な姿勢を急速につよめた[4] (Vaughan

---

[3] エチオピア北部の政治文化を、ヒエラルキー関係の浸透という観点から特徴づけた古典的な研究はドナルド・レヴィンによるものである (Levine 1965)。レヴィンによれば、エチオピアはアムハラが中核となってみずからの制度やエリート、文化を西欧世界の侵略から保持してきた点で、アフリカ諸国のなかで例外的である。そのアムハラの政治文化は、非平等主義的な人間観に依拠した権威に対する信仰や象徴、価値の複合体として特徴づけられる。エチオピアの国家や政治システムは、このアムハラの政治文化のもとに形成されてきたとレヴィンは論じる。なぜ人びとが権威への服従を重視するのかについては、アムハラの農村で調査を行ったアラン・ホーベンが、アムハラが共有する「基本的にホッブズ的な人間観」(Hoben 1970: 195) に依拠して説明を試みている。マルカキスとクラパムは、ハイレセラシエ政権を論じたその初期の著作で、アムハラやティグライにおける社会階層と国家における権威の階層は「相関関係にある」(Markakis 1974: 73) と記したり、アムハラの社会性をめぐる傾向性が「自然と政府のなかに反映されている」(Clapham 1969: 5) と記す。両者は、レヴィンらの政治文化論に依拠しながらエチオピア国家の特徴を捉える視座を、研究の初期段階から有してきたといえよう。

[4] EPRDR政権による「権威主義への回帰」(Aalen and Tronvoll 2009) を、上述の政治文化論から説明する論考もある (Abbink 2006)。また、政治学者のサラ・ヴォーンは政権の権威主義化の背景に「エチオピアの政治的遺産とレーニン的伝統、開発国家の間」にある「多くの共通した脈絡」(Vaughan 2011: 623) を見出している。より近年では、エチオピアで19世紀半ば以降に権威主義的な体制が形成され続けてきた背景に、「古い家産制的な政治文化」が同国にもともと存在してきた点を挙げる研究者もいる (Yohannes 2023)。もっとも、国家の強権的な性格をエチオピア北部の政治文化から特徴づけることは、社会的・政治的な変化の

2011)。故メレス首相は、「アフリカの開発」というみずから記した論文のなかで、開発の推進のためには「農村との連合」が必要だと述べる一方で、NGO が主導する「下からの民主主義（trickle up democracy）」の可能性を否定し、「連合」を主導するのは「民主的な開発国家」だと主張する（Meles 2006）。この主張に含意された内容とは、前衛党たる与党が「上からの」介入をとおして住民の行動や思考を一律的に変化させることが、「農村との連合」の実態だということだ（cf. Bevan2010）。

2. 牧畜民への苛烈な政策

　この「上からの連合」を求める姿勢が、とりわけ熾烈な形で表出するのがおもに同国南部に居住する牧畜民に対する政策である。上述したマルカキスは、エチオピアの歴代政府が共有してきたもう一つの姿勢として、反・牧畜民的な姿勢を挙げている（Markakis 2011）。もっとも、この姿勢は政権上層部に限定されたものではない。アムハラの言語であるアムハラ語には、牧畜民を侮蔑的に指し示す「ゼラン（zälan）」という語がある。この語には「農業もせず、目的もなく動きまわる、無法で低俗な人びと」という含意がある。そして、このような牧畜民に対する認識は「政治的に支配的なほぼすべての高地人の間で共有されている」（Pastoralist Forum Ethiopia 2000: 2）との指摘が、2000 年の時点でなされている。[5]

　今日のエチオピア国家の領域は、北部の高地地域に長く中心を構えてきた国家が、19 世紀なかば以降に南部地域を併合することで形成された。ただし、同じ南部とはいっても、比較的標高が高い「南部の北部地域」と標高が低い「南部の南部地域」では、社会の特徴や国家との関係のあり方が大きく

説明を困難にしてしまったり、人びとが政府に示す微細な不満や抵抗を視野の対象外に置いてしまったりするとの批判（Di Nunzio 2014; Chingò 2022）がなされていることには留意すべきだろう。また、なぜそのような政治文化のもとにある社会で、政権の存立を揺るがすような大規模な反政府運動が起きてきたのかという問いも検討されるべきであろう（Mulugeta 2020）。

5　反・牧畜民的な姿勢がエチオピアやその他の東アフリカ諸国のマジョリティの間で形成された歴史を主題化した研究は、筆者がしるかぎりない。エチオピアにおいては、北部のキリスト教王国が、牧畜を基盤とした生活を営む勢力の拡大、つまりアダル・スルタン国の侵攻やオロモの拡張によってその存立を脅かされた歴史が影響していると推測することはできよう。

異なる。前者は、歴史的に王国や首長制が存在し、おもに定住農耕を基盤とした人びとがくらしてきた地域であり、19世紀末以降は北部からの入植などをとおして国家への包摂が進んだ。

それに対して、乾燥した大地が広がる「南部の南部地域」にはおもに牧畜民がくらしてきた。彼らの多くはエチオピア帝国と接触するまで、水平的に組織された「政府のない社会」に生きてきた。つまり、彼らは「ヒエラルキーへ深い敬意を払う社会」の住人ではなかったのである。牧畜民がくらす地域は、国家中心部から遠方に位置するという地理的な側面からだけではなく、天水農耕に向かないという気候的な側面からも、また権力による強制を嫌う人たちという社会文化的な側面からも、北部中心の国家にとって統治を貫徹することが困難な対象であった。

だからこそ、国家は牧畜社会に対してきわめて強権的な姿勢で統治の貫徹を試みてきた。歴代政府は牧畜民を定住農耕化、ないし賃労働者化させるために様々な政策を実施してきた。そのもっともシンプルかつ暴力的な方法は土地の接収である。ハイレセラシエ1世帝政期の1955年に公布された改正憲法130条では、すべての放牧地が「無主地」として国有化された。また、1960年の民法1168条では、過去15年間に土地税を払っていない国民は土地所有の権利を喪失することになった。牧畜民はそれに先立つ1949～50年に制定された税法により、土地税ではなく家畜税を払うことになっていたため、土地への権利を喪失した（Mohammud 2004）。これらの法制度の整備と並行して、牧畜民が慣習的に利用してきた土地を流用した農場建設や自然公園の設置が、中部のアワシュ渓谷（Awash Valley）などで進んだ（Ayalew 2001; Getachew 2001）。過去60年間で合計約260万 ha の放牧地が農業開発目的に流用されたとの報告も、21世紀初頭になされている（Beruk 2004）。

ただし、20世紀にこれらの政策が継続的に実行されえたのは、多くの場合、牧畜社会のなかでも国家の中心部から相対的に距離が近い地域であった。そ

---

6 ドナルド・ドナムは、エチオピア南部地域を19世紀以降の中心との関係のあり方から三つに分類した。すなわち、かつては独立した王国が存在していた地域で、帝国による編入後は王によって中央政府への貢納が行われた「半独立領地域」、帝国軍による征服後、ゲッバール制と呼ばれる北部の土地制度が改変されながら適用された「ゲッバール地域」、ケニアやスーダン・南スーダンとの国境付近に位置する低地の「最辺境地域」である（Donham 1986）。本章でいう「南部の北部地域」とは「半独立領地域」と「ゲッバール地域」に、「南部の低地地域」は「最辺境地域」にほぼ対応する。

れに対して、21世紀に入ると、EPRDF政権は、中心部から地理的にもっとも遠く離れた地域であるケニアや南スーダンとの国境付近にまで統治の貫徹を試みた。そしてこの政権は、その政策を継続的に実行する力も兼ね備えていた。具体的には、商業農場の開発やダム建設など大規模な開発事業を次々と実施し、牧畜民の定住化や農耕化、農場労働者化を進めたのである。これらの開発事業は、EPRDF政権が2015年の『成長と構造改革計画II（Growth and Transformation Plan II）』で唱えた「2025年までの中所得国入り」を実現するためにも重要な事業でもあった。総じて近代国家は、遊動的な生活を送る人たちを「敵」と見なし、「開発」の名のもとにその定住化を図るための介入を行うが（Scott 1998）、そのなかでもエチオピアのEPRDF政権の対牧畜民政策は、「アフリカで、そしておそらく世界でもっとも広範で苛烈」（Fratkin 2014: 96）だと評価されている。

3. ダサネッチ

　私が2001年から調査をしてきたダサネッチの人びとは、EPRDF政権下でこの「広範で苛烈」な政策の対象とされた人たちの代表的存在といえる。ダサネッチの大部分は、行政的には南エチオピア州サウスオモ県ダサネッチ郡にくらしている。サウスオモ県の北部には定住農耕を営むアリやマーレが居を構え、南方には牧畜につよく依存した人びとがくらしている。ダサネッチの居住域は、サウスオモ県の最南端、つまりケニアや南スーダンとの国境付近である。

　ダサネッチのおもな生業はウシやヤギ、ヒツジなどを飼養する牧畜と、モロコシなどを栽培する農耕である。彼らの居住地の年間平均降水量は350ミリ程度であり、安定的な天水農耕を営むのは難しい。だが、彼らの居住域はエチオピア高地に端を発するオモ川の下流地域であり、川はダサネッチの居住域の南部でトゥルカナ湖に流れ注ぐ。オモ川は毎年7月ごろに氾濫する。豊かな土壌が堆積する氾濫原では天水に依存しない農耕が可能であり、また氾濫原は青々とした牧草が生える放牧地にもなる。ダサネッチはオモ川の恵みによって、他の半乾燥地域と比較すると食料を豊富に生産することが可能であった。

19世紀末、ダサネッチはエチオピア帝国に軍事征服され、同国の領域に組みこまれた。彼らが住む空間はイギリス領東アフリカ（後のケニア植民地）との国境付近に位置することになり、この時期から第二次世界大戦の時期にかけて、ダサネッチの居住域はエチオピアとイギリス、さらにはイタリアという3つの帝国が影響力の行使をめぐってしのぎを削る場となった。しかし、第二次世界大戦後のハイレセラシエ帝政期になると、ダサネッチがくらす地域は国家にとっての政治的・経済的な重要性を失い、中央政府からなかば放置状態に置かれた[7]（Almagor 1986）。

　1974年の革命により成立した軍事政権期には、土地の国有化や農民組合の設立など、全国レベルで人びとの生活に多大な影響を与える政策が実施された。この時代にも西南部の牧畜民がくらす地域は、国家から「ほぼ手つかずのまま残された」（Clapham 2002: 22）との指摘がある。現実には、この政権の後半期にはダサネッチがくらす地にも北朝鮮による援助を用いた大規模な綿花農場が開設された。それにともない、ダサネッチの地にオモラテという町が形成された。そして、オモラテとダサネッチに隣接する民族ハマルの地の町トゥルミを結ぶ直線道路も整備された。だが、その開設から数年後にデルグ政権は崩壊し農場も閉鎖された。

　EPRDF政権が成立すると、民族連邦制の実施にともないダサネッチの若者が政治家や行政職に登用されたが、しばらくは村の生活に大きな変化は訪れなかった。この状況が激変したのは2000年代後半以降である。人びとの生活に変化を強いる複数の政策や開発事業が、同時並行的につよい実行力をともなって進められたのである。

　以下では、この2000年代後半以降にダサネッチを対象としていかなる政策や事業が実施され、また人びとがそれらをどのように評価していたのかを記していく。具体的には、ダサネッチが相対的に自律的な生活を送っていた2001年、大きな変化の徴候がみられた2006年、大規模な商業農場が開設された2009年以降、オモ川の氾濫が停止するとともに食料安全保障政策による大規模な食料給付がなされるようになった2015年以降の時期にわけて、私が現地で同時代的に観察や聞き取りした内容を示す。

7　ダサネッチの北東にくらすホールの人びとの経験と比べても（宮脇 2006）、ダサネッチはこの時期に政府の影響から相対的に自律的な生活を送っていたといえる。

2000年代後半からダサネッチが直面したのは、一つの政策に対する対応を十分に検討できないうちに、別の大きな政策が新たに実施されるという事態であった。人びとは大きな波のように次々と押し寄せてくる政府からの介入に困惑し、次第に将来に悲観的な意見を表明するようになっていった。限られた紙幅のなかで時系列を追った記述をするため、個々の政策の中身やその影響についての記述は不十分なものにならざるをえないが、このような記述の仕方は、ダサネッチがこの時期に抱いた感覚を伝えるのに適したものになるだろう。[8]

4. 2001年：放置された地域と自律的な生活

　私がダサネッチの地を最初に訪問したのは2001年2月である。彼らの地に車で向かう道中、北朝鮮が整備したとされるトゥルミとオモラテの間をつなぐ全長70キロほどの道路は大きな穴だらけだった。デルグ政権崩壊後、修繕がなされず放置され続けてきたからである。オモラテの町につくと、まず目に入ってきたのは綿花農場が置き捨てていき使えなくなった数十台の作業車であった。町のすぐ西を流れるオモ川には建設途中の橋げたがあった。国境まで数十キロしかないケニアとの間の車での往来を可能にするため、前政権期に橋の建設が試みられたが、これも長らく手付かずのままになっているとのことだった。
　オモラテの町の住民は、おもに「南部の北部地域」から政府関係の仕事やダサネッチ相手の商売をするために移住してきたウォライタなどであった。町にくらすダサネッチは、少数の政府関係者、商人、そして学校の寄宿舎に入っている学生ぐらいである。町から南下して村へ向かうと、直径3メートルほど、高さ2メートルほどの半球状に建てられたダサネッチの家が目に入ってくる。オモラテの周辺にある村では町で購入したトタンを屋根に使っている家が目立ったが、オモラテから離れるとほとんどの家は牛の皮を屋根にしていた。当時は観光客の数もきわめて少なかったため、道すがら出

---

[8] 以下の記述は、既存の論考（佐川 2007, 2010, 2014, 2015, 2016, 2019a, 近刊）と重複する部分があることを断っておく。

会うダサネッチの多くは「はじめて白人をみた」と述べた。町から30キロほど南に位置するトゥルカナ湖北岸の村では、「エチオピアの紙幣を手にしたのははじめてだ」という女性もいた。村にくらすダサネッチは、基本的にはみずから牧畜や農耕に従事し、自分たちで生産したミルクやモロコシを摂取していた。

　私がこのとき目にしていたのは、「太古から続く伝統文化の姿」ではもちろんない。上述したとおり、この地域の人びとは19世紀末から20世紀前半にかけてエチオピア帝国の軍人などと多くの接触をもった。また、2001年当時、出会った成人男性の多くは自動小銃を所有していた。これは、近隣民族との戦いに備えるために牛と交換に商人などから入手したものである。彼らが外部世界と無縁の生活を送っていたわけではない。そのことを十分に認識したうえでも、当時のダサネッチは国家の統治や貨幣経済からは相対的に自律した生活を営んでいたということができる。

5. 2006年：大規模開発の徴候

　2006年、私はダサネッチの集落に4度目の滞在をした。この年には、その後に急速に進展することになる開発事業の徴候となる二つの出来事に遭遇した[9]。一つはダサネッチと近隣民族との間で何度も開催された平和会合である。この地域では、家畜の略奪などを目的とした民族間の紛争が長年発生してきた。それまで紛争解決に継続的に取り組む姿勢はみせてこなかった政府が、この年からエチオピアの民族間だけでなく、国境をこえたケニアのトゥルカナとの関係も対象とした紛争解決への取り組みを強めたのである（佐川2007）。

　この時期に平和会合が開催された理由の一つは、2001年のアメリカ合衆国での同時多発攻撃以降、国境付近のセキュリティ強化の必要性がアメリカによって唱えられたことに関係している。それに呼応するように、東・

---

[9] この年に起きたもう一つの大きな出来事は、ダサネッチがくらすクラツ郡が二つに分割されたことである。クラツ郡には、おもにダサネッチと彼らに隣接する民族ニャンガトムがくらしていた。クラツとはダサネッチがくらす地域の西北部にある山の名前である。このクラツ郡がダサネッチ郡とニャンガトム郡に分割されたのである。これは、国家辺境部にまで民族連邦制の理念が到達していることを印象づける出来事であった。

北東アフリカ諸国により構成される準地域機構の政府間開発機構（Inter Governmental Authority on Development：IGAD）は、2003年からエチオピアとケニア、スーダン（現南スーダン）、ウガンダの4国国境付近で紛争対応のためのプロジェクトを開始した。ダサネッチらがくらす地域の国境管理が国際的な政策課題として浮上するなかで、2006年の平和会合も開催されたのである。本章とのかかわりで重要な点は、この国際的な要請にこたえることは、エチオピア政府がその後に開始する開発事業のためにも好都合だったことである。国内外の資本を呼びこみ事業を継続的に進めるためには、地域に平和が維持されている必要があるからだ。

　平和会合を実質的に取りしきったのは、エチオピアのローカルNGOであるエチオピア牧畜民研究開発組合（EPaRDA）だった。この組織はエチオピアの牧畜地域の開発促進を目的として1999年に設立された。EPaRDAの代表はエチオピア北部出身のティグライの男性である。ティグライとはEPRDF政権の中核を占める民族集団である。また平和会合を組織したのは同じく北部出身のアムハラの男性だった。

　エチオピアという国家の中心を占めてきたアムハラやティグライは、多くのダサネッチにとっては嫌悪の対象である。彼らに代表される「高地人」をダサネッチはウシュンバ（*ushumba*）と呼ぶ。ウシュンバは抑圧的な国家を体現する存在であり、ダサネッチを蔑視し、またダサネッチから家畜や土地を奪っていく存在である。だが、EPaRDAのアムハラ人男性は会合の準備段階から何度も村落部へ足を運んで人びとと親睦を深め、またダサネッチの慣習を尊重した。彼のリーダーシップのもとに、平和会合には多くの地域住民が参加し、地道な対話を重ねた。そのため、この会合へのダサネッチの評価は高く、人びとはEPaRDAが継続的に紛争問題にかかわることを望むと話していた。しかし、この3年後、EPaRDAは平和構築にかかわる活動から撤退し、またEPaRDAのティグライの代表はNGOとは異なるアクターとしてダサネッチの生活に影響を与えることになる。

　もう一つの徴候となる出来事は、オモ川の大規模な氾濫に関連した事柄である。2006年の7月から8月にかけて、BBCなどの国内外メディアで、「オモ川の大洪水により下流地域の生活が破壊され、多くの人が命を落とした」との報道がなされた。この時期、私はダサネッチの地にくらしていたが、当時は携帯電話などもなかったため、これらの報道の内容についてはなにも知

らなかった。たしかに、滞在していた村は周囲を水に囲まれ、町へ行くためには体を胸まで水に浸らせて歩く必要があった。家畜が川に流されたり穀物を保管する貯蔵庫が水につかった友人もいた。もっとも、私が人びとから聞き取りをしたかぎりでは、この氾濫による死者は多くても数人だった。ダサネッチは氾濫するオモ川の恵みに依存した生活を送ってきたのであり、氾濫の規模が年ごとに変化することも十分に認識している。この年も大規模な氾濫が押しよせる前に集落を移動するなど、人びとは被害を最小化するための対応を取っていたのだろう。むしろ、人びとは平野から水が引き始めた9月にはモロコシの播種を始め、「来年、私たちの腹がすくことは決してないだろう」と話していた。大規模な氾濫は広大な農地と放牧地をつくりだすからである。

　被害の実態はそこまで大きくなかったにもかかわらず、メディアで過大な報道がなされたのは、当時のダサネッチ郡の郡長の動きが関係していたようだ。郡長は、高校を卒業して数年しかたっていないダサネッチの若い男性である。彼は、洪水による被害がきわめて深刻なため、大規模な支援が必要であると連邦政府や州政府に訴えた。その結果、ダサネッチの地には大量の食料や蚊帳などがもたらされるとともに、メレス首相がヘリコプターでケニア国境付近の村まで視察に訪れた。郡長は被害を過大に示すことで、多くの物資をコミュニティにもたらすという「成果」を得たわけである。ダサネッチは彼を称える唄をつくり、その後の数年間、人びとはその唄を口ずさんでいた。

　この郡長らの申告に依拠して作成されたと推定される洪水に関する州政府報告書には、2006年8月21日時点でダサネッチ郡と隣接するニャンガトム郡では洪水のために364人が死亡し、15,000人が家を追われ、3,000頭以上の家畜が死亡し、15の村が完全に破壊されたと記された。報告書は、この洪水が「過去百年で最悪の洪水」だったと位置づけている（SNNPRS 2006）。これらの記述は、まもなくダサネッチの生活に多大な負の影響を与える開発事業を正当化する論拠の一つとして用いられることになる。

6. 2009年〜：商業農場の開設と平和構築活動の停滞

　2009 年、3 年ぶりにダサネッチの地を訪問すると、滞在先の村からみえる景色は一変していた（佐川 2010, 2014）。村から数十メートル先に商業農場が建設され、そこに大量のトウモロコシが植えられていたのである。この農場を経営する企業の代表は、EPaRDA の代表を務めていたティグライの男性である。彼はアディスアベバ在住であり、ダサネッチの地で農場を管理していたのは彼の息子だった。この息子によれば、農場の契約は 2008 年 8 月に完了し、2009 年 1 月から農場の整備が始まった。土地の賃料や作業車の購入等にかけた初期投資は 450 万ブルであった。2009 年 7 月に最初のトウモロコシの収穫をして、おもにエチオピア中南部の町アルバミンチで販売した。総契約面積は 1,000 ヘクタールだが、2009 年 8 月時点で耕作された土地は 30 ヘクタールであり、2010 年には新たに 300 ヘクタールの耕作を行う予定だという。

　私の滞在中に彼の父親も農場を訪問したため、聞き取り調査を行った。彼は、土地取引を進めるにあたって知りあいである複数の国務大臣に相談したと述べた。[10]彼が農場経営に携わろうと考えたきっかけは、2000 年ごろに EPaRDA の仕事でダサネッチの地を訪問し、「政府から無視されてきた彼らを助ける必要がある」と感じたことだという。政府は NGO の自由な活動を好まないため、個人で農場を開設して農業のやり方をダサネッチに教えることで、政府による非人道的な牧畜民の扱いを改めさせたい、と彼は語った。

　私は彼の言明の「本音と建前」を判読するための材料をもっていない。しかし、牧畜民の権利を守るという名目で活動している NGO の代表が、牧畜民の利用してきた土地を流用して農場を開設するという矛盾を意に介することなく話す様子に、また、牧畜民の農耕化をとおして政府に牧畜民の扱いを改めさせるという破綻した論理を平然と語り続ける様子に、私はエチオピアで牧畜民が置かれた窮状の根深さを感じとらずにはいられなかった。

　このような大規模な土地取引は、2000 年代後半からアフリカを中心に世界各地で同時並行的に起き、ランドグラブ（土地収奪）として問題化された。

10　オモラテに住むこの人物の知り合いによれば、彼は同じティグライである当時の外務大臣と親しい関係にあったとされる。

ダサネッチ郡でも複数の土地取引がなされた。取引対象とされたのはいずれもオモ川沿いの灌漑に適した平地であり、ダサネッチが居住地や放牧地として利用することのあった土地だ。ダサネッチは土地取引と農場建設についての事前説明はほとんど受けておらず、またいかなる補償金も受けとっていない。土地の取引面積が大きいのはイタリア企業（3万ヘクタール）とインド企業（1万ヘクタール）だが、ここで注目したいのは1,000ヘクタール程度の規模で土地を取得したティグライたちである。私が知りえたかぎりでは、上に記した農場も含めて、ダサネッチ郡では2014年までに6人のティグライの投資家との間で土地契約が交わされ、うち3つでは数十ヘクタール程度の規模でトウモロコシや綿花の栽培が進んだ。

　農業投資の経験が少ない国内投資家との間に多くの土地取引がなされた点は、エチオピアに特徴的である。この背景には、政権支持者が多いティグライに土地を与えて農場開発を行わせることで、国家の統治を辺境部にまで浸透させようというEPRDF政権の目論見が存在していたとの指摘がある（Oakland Institute 2011）。また、EPRDF政権は「新自由主義的なパラダイム」に依拠した政策は採用しないと主張したものの、各部門で一定の市場経済化を進めたことも事実である（Lefort 2015）。ただし、農業部門や鉱業部門などでの「自由化」の過程においては、政党所有の企業や政権の中心を成すティグライが優遇された。与党のつよい管理下で進められ、また与党の統治能力を高めながら展開するこの政治経済構造の転換を「エチオピア型の新自由主義」と呼ぶ研究者もいる（Ziso 2017）。ランドグラブは、「グローバル資本による21世紀のアフリカ分割」としてしばしば批判の対象にされたが、エチオピアでは土地取引と農場開発をとおして国内の統治基盤を強化するという明確な政治的意思を有した政権の主導のもとに、事態が進行したのである。

　農場建設に対しては、大部分のダサネッチ、とくに若者は否定的な反応を示した。自分たちが家畜の放牧に利用してきた土地が、よそ者に無断で流用されるのだから当然の反応だろう。またこの時期から、2006年には明るい見通しが開けていた平和構築活動が停滞していく（佐川 2015）。エチオピア政府は2009年に「慈善活動および協会活動の登録と規制に関する布告（Charities and Societies Proclamation No. 621/2009）」を発令した（宮脇編 2018）。「反NGO法」とも呼ばれるこの布告は、活動資金の10%以上を国外から得た組織が人権や紛争などに関する活動へ従事することを実質的に禁じた。布告の

背後には 2010 年に国政選挙を控えていた EPRDF 政権の意向があったとされる。2005 年の前回選挙で苦戦した彼らは、その一因は欧米諸国から資金を得た NGO の活動にあると分析していたからである。この布告にともない、EPaRDA は平和構築関連の事業から撤退し、ダサネッチに評判のよかったアムハラの男性も EPaRDA を離れ、北部の町へ去っていった。

　EPaRDA の撤退後は地方政府が主体となって平和構築活動を進めた。私は 2011 年に開かれた 2 回の平和会合に参加したが、EPaRDA によるものとは異なり、政府役職者による「上からの」発言が目立ち、ダサネッチがそれらの発言に反発を示す姿を観察した[11]。活動が停滞するなかで、ダサネッチとケニアのトゥルカナとの間に大規模な衝突が発生する。2011 年 5 月のケニアの新聞には、ダサネッチが国境付近で 41 人のトゥルカナを「虐殺」したとの記事が掲載された[12]。その後の私のダサネッチへの聞き取り調査によれば、この攻撃はトゥルカナがダサネッチの放牧地を襲撃したことへの報復としてなされたという。

　2006 年の時点では、EPaRDA は平和会合を開催しただけでなく、民族間に小さなトラブルが発生するとすぐに現場に足を運んで、事態の悪化を抑止すための取り組みを進め、一定の成果をあげていた。しかし、2009 年以降、地方政府はそのような取り組みをしなかった。権威主義化をつよめる連邦政府による布告と住民の要望に応える能力や意志をもたない地方政府の限界が、「虐殺」事件を発生させる素地をつくったといえる。「虐殺」によって国境は閉鎖され、それまで比較的自由な移動が可能だったトゥルカナとの相互往来は不可能になった。国境付近の統治の強度は、「虐殺」によって強まったのである。結果としてダサネッチは、ケニア側の放牧地を利用したり、ケニアで購入した物をオモラテの商人に販売する小交易活動を営むことができなくなり、生活に打撃を被った。

　農場が次々に開設されると同時に、近隣民族との関係も悪化する状況下で、2012 年、あるダサネッチの男性は次のように述べた。

　　高地人はわれわれにどうしてほしいのだろう。ここは農場をつくる、移動し

11　「上からの」介入が後にダサネッチにもたらした混乱は別稿で述べた（佐川 2023）。
12　Nairobi Star 2011/5/3 "41 Turkanas Killed in Ethiopia Border Attack," Nairobi Star 2011/5/4 "Ethiopia's Merille militia massacre 41 Turkanas" など。

ろ。そこはだめだ、油がある。そこもいけない、別の農場だ。西に行けばトゥルカナ、北に行けばニャンガトム。いいじゃないか、移動しよう〔移動してトゥルカナやニャンガトムと戦おう、という意味〕。あとに残るのは死と太陽だけだ。

「油」というのは、2012年から始まった原油の探索作業のことを指している。ダサネッチは探索を行った中国の企業やその作業員に対しては、好意的な言明をすることが多い。作業員は礼儀正しく、またダサネッチがモロコシをすでに植えた場所の探索を行う場合は、多額の補償金を畑の所有者に支払ったからである。そうはいっても、探索作業によってダサネッチによる自由な家畜の放牧が一定程度制限されたこともたしかだ。また、複数の大規模な開発事業が開始されたのにともない、この時期には長らく放置されていたトゥルミとオモラテを結ぶ道が再整備され、オモ川の橋もあっという間に建設された。この道をとおって、エチオピア高地から多くの人と物がオモラテの町に流入してきた。外部世界からの影響が急速につよまり、国家と企業による空間の領域化も進むなかで、人びとは自分たちの生活する場所が浸食されつつあることへの困惑を深めていたのである。

7. 2015年〜：氾濫の停止と食料安全保障政策

ダサネッチの男性による上述の懸念は、その数年後に部分的には解消されることになった。まず、原油の探索会社は2014年に作業を終えて撤退した。原油の存在は認められたもののコスト的に見合わないため、この地域での採掘事業は断念したのだとされる。また商業農場も、稼働を始めていた6つのうち3つは2015年までに閉鎖された。インド資本の農場と2つのティグライ資本の農場である。閉鎖の理由については不明確なところが多いものの、EPaRDAの代表者が開設した農場については、期待した収穫が得られず、また機械等の故障が相次いだため経営が破綻したのだと、郡の元行政職者は話した。農場に流用された土地は放置され、人びとはかつてと同じように家畜の放牧地などとして利用するようになった（佐川2016）。

だが、2015年には農場建設以上にダサネッチのくらしに大きな影響を与

える変化が起きる。オモ川上流部でのギルゲル・ギベ第三ダム（Gilgel Gibe III dam）の完成である。このダムは2006年に建設が開始され、2015年8月に完成し、同年10月から稼働を始めた。2006年の段階で、ギルゲル・ギベ第三ダムはサハラ以南アフリカで2番目に大きなダムとされた。このダムは建設当初から、欧米に拠点を置く国際組織や市民社会組織などから批判を浴びた。そのような組織の報告書によれば（International Rivers 2009）、ダム建設はオモ川下流平原で氾濫原農耕に従事する10万人と氾濫に部分的に依存する10万人、トゥルカナ湖に依存して生活する30万人の生活に否定的な影響を与えるという。ダム建設によってオモ川の水量が減ることで氾濫がおこらなくなり、またトゥルカナ湖の水位も下がりその塩化が進むためである。

　ダムの建設主である国有企業エチオピア電力公社（Ethiopian Electric Power Corporation）は、ダム建設が建設地周辺と下流地域に与える影響についてのアセスメントを企業に委託し、その報告書を公開した。この報告書で注目すべきは、第5節で触れた2006年のオモ川の洪水が、地域住民のくらしに「破壊的影響」をもたらしたと少なくとも4ヶ所で触れられており、ダム建設は「氾濫のもっとも大きな時期に川の流れの完全な制御を可能にする」（Agriconsulting SpA. and Mid-Day International Consulting Engineers 2008: 141）と記されていることだ。ダムの建設によって川の洪水が防がれるという説明は、当時のメレス首相もBBCでのインタヴューで言及している（Greste 2009）。

　上述したとおり、2006年の氾濫は人びとの生活に被害をもたらしたが、それは「破壊的影響」と呼ぶほどのものではなかった。そして、ダサネッチはその翌年、氾濫原でモロコシなどを大量に収穫できたのである。だが、多くの支援物資を得るために郡長が主導して行った被害の報告が、州政府の報告書に「事実」として記載されることで、人びとに恵みをもたらしてきた氾濫はつねに制御すべき対象とされ、ダム建設の正当性を主張する材料となったのである。実際には、政府にとって「川の流れの完全な制御」が重要だったのは、低地住民を保護するためというより、ダサネッチ郡を含めたオモ川下流域に建設された商業農場[13]への安定的な給水を可能にするためであったにもかかわらず、である。

13　ダサネッチ郡と同じサウスオモ県の北部に位置するサラマゴ郡では、国有企業エチオピア砂糖公社（Ethiopian Sugar Corporation）が、総面積17.5万haにおよぶ予定とされるサトウキビ農場の稼働を開始している。

結局、ダム建設は強行され、ダムが稼働を始めた2015年以降にオモ川はかつてと同じような氾濫をおこしていない。氾濫の停止は、ダサネッチの生活に致命的な影響を与えた。氾濫原が形成されなくなったことで、彼らの主要な生業である農耕や牧畜を営むための重要な場所が失われたからである。近隣の半乾燥地域に比べて豊かで安定した食料生産が可能だったダサネッチの地は、わずか数年の間に食料安全保障が不確かな地へ転化した。

　エチオピア政府は、ダム建設が下流地域での生活に与えるネガティヴな影響に対して、住民へいかなる補償も支払っていない。ただし、失われた氾濫を部分的に補填する役割を結果的に果たしているのが、エチオピア政府が2005年から開始した「生産的セーフティネット・プログラム（PSNP）」である（佐川2019a）。これは、EPRDF政権による食料安全保障政策の核を成すプログラムであり、食料へのアクセスに問題を抱える世帯に、公共労働へ従事するかわりに毎年6ヶ月分の食料や現金を給付する。給付と並行して、農業技術移転などを進め、安定的な食料を確保する手段を対象世帯に提供する。PSNPは、「南アフリカを除くサハラ以南アフリカ諸国で最大の社会的保護プログラム」（Gilligan et al. 2009: 1685）とされており、2015年から開始された第4フェーズでは、エチオピアの総人口の約10％におよぶ1,000万人程度が対象となった。

　ダサネッチ郡は、2011年の第3フェーズからこの政策の対象となったが、とくにダムが稼働を始めた2015年からの第4フェーズで登録者数が大幅に増加した。同郡の2016年の推定人口は65,353人だが、このうち24,969人がPSNPに登録された。これは、郡人口の38.2％にあたる。加えてダサネッチ郡は緊急食料援助の受給地域でもある。食料援助もPSNP同様に半年分の食料ないし現金が給付されるが、2016年には郡人口の35.6％にあたる23,267人が援助の対象となった。PSNP受給者と食料援助対象者をあわせると48,236人、つまり郡人口の73.8％という膨大な数になる。

　PSNPにより給付される主食となる作物はおもにコムギである。私が2016年8〜9月に1軒のPSNP受給世帯を対象に食事調査を行ったところ、9日間の朝昼夕の全食事回数25回のうち18回でコムギが食べられていた。私は同じ世帯で2006年8月にも同様の調査を9日間していたが、その際は全食事回数22回のうち19回でモロコシが食べられていた。2016年にモロコシを食べた食事は1回だけである。氾濫の停止により氾濫原農耕がほぼ

できなくなったからだ。また、かつては家畜のミルクも食事の主要な構成要素だったが、氾濫原が形成されなくなり放牧地が失われたことで、飲まれるミルクの量も大幅に減った[14]。ダサネッチの食生活は、自給するモロコシとミルクに支えられたものから国家に給付される穀物に依存したものへとってかわられた。

　PSNPは、食事の内容だけでなく従来の国家とダサネッチの関係を二つの点で変化させる可能性を含んでいる点も指摘しておこう。一つは定住化の進展である。食料や現金の給付を受けるためには、彼らが住民として登録されている行政村で週5～6回の「公共労働」に従事する必要がある。欠勤が続くとPSNPの登録から除外されてしまう。そのため、人びとは同じ場所に居を構えて生活を続ける必要がある。エチオピア政府は、ダサネッチを対象に何度か強制的な定住化政策を実施したことがあったが、人びとの反発にあい失敗してきた。しかし、定住化を直接の目的としたわけではないPSNPを実施する過程で、人びとは生活の移動性の度合いを減少させるよう方向づけられていくのである（cf. Alene et al. 2022）。

　もう一つは、国家とはどのような存在であるのかをめぐるダサネッチの認識の部分的な転換である。上述したとおり、ダサネッチにとって、国家とそれを体現する高地人（ウシュンバ）とは、自分たちからなにかを奪っていく存在だった。歴史を振り返れば、時の最高権力者がダサネッチの地を訪問した際に、食料やその他の物資を大量にふるまったことはある。1969年にはハイレセラシエ1世が一日で50頭の牛を屠り人びとにその肉をふるまったとされるし、2006年の洪水時のメレス首相の訪問は大量の物資の支援をともなっていた。しかし、これらの「贈与」は国家というより、カリスマ的な個人の気前の良さによってもたらされたものだとダサネッチは認識しており、またその「贈与」は一回的なものでしかなかった。それに対してPSNPでは、郡の役人が定期的に粛々と食料を配分する。国家は一方的に奪っていくだけの存在から、「公共労働」と引き換えにおいてではあれ、生活に不可欠な物を継続して給付する組織だという認識が生じつつあるのだ。

14　ダム建設は、多くのダサネッチが農場建設の前後から従事した川や湖での漁労にも悪影響を与えた（佐川 2019b）。

8. 統治の強化と資源の喪失

　2000年代後半以降になされた諸政策がダサネッチの生活におよぼした影響を一言でまとめれば、「統治の強化と重要な資源の喪失」となるだろう。統治の強化とは、なにより人びとが自由に移動できる空間の範囲が狭まり、また移動の機会が減少したことを意味する（佐川 近刊）。ダサネッチは、干ばつや近隣集団との関係の悪化、国家からの抑圧に、家畜とともに居住地を移動する形で部分的に対応してきた。しかし、2011年のトゥルカナとの紛争を経て国境管理がつよめられただけでなく、PSNPの実施により人びとが居住地を移動させる回数は減った。EPRDF政権のもとで、ダサネッチは国家にとってより「読みやすい (legible)」対象 (Scott 1998) となったのである。

　重要な資源の喪失という点では、ダサネッチは商業農場に流用された土地へのアクセスを失っただけではなく、ダム建設によって氾濫原が形成されなくなった。EPRDF政権は国家の最辺境部にまでつよい統治をおよぼす野心を有し、その野心をかなりの度合いで実現させる実行力を有していた。その過程では、開発事業を進めるために、人びとの生存基盤となっていた土地や水資源を強制的に流用した。その結果として食料安全保障が悪化した住民は、食料安全保障を改善するためのプロジェクトの対象にされるというマッチポンプ型の政治がなされた。この政権下において、ダサネッチのくらしは相対的に自律的なものから国家へつよく依存したものへと移行が進んだのである。

　農場開発や原油探索、ダム建設は、いずれも人びとの生活を一変させかねない巨大な開発事業である。だが、そのいずれにおいても事業が実際に開始される直前まで住民にはほとんどその内容に関する説明はなされなかった。また、原油探索においては企業が一部の世帯に補償金を支払ったものの、農場やダムの建設においては政府からも企業からも補償金は一切支払われていない。反・牧畜民的な姿勢をもち、農村部との「上からの連合」を進める政権にとって、開発政策がもたらす牧畜民のくらしの窮状は、エチオピアが中所得国にいたるための必要な犠牲、ないし牧畜民が「近代化」するための一過性の現象として位置づけられているのであろう。

　農場やダムの建設事業と、平和構築活動や食料安全保障政策などとの政策間の連携が、政府側で事前にどれだけ取れていたのかは明らかではない。開発事業のためには平和の維持が必要なはずだが、2009年の反NGO法は

2006年以降の平和構築活動の進展を反故にするものだった。食料安全保障を改善するための巨大プロジェクトを進める一方で、人びとの生存基盤を掘り崩す大規模開発を強行することも、外部の視点からは矛盾して映る。しかし、複数の政策が同時並行的に進められることで、結果としてダサネッチの生活の自律性は損なわれ、国家統治の強度が強まるという効果が発揮された。

　これらの政策と民族連邦制との関係にも触れておこう。EPRDF政権の統治システムの核となるのは民族連邦制であり、各地域の民族出身者が地方政府の立法や行政の中心を担うことになったし、人口的には小規模な民族集団からも国会議員が選出されることにもなった。だが、そのような制度的整備は地域住民の声が政策に反映されやすくなることを保証しない。ダサネッチでは、デルグ政権期に学校教育を受けていた人はごくわずかであったため、2000年以降はEPRDF政権成立後に学校に通い始めた若者たちが地方政府の主要な職を占めることになった。国会議員も30代程度の若い世代の者が選出されてきた。当初、村に住むダサネッチは「われわれの子どもたち」により構成される政府に期待を寄せていたが、まもなくその期待は裏切られることになる。若者たちはむしろ、ダサネッチが嫌ってきたはずの高地人＝ウシュンバと同じように、自分たちから資源を奪い去る政策を進めたからである。そのため、村のダサネッチは、政府の役職に就き町に暮らす若いダサネッチのこともウシュンバと呼ぶようになった。一方、私が話を聞いたダサネッチ出身の国会議員や郡政府の関係者はいずれも、2000年代半ば以降に実施された大規模な開発事業に異を唱える余地がなかったと語る。農場開発などは連邦政府や州政府からすでに決まった政策として押しつけられたもので、自分たちはその実施に抗いようがなかったし、仮に抗えば罷免されるか、悪くすれば刑務所行きの道が待っていたというのである（佐川 2016）。

　1節で触れたように、マルカキスは、近現代のエチオピア国家において、政策の意思決定を担うのは中心のエリートだけであり、その決定の実行役として周辺地域には補助エリートが形成されたと分析している（Markakis, 2011: 8）。政治経験の乏しい若いダサネッチの政府関係者がこの補助エリート的な存在としてふるまうことで、開発事業は上意下達で次々と実施されていったのである。

9. 統治されない態度

　だからといって、ダサネッチが完全に国家の統治の網の目に絡めとられたというまとめは適切ではない。第2節で、この地域の牧畜民は「政府のない社会」に生きてきた人びとであり、「ヒエラルキーに服従する社会」を形成してきたわけではないと記した。それをよく示しているのが、今日でもダサネッチは、PSNPの配分を受けとることを政府への「服従」の証だとは捉えていないことだ。彼らは政府との会合などの場面で、食料や現金を引き続き給付してもらえるよう「お願い」しているわけではない。むしろ、彼らは給付の量や登録者数が少ないことへ不満を述べたてる。また、給付が遅れた場合は会合の場で抗議し、会合が終わったあとには、ダサネッチ同士で、高地人（ウシュンバ）が適切な行政能力や十分な富を有していないことを馬鹿にする。

　このような態度の背景には、人びとがPSNPで給付される食料や現金は「高地人のものではない」と考えていることがある。ある男性は、2016年に近年の食料事情の困窮をめぐって次のように述べた。

> 神も高地人も同じである。神は雨を降らさずに自分たちのためにとっておき、豊かとなる。高地人は白人からの食料を自分たちのものにして豊かになる。ダサネッチだけは家畜を失い貧しくなる。

　この男性によれば、神は本来であれば雨を大地にもたらすことで人間に恵みをもたらす存在なのに、近年では雨を自分の手元にとどめているため、ダサネッチは干ばつに苦しめられている。また、高地人も本来なら現在より多くの食料をダサネッチに与えるべき存在だ。なぜならそれらの食料は、「白人」がダサネッチへ与えるために高地人へ預けたものだからだ。だが、高地人は預かり物の食料のすべてをダサネッチに渡さず、その一部を自分たちのものにして豊かになっている。

　実際、PSNPの予算の9割以上はドナーから提供されたものである。だが、ここで男性が念頭に置いているのはその事実だけではない。ダサネッチは、高地人が所有している車や銃などはすべて「白人」がもたらしたもので、高地人はそれらをつくる知識や能力、富を有していないとしばしば語る。この

ような認識が醸成された背景には、彼らの歴史経験が存在している。ダサネッチは、1937年から1941年まで彼らの地に駐屯したイタリア軍と友好的な関係を築き、大量の物資を無償で手に入れることで、「白人」の豊かさを痛感した。またダサネッチによれば、エチオピアは単独ではイタリアの侵略に対抗することができず、イギリスからの助力を得てどうにか独立を回復できた。つまり、高地人が有している力とは、あくまでも「白人」からの支援や「白人」がもたらした道具に依存した二次的なものでしかないのである。人びとは、PSNPによってもたらされる大量の食料や現金もこれと同様の観点から捉えている。高地人ないしエチオピア国家は、あくまでも「白人」がダサネッチに与えた食料を媒介するだけの存在なのである。

　以上からわかるのは、ダサネッチはPSNPによる給付を受けることで国家への生活の依存を強めている一方で、給付を行う国家に負い目を抱いていないことだ。国家はダム建設などによって自分たちの生活を苦境に陥れた存在だし、本来は「白人」がダサネッチに与えた食料の一部を懐に入れている点で、国家こそが自分たちに負い目を抱いている、あるいは抱くべきなのだと見なしているわけである。一方的に物を受けとり負い目を抱くことが、与え手に服従する心性を生みヒエラルキー的な関係を固定化する契機になるのだとすれば（Blau 1964=1996）、少なくともダサネッチの視点からは、彼らと国家ないし高地人との間にヒエラルキー的な関係は形成されていない。だからこそ、食料の不足や遅延などに対して、自分たちは国家につよく要求を突きつける正当性を有していると考え、実際にそのような要求を行っているのだ（佐川 近刊）。「力の政治文化」に服従しない牧畜民の態度が、窮地に陥った彼らのくらしの改善にどのような効果を発揮していくのかは、今後検討していくべき課題となる。

参考文献

Aalen, Lovise and Kjetil Tronvoll., 2009, "The End of Democracy? Curtailing Political and Civil Rights in Ethiopia," *Review of African Political Economy*, 120: 193-207.

Abbink, Jon, 2006, "Discomfiture of Democracy? The 2005 Election Crisis in Ethiopia and its Aftermath," *African Affairs*, 419: 173-199.

Alene, Getu Demeke, Jessica Duncan and Han van Dijk, 2022, "Development, Governmentality and the Sedentary State: The Productive Safety Net Programme in Ethiopia's Somali Pastoral Periphery," *Journal of Peasant Studies*, 49(6): 1158-1180.

Almagor, Uri, 1986, "Institutionalizing a Fringe Periphery: Dassanetch-Amhara Relations," Donald Donham and Wendy James eds., *The Southern Marches of Imperial Ethiopia*, Cambridge: Cambridge University Press, 96-115.

Agriconsulting Spa. and Mid-Day International Consulting Engineers, 2008, *Gibe III Hydroelectric Project: Environmental Impact Assessment Additional Study of Downstream Impact*.

Ayalew Gebre, 2001, *Pastoralism under Pressure*, Maastricht: Shaker Publishing.

Beruk Yemane, 2004, "Drought and Famine in the Pastoral Area of Ethiopia," Pastoral Forum Ethiopia, *Pastoral Development in Ethiopia*, Pastoralist Forum Ethiopia, 117-134.

Bevan, Philippa, 2010, *The MDG-ing of Ethiopia's Rural Communities 2003-10: Some Meso, Micro and Macro Consequences*, Oxford: Mokoro.

Blau, Peter Michael, 1964, *Exchange and Power in Social Life*, New York: John Wiley & Sons.（間場寿一ほか訳 , 1996,『交換と権力：社会過程の弁証法社会学』新曜社 .）

Chabal, Patrick and Jean-Pascal Daloz, 1999, *Africa Works: Disorder as Political Instrument*, London: James Currey.

Chingò, Davide, 2022, *Everyday Practices of State Building in Ethiopia: Power, Scale, Performativity*, Oxford: Oxford University Press.

Clapham, Christopher, 1969, *Haile Selassie's Government*, Prentice Hall Press.

―――, 2002, "Controlling Space in Ethiopia," Wendy James, Donald Donham, Eisei Kurimoto and Triulzi Alessandro eds., *Remapping Ethiopia*, London: James Currey, 9-30.

―――, 2006, "Ethiopian Development: The Politics of Emulation," *Commonwealth and Comparative Politics*, 44 (1): 108-118.

―――, 2018, "The Ethiopian Developmental State," *Third World Quarterly*, 39(6): 1151-1165.

―――, 2019 "The Political Economy of Ethiopia from the Imperial Period to the Present," Fantu

Cheru, Christopher Cramer and Arkebe Oqubay eds., *The Oxford Handbook of the Ethiopian Economy*, Oxford: Oxford University Press, 33-47.

Dessalegn Rahmato, 2009, *The Peasant and the State: Studies in Agrarian Change in Ethiopia 1950s-2000s*, Addis Ababa: Addis Ababa University Press.

Di Nunzio, Marco, 2014, "'Not Cross the Red Line': The 2010 General Elections, Dissent, and Political Mobilization in Urban Ethiopia, *African Affairs*, 452: 409-430.

Donham, Donald, 1986, "Old Abyssinia and the New Ethiopian Empire," Donald Donham and Wendy James eds., *The Southern Marches of Imperial Ethiopia*, Cambridge: Cambridge University Press, 3-48.

Englebert, Pierre, 2009, *Africa: Unity, Sovereignty & Sorrow*, Boulder: Lynne Rienner.

Fratkin, Elliot, 2014, "Ethiopia's Pastoralist Policies: Development, Displacement and Resettlement," *Nomadic Peoples*, 18: 94-114.

Getachew, Kassa Negussie, 2001, *Among the Pastoral Afar in Ethiopia*, Utrecht: International Books.

Gilligan, Daniel O., John Hoddinott and Alemayehu Seyoum Taffesse, 2009, "The Impact of Ethiopia's Productive Safety Net Programme and its Linkages," *The Journal of Development Studies*, 45 (10): 1684-1706.

Greste, Peter, 2009, "The Dam that Divides Ethiopian," BBC NEWS, March 26, 2009, (Retrieved July 29, 2024, http://news.bbc.co.uk/2/hi/africa/7959444.stm).

International Rivers, 2009, *Fact Sheet: Gibe III Dam, Ethiopia*, International Rivers.

Hoben, Allan, 1970 "Social Stratification in Traditional Amhara Society," Arthur Tuden and Leonard Plotnicov eds., *Social Stratification in Africa*, New York: Free Press, 187-224.

Lefort, René, 2012, "Free Market Economy, 'Developmental State' and Party-State Hegemony in Ethiopia: The Case of the 'Model Farmers'," *Journal of Modern African Studies*, 50 (4): 681-706.

―――, 2015, "The Ethiopian Economy: The Developmental State vs. the Free Market," Gérard Prunier and Éloi Ficquet eds., *Understanding Contemporary Ethiopia: Monarchy, Revolution and the Legacy of Meles Zenawi*, London: Hurst, 357-394.

Levine, Donald N., 1965, "Ethiopia: Identity, Authority, and Realism," Lucian W. Pye and Sidney Verba eds., *Political Culture and Political Development*, Princeton: Princeton University Press, 245-281.

Markakis, John, 1974, *Ethiopia: Anatomy of a Traditional Polity*, Oxford: Clarendon Press.

―――, 2011, *Ethiopia: The Last Two Frontiers*, London: James Currey.

Meles Zenawi, 2006, *African Development: Dead Ends and New Beginnings*, Unpublished Paper.

Mohammud Abdulahi, 2004, "Pastoral Development Strategies/Policies in Ethiopia: A Critical Analysis and Evaluation," *Third National Conference on Pastoral Development in Ethiopia*, Pastoralist Forum Ethiopia, 37–61.

Mulugeta, Daniel, 2020, *The Everyday State in Africa: Governance Practices and State Ideas in Ethiopia*, London: Routledge.

Oakland Institute, 2011, *Understanding Land Investment Deals in Africa, Country Report: Ethiopia*, Oakland: The Oakland Institute.

Pastoralist Forum Ethiopia, 2000, *Proceedings of the National Conference on Pastoral Development in Ethiopia*, Pastoralist Forum Ethiopia.

Poluha, Eva, 2003, "Learning Political Behaviour: Peasant-State Relations in Ethiopia," Eva Poluha and Mona Rosendahl eds., *Contesting 'Good' Governance: Crosscultural Perspectives on Representation, Accountability and Public Sphere*, London: Routledge.

Reid, Richard J., 2011, *Frontiers of Violence in North-East Africa: Genealogies of Conflict since 1800*, Oxford: Oxford University Press.

Scott, James C., 1998, *Seeing Like a State: How Certain Schemes to Improve the Human Condition Have Failed*, New Haven and London: Yale University Press.

SNNPRS (Southern Nations Nationalities and Peoples Regional State), 2006, *South Omo Floods*, SNNPR, Regional Rescue, Resource Mobilization and Rehabilitation Committee.

Teshale Tibebu, 1995 *The Making of Modern Ethiopia 1896–1974*, Trenton: Red Sea Press.

Vaughan, Sarah, 2011, "Revolutionary Democratic State-Building: Party, State and People in the EPRDF's Ethiopia," *Journal of Eastern African Studies*, 5(4): 619–640.

Vaughan, Sarah and Kjell Tronvoll, 2003, *The Culture of Power in Contemporary Ethiopian Political Life*, Sundbyberg: SIDA.

Yohannes Gedamu, 2023, *The Politics of Contemporary Ethiopia: Ethnic Federalism and Authoritarian Survival*, London: Routledge.

Young, Crawford, 1994, *The African Colonial State in Comparative Perspective*, New Haven and London: Yale University Press.

Ziso, Edson, 2017, *A Post State-Centric Analysis of China-Africa Relations: Internationalisation of Chinese Capital and State-Society Relations in Ethiopia*, Cham: Palgrave Macmillan.

佐川徹, 2007,「北東アフリカ紛争多発地域の平和構築に向けて：外部介入による牧畜民間の平和会合」『アフリカ研究』71: 41–50.

―――, 2010,「大規模開発プロジェクトと周縁社会：エチオピア西南部のダム／農場建設と地域住

民の初期対応」Kyoto Working Papers on Area Studies No.101, 京都大学東南アジア研究所.

———, 2014,「エチオピア牧畜民に大規模開発はなにをもたらすのか」内藤直樹・山北輝裕編『社会的包摂／排除の人類学：開発・難民・福祉』昭和堂, 41-56.

———, 2015,「紛争多発地域における草の根の平和実践と介入者の役割：東アフリカ牧畜社会を事例に」『平和研究』44: 1-19.

———, 2016,「フロンティアの潜在力：エチオピアにおける土地収奪へのローカルレンジの対応」遠藤貢編『武力紛争を越える：せめぎ合う制度と戦略のなかで』京都大学学術出版会, 119-149.

———, 2019a,「エチオピアにおける食料安全保障政策と激変する農牧民の生活：大規模開発事業との関係に注目して」『アフリカ研究』95: 13-25.

———, 2019b,「漁労を始めた牧畜民：ダサネッチにおける生業をめぐる文化的評価とその変化」『社会人類学年報』45: 41-62.

———, 2023,「暴力の貸しを取り返しに行く：東アフリカ牧畜社会における復讐／感染／代替の論理」佐久間寛編『負債と信用の人類学：人間経済の現在』以文社, 123-156.

———, 近刊,「領域化の進展と統治されない態度：東アフリカ国境地域における開発と牧畜社会」佐川徹・岡野英之・大澤隆将・池谷和信編『フロンティア空間の人類学』ナカニシヤ出版.

宮脇幸生, 2006,『辺境の想像力：エチオピア国家支配に抗する少数民族ホール』世界思想社.

宮脇幸生編, 2018,『国家支配と民衆の力：エチオピアにおける国家・NGO・草の根社会』大阪公立大学共同出版会.

第13章　新たなコモンズと資源管理システムの生成
——エチオピア西南部農牧民ツァマコの事例から

宮脇 幸生

1. はじめに

　エチオピア周辺部の農牧社会では、耕作地や放牧地は集団によって利用・管理されてきた。本章で取り上げるエチオピア西南部の農牧民ツァマコの生態資源の利用法も、例外ではない。このような現地住民による森林、灌漑耕作地、放牧地、海洋資源などの資源管理は、従来からコモンズという概念によって研究されてきた（Hardin 1968=1993）。文化人類学者や社会学者は、コモンズは限られた範囲の共同体によって、厳格なルールのもとで持続的に使用されてきたことを明らかにした（Feeny et al. 1990=1998）。

　だが今日、これらの研究が想定している「閉鎖的で恒久的な共同体」を現実の世界に見出すことは困難になっている。むしろこれらの共同体は、以前でもより大きな社会システム・生態系システムの一部であり、今日では外部との関係によって、共同体のシステム自体がより大きく変化しつつあると考えるべきだろう（cf. Berkes 2002=2012）。またそのようななかで、システム自体の形成・再編成のプロセスにも焦点をあてる必要がある。

　エチオピアは2020年までの10年ほどの間に、年10％前後の高い経済成長を維持してきた。この経済成長を維持するために、エチオピア政府は大規模な資源開発に乗り出している（Lavers 2012, 2024; 本書第2章）。ツァマコの居住する南部諸民族州は、そのような資源開発の最前線の一つで、州の南西端のオモ川流域では、農牧民の土地がプランテーションとして接収されるという大規模な土地収奪も起きている（佐川 2014, 2019; 本書第12章）。ツァマコの

居住地域でも 1990 年から綿花プランテーションが作られ、放牧地が接収されており、一部の地域住民はこれに激しく抵抗した（宮脇 2011, 2012）。だがそれから 30 年近くの間に、プランテーションの周辺地域に灌漑用水路が作られ、それを利用した耕作地で多くのツァマコが耕作を行うようになった。

灌漑耕作のように新たな技術を用いた農業開発は、エチオピアでは、国家による住民支配と不即不離の関係にあるとされる。エチオピア中央および北部高地を調査地とする研究者たちは、EPRDF は行政村にいたるまで党員を配し、その支配を浸透させようとしてきたという。農業普及員による灌漑などの新たな農業技術や化学肥料、改良種子などの普及は、農業の近代化のためだけでなく、これらの資源の分配を通じて EPRDF による支配を徹底させるためにも利用されてきたというのである（Lefort 2012; Kassahun Berhanu and Poulton 2014; Gebreyes and Müller-Mahn 2019）。住民たちはこのような支配から逃れようとすることもあれば、それに取り込まれていく場合もあるという。

開発にともなう国家支配か、それともそれに抗する住民の抵抗か。このような見方は従来のコモンズをめぐる議論と同様に、国家と地域共同体という二元的な対立図式を前提としている。だが本章で検討するツァマコの居住地域からは、そのどちらでもない状況が見えてくる。国家・企業・地域住民の間で交渉が行われ、グローバル・ナショナル・ローカルという異なったレベルが連結された重層的な資源管理システムが形成されつつあるように思われるのだ。

急激な開発と政治支配が進むエチオピアの周辺部において、どのような資源管理のシステムが構築されているのだろうか。本章では、①ツァマコに作られた灌漑耕作地はどのようなものなのか、②その管理システムはどのようになっており、どのようにして構築されたのか、③新たな資源利用システムと国家支配の関係はどのようなものなのか、④それが地域集団にどのような変化をもたらしたのか、の 4 点を明らかにする。用いるデータは、現地調査での聞き取りおよび参与観察によるデータ、灌漑耕作地を管理する委員会の記録、そして 1984 年から 2021 年までの衛星写真である。まずこの地域

---

1 本章は、「新たなコモンズと資源管理システムの生成：エチオピア西南部農牧民ツァマコの事例から」（宮脇 2022）を改稿したものである。また本章のデータは JSPS 科研費（18H00785）（23K01015）の助成を受けて行った調査に基づいている。
2 現地調査は 2018 年 8 月 11 日〜17 日、2019 年 8 月 18 日〜23 日、2023 年 3 月 10 日〜11 日に行った。衛星写真は Landsat4（1984〜2001）、Landsat7（2003〜2017）および

の歴史から見ることにしよう。

2. ツァマコとプランテーションの開設

ツァマコはエチオピア南エチオピア州に住むクシ系農牧民である（Melesse 1995）。人口は 21,000 人（2018 年現在）、12 の地域集団に分かれている。西をオモ系農牧民バンナ、東をクシ系農耕民コンソ、南をクシ系農牧民ホールと接している（図1）。

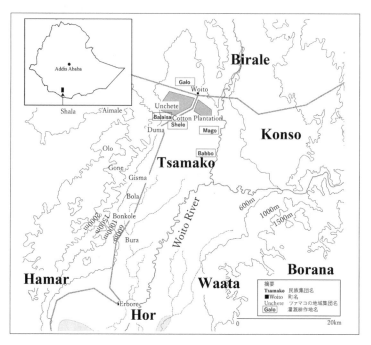

図1　エチオピア西南部ウォイト川周辺

ツァマコの居住地域の東端には、北の山地に発するウォイト川という全長

Google Earth（2016, 2018）を用いた。

図2　ツァマコの家族（1987年　Luka, Shala）

　約170キロの河川が、北から南へと流れている。ツァマコは、標高500メートルほどのウォイト川の西岸、およびその西側の2,000メートルを超える山岳地帯で、ウシ・ヤギ・ヒツジの牧畜と農耕による自給自足的な生活をしてきた（図2）。

　1990年にツァマコの居住域の北東部に、ウォイト川から水を引く灌漑による綿花プランテーションが建設された。このプランテーションは、当時のEPRDF政権によって模範的な資源開発の例として称賛された。プランテーションの近くにはウォイトという町が作られ、200キロ北東の農耕地域から、農耕民ウォライタが季節労働者として移住し、綿摘みの作業をするようになった（図3）。プランテーションは拡大し、1995年には不満を抱くこの地域のツァマコがプランテーションを襲撃したが、ただちに地方政府から軍隊が派遣され、鎮圧された（宮脇 2011）。プランテーションは2002年に国際的な綿花価格の下落を受けて破産し、操業を停止してしまったが、その後経営者が変わって再興された。だが2016年頃に政府に接収された。

　一方でウォイトの町は、1995年に最小の行政単位である行政村とされた。ウォイトはツァマコの居住地域では唯一、商店のある町である（図4）。アムハラ、ウォライタ、ツァマコ、ホールなど、多様な民族が住んでいる。新興のキリスト教会もいくつかある。現在でもツァマコの多くは、農耕と牧畜による自給自足的経済に生きているが、プランテーション周辺の町では、賃労

図3 プランテーションで綿つみをする労働者

図4 ウォイトの町

働に携わる者も出てきている(宮脇 2012)。

　次にプランテーションで周辺のツァマコの暮らしがどのように変わったのかを、農耕に焦点を絞り見てみよう。

3. プランテーションの開設とツァマコの暮らしの変化

　もっとも大きく変わったのは、農耕の方法である[3]。プランテーションができる以前は、ツァマコの農耕は、天水による畑（*balale*）と、川の氾濫を利用した畑（*buulo*）で行われていた。また北東部には数年に一度くらいの割合で冠水する湿地があった。それぞれの世帯はウシや小家畜を飼養していたが、家畜は干ばつや疫病で頭数が変化する。天水畑のための土地は十分にあり、オープン・アクセスの資源である。氾濫原の畑は地域集団の長老によって、世帯間に公平に分配される。このような条件下で、世帯間に大きな経済格差をもたらす要因はなかった。

　プランテーションができて、この地域のツァマコの農耕が灌漑農耕にシフトすると、状況は大きく変化した。用水路によって灌漑される耕作地（*pasho andet*）も、また水自体も、希少な資源である。それを分配するための新たな社会制度が作られたのだった。

　ここで、それぞれの耕作地の生態資源としての価値を整理しておくことにしよう（**図5**）。

　天水による畑、氾濫原の畑、灌漑畑には、それぞれに現地の住民によっても認識されている長所、短所がある。天水による畑は、穀物を早く播種でき、早く収穫できるという長所がある。また土地も十分にある。しかし水分が少なく、生産性が低いという短所がある。氾濫原の畑は、水分が多く生産性が高い一方で、播種と収穫が遅いという短所がある。また土地も限られている。灌漑による畑は、生産性が高く、また川の増水はツァマコの居住地域のような低地の不安定な降雨よりも安定した高地の降雨によるので、天水よりも給水が確実である。しかし土地が限られており、またウォイト川の水の少ない小雨季には、用水路の下流では十分な灌漑用水が行き渡らないこともある。

　このように見ると、灌漑による耕作は、天水耕作や氾濫原耕作に比べて、安定性や生産性、播種・収穫時期の制御可能性で優っていると言える。けれどもそれに必要な土地も水も、希少な資源である。

　希少な資源（コモンズ）を分配するためには、適切な社会制度が必要にな

---

[3]　ここでは農耕の方法についてのみ取り上げるが、そのほかの生活の変化については、（宮脇2012）を参照。

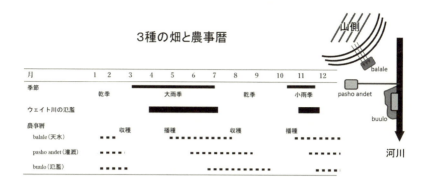

図5 天水畑・氾濫原畑・灌漑畑

るはずだ。氾濫原の畑は、伝統的な長老集団による分配がなされていた。だが灌漑畑に関しては、まったく新たな制度が作られた。ここではまず、土地ではなく、水資源の分配を支える制度について見てみよう。

図6はプランテーションとウォイト川周辺の灌漑畑の配置を示している。北から順にみてみよう。まず、ガロという耕作地がある。ここはプランテーションの用水路から水を引いている。プランテーションの南には、シェレとバライサという耕作地がある。これらもプランテーションの用水路を利用して、灌漑をしている。それに対してウォイト川沿いのマゴとバッボという耕作地は、直接ウォイト川から水を引いている。ウォイト川の周辺は、うっそうとした川辺林が茂っていた。マゴとバッボは、この川辺林を伐採して開かれた。

ここで5つの耕作地について整理をしておこう（**表1**）。ポイントとなるのは、水源、耕作者の民族集団、管理システムである。プランテーションに隣接するガロ、シェレ、バライサは、どれも水をプランテーションの用水路か

図6 灌漑畑の配置

表1 各耕作地の諸属性

灌漑耕作地名	水源	面積(ha)	筆数*	用水路建設者	耕作者の所属民族・集団	開墾開始時期	管理者
ガロ	プランテーションの用水路	960	925	ツァマコ（ウンチェテ）	ツァマコ（ウンチェテ地域集団）	2009年頃	耕作者管理組織＋地方政府
シェレ	プランテーションの用水路	326	461	プランテーション	ツァマコ（ウンチェテ地域集団）	1995～1998年	耕作者管理組織＋地方政府
バライサ	プランテーションの用水路	887	970	プランテーション	ツァマコ（ドゥマ地域集団）	1995～1998年	耕作者管理組織＋地方政府
マゴ	ウォイト川	1,542	3,242	コンソ＋ツァマコ	コンソ＋ツァマコ（ウンチェテ地域集団）	2004年頃	耕作者の自主管理組織
バッポ	ウォイト川			州政府	コンソ＋ツァマコ（多様な地域集団）	2007年頃	耕作者の自主管理組織？

* Google Earthの衛星写真からArcGIS10.8.1により計測

ら得ている。耕作者は、もともとこの地域に住んでいたツァマコの地域集団の住民である。水を分配する組織は、後に述べるように、地域住民の組織が地方政府と連携して運営している。これと対照的なのが、川辺林に開かれたマゴという耕作地である。ここにはザンババという用水路が掘られており、水源はウォイト川である。マゴでは1990年代まで川をはさんで敵対していたツァマコとコンソという二つの民族が、共同して水資源の管理にあたる組織を構成している。その南のバッボもマゴに似ており、用水路によってコンソが耕作をしていたのだが、2016年から州政府が新たな灌漑用水路を建設し始め、ツァマコも耕作を開始した。その水路を管理するために政府の任命した地元のツァマコの農業普及員が、管理にあたっている。[4]

---

[4] ここでもう少し詳しく、それぞれの耕作地の面積の最頻値、平均値、標準偏差について見ておこう。

	耕作地名	面積	筆数	平均面積	最頻値面積	標準偏差
灌漑畑	ガロ	960	931	1.03	0.5	0.79
	シェレ	326	461	0.71	0.5	0.44
	バライサ	981	886	1.11	0.5	0.80
	マゴ	1542	3242	0.48	0.4	0.26
天水畑	ドゥマ	433	313	1.38	0.6	1.10

面積の単位はいずれも ha

プランテーションに隣接する天水畑のガロ、シェレ、バライサの平均面積は、0.7～1.1ヘクタールだが、最頻値はいずれも0.5ヘクタールである。このことは灌漑畑の分配方法と関連している。これらの畑のうち、最初に分配されたのはプランテーションの南西側にあるシェレとバライサの畑だった。これらの畑は、プランテーションの設立にともない放牧地を失ったウンチェテとドゥマの住民への補償として、プランテーションによって1995年に分配された。そのときの面積が0.5ヘクタールだった（Melesse 1997）。ガロでは2002年に耕作地が行政村の役員によって分配されたが、管理組織の立ち上げに際しては、シェレとバライサのやり方を踏襲したという。分配面積もそれに倣ったのではないかと思われる。
なおそれぞれの分配の後、用水路を利用するツァマコたちによって、ガロとバライサは外部に広がっていっており、周辺部に面積の広い畑が作られていった。他方でシェレは分配当時すでに山裾まで広がっていたために、新たな畑はほとんど作られていない。そのことが、ガロとバライサには広い畑があり、畑の面積のばらつき（標準偏差）が大きい一方で、シェレでは畑の面積の変異幅が小さく、平均面積が狭い理由となっている。
ウォイト川西岸のマゴおよびバッボは畑の平均面積が狭く、広さのばらつき具合が小さいことが特徴だが、まだ調査が進展していないために、その理由については不明である。
ドゥマの天水畑は、灌漑畑と反対に、面積が大きいうえに、広さのばらつき具合も大きい。天水畑のための土地は、すでに述べたように、オープン・アクセスの資源であり、ツァマコはそのときどきの事情に応じて様々な広さの畑を作ることができる。それが広さに大きなばらつきのできる要因であると思われる。また天水畑は灌漑畑に比べて生産性が低い。それが

4. 灌漑畑の管理システム（1）： プランテーションに隣接する政府と共同管理の灌漑畑

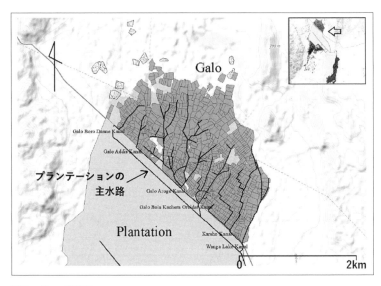

図7 ガロの灌漑畑

　さて本節では、これらの耕作地のうち、プランテーションに隣接する耕作地ガロの管理システムについて見ていきたい。
　この耕作地は、プランテーションが2002年経営破綻したときに、この地域のツァマコが用水路沿いに耕作を開始したのが始まりだった。2006年に新たな経営者がプランテーションの経営を引き継ぎ、プランテーション周辺からツァマコたちを追い出したが、彼らは排水溝の水を利用して、自動車道をへだててプランテーションと反対側になる北側のガロに耕作地を作った。その後2009年に、地方政府の仲介で、川沿いの土地をプランテーションに与える代償に、プランテーションの北側の土地（ガロ）を、用水路の水を利用して開拓するという取り決めをしたのだった。現在、プランテーションの用水路から分岐した6つの用水路がある（図7）。これらは政府、プランテー

---

1 筆の面積が大きな理由であると考えられる。

表2　共有資源の管理制度が適切に機能する条件

> 1. 明確に定義された境界（Clear boundaries & memberships）
> 2. 地域の事情に適合したルール（Congruent rules）
> 3. 利用者たちはルールの改変にかかわることができる（Collective-choice arenas）
> 4. 共有資源の管理状況を監査する者は、利用者に状況を説明している（Monitoring）
> 5. 徐々に強められる制裁処置（Graduated sanctions）
> 6. 利用者間の対立を解消できる場がある（Conflict-resolution mechanisms）
> 7. 利用者が政府の介入を受けずに制度を改変することができる（Recognized rights to organize）
> 8. 資源の利用、設備の維持、監査、制裁処置の適用、対立の解決は、複数の層からなる入れ子構造に組み込まれている（Nested units）

Ostrom（1990）より

ション、ここに関与するツァマコの共同で掘削されたという。

　水はプランテーションの水路から引いているので、プランテーションとの調整が必要である。さらに一つの水路から6本の用水路に水を引くので、これら6本の用水路間でも調整が必要となる。また6本それぞれの水路から、各々100前後の耕作地に給水されるので、そこでも調整が必要となる。さらに水路は雨季（年2回）ごとに補修が必要になる。これらの問題は、どのように解決されているのだろうか。

　共有資源を持続的に利用するためには、それを利用するメンバーが過剰利用を避けるために一定の規範に従う必要がある。そのためには、資源を利用するメンバーが限定されている必要があるだろう。またそれぞれのメンバーの資源利用の状況がモニターされ、規範から逸脱するメンバーが出た場合は、何らかの制裁を加え、規範の侵犯を抑止する必要がある。また資源利用状況のモニタリングや制裁を加えるのにかかるコストが大きすぎては、持続性に問題が生ずるだろう。さらに規範自体がそのときどきの状況に適合したものであり、メンバーが妥当であると見なしたものでなければ、規範を遵守することを強いるのも困難になるはずだ（Ostrom 1990）。ここでとりあえず整理のために、エリノア・オストロムが提示した共有資源の管理制度が適切に機能する条件をあげておこう（**表2**）。

　ツァマコの水資源の管理をこれらの条件に照らし合わせると、何が言えるだろうか。ここでガロの耕作地の管理制度はどのようになっているのかを、

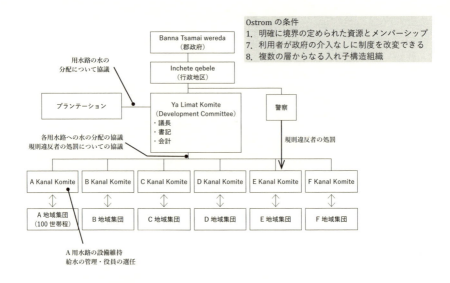

図8 ガロの共有資源管理制度

　オストロムのあげた条件に照らし合わせてみよう（**図8**）。6本の用水路によって灌漑される耕作地はそれぞれ対応した集落の世帯が耕作しており、オープン・アクセスの資源ではない。それぞれの用水路を利用する世帯数は100前後であり互いによく知っているために、ルール違反もすぐに知れ渡る。「1.　明確に境界の定められた資源とメンバーシップ」という条件は満たしている。

　それぞれの用水路には「用水路管理委員会（kanal komite）」が作られており、合議によって組合の議長、書記、会計が選ばれ、水の分配や用水路の補修、ルール違反者の処罰、罰金等の管理にあたっている。[5] これらの委員会の上には、それらを統括する「開発委員会（ye limat komite）」が置かれる。「開発委員会」の役員は、A〜Fの委員会の世帯を集めた集会で、合議で選ばれる。この委員会は、罰金の制定の他、A〜Fの用水路への給水の順番を決める。またプランテーションと交渉し、プランテーションとツァマコの耕作地への

5　　図8のA〜Fの委員会はウンチェテ内の地域集団からなり、実際にはそれぞれ名前があり、図7の地図上の6本の用水路のうちそれぞれの委員会が1本を管理している。

表3　ガロの共有資源管理のルール

各コミテの役員の選任ルール ・地域集団のメンバーによる合議（直接民主制）で決定 ・報酬はない 設備維持のルール ・用水路は、1年に2回整備する ・メンバーは1回の整備に2週間（3h/day）の労働を供出 ・1日休むと50ブルの罰金 ・支払わない場合は、給水停止、警察による拘束 ・罰金は各コミテで蓄えておく 給水のルール ・十分に水がないとき（小雨季）は、内部の用水路の整備ができている順に給水を行う ・違反者（水盗人）は、各コミテが上位のコミテと相談し処罰、1回目の盗水は50ブル、2回目は100ブルの罰金	Ostromの条件 2. 地域の事情に適合したルール 3. 利用者はルールの改変に関与可 5. 徐々に強められる制裁処置 6. 利用者間の対立を解消できる場

　水の配分も調整する。さらに、各地域の用水路管理委員会で、ルール違反者が出た場合には、地域の行政村と協同し、警察を動員して違反者を処罰させることもできる。つまり、ガロの管理制度は、入れ子構造になっており（「8. 複数の層からなる入れ子構造」）、政府機関とのつながりを持つ一方で、その内部は自立しており、運営のシステムを自ら決めている（「7. 利用者が政府の介入なしに制度を改変できる」）。

　次に、共有資源を管理するためのルールがどのようになっているのかを見てみよう（**表3**）。各用水路管理委員会の委員、さらに統括する開発委員会の委員は、地域集団のメンバーによって選ばれる。設備維持や給水のルールは、各委員会の委員が集まり決められる（「2. 地域の事情に適合したルール」「3. 利用者はルールの改変に関与可能」）。またルールを破ったメンバーに対しては、罰金の支払いの命令、それに応じなければ給水停止、さらには警察による拘束と、段階的に制裁措置が強められる（「5. 徐々に強められる制裁処置」）。また、耕作者間で対立が生じたり、制裁に対してメンバーが異議を申し立てる場合は、委員会の場でそれぞれが自分の立場を主張できる（「6. 利用者間で対立を解消できる場」）。このように、ガロの資源管理制度は、オストロムの提示する持続性の条件を満たしているように思われる。

　それでは一見して持続的で民主的に見えるこの管理制度は、農牧民社会に固有の平等主義的な文化を背景に作られたのだろうか。そうではない。この制度は実は、プランテーションの南側にあるバライサとシェレという灌漑耕作地の制度をコピーしたものなのである。バライサとシェレは、もともとプ

ランテーションがこの地域に設立されたときに、土地を接収する代償として、プランテーションがこの地域に居住するツァマコに与えた耕作地だった。1995年に生じたプランテーションに対する地元のツァマコの襲撃事件を受けてのことである。このバライサとシェレが、この地域でツァマコが耕作する最初の灌漑耕作地となった。組織を設計したのはプランテーションの高地人経営者であり、土地の分配は郡の二人の役人だったという。彼らはツァマコと、ツァマコの南に隣接するホール出身の役人だった。このように制度設計と集団への実装には、高地人の企業経営者と地元出身の政府の役人がかかわっていたのだった。

5. 灌漑畑の管理システム（2）：ウォイト川西岸の自主管理の灌漑畑

ここでウォイト川西岸の耕作地についても触れておこう。ここではツァマコと、かつて敵対していたコンソが共同で灌漑耕作をしている。またガロに見られるような政府との連携もないか、あっても関係は薄く、農民たちによる自主的な管理の色合いが強い。筆者の興味の中心もこの耕作地にあるのだが、コロナ流行のためにフィールドワークを中止せざるを得ず、残念ながら断片的な情報を少し提示できるだけにとどまる。まず全体的な見取り図から示しておこう。

図9の北側のザンババ・カナル（ヤシの木用水路）という用水路によって灌漑されるのが、マゴと呼ばれる耕作地、南側のデブブ・ゼラキ・ウハ・ルマット・カナル（南部恒久的水源開発用水路）という用水路によって灌漑されるのが、バッボと呼ばれる耕作地である。どちらもツァマコとコンソの両民族が耕作しているが、コンソの耕作地は、ザンババ・カナルの下流、デブブ・ゼラキ・ウハ・ルマット・カナルの上流部に集中している（**図9**の点線で囲ってある地域）。またそのあたりは、ティグライの企業家のプランテーションがあったが、2019年時点では実際には耕作機械が置かれているだけで運営されていなかった。コンソの農民は地方政府から何度も立退きを要求されているにもかかわらず、ここでも耕作をしていた。[6]

6　2018年のアビィ政権誕生とともに、エチオピア南部を中心にビジネスを操業したティグライ

図9　ウォイト川西岸の灌漑畑

　マゴもバッボもツァマコとコンソの耕作者が共同で管理組織を運営しており、給水・耕作のルールが定められている。
　この辺りの両岸は、うっそうとした川辺林があった。だが2004年には、ツァマコがこのころから川辺林を伐採し始めており（図10）、2007年にはウォイト川西岸の北側は伐採しつくされ、マゴと呼ばれる耕作地になっていた。
　マゴでは年に2回トウモロコシが栽培される。播種の前には、2回牛耕を行う。またバナナも栽培されている。プランテーションに隣接する耕作地とは違い、ところどころに樹木が残されている（図11）。写真の真ん中を走っているのは、用水路である。コンソの農民はマゴで収穫されたトウモロコシをロバに積み、ウォイト川を渡渉し、コンソの市場で売却する。なお、対岸

資本家のプロジェクトの許認可が一斉に取り消された（本書第5章）。2023年に行った聞き取りによれば、この企業家はTPLFが政権から離脱した後に、土地を放棄してティグライに帰還した。残された工作機械はコンソの農民たちが分解し、すべて市場で売り払ってしまったという。現在は土地もコンソの住民たちの耕作地となっている。

のコンソの領域にも、灌漑耕作地がある[7]。

　次にマゴの南の耕作地であるバッボの資源管理について、簡単に触れておこう。バッボではツァマコとコンソの農民が耕作を行っているが、ここで述べるのはツァマコの資源管理についてである。

　もともとバッボを開墾したのは、対岸から来たコンソの農民だった。彼らは用水路を掘り、ウォイトから水を引いて灌漑耕作を始めた。2015年に州政府のプロジェクトで、新たにコンクリートの用水路が作られ、取水口付近の河川の中に水をせき止めるためのダムがつくられた[8]。取水口から上流部

---

[7] ここで興味深いのは、ウォイト川西岸の耕作地は、物理的環境としての耕作地の持続性自体が、プランテーションの設立と密接にかかわっているように思われることである。プランテーションが拡大する以前は、この辺りのウォイト川の流路は数年に1度は変化しており、用水路を用いた耕作をすることは不可能だった。Landsatの衛星画像を確認すると、1990年代半ばまで、ウォイト川は現在の耕作地が開かれている西端を流れている。2000年代になり、北側のマゴで流路が東に大きく変わり、それ以降マゴではほとんど流路は変化していない。他方で南側のバッボでは、2010年に流路が東に移動し、現在の流路とほぼ同様になっている。2010年以降は、ウォイト川の流路は変化していない。
　2000年から2010年にかけては、プランテーションだけでなく、シェレ、バライサ、ガロというプランテーションに隣接する灌漑畑も拡大されていった時期である。プランテーションの取水口はウォイト川西岸の耕作地のすぐ上流にあるが、取水口の下流側にダムが作られており、雨季に川が増水した際に、多量の水がプランテーションに流れ込むようになっていた。このような仕組みのために、河川の増水によって一度に多量の水が流れることがなくなったため、西岸の川の流路の変化が起きにくくなり、持続的に利用が可能な耕作地が出現したのではないかと思われる。
　筆者がこの地域を訪れた2004年には、すでにマゴでは川辺林の伐採が始まっていた。またザンババ・カナルもこのときにコンソによって掘削されたという。2000年にはマゴではすでに流路は東に寄っており、この辺りを灌漑耕作地とする可能性が見込みのあるものと見なされていたのではないかと思われる。Landsatの衛星写真によれば、2007年にはマゴの川辺林の伐採は、ほぼ完了しているように見える。
　2010年にはバッボの流路も東に移動している。Landsatの衛星写真では、2011年にはバッボにおいて川辺林の伐採はほぼ終わっていることがわかる。このことから当時バッボではコンソが耕作を開始していたものと思われる。政府の用水路であるデブブ・ゼラキ・ウハ・ルマット・カナルが建設されたのは2015年頃であり、このときにはすでに、バッボもウォイト川の氾濫と流路の変更で浸食される恐れはないと思われていたのだろう。ウォイト川の用水路沿いの灌漑畑でのツァマコの委員会が設立されたのも、このころと思われる。
　なおこの地域の川辺林を伐採して灌漑水路の掘削を主導したコンソの農民であるK. A. は、これとは異なった説明を行った。K. A. によれば、川の流路が変化しなくなったのは、川辺林を伐採して川幅が広くなったからだという。それ以前は川辺林のために川幅が狭く水流が強かったため、雨季に流路が変化しやすかったという。この説明では、川辺林を伐採した農民たちは、それによって川の流路が変化しなくなるということを、事前に予期していたことになる。

[8] 現在ダムには土砂が堆積し、水をせき止める機能ははたさなくなっており、河川は土砂の堆積したダムを回避するようにそのすぐ横を流れている。マゴの灌漑用水路を設計し掘削を主導しているコンソ農民K. A. は、政府は現地の事情を十分に調べることなく事業を行うので、

図10　川辺林の伐採（2004年）

図11　マゴの耕作地（画面中央の溝は用水路）

表4　バッポの耕作地のルール

> 各コミテの役員の選任ルールと役割
> ・各委員会には、委員長、書記、会計が一人ずつ
> ・水の分配と、水泥棒の取り締まり、用水路の補修工事の統括
> ・委員会間の交渉
>
> 設備維持のルール
> ・設備維持（年に2回）
> ・用水路の修理に6日
> ・用水路の浚渫に3～4日
>
> 給水のルール
> ・自分の用水路の補修を早くした者には、早く給水される
> ・小雨季には、下流の委員会は上流の委員会と交渉し、給水
> ・違反者（水泥棒）は、1500ブルの罰金

にかけてはそのままコンソの農民が耕作し、下流部の耕作地がツァマコに分配された。ツァマコはコンソの農民から、用水路の管理方法や作物の耕作方法を学んだと言われる。

　ここで耕作しているツァマコは、地元の地域集団ではなく、西の山岳地帯の土地の痩せた地域から来た人びとである。ツァマコの耕作地では、メインとなる政府建設の用水路からいくつかの支流が分岐し、その周囲に15の耕作者集団が形成されている（世帯数31～104）。この集団は出身地域ごとに分かれており、それぞれ議長や書記などからなる委員会を持っている。政府から任命された農業普及員の青年が、全体の調整役にあたっており、全委員会を通じて**表4**のようなルールが定められている。この地域は町から遠いため、警察の力を借りることができず、そのためにルール違反の罰金はプランテーションに隣接する耕作地よりも、ずっと高く設定されているとのことである。政府の建設した用水路であるデブブ・ゼラキ・ウハ・ルマット・カナルは、コンクリートで土砂がたまりやすいうえに狭く、下流の委員会からはしばしばクレームがあり、紛争が絶えないとのことである。

　オストロムの提示した、共有資源の管理制度が持続可能である条件を、先に紹介したツァマコそれぞれの農耕管理組織がどれほど満たしているのかを示したのが、**表5**である。プランテーションに隣接するガロは、これらの条件をほぼ満たしているように思われる。川沿いのバッポについては、コン

このような失敗をするのだと批判している。

表5 ガロとバッボの管理システムの持続性評価

Ostrom の条件	ガロ	バッボ
1. 明確に定義された境界	✓	✓?
2. 地域の事情に適合したルール	✓	✓
3. 利用者たちはルールの改変にかかわる	✓	?
4. 共有資源の管理状況を監査する者は、利用者に状況を説明	✓?	?
5. 徐々に強められる制裁処置	✓	?
6. 利用者間の対立を解消できる場	✓	✓
7. 利用者が政府の介入を受けずに制度を改変できる	✓?	?
8. 複数の層からなる入れ子構造組織	✓	?

ソの農民へのインタビューができなかったので、はっきりしたことは今の時点で言うことはできない。

　最後にバッボの北にあるマゴという地域の資源管理について簡単に触れておく。このあたりは2000年代半ばから、ツァマコとコンソの農民によって川辺林の伐採と用水路の掘削が行われてきた。現在大きな用水路は、ザンババ1、ザンババ2、ザンババ3の三つがあるが、他にもベンチ－マジ、ワターニアという新たな水路が掘られている。これらの水路は、すべてコンソのK.A.という農民が指揮をして、コンソとツァマコの共同で掘られている。これらの用水路は傾斜の緩やかなウォイト川の水を利用するために、水路の末端まで水を行き渡らせるためには、水に勢いをつける必要がある。そのために取水口から給水する耕作地まで、少なくとも数百メートルから1キロは、川と平行に掘削されている。さらに複数の用水路が広大な耕作地を灌漑するために、水路が別の水路を横切ることもしばしばであり、そのような地点の水路は立体交差をするように作られている。

　マゴの水利組織も、基本的にはガロやバッボのような入れ子構造の階層的な組織となっている。主要なザンババ1、ザンババ2、ザンババ3にそれぞれの水路を統括する委員会があり、委員長、副委員長、書記がいる。これらの水路からはさらに40〜230世帯の耕作地を給水する5〜8本の副水路が分岐している。それぞれの副水路には副水路の委員会があり、委員長、副委員長、書記、またときには規則違反者を罰する懲罰者たちがいる。耕作者の9割はコンソ、残りの1割がツァマコである。用水路の水を不正に利用した場合は150〜200ブルの罰金、用水路の補修に参加しなかった場合は1,000

ブルの罰金が科される。

　マゴの水利組織がガロやバッボと異なっている点は、政府との関係を一切持たない点である。ガロやバッボの委員会は、行政村の警察や郡の力を後ろ盾として資源管理を行っていた。それに対してマゴが頼るのは、フルド（*fuld'o*）というコンソ独自の組織である。フルドはコンソの商業ネットワークを統括する組織で、その裁定に従わない者を処罰する力を持っている。[9] マゴの水利組織はこのように、政府と繋がりをもたずに、入れ子構造の持続的な管理システムを構築しているのである。

　ここまでで、新たな資源管理組織の仕組みとその持続性について検討してきた。これらの資源管理システムは、EPRDF 政権の推進する農業開発パッケージの目玉事業である灌漑農耕の上に構築されている（Gebreyes and Müller-Mahn 2019）。そして EPRDF 政権下のエチオピアでは、農業開発を通した国家の草の根への浸透が注目されてきた。それならば、このプランテーション周辺の灌漑耕作地においては、国家支配はどれほど浸透していると言えるのだろうか。

6. 平等社会から格差社会へ：共有資源管理システムと外部システム

　EPRDF の農村支配は、農業普及員による近代農法の普及を通して行われるとされる（Lefort 2012; Kassahun Berhanu and Poulton 2014; Gebreyes and Müller-Mahn 2019）。確かにプランテーションに隣接するガロのような資源管理システムは、郡や警察との関係が深いことが明らかである。だが後に述べるように、灌漑耕作地の分配が EPRDF 支持者に優先的になされたわけではない。さらにウォイト川沿いのバッボでは政府の関与はより少ないし、マゴにいたっては政府とはまったく関係なく開発と資源管理が行われている。

　ツァマコやコンソの農民は、農業普及員の持ち込む化学肥料や改良品種にも依存していない。彼らは、化学肥料を一度用いると、その年は収穫が増え

---

[9] コンソはボラナのモヤレ、オモ川下流のオモラテ、ジンカ、アディスアベバにいたる広域の商業ネットワークを持っている。フルドは商業上のトラブルが生じた場合に、当事者たちに裁定を下す組織であり、その裁定に従わない者はフルドの管理するネットワークから排除されるという制裁を受ける（Taddese 2002; Amborn 2009）。

るが、その後は土地がやせてしまい化学肥料に依存し続けることになる。だが政府がいつも化学肥料を与えてくれるとは限らない。だから化学肥料は使わないのだという。化学肥料がなくても、彼らが主として栽培するモロコシやトウモロコシは十分な収量があるという。他方でアムハラやウォライタの商人が、ツァマコから借りた土地で栽培する商品作物であるトマトやタマネギには、化学肥料が必要である。そのためツァマコやコンソの農民は政府から化学肥料の購入を強制された場合、それを使わずアムハラやウォライタの商人に横流しするという。

ツァマコやコンソの商人が主として栽培するのも、在来品種のトウモロコシであり、改良品種の商業作物ではない。とくに近年は、コンソの赤い色のトウモロコシが好まれる。これはコンソが好むチャガという酒に用いられるもので、コンソの市場で高値で売れるためである。彼らは自給用のほか、このように市場用にも穀物を栽培するが、あくまでそれは地域に根差したものなのである。

このように、この地域における灌漑耕作の導入によって、EPRDF 政権による支配が草の根レベルにまで浸透したわけではない。それならばここには、在来の地域社会がそれに抗して自らの伝統的社会組織を維持してきた姿を見ることができるのだろうか。まったくそうではない。灌漑農耕の導入は、ツァマコ社会に大きな変化をもたらしているのである。

表6 は、ウンチェテ行政村のカルショ集落に住む 136 世帯が所有している灌漑畑の筆数を、畑を給水している灌漑用水路別に見たものである。最も多いのが、この地域の住民があてがわれているカルショ・カナルによって灌漑される畑だが、他の用水路によって灌漑される畑をもつ世帯もあることが

表6 Karsho 集落の世帯の所有灌漑畑筆数

	用水路名	筆数
ガロ	カルショ	115
	ガロ・アロゲ	5
	ワンガ・ラコ	28
	ボラ・カチェラ	25
ウォイト川西岸	マゴ	53
	合計	226

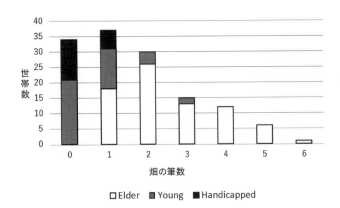

図12　カルショ在住者136世帯へのガロ耕作地の土地分配（2019年）

わかる。これだけを見ると、灌漑畑の筆数は226筆であり、136世帯それぞれに分配されるのに十分であるように思われる。

だが灌漑畑の所有筆数を、年長世代・年少世代・ハンディキャップをもつ人の3つのカテゴリー別に示した図を見ると、まったく別の状況が見える[10]（図12）。

この図から明らかなことは、第一に、耕作地の所有状況に大きな格差があるということである。第二に、耕作地を所有していない世帯は若年世帯とハンディキャップを負った世帯主の世帯であるのに対して、多くの耕作地を所有している世帯は、年長世代の世帯であることもわかる。ちなみに若年世代のうち耕作地を持つ年長世代と親子関係にあるのは40世帯中8世帯（20%）のみであり、ほとんどの若年世帯には親から譲渡されるであろう耕作地はない。

これらの耕作地が、この地域では貸与や譲渡・相続が可能な「私有財産」と見なされていることを考えると、灌漑耕作への移行がこの地域のツァマコ社会に大きな影響を及ぼしたことが明らかである[11]。

10　このデータは、2019年に閲覧したカルショ用水路の委員会の記録に基づいている。ElderとYoungの区別は、ツァマコの世代組に基づいているが、だいたいElderは40代以上、Youngは30代以下くらいである。Handicappedとは、世帯主が身体に何らかの障害を持ち、世帯主一人での耕作が困難な世帯を指す。

11　デルグ政権に引き続き、EPRDF政権においても土地の私有化は行われていない。だが農民の農業生産性に対するインセンティブを高めると同時に、耕作地の細分化を防ぐために、

プランテーションの設立以前のツァマコでは、天水耕作地の土地は潤沢、冠水地の耕作地は長老による公平な分配がなされていた。家畜は世帯の所有物だが、干ばつや疾病によって増減するもので、経済格差を特徴づけるものではなかった。しかし灌漑畑は、天水畑や氾濫原の畑と異なり、この地域では実質的に私有できるうえに、家畜よりずっと安定した資産である。

　それではなぜ、特定の世帯は多くの耕作地を手に入れたのだろうか。耕作地の譲渡は4節で述べたように、2009年頃プランテーションと地域のツァマコの対立に、地方政府が介入することでなされた。このとき譲渡を取り仕切ったのは、地域の長老ではなく、行政の末端組織の役員をしていたツァマコだった。たまたまこの場所を耕作していた世帯（彼らは2002年頃からこのあたりで耕作を開始していた）に優先的に土地が与えられただけでなく、そのとき多くのウシを持っていた世帯は、それを賄賂とすることで、複数の耕作地を手に入れることができたという。これらの耕作者は当時20代以上、私の調査が行われた2019年では40代以上となっている。この新たな土地分配によって、長老の分配していた冠水地も灌漑耕作地になり、伝統組織による耕作地の分配は消滅してしまった。

　このような不公正な耕作地の分配は、ガロだけにとどまらない。ウォイト川西岸の北側の耕作地であるマゴをみてみよう。この場所で耕作しているツァマコの農民は、ガロと同様に、行政の末端にいる役員に賄賂を払って土地を入手したと述べている。また耕作地1筆につき、35ブルの税金を納入することが決まりになっているのだが、マゴの畑を分配した行政村の役人はそれを郡には連絡しなかった。そのために賄賂を払ってマゴの土地を手にしたツァマコは、納税することなく耕作地を利用している。さらにその土地を、1年4,000ブルで、町に住むウォライタの商人に貸与する者もいる。このように、ツァマコでは、以前は増減する不安定な財であった家畜が、土地に変換され、さらにそれが貨幣に変換され、住民間に経済的な格差をもたらしているのである。

　ウォイト川西岸で駆け引きを行っているのは、ツァマコだけではない。中央政府の支援を受けるティグライの企業家は、プランテーションを経営する

1997年にティグライ州で、2000年にアムハラ州で、2005年にはオロミア州と南部諸民族州において、各農民は一定以上の広さを持つ耕作地への利用権が与えられ、利用権の相続も認められるようになった（Lavers 2024: 125; 本書第2章）。

という名目で土地を手にした。けれども実際は何も栽培をせず、かわりにプランテーション経営をするという条件で許可される耕作機械の輸入販売で利益を得ているとうわさされていた。

　コンソの農民は商業作物栽培のために、この地域で耕作地を拡大している。ティグライのプランテーション内でも耕作をし、地方政府がたびたび立退き命令を出したが、頑として聞き入れなかった。逆に地方政府に納税したり、ウォイト川の流路の変遷を理由にしたりして、この場所での耕作を正当化しようとしていると言われている。ティグライの企業家が、ティグライ戦争のときにこの土地を去った後、コンソの農民はおおっぴらにそこを耕作地として利用している。

　ここで見ることができるのは、農業開発を通した上からの支配でもなく、伝統社会による下からの抵抗でもない。この地域にかかわるアクターたちの交渉から生成した新たな管理システムである。この地域に新たな技術と資源（灌漑用水路と水）が持ち込まれ、そこに多様なアクターたちがかかわった。そのアクターたちは、自らの生存と利得を確保すべく交渉し、新たな制度を流用したり、それを既存の制度と連結したりするなかで、一定の持続性をもつ資源管理制度を構築したのである。

7. 結論

　本章では、エチオピア西南部のツァマコの居住地において、プランテーションの設立にかかわり、1990年代半ば以降から周辺に作られてきた灌漑用水路による耕作地について、それがどのようなものなのか、その管理システムはいかに運営されているのか、そしてそれが地域集団にどのような変化をもたらしたのかを検討してきた。

　それまで主として天水農耕によっていたツァマコにとっては、用水路による耕作地は従来の天水畑や氾濫原の畑とは異なり、恒常的で安定した耕作ができる上に、収穫物の収量も高い、貴重な資源となった。耕作地の管理自体は、少なくともプランテーションに隣接する耕作地を見るならば、持続可能な形で運営されているように思われる。だが土地の分配自体は、地域の住民に公平に分配されたものではなかった。行政村の役員が分配にかかわる中で、

そのときに家畜を持っていた世帯が、それを賄賂として用いて、多くの耕作地を獲得した。

　頭数の変動の大きい家畜や、オープン・アクセスの資源である天水畑とは異なり、灌漑畑は半恒久的であり、少なくともこの地域の住民の認識では、所有物として移譲することができる。また町に移住している農耕民に、賃貸することもできる。灌漑畑は、現金を生み出す所有物なのである。そのため多くの灌漑畑を手にしたツァマコとそうでないツァマコの間には、明らかな経済格差が生じている。

　これらの灌漑耕作地は、プランテーションと地元の住民との交渉の中で形成されたものである。そしてこのプランテーションは、エチオピア政府が積極的な経済開発に乗り出すなかで拡大していったものだった。プランテーションに隣接する耕作地は、プランテーションの直接の影響のもとでその用水路を利用して形成された。またウォイト川西岸の耕作地は、プランテーションの構築した用水路やウォイト川のダムによる河川管理システムの下で付随的に出現した土地において形成された。その点でこれらの灌漑耕作地の形成プロセスは、外部の社会システムやそれによる地理的な河川システムの変化と密接にかかわっている。

　プランテーションに隣接する耕作地は、行政・プランテーションと地元住民をつなぐ管理システムが構築されており、管理システムだけを見るのならば、現時点では重層的で安定したシステムが出現したと言えるだろう。またエチオピア高地で指摘されるような、農業開発を通したEPRDF政権による直接的な地域支配を見ることもない。だがそれによって公正な資源分配のシステムができたわけではない。むしろ地元住民の一部が政権の末端に連なることで賄賂の見返りに資源を分配し、それが新たなシステムの形成につながっているのである。そして地域のツァマコ社会に目を広げると、世帯間の格差が生じ、それが社会的なコンフリクトの原因となる可能性もある。共有資源管理のシステムの持続性は、管理システム自体だけでなく、より大きな社会的文脈中で見る必要があるだろう。

　ウォイト川西岸においては、行政と耕作者たちの間の関係はより複雑で、流動的なものに思われる。ここでツァマコとコンソというかつては敵対関係にあった民族による共同の資源管理制度が、行政や警察の権力とは別個に形成されつつあるのである。それがどのように維持されているのか、そしてそ

れがツァマコおよびコンソの社会にどのような影響をもたらしているのかは興味深い点であるが、それにはさらなる調査が必要である。いずれにせよここには、国家による上からの開発／支配とは異なる、新たなシステムの生成を見ることができるのである。

参考文献

Amborn, Hermann, 2009, "Mobility, Knowledge and Power: Craftsman in the Borderland," Gunther Schlee and Elizabeth E. Watson eds., *Changing Identifications and Alliances in North-East Africa, Ethiopia and Kenya, Volume 2*, New York and Oxford: Berghahn, 113–131.

Berkes, Fikret, 2002, "Cross-Scale Institutional Linkages: Perspectives from the Bottom Up," Committee on the Human Dimensions of Global Change ed., *The Drama of the Commons*, Washington D.C.: National Academy Press.（大野智彦訳，2012,「クロス・スケールな制度的リンケージ：ボトムアップからの展望」全米研究評議会編, 茂木愛一郎・三俣学・泉留維監訳『コモンズのドラマ：持続可能な資源管理論の 15 年』知泉書院, 387–421.)

Feeny, David, Fikret Berkes, Bonnie J. McCay and James M. Acheson, 1990, "The Tragedy of the Commons: Twenty-Two Years Later," *Human Ecology*, 18(1): 1–19.（田村典江訳, 1998,「コモンズの悲劇：その 22 年後」『エコソフィア』1: 76–87.)

Gebreyes, Million and Detlef Müller-Mahn, 2019, "Cultural Political Economy of Irrigation Management in Northeastern Ethiopia: The Case of the Kobo-Girana Valley Development Programme," *Water Alternatives*, 12(3): 836–852.

Hardin, Garrett, 1968, "The Tragedy of the Commons," *Science*.162 (3859): 1243–1248.（京都生命倫理研究会訳, 1993,「共有地の悲劇」, シュレーダー＝フレイチェット編『環境の倫理　下』晃洋書房, 445–470.)

Kassahun Berhanu and Collin Poulton, 2014, "The Political Economy of Agricultural Extension Policy in Ethiopia: Economic Growth and Political Control," *Development Policy Review*, 32(S2): S197-S213.

Lavers, Tom, 2012, "'Land Grab' as Development Strategy? The Political Economy of Agricultural Investment in Ethiopia," *The Journal of Peasant Studies*, 39(1): 105–132.

―――, 2024, *Ethiopia's 'Developmental State': Political Order and Distributive Crisis*. Cambridge: Cambridge University Press.

Lefort, René, 2012, "Free Market Economy, 'Developmental State' and Party-State Hegemony in Ethiopia: the Case of the 'Modern Farmers'," *The Journal of Modern African Studies*, 50(4): 681–706.

Melesse Getu, 1995, *Tsemako Women's Roles and Status: In Agro-Pastoral Production*. Department of Sociology, Anthropology and Social Administration, Addis Ababa University, Addis Ababa: Addis Ababa University.

―――, 1997, "Local Versus Outsider Forms of Natural Resources Use and Management: The Tsamako Experience in Southwest Ethiopia," Katsuyoshi Fukui, Eisei Kurimoto and Masayoshi Shigeta eds., *Ethiopia in Broader Perspective, Volume 2, Papers of the 13th International Conference in Ethiopian Studies, Kyoto, 12–17 December, 1997*: 670–687, Kyoto: Shokado.

Ostrom, Elinor, 1990, *Governing the Commons: The Evolutions for Collective Action*, Cambridge: Cambridge University Press.

Tadesse Wolde, 2002, "Evading the Revolutionary State: The Hor under the Derg," Wendy James, Don Donham, Eisei Kurimoto and Alessandro Triulzi eds., *Remapping Ethiopia: Socialism and After*, Oxford: James Currey, 37–58.

佐川徹, 2014,「エチオピア牧畜民に大規模開発は何をもたらすか」内藤直樹・山北輝裕編『社会的包摂／排除の人類学：開発・難民・福祉』昭和堂.

―――, 2019,「エチオピアにおける食料安全保障政策と激変する農牧民の生活：大規模開発事業との関係に注目して」『アフリカ研究』25, 13–25.

宮脇幸生, 2011,「開発と抵抗：エチオピア西南部におけるプランテーション開発と現地住民の生存戦術」『人間科学（大阪府立大学紀要）』6: 23–66.

―――, 2012,「プランテーション空間と農牧民の生存戦術：エチオピア西南部低地プランテーション周辺に集まる農牧民世帯の分析を通して」『人間科学（大阪府立大学紀要）』7: 133–186.

―――, 2022,「新たなコモンズと資源管理システムの生成：エチオピア西南部農牧民ツァマコの事例から」『人間科学（大阪府立大学紀要）』17: 3–24.

おわりに

眞城 百華

　本書では、1991年のデルグ政権崩壊から2019年の解党まで約28年にわたってエチオピア政治を支配したEPRDF政権がエチオピア社会に及ぼした影響を、政治、経済のみならずその歴史背景、社会や人びとの生活の変容という多様な視点から検討した。エチオピアは1990年代に複数政党制と自由主義経済に移行した多くのアフリカ諸国の一つであるが、革命的民主主義、民族連邦制、開発主義という独自の政治路線を追求してきた点で、他の国々とは異なっていた。その政治路線には、1960年代から展開されたエチオピア帝政に対する抗議を表明した学生運動や、1974年に成立したデルグ政権に対する多数の反政府勢力の影響が色濃く反映されていた。

　エチオピア独自の政治路線とされた革命的民主主義の方針は、決して一貫していたわけでも、不変であったわけでもない。革命的民主主義は、内政、外交、国際社会からの要請、国際経済の影響を受けて、変遷を遂げてきたのである。他方で、EPRDF政権の強権性や権威主義は、常に内外からの批判の対象であった。

　EPRDFによる28年の統治も、決して盤石ではなかった。2001年には党の中核を占めたTPLFに内部分裂が生じ、それに続いてEPRDF内の反メレス派の排除が行われた。2005年の総選挙における野党の躍進は与党に危機感を抱かせ、その強権性はさらに強まり、市民社会の監視と制限、政治活動に対する弾圧が常態化した。

　EPRDF政権に対して高まる国民の不満は、2012年のメレス首相の死後から民衆暴動や在外エチオピア人の活動の活発化という形で徐々に表面化した。野党弾圧の結果、2010年につづいて2015年の総選挙でも与党による国会議席の独占が判明すると、民主的選挙による政治変革の希望が閉ざされている

ことへの国民の不満が噴出した。そして首都のみならずエチオピア各地でも民衆暴動が頻発し、非常事態宣言が出された。民衆暴動で標的になったのは、EPRDF政権で恩恵を受け、人びとの生活を窮地に追いやった政府機関、政権とつながる企業や資本家、外資によるプロジェクトであった。さらに同時に顕在化したのが、民族や宗教に基づく暴力である。その中心となったのは、民族連邦制の下で憲法上は「民族自決権」を承認されながらも、政治や経済成長から疎外された人びとだった。

だがこれらの民衆暴動がきっかけとなり、エチオピア政治は大きく転換した。アビィが首相に就任し、EPRDFは解体され、繁栄党に再編されたのである。そしてTPLFは政権から排除された。しかしながら、その後のアビィ政権の運営においてもなおEPRDF期のあまたの課題が露呈し、一部でその問題はさらに悪化の一途をたどっている。

＊　＊　＊

さて本書では、エチオピアで長年研究を行う研究者が、それぞれのディシプリンから30年近くにおよぶEPRDF政権期におけるエチオピアの変容を多角的に分析している。各章の分析ではそれぞれに、EPRDF政権の光と影が映し出されている。EPRDF政権の方針、権威主義の仕組みと政策、それを受けて変容する民族州や民族政治の在り方、開発主義の功罪について包括的に検討することは、混迷するエチオピアの今を理解し、その未来を予想するためには必須となる。

第I部ではEPRDF政権の特徴を、民族連邦制、革命的民主主義、開発主義、言語政策、市民社会への規制という視点から検討した。まずEPRDF政権が主導した民族連邦制、革命的民主主義、開発主義の理念やそれらが政策に導入された背景について、分析を行った。また国家政策として推進された開発主義政策によって、エチオピアが劇的な経済成長を果たした側面を取り上げた。さらに民族連邦制の導入により民族の自決権が承認されたが、その具体的な政策としての言語政策において、民族言語がいかに扱われたのかについても検討を行った。そして行政や教育の場における民族言語の導入、教育の機会の増大、経済成長といった功績の裏側で、与党が絶対的権力を掌握することを是とする革命的民主主義の理念は、野党の弾圧、言論の自由の制

限、NGO の活動制限など市民社会への規制を強化したことを明らかにした。

　第Ⅱ部では、民族連邦制下における民族や民族州の在り方について、ティグライ、アムハラ、オロミア、南部諸民族の各州における政治や社会の変容に注目し検討を行った。民族連邦制によって各民族州の「独立」を含めた「民族自決権」が憲法の条文で明記され、主要民族が各州において自治権を獲得したが、他方で 28 年の運用において多くの矛盾と葛藤を生み出した。民族主義の高揚や州境をめぐる対立、細分化された民族州内のマイノリティの権利など多様な課題が噴出したのである。EPRDF 政権下では非合法化された野党の支持者に対して、苛烈な政治弾圧もなされた。第Ⅱ部の分析には、民族連邦制下でそれぞれの民族が抱える葛藤や矛盾・変化だけでなく、一言で「民族」といっても、「民族」内部の対立や歴史的な民族主義に関する認識やその変節など民族によりその経験が異なることが示されている。国内の各民族の構成、歴史性、中央権力や与党との関係を含めた政治、経済、社会、文化的状況によって、決して一枚岩では捉えられない重層性と多様性があることが分析から浮かび上がる。

　民族連邦制は、1 億を超える人口と 80 以上の民族を内包したエチオピアにとって、民族間の均衡を図るための大きな試みの一つであったといえる。EPRDF 政権末期から民族連邦制への批判も高まったが、代わりとなる民族政策についてはまだ明確な方針は示されていない。民族連邦制が民族主義の高揚を招き、さらに民族間の対立を激化させたとの批判もある。ソ連をモデルとして導入した民族連邦制の失敗により、新たなモデルの模索がなされているが、エチオピアの民族、ならびに民族間関係、国家と民族の関係の多角的な検討とその現実に根差した政策や制度こそが、現在の民族間の緊張関係や歴史的な対立を乗り越える処方箋となりうるのではないか。同時に、国内の諸勢力、民族、宗教間の対話も、現在の危機を克服するために必要となるだろう。

　第Ⅲ部では国家開発主義に基づく開発政策が特に資源の搾取の対象となった南部諸民族州において人びとの生活に及ぼした影響について検討している。南部諸民族州を基盤とする SEPDM が与党 EPRDF に参画していたものの、国家主導の開発計画では、現地の人びとに対する十分な配慮や政治的合意もなく、土地や水資源の政府による管理や奪取が常態化した。開発主義の名のもとで実施された国家プロジェクトや、資本家の進出と新たな経済プロジェ

クトの展開は、人びとの生活や生業、社会関係を大きく変容させた。プロジェクトの恩恵に授かった人びとがいる一方で、生業を奪われ、資源から疎外された人びともおり、本書ではこれらの人びとの窮状について詳細に描かれている。他方で各章の詳細な分析では人びとの生活やその生存戦略に注目し、政府や資本家により奪われる対象としてだけ取り上げていない点も、注目に値する。エチオピアの政治は100年以上にわたって常に権威主義をその特徴としてきた。第Ⅲ部で取り上げた南部諸民族州（2020年以降、シダマ州、南西エチオピア諸民族州、南エチオピア州、中央エチオピア州に分裂）は、帝政期以降、中央政府により常に搾取の対象とされてきた。しかし次々と展開される多様な搾取に対し、人びとが新たな制度を利用したり、交渉したり、または不参加を表明することにより異議申し立てを行いつつ、各々の生活圏を維持するために新たな生活の創造を試みてもいるのである。いずれにせよ国家主導型の開発主義は、アビィ政権においても既定路線となっている。だが、一連の開発主義プログラムの実施に伴う弊害が、EPRDF政権の基盤を揺るがす要因の一つとなったことは、忘れてはならないだろう。

* * *

　本書では、EPRDF政権下の変容をおもに扱ったため、2018年のアビィ首相の就任と2019年のEPRDF解党と繁栄党の成立以降の変容については、いくつかの章で部分的に言及されているに過ぎない。だが今後のエチオピア政治を検討するにあたり、EPRDF政権から繁栄党政権への移行期の分析は重要となる。そこで最後に、アビィ政権後のエチオピアの政治状況を理解する際に重要となるいくつかの点について、政権が直面している課題も含め、述べておこう。

　アビィ首相の就任直後から導入された、野党の活動禁止の解除、メディア規制やNGO規制の解除、エリトリアとの国交回復などの一連の革新的政策は、繁栄党政権下で新たなエチオピアが創造されるという期待を国民に抱かせた。その外交政策ではソマリアとの関係改善、スーダンにおける和解への関与が国際的に賞賛され、アビィ首相に2019年のノーベル平和賞受賞という栄光をもたらした（眞城2021）。他方で、28年間続いたEPRDF政権が生み出した諸課題からの脱却は、EPRDFの解党よりはるかに困難であった。

2019年以降、繁栄党を率いたアビィ政権に対する挑戦は、アビィ首相により活動を解禁された野党からも沸き上がった。野党による批判や挑戦は与党の宿命であるが、2020年以降、国内の複数の地域で情勢が悪化し、ティグライ州、アムハラ州では内戦が勃発、オロミア州ではOLAとの対立が続いている。

　ここで本書執筆段階の2024年に繁栄党が抱える政治課題について、まとめておきたい。

　第一の課題は繁栄党の絶対性とその統治体制である。繁栄党は民族政党の連合であったEPRDFから離脱した政党によって作られたという体をなしてはいるものの、その内実はTPLFが離脱しただけで、EPRDFの残る3政党ならびにEPRDFと同盟を結んだ諸民族政党から構成されており、EPRDFと繁栄党の構成はほとんど変わっていない。2021年にアビィ政権初となる総選挙が実施されたが、EPRDF期と同じく野党の獲得議席は限定され、与党繁栄党が人民議会の9割以上の議席を獲得する結果となった[1]（National Election Board of Ethiopia 2021）。与党を利する選挙制度の問題や野党の政治活動への妨害なども指摘されている。アビィ政権は議席を獲得した野党の「社会正義を追求するエチオピア市民」党（EZEMA）とアムハラ民族運動（NaMA）の党首を大臣として政権に迎え入れ、与野党の連携による政権運営をアピールした。しかし議会において圧倒的多数を占める繁栄党中心の政権運営はEPRDF政権期と変わらない。

　ティグライ戦争を背景とした政権支持も繁栄党躍進の背景にはあるが、戦争を背景としたメディア規制や治安維持を名目とした政府による監視、一部野党の選挙参加の制限など前政権時代と変わらない政治活動への制限が見られた。治安悪化を理由とした選挙実施の延期も複数の地域で生じ、EPRDF期と変わらない権威主義的な与党支配の構図が繁栄党政権でも顕在化した。

　第二の課題は、治安の悪化である。2019年の繁栄党設立以降、与党支配

---

[1] 2021年のエチオピア総選挙は、内戦中であったティグライ州を除いて実施され、547議席中436議席が対象とされた。6月21日の選挙では、436議席中425議席が確定し、うち繁栄党が410議席と9割以上の議席を獲得した。残る15議席中、野党EZEMA4議席、NaMA5議席、残る6議席は個人候補が獲得した。治安の悪化で6月の選挙実施が見送られた南部諸民族州、ハラリ特別行政区、ソマリ州の一部選挙区の選挙は9月20日に実施され、全47議席中44議席を繁栄党が獲得した。残る3議席は異議申し立てにより審議中となった（National Election Board of Ethiopia 2021）。

に対する挑戦が各地で生じ、それに対して政権は、野党指導者の逮捕など厳しい対応をみせた。2020年から2年に及ぶティグライ戦争は、TPLFとアビィ政権という対立の構図におさまらず、エリトリア軍も参戦した。またアムハラ州やアファール州からは特別部隊の参戦のみならず、民兵集団も戦争に参加した。アビィ政権の求心力は、2019年以降のTPLFと繁栄党政権の対立、アビィ政権に反対する諸勢力とTPLFの連携、2020年11月から2年におよび甚大な被害を生んだティグライ戦争による反TPLF、さらに反ティグライのプロパガンダが複合的に作用し、一時的に高まった。国際社会からの圧力と経済課題を背景に、2022年11月にティグライ戦争の和平合意となるプレトリア合意がアビィ政権とTPLFの間で締結された。他方で和平合意が政府とTPLFの間で頭ごなしに締結されたために、戦争協力を行ったアムハラ州に代表される国内の複数の勢力から不満が噴出した。2023年8月にはティグライ戦争においてアビィ政権と共闘関係にあったアムハラ州において非常事態宣言が発出され、政府軍・アムハラ特別部隊とファンノと呼ばれる民兵集団との間で戦闘が始まった（本書第6章）。2024年6月には非常事態宣言は解除されたものの（borkena 2024）、7月以降も政府軍とファンノの軍事衝突は継続しており治安の悪化が懸念されている。オロミア州においても東部やショワ地域を中心にOLAによる反政府活動が継続している。両地域では一般市民の被害も深刻であり、国際社会からも注視されている（OCHA 2024）。OLAと政府の間では南スーダンなどにおいて停戦交渉が続いているものの、解決には至っていない。両州における治安の悪化に対する政府の軍事力行使は、一般市民にまで甚大な被害をもたらしており、政治対立の深化と拡大が懸念される。治安部隊による弾圧と市民の被害は、EPRDF政権下でも生じていたが、繁栄党政権の成立以降の政権交代に伴う野党や反政府勢力の活動の活発化により、現政権は新たな治安課題に直面することになった。そして対話による政治的解決ではなく、軍事力による反政府勢力の制圧という方針が常態化している。

　第三の課題は、外交である。当初はなばなしい成果をあげたかに見えたアビィ政権の外交にも、陰りが見える。アビィ政権は2024年1月に海へのアクセスを求め、独立を希求するソマリランドと正式な外交関係の構築を発表したが、ソマリランドの独立を拒否するソマリアとの外交上の溝が深まった。グランド・エチオピア・ルネサンス・ダム建設と操業による水資源管理をめ

ぐってすでにエチオピアと対立していたエジプトが、ソマリランドの問題に絡んでソマリアと同調したため、エチオピアとエジプトの外交関係がさらに悪化している。2018 年に国交回復を果たしたエリトリアとはティグライ戦争における共闘にみられるように、アビィ政権とイサイアス政権は蜜月関係にあると捉えられてきた。しかし、プレトリア和平合意や海へのアクセスを模索するアビィ政権の外交方針に関してエリトリアの不信が高じた結果、両国の間に不協和音が生じている。2024 年 10 月にはエリトリアの首都アスマラで、エジプト、ソマリア、エリトリアの 3 ヶ国の首脳による会談が開催された。[2] アビィ政権と外交上の課題を抱える 3 ヶ国の首脳会談は、アビィ首相に方針転換を検討させるに十分な影響力を持った。2024 年 12 月 14 日にアビィ首相は、トルコの仲介によってアンカラでソマリア政府と会談を行い、エチオピアがソマリアの領土を尊重し、ソマリアがエチオピアの海へのアクセスに便宜を図ることへの同意が盛り込まれた合意文書が締結された。さらに 2025 年 1 月からソマリアで始動する「アフリカ連合ソマリア支援・安定化ミッション（AUSSOM）」へのエチオピア軍の参加についてもソマリア政府は承認した。[3] ソマリアとの当面の関係改善は図られたが、合意の履行には注視が必要である。エジプトやエリトリアとの間に抱えた問題は残ったままでもあり、アビィ政権の外交政策には課題が山積している。アビィ政権は、サウジアラビアやアラブ首長国連邦、トルコ、ならびに中国との外交と経済的連携を強化している。

　第四の課題は、経済である。エチオピア経済はティグライ戦争以降、戦費の増大に伴う外貨不足が影響して 2023 年 12 月に債務不履行（デフォルト）に陥り、2000 年代以降の経済成長にも陰りが見える。エチオピア政府は外貨準備を推進するために外為相場の管理を行っていたが、2024 年 8 月に IMF の指導を受けて変動為替相場を導入した後、エチオピア通貨の価格と信用が低下している。資源や燃料を輸入に依存するエチオピアでは、物価高が顕在化し、人びとの生活を圧迫している。各地で深刻化する治安の悪化にともない国内の物流にも影響が及んでいる。ティグライ戦争、その後のアムハラ州やオロミア州における紛争や各地の治安悪化は、外交や軍事のみなら

2　BBC, 2024, "Eritrea, Egypt and Somalia Cement 'Axis Against Ethiopia'," (Retrieved December 20, 2024, https://www.bbc.com/news/articles/cdje7pkv1zxo).

3　Reporter, 2024, "Ethiopia, Somalia Reconciliation in Ankara Garners International Praise," (Retrieved December 20, 2024, https://www.thereporterethiopia.com/42967/).

ず経済の停滞をもたらしている。治安の悪化は、外資の導入や多国籍企業の参入、ODA をはじめとした開発援助プログラムの実施にも負の作用をもたらす。

　上記に加えて、繁栄党政権の政治方針にも注目が集まる。EPRDF 政権が民族連邦制の導入により民族間の対立を助長したという批判を受けて、アビィ首相は「*Medemer*」[4]や「統一」をアピールしてきた[5]。しかしながら、新たな政治対立を生むことにもなる民族連邦制の解体と州境の再設定などは、野党からの批判をうけても実行されていない。他方で南部諸民族州のように民族自決権を主張する民族や地域の要望を受けて民族州の細分化と新たな対立が生じている地域もある（本書第 10 章）。また繁栄党政権下において、アビィ首相の支持母体でもあるオロモの勢力拡大が注目されている（Gardner 2024）。ティグライ戦争を機にティグライの公務員や市民の解雇が相次いだが、その空隙を埋めるように、中央省庁や経済界において、オロモの進出が顕在化している。かつては EPRDF 政権で党内の 4 民族政党の勢力均衡を図る枠組みがありながら、人口規模の小さいティグライが中央政府や経済界において実権を握った。それと同様の構図が、今度はオロモを中心に再構成されているのである。EPRDF 期の課題に向き合い、真の「統一」を果たすための繁栄党の方針は現時点では見えてこない。

　本書が射程とした EPRDF 政権期の 28 年の分析は、EPRDF 政権下の諸課題や変容に限定した検討にとどまらず、エチオピアという国家が長年にわた

---

[4] *Medemer* はアムハラ語で「融合」を意味するが、そのイデオロギーの解釈によって多様な意味をもつ点が指摘されている。アセファは、「統一、一体感、和解、相乗効果、統合、結合、協力、異質な社会から均質な社会を作り出すためにすべての人を一つのメルティング・ポットに入れること、単一化、集合化によるアイデンティティと多様性の排除、結合や拡大による支配、クラスタリング、束ね、合併、共食いなどを意味する」とその多様な解釈と意味を紹介している（Assefa 2019）。

[5] アビィ首相は、2019 年に『*Medemer*』と題する本を出版し、「メデメル」がエチオピアの多元的な問題に対処する唯一のメカニズムであり、さらに、この国の歴史と自然法に由来する土着の哲学であると主張した。テフェラは、「メデメル」について、自由主義、社会主義、保守主義、ファシズムの概念、原則、アイデアを組み合わせた「混合イデオロギー」であると結論付けたが、同時にメデメルは独自の中心となる原則を欠いていると主張する。またメデメルは現在のエチオピアの諸課題を解決する唯一の解決策として政府は示しているのに対し、彼は各地でみられる民族対立や紛争の解決策となるかについては疑問を呈している（Tefera 2024）。アビィ政権では、国内の分断を克服するために、「統一」もその政治主張において頻繁に言及される。アビィ政権による首都における「ユニティ・パーク」やアドワ博物館の建設はその象徴といえる。

り抱えてきた諸課題を再び照射している。帝政、軍事政権、EPRDF 政権と常に権威主義を特徴としたエチオピア政治は今後どのような道程をたどるのか。常に軍事力の行使によって転換が生じてきたエチオピア政治において、今後、民主的手続きを経て民意を反映した政権を選択しうる可能性はあるのだろうか。繁栄党政権が抱える国内の対立、権威主義、経済や外交の諸課題を検討するために、本書が包括的に検証した EPRDF 政権期の変容と課題についても、同時に考察することが必要となろう。

参考文献

Assefa A. Lemu, 2019, "Book Review: "Medemer," A Book by Dr. Abiy Ahmed," Aiga News, (Retrieved October 1, 2024, http://aigaforum.com/article2019/Book-Review-Medemer-by-Abiy.htm).

BBC, 2024,"Eritrea, Egypt and Somalia Cement 'Axis Against Ethiopia'," (Retrieved December 20, 2024, https://www.bbc.com/news/articles/cdje7pkv1zxo).

borkena, 2024, "Ethiopia's State of Emergency Ends, Abiy Ahmed's Gov't Declines to Declared It," (Retrieved September 8, 2024, https://borkena.com/2024/06/06/ethiopias-state-of-emergency-ends-abiy-ahmeds-govt-declines-to-declared-it/).

National Election Board of Ethiopia, 2021,"The 6th National Election Result," (Retrieved September 8, 2024, https://nebe.org.et/en/electionresult).

Gardner, Tom, 2024, *The Abiy Project: God, Power and War in the New Ethiopia*, London: Hurst.

OCHA, 2024, "Ethiopia Weekly Update (3 September 2024)," (Retrieved September 8, 2024, https://reliefweb.int/report/ethiopia/ethiopia-weekly-update-3-september-2024).

Reporter, 2024, "Ethiopia, Somalia Reconciliation in Ankara Garners International Praise," (Retrieved December 20, 2024, https://www.thereporterethiopia.com/42967/).

Tefera Assefa, 2024, "A Critical Review of Medemer from Ideological Perspectives," *African Journal of Political Science*, 12(1): 119–135.

眞城百華, 2021,「混迷するエチオピア政治：アビィ政権とティグライ戦争」『世界』943: 201–219.

あとがき

　21世紀に入ったエチオピアは、目覚ましい経済成長に沸いた。首都のアディスアベバなど数年も訪れていないと、景観はがらりと変わってしまい、エチオピアをよく知る者でもうっかりすると迷子になりかねないほどだった。それをもたらしたのは、TPLFの率いるEPRDF政権であり、その支配は盤石に見えた。世界でもトップクラスの経済成長と政治的安定性で、エチオピアはアフリカでも、とびきりの優等生とみられていた。

　だが2010年代の後半になると、エチオピア各地で反EPRDFの暴動が起き、やがて政権は崩壊、それにとってかわった繁栄党政権と離脱したTPLFの間で戦争が勃発、経済も低迷し、ついには2023年末に債務不履行状態に陥ってしまった。

　このような政治と経済の目まぐるしい動きの背後には、どのような要因があるのか、そしてそれは、エチオピアの人びとの生活にどのような影響を与えたのか。本書の執筆にかかわった私たちエチオピア研究者の問題意識を述べるのなら、このようになるだろう。

　この数十年のエチオピア研究の変遷を振り返ると、現在のエチオピアがいかに複雑な状況に置かれており、それを捉えるための分析枠組みの構築が、いかに困難であるのかがわかる。エチオピアを、そしてそこに生きる人びとの生活をみるときに、どのような視点から捉えればよいのか。

　この本の編者の一人である宮脇が1980年代半ばにエチオピアの西南部国境付近で調査を始めたとき、その答えは明確だった。国家と民族社会は別である、というものだ。エチオピアの周辺地域には、近代化の影響を受けていないアフリカ古来の伝統文化が残っていると考えられていた。当時はデルグの軍事政権下で、北部での内戦も激化し、首都のアディスアベバでは夜間外出禁止令が出され、政治的にも緊迫した状況だった。だがいったん首都を離れ、エチオピアの地方に行くと、そこには在来の文化が色濃く残っているよ

うに思われた。賢帝ハイレセラシエのもとに統治されるエチオピア帝国、その国家装置を引き継いだデルグ政権、そしてそのもとで伝統的な暮らしを続けるエチオピアの住民。国家と民族社会を切り離して分析する研究手法は、1980年代までのエチオピア研究では、共通の前提となっていた。国家とは、アムハラを中心とする高地民族のキリスト教王国に由来するもの（デルグ政権もその官僚組織と行政・教育言語、宗教文化を引き継いだ）、そのもとには「真正な伝統」を保持する多様な民族文化が、まさにモザイクのように併存しているとイメージされたのである。

そのような前提に大転換をもたらしたのが、ドナルド・ドナムをはじめとする人類学者、歴史学者たちが著した『帝国エチオピアの南部辺境』という論集だった（Donham, Donald and Wendy James eds., 1986, *The Southern Marches of Imperial Ethiopia*, Cambridge: Cambridge University Press.）。この論集では、メネリクによってつくられたとされる近代エチオピアが、いかに新たに征服した南部の資源に依存して構築・維持されたのか、そしてその苛烈な征服・支配に対して、南部諸民族がいかに抵抗し、また服従を強いられたのかが、実証的な手法によって明らかにされていた。政治経済の中心が、周縁に対する支配と搾取によって維持されるというこの図式は、直接の引用はないものの、当時社会科学において大きな影響力を持っていたウォーラーステインの世界システム論にインスパイアされたものだっただろう。このパラダイム転換によって、はじめてエチオピア研究は、国家とそこに生きる多様な住民の関係を、政治・経済・文化的視点から相互に密接な関係にあるものとして認識できるようになったのである。

西南部低地でのフィールドワークを振り返れば、確かにそのとおりであった。私的な経験になるが、宮脇が1980年代後半に「伝統的な在来文化」を求めて農牧民ツァマコでフィールドワークを始めたときに、最初に現地で紹介されたインフォーマントは、痩せて小柄で片足の不自由な貧しいアムハラの老人だった。だが彼はツァマコ語を流ちょうに話すうえ、困ったことに、宮脇が現地で滞在したツァマコのリーダーの家に一緒に泊まり込み（彼はツァマコのリーダー一家と知己だった）、一家（と宮脇）にあれこれと大きな声で口うるさく指図をするのである。この老人にまったく頭の上がらないツァマコの地域集団のリーダーを見て、国家とは無関係に自らの文化を守って暮らす誇り高き農牧民というイメージは、すっかり崩れてしまった。この老人は、

かつて現地を支配したネフテンニャと呼ばれる高地人移民の子孫だったのだ。確かに国家支配の痕跡は、西南部低地での調査でも、あちこちにあった。けれどもそれが、論文に書かれることはなかった。調査者はそれを、見ようとはしなかったのである。

だが『帝国エチオピアの南部辺境』の出版以降、人類学では、エチオピア帝国による征服や国家支配が、民族社会にいかなる影響を及ぼしてきたかについて触れることなしには、すまなくなった。また歴史研究においては、近代エチオピアの成立が、いかに南部地域の征服・支配・搾取とかかわっていたのかが、詳細に述べられるようになった。さらには国家支配下における様々な農民反乱の研究もなされるようになった。

ここで注意すべき点は、エチオピア人によるエチオピア研究も、これ以降盛んになされるようになったということである。そしてこれらエチオピア人研究者たちの多くは、自らの民族的立場・政治的立場を背負い、論文を執筆した。これはエチオピア社会を、国家が多様な民族を包摂するという静的な見方から、政治経済的周辺を中心が収奪することにより国家が維持されるという見方への転換と密接に関連していた。オロモをはじめとする非アムハラの研究者は、自らの社会の歴史を再構築することで、アムハラ中心の歴史観や社会観を転換しようとしたのである。このような動きは、本書でも述べられている、アムハラの覇権に対して異議申し立てをした1960年代後半から70年代はじめの学生運動の思潮とも関連していただろう。しかしそれがアカデミックな場において言葉を獲得したのは、1980年代後半以降だった。

デルグを打倒したTPLFおよびEPRDF政権の時代は、まさにこのような国家観・歴史観のもとで、実際の政治がなされた時代だと言えよう。EPRDFはアムハラ中心の国家を解体し、それぞれの民族に（名目上であろうと）政治・経済・文化的な自治権を与える民族連邦制を採用した。

だがこの学術研究と政治実践の関係が、パラドックスをはらんでいたことも指摘しておく必要がある。EPRDFの国家観とも通ずる「中心／周縁」図式は、国家と諸民族間の支配・被支配の流動的でダイナミックな関係を読み解いたはずだが、民族連邦制のもとではそれぞれの民族の分断が進み、その内部では「真正な伝統」がつぎつぎに構築されていった。そこでは学術研究が、伝統の構築と真正性の証明のために利用されていた。また民族言語でその文化や伝統を教える学校教育によって、若い世代は自分の民族アイデン

ティティを強く意識するようになった。他方でインターネットの普及もあいまって、学術的な研究と社会運動の融合も見られるようになった。それはとくに、アメリカのオロモ・ディアスポラによるオロモ研究が、エチオピア国内のオロモの、EPRDFに対する抵抗運動に及ぼした影響に顕著である。

EPRDFによる国家支配と民族の分断、そしてその社会のあり方を一定の見取り図で捉え、EPRDFへの抵抗を促す情報の、国境をまたぐ流入。個別化と流動化が同時進行するエチオピアでは、かつて社会学者のアンソニー・ギデンズが近代社会の特徴を表すのに用いた、社会の状況を示す見取り図が個人に影響を及ぼし、それに基づいて行動する個人がさらに社会のあり方に影響を及ぼすという「再帰性」の概念に当てはまる状況が、複雑な形で展開しているように思われる。このようなエチオピア社会を、私たちはどのような枠組みで見たらよいのだろうか。

2000年代以降、エチオピアの政治・経済に関して、多くの研究がなされてきた。だがどの研究も、エチオピアの複雑な状況を十分に説明してはいないように思われた。EPRDF政権が終焉を迎えた現在、とくにその総括が必要であると私たちは考えた。また政治と学術的言説が融合した状況から、一定の距離を取る必要がある。だから国家の過酷な支配を糾弾し、抑圧された民族の歴史と抵抗を賞揚するだけでは、だめだ。そこで私たちが取った見方は、EPRDFによる国家支配を「民族連邦制」「革命的民主主義」「開発主義国家」の3点からみようとするものだった。そしてそれが生まれた歴史的経緯、その政治的な機能と矛盾を指し示し、それがエチオピア社会とそこに生きる人びとに及ぼしている影響を明らかにしようと試みたのである。この試みがどれほど成功しているかについては、本書の読者の判断にゆだねたい。

なお本書を準備しているときに、重要な本が出版された。トム・レイヴァースの『「開発主義国家」エチオピア：政治秩序と分配の危機』である（Lavers, Tom, 2024, *Ethiopia's 'Developmental State': Political Order and Distributive Crisis*. Cambridge: Cambridge University Press.）。EPRDF政権下のエチオピアを、資源分配問題に対処するための開発主義国家と捉えたこの本は、私たちの方向性とも一致する研究である。残念なことに日本語訳はまだないが、エチオピアの政治経済に関心のある方は、ぜひ本書と合わせて参照していただければと思う。

＊　＊　＊

　本研究のもととなったのは、科学研究費補助金（基盤研究B：18H00785）「経済開発と資源の重層的ガバナンスに関する人類学的研究：エチオピアの事例から」（代表：宮脇幸生）による調査・研究である。コロナ禍で調査に行けなかったり、ティグライ戦争でエチオピアへの渡航が困難になったりと、紆余曲折があったけれど、日本では数の少ないエチオピア研究者同士ということで、なんとかまとまって研究を続けてくることができた。メンバー全員が本書に寄稿できたわけではないが、各回の研究会では全員が、刺激的で興味深い報告を行った。本書の編者として、感謝申し上げたい。

　またこの科研の報告書を作成するにあたり、科研のメンバーのほかに、この研究テーマに関心をもつエチオピア研究者として、石原美奈子、大場千景、吉田早悠里の3氏に加わっていただいた。本書は石原・眞城・宮脇が編者となり、この報告書を大幅に改稿してまとめたものである。

　本書の出版にあたっては、上智大学より出版助成を受けた。

　また本書の編集・出版にさいしては、春風社の韓さん、下野さんには、大変お世話になった。深くお礼を申し上げます。

2024年9月5日
宮脇幸生

索引

英数字

5人組……52
AAPO(All Amhara People's Organization) 全アムハラ民族組織……188, 189
ADLI(Agricultural Development-Led Industrialization) 農業開発主導の産業化政策……72, 74
ADP(Amhara Democratic Party) アムハラ民主党……45, 292
ANDM(Amhara National Democratic Movement) アムハラ民族民主運動……45, 183, 188, 292
CSR(Corporate Social Responsibility) 企業の社会的責任……138
CUD(Coalition for Unity and Democracy) 統一と民主主義のための同盟……17, 55, 127, 128
EDU(Ethiopian Democratic Union) エチオピア民主同盟……44, 150, 166
EFFORT(Endowment Fund for Rehabilitation of Tigray) ティグライ復興基金……87, 157, 160, 161, 162, 163, 170
ENDF(Ethiopian National Defence Force) エチオピア国防軍……196, 199, 200
EPLF(Eritrean People's Liberation Front) エリトリア人民解放戦線……44, 71, 122, 149, 167, 185, 186, 224, 227
EPRP(Ethiopian People's Revolutionary Party) エチオピア人民革命党……44, 45, 150, 166, 182, 183, 224, 226
ETP(Education and Training Policy) 国家教育訓練政策……103, 106, 110, 113, 114
GDP(Gross Domestic Product) 国内総生産……15, 66, 68, 69, 70, 71, 81, 83, 192
GONGO(Government-Organized Non-Governmental Organization) 政府系NGO……124, 157, 158, 159, 160, 163, 164, 171, 173
IGA(Income Generating Activities) 収入創出活動……138, 348
MEISON(All-Ethiopia Socialist Movement) 全エチオピア社会主義運動……182, 183, 224
NaMA(National Movement of Amhara) アムハラ民族運動……197, 199, 396
NEBE(National Election Board of Ethiopia) エチオピア国家選挙管理委員会……293, 295, 296
NGO(Non-Governmental Organization) 非政府組織……56, 76, 80, 89, 119, 120, 121, 122, 123, 124, 125, 126, 127, 128, 129, 130, 131, 132, 136, 137, 138, 139, 140, 157, 158, 159, 160, 192, 226, 251, 252, 342, 348, 350, 351, 352, 357, 393, 395, 406
ODP(Oromo Democratic Party) オロモ民主党……45, 292
OLA(Oromo Liberation Army) オロモ解放軍……16, 135, 233, 234, 281, 282, 396, 397

OLF(Oromo Liberation Front)
　オロモ解放戦線……16, 45, 46, 54, 132,
　135, 209, 210, 223, 224, 225, 226, 227,
　228, 229, 230, 233, 234, 244, 251, 263,
　264, 265, 266, 267, 271, 272, 273, 275,
　277, 278, 279, 281
OPDO(Oromo People's Democratic
　Organization) オロモ人民民主機構……
　11, 16, 45, 113, 225, 226, 230, 262, 263,
　271, 282, 292
PSNP(Productive Safety Net Program)
　生産的セーフティネット・プログラム
　……355, 356, 357, 359, 360
REST(Relief Society of Tigray)
　ティグライ救済協会……124, 152, 153,
　158, 159, 160, 173
SALF(Somali Abbo Liberation Front)
　ソマリ・アッボ解放戦線……225
SEPDM(Southern Ethiopian People's
　Democratic Movement) 南部エチオピア
　人民民主運動……11, 45, 229, 291, 292,
　294, 394
TDA(Tigray Development Association) ティ
　グライ開発協会……158, 159, 160, 173
TNO(Tigray National Organization)
　ティグライ民族組織……149, 166
TPLF(Tigray People's Liberation Front)
　ティグライ人民解放戦線……14, 15, 16,
　17, 18, 19, 44, 45, 46, 47, 48, 50, 51, 52,
　57, 58, 72, 73, 75, 80, 87, 88, 91, 92, 124,
　133, 134, 135, 147–173, 183, 185, 192,
　195, 199, 200, 224, 225, 292, 397
UEDF(United Ethiopian Democratic Forces)
　統一エチオピア民主勢力……55, 127,
　188

WAT(Women's Association of Tigray)
　ティグライ女性協会……158, 159, 160
WSLF(Western Somali Liberation Front)
　西ソマリ解放戦線……44, 220, 225

ア行

アイデンティティ……17, 32, 35, 36, 101,
　104, 154, 182, 187, 194, 195, 197, 210,
　213, 214, 226, 240, 258, 259, 260, 264,
　265, 271, 272, 273, 276, 277, 278, 282,
　287, 290, 300, 305, 399
アサムノウ・ツィゲ (Asaminew Tsige)……
　196, 197, 198
アスマロム・レゲッセ (Asmarom Legesse)
　……240, 243, 251
アノレ (Anole)……217, 268, 269, 270, 271
アビィ・アフマド (Abiy Ahmed)……11, 16,
　91, 113, 132, 230, 258, 278, 283, 292, 305
アビィ政権……16, 17, 18, 20, 47, 51, 57, 58,
　59, 60, 132, 136, 140, 147, 148, 162, 170,
　172, 195, 232, 233, 234, 266, 275, 277,
　327, 378, 393, 395, 396, 397, 398, 399
アムハラ……16, 17, 35, 36, 37, 38, 39, 45, 47,
　48, 99, 100, 101, 102, 106, 107, 108, 109,
　110, 111, 113, 114, 135, 154, 155,
　177–201, 210, 216, 217, 218, 219, 221,
　224, 225, 229, 231, 232, 233, 242, 246,
　258, 270, 271, 276, 280, 291, 296, 298,
　299, 313, 314, 315, 320, 341, 348, 396,
　397, 398
　——・エリート……181, 187
　——特別部隊……195, 196, 197, 199
　——民族主義　▶民族主義
アルシ……209, 211, 217, 222, 229, 230, 246,
　247, 257–282

イスラーム……44, 49, 180, 213, 214, 215, 218, 229, 232, 269, 280

イタリア……32, 38, 40, 100, 101, 111, 120, 162, 194, 219, 220, 298, 299, 314, 328, 340, 345, 351, 360

イレーチャ……230, 231, 232, 245, 246, 257, 258, 267, 281, 282

インジェラ……314, 315, 324

ウォルカイト (Welkait)……47, 154, 155, 163, 194, 195, 196, 197, 199

　　──・アイデンティティ問題委員会……195, 197

エチオピア革命……42, 44, 149, 311

エチオピア正教……38, 100, 120, 179, 181, 182, 187, 282, 299, 313, 314

　　──会……120, 169, 182, 187, 211, 218, 219, 221

　　──徒……180, 311

エリトリア……16, 17, 32, 39, 40, 41, 42, 44, 53, 71, 72, 75, 122, 125, 132, 149, 150, 156, 167, 170, 181, 185, 196, 197, 216, 218, 224, 227, 229, 240, 251, 318, 341, 395, 397, 398

オネスィモス・ナスィブ (Onesimos Nesib)……218, 219

オロミア州 (Oromia Regional State)……16, 35, 36, 46, 47, 57, 59, 90, 106, 107, 109, 110, 112, 114, 124, 135, 156, 161, 162, 190, 191, 196, 197, 209, 210, 214, 217, 225, 230, 231, 232, 233, 234, 242, 244, 245, 246, 250, 251, 252, 258, 260, 267, 274, 276, 281, 285, 295, 304, 387, 396, 397, 398

オロモ……16, 35, 36, 45, 99, 102, 109, 110, 115, 181, 182, 185, 187, 209–234, 239–250, 257, 258, 259, 260, 264, 265, 266, 267, 271, 272, 273, 274, 276, 277, 278, 279, 280, 281, 282, 283, 304, 399

　　──化……212, 214, 242, 282

　　──研究……210, 222, 241, 243

　　──語……36, 39, 102, 104, 106, 110, 113, 114, 115, 185, 209, 210, 211, 214, 215, 216, 218, 219, 222, 224, 225, 229, 231, 233, 234, 242, 258, 276, 287

　　──としてのアイデンティティ……265, 271, 272, 273, 276, 277

　　──民族主義　　▶民族主義

　　──らしさ……213, 214, 273

カ行

開発

　経済──……66, 69, 72, 73, 74, 76, 92, 93, 100, 120, 122, 335, 389

　　──主義……17, 18, 19, 20, 31, 47, 48, 49, 51, 52, 57, 58, 59, 66, 69, 74, 75, 76, 77, 78, 80, 81, 87, 89, 90, 91, 92, 93, 128, 131, 164, 171, 392, 393, 394, 395

　　──主義国家……52, 65, 69, 74, 75, 76, 79, 80, 81, 91, 92, 93, 131, 148, 161

　　──プロジェクト……52, 79, 124, 128, 159, 312, 318, 319, 321, 327, 335, 336

開発軍……52

改良品種……71, 384, 385

化学肥料……71, 73, 74, 87, 90, 323, 324, 327, 366, 384, 385

学生運動……41, 42, 44, 46, 48, 101, 149, 150, 180, 181, 182, 183, 185, 194, 262, 287, 392

ガダ……12, 211, 214, 215, 230, 239–252, 260, 262, 264, 265, 267, 268, 269, 279,

282
　　──体系……23, 239, 240-252
　　──の父……243, 245, 246, 250, 267
家畜略奪……325, 326, 327, 334
ガッラ……216, 218, 219, 242, 243
灌漑耕作……24, 365, 366, 377, 378, 380, 384, 385, 386, 387, 389
ギムゲマ……50, 51, 152, 164
共通語……102, 106, 108, 109, 110, 111, 113, 114
キリスト教……36, 49, 121, 126, 179, 210, 211, 213, 214, 215, 216, 217, 218, 231, 232, 286, 304, 316, 342, 369
クーデタ……41, 198, 220, 225
クベ……210, 224, 231, 242
グルト……179　→封土
グンボット・サバット……128, 132, 161, 197, 229
経済成長……15, 16, 17, 47, 48, 57, 60, 65, 66, 68, 69, 72, 75, 76, 78, 79, 80, 81, 83, 87, 88, 91, 92, 93, 147, 162, 171, 173, 193, 300, 365, 393, 398
ゲッバール……343　→小作人
権威主義……12, 13, 14, 18, 33, 48, 49, 50, 51, 52, 53, 54, 55, 56, 58, 59, 60, 75, 119, 124, 340, 341, 352, 392, 393, 395, 396, 400
言語
　一国家一──……100
　教授──……99, 100, 101, 102, 103, 104, 106, 107, 108, 109, 110, 111, 112, 113, 115, 168
　実務──……12, 36, 101, 102, 103, 106, 107, 109, 110, 111, 113, 114, 115, 156, 181, 189, 190, 231, 276, 287, 291, 296,

　　299
　　──政策……99, 100, 101, 103, 110, 113, 114, 115, 393
憲法……11, 19, 20, 33, 34, 35, 36, 39, 43, 44, 50, 88, 100, 101, 102, 103, 106, 113, 115, 120, 123, 125, 127, 129, 153, 154, 155, 156, 178, 179, 181, 185, 187, 196, 287, 288, 290, 291, 296, 305, 343, 393, 394
工業団地……79, 84, 90, 91, 92, 93, 162
構造調整……15, 43, 50, 76, 79
公用語……39, 99, 100, 102, 106, 181, 184, 231, 242, 276
小作人……217, 219, 314　→ゲッバール
国家
　多言語──……99, 106
　多民族──……12, 13, 35, 99, 107, 115, 201, 286
　単一──……44, 101
ゴバナ・ダチ (Gobana Dacche)……217
コモンズ……365, 366, 370
コンソ……290, 292, 295, 319, 322, 326, 367, 373, 378, 379, 380, 382, 383, 384, 385, 388, 389, 390

サ行

再定住……184, 225, 319, 320, 321, 335
　　──政策……37, 180, 184, 233
債務不履行……65, 398　→デフォルト
暫定政権……45, 46, 47, 50, 54, 155, 227
資源管理……365, 366, 377, 380, 383, 384, 388, 389, 397
　　──システム……365, 366, 384
　　──制度……377, 388, 389
慈善団体および市民団体に関する布告……56, 129, 160

409

失業……193, 194
　——者……90, 193
　——率……90, 178, 193, 194, 305
市民社会組織に関する布告……136
ジャワル・ムハンマド (Jawar Mohammed)
　……18, 230, 278, 280, 281, 283
シャンキラ……311
自由
　結社の——……119, 120, 122, 123, 125, 126, 129, 130, 132, 136, 137, 139, 215, 228
　表現の——……119, 120, 121, 122, 123, 124, 126, 129, 132, 133, 135, 139, 228
襲撃……133, 135, 258, 280, 315, 316, 318, 325, 326, 327, 331, 334, 336, 352, 368, 378
重債務貧困国……79, 125
住民投票……35, 285, 293, 295, 296, 305
商業農場……344, 345, 350, 353, 354, 357
少数民族……12, 17, 20, 37, 155, 233, 286, 311, 312, 335, 336
商品作物……71, 73, 385
植民兵……217　→ネフテンニャ
食料安全保障……345, 353, 355, 357, 358
ショワ (Shewa)……182, 187, 211, 217, 221, 231, 245, 246, 265, 268, 271, 298, 397
ジレンマ……260, 265, 273, 274, 276, 277, 282
人権アプローチ……125
新自由主義……16, 76, 78, 79, 92, 351
人道支援……121, 122, 152, 158
ジンマ (Jimma)……185, 209, 211, 212, 214, 215, 217, 219, 233, 243, 248, 295, 301, 302, 303, 304, 333
スーダン……79, 89, 122, 152, 161, 171, 216,

219, 222, 224, 225, 228, 233, 251, 343, 344, 348, 395, 397
世界人権宣言……120, 123
選挙……13, 16, 17, 39, 41, 46, 49, 50, 51, 52, 53, 54, 55, 56, 57, 58, 59, 74, 75, 124, 126, 127, 128, 129, 131, 132, 133, 134, 137, 139, 156, 157, 158, 159, 161, 168, 172, 173, 188, 190, 199, 226, 227, 228, 230, 258, 264, 266, 267, 293, 296, 352, 392, 396
　総——……22, 45, 46, 50, 53, 54, 55, 56, 57, 58, 59, 75, 126, 127, 128, 131, 134, 147, 154, 156, 157, 161, 171, 188, 197, 199, 258, 264, 266, 267, 341, 392, 396
　地方——……53, 54, 56, 156, 227
ソマリア……247, 397
ソマリランド……23, 70, 79, 196, 216, 220, 222, 224, 225, 228, 229, 251, 264, 395, 397, 398

タ行

対外累積債務……69
ダサネッチ……331, 344, 345, 346, 347, 348, 349, 350, 351, 352, 353, 354, 355, 356, 357, 358, 359, 360
タッデセ・ビッル (Tadesse Birru)……221, 222
ダム……13, 15, 17, 66, 77, 78, 88, 89, 321, 328, 329, 331, 332, 334, 335, 344, 354, 355, 356, 357, 360, 380, 389
　ギルゲル・ギベ第三——……79, 88, 328, 331, 332, 354
　グランド・エチオピア・ルネサンス・——……87, 89, 171, 328, 397
中国……78, 79, 85, 86, 89, 93, 353, 398

ツァマコ……365, 366, 367, 368, 369, 370, 373, 374, 375, 376, 378, 379, 380, 382, 383, 384, 385, 386, 387, 388, 389, 390
ディアスポラ……18, 135, 148, 152, 153, 158, 159, 160, 161, 162, 169, 173, 178, 211, 215, 241, 247, 277, 278, 279, 280, 282, 306
　オロモ・──……211, 215, 247, 277, 282
　オロモ系──……277, 278, 281
　ティグライ・──……152, 153, 158, 159, 160, 162, 169
ティグライ……38, 42, 47, 48, 87, 92, 99, 109, 124, 133, 134, 135, 147-174, 180, 195, 196, 199, 200, 258, 348, 350, 351, 353, 378, 379, 387, 388, 396, 397, 399
　──戦争……48, 57, 92, 148, 168, 169, 170, 172, 173, 274, 388, 396, 397, 398, 399　→ティグライ内戦
　──内戦……92, 93, 134, 196, 198　→ティグライ戦争
　──民族主義……　▶民族主義
デフォルト……65, 66, 398　→債務不履行
デルグ……13, 14, 15, 33, 37, 42, 43, 44, 45, 46, 53, 54, 70, 71, 72, 73, 90, 100, 101, 102, 103, 110, 121, 122, 147, 148, 149, 150, 151, 153, 154, 158, 161, 163, 164, 165, 166, 168, 169, 171, 180, 183, 184, 185, 186, 189, 195, 223, 224, 225, 226, 227, 228, 231, 232, 233, 251, 262, 264, 265, 266, 267, 270, 272, 277, 280, 281, 282, 287, 292, 299, 303, 315, 316, 317, 319, 334, 335, 345, 346, 358, 386, 392
トゥラマ……211, 221, 223, 245, 246, 247, 257, 258, 267, 268, 281, 282
特別部隊……135, 196, 197, 198, 199, 200, 233, 234
土地再分配……184, 185
土地収奪……78, 88, 89, 350, 365
ドドラ (Dodola)……260, 262, 264, 265, 267, 274
トラウマ……257, 259, 260, 269, 271, 272, 273, 276, 277, 278, 281, 282, 283

ナ行

ナショナリズム……167, 178, 181, 210, 257, 277　→民族主義
　アムハラ・──……177, 178, 188, 192, 194, 195, 196, 197, 198, 200, 201
　オロモ・──……242, 248, 258, 259, 260, 276, 277, 278, 281, 282
　民族──……44, 47, 92, 177, 194
ネフテンニャ……184, 189, 313
農業……44, 69, 70, 71, 72, 73, 74, 76, 77, 81, 86, 89, 90, 122, 154, 158, 160, 163, 170, 193, 318, 322, 324, 327, 342, 350, 351, 355, 366, 386
　灌漑──……73　→灌漑耕作
　自給的──……70
　商業的──……69, 70, 74, 319
　──開発……69, 70, 72, 74, 75, 78, 90, 154, 321, 343, 366, 384, 388, 389
　──普及員……73, 74, 366, 373, 382, 384
農民組合……71, 90, 159, 345

ハ行

ハイレセラシエ (Haile Selassie)……33, 38, 39, 41, 42, 53, 69, 70, 89, 101, 149, 181, 187, 219, 220, 221, 223, 267, 269, 270, 272, 276, 277, 298, 299, 302, 303, 314, 340, 341, 343, 345, 356

パトロン - クライアント関係……25, 76, 78, 88
バリューチェーン……84, 91
繁栄党……11, 13, 16, 17, 19, 57, 58, 60, 66, 92, 133, 147, 168, 172, 178, 197, 199, 200, 280, 292, 305, 312, 393, 395, 396, 397, 399, 400
汎エチオピア主義……46, 54, 59, 177, 180, 182, 183, 185, 186, 188, 194
反テロリズムに関する布告……56, 129, 131, 132
貧困削減戦略書……125
ファノ……17, 135, 178, 192, 194, 195, 196, 198, 199, 200, 397
複都制……296, 297
プランテーション……258, 365, 366, 367, 368, 369, 370, 371, 373, 374, 375, 376, 377, 378, 379, 380, 382, 384, 387, 388, 389
プロテスタント……211, 218
文化遺産……230, 239, 240, 241, 242, 244, 245, 246, 247, 248, 249, 252
　無形——……214, 230, 239, 240, 241, 242, 244, 245, 246, 247, 252
　——化……240, 241, 242, 246, 252
文化政策……241, 242, 247, 248, 251, 252
文化の再創造……245, 246, 247, 252
文化の翻訳……240
平和と和解に関する国民会議……179, 186, 188
封土……217　→グルト
牧畜民……42, 211, 214, 220, 257, 315, 316, 318, 320, 325, 326, 328, 331, 334, 336, 342, 343, 344, 345, 348, 350, 357, 359, 360

母語……12, 36, 39, 100, 101, 103, 104, 106, 107, 108, 109, 110, 111, 113, 114, 179, 180, 182, 187, 188, 189, 210, 211, 258, 287, 300
ボラナ……209, 211, 214, 240, 241, 243, 244, 246, 247, 248, 249, 250, 251, 252, 384

マ行

マスメディア……56, 119, 120, 121, 122, 123, 124, 126, 128, 131, 132, 133, 134, 135, 139, 140, 242, 247, 251, 277
マチャ・トゥラマ自助協会……120, 221, 222
民主集中制……49, 50, 58
民主主義
　革命的民主主義……18, 19, 31, 33, 48, 49, 50, 51, 52, 53, 54, 57, 58, 59, 60, 66, 80, 87, 91, 131, 132, 148, 163, 392, 393
　自由民主主義……15, 18, 19, 33, 49, 50, 58
民族自決権……22, 39, 44, 153, 166, 167, 185, 393, 394, 399
民族主義……32, 44, 46, 92, 110, 148, 150, 151, 165, 166, 167, 168, 173, 186, 189, 210, 211, 212, 216, 217, 218, 219, 221, 223, 224, 230, 231, 239, 242, 394　→ナショナリズム
　アムハラ——……183, 188
　オロモ——……102, 110, 209, 210, 211, 212, 216, 217, 218, 219, 221, 223, 224, 230, 231
　ティグライ——……148, 149, 150, 151, 164, 165, 166, 167, 168, 169, 173
民族融和政策……113
民族連邦制……11, 12, 13, 15, 17, 19, 20, 31, 32, 33, 35, 37, 45, 46, 47, 48, 49, 51, 52, 57, 58, 59, 66, 72, 73, 76, 87, 91, 92, 93,

103, 106, 123, 131, 148, 153, 155, 178,
209, 211, 230, 233, 234, 242, 252, 271,
273, 285, 286, 287, 288, 290, 303, 305,
339, 345, 347, 358, 392, 393, 394, 399
メスフィン・ウォルデマリアム (Mesfin
　Woldemariam)……161, 186
メデメル……399
メネリク (Menelik)……38, 210, 217, 218,
　267, 268, 269, 270, 271, 272, 276, 277,
　281, 298, 340
メレス・ゼナウィ (Meles Zenawi)……56,
　75, 123, 167, 186, 230, 270
モハメド・アラムディ (Mohammed Hussein
　Al Amoudi)……87

282
ワレリン・マコネン (Wallelign Mekonnen)
　……101, 180, 181

ヤ行

ヤー・バッロ……260, 262, 264, 266, 274
輸出……15, 68, 69, 71, 85, 87, 89, 91, 274,
　319, 322
輸入……15, 69, 74, 78, 87, 93, 224, 388, 398
ユネスコ……214, 239, 240, 245, 247, 249

ラ行

リスト……70, 179
リセトルメント……319, 320, 321, 322, 325,
　326, 327, 335
レント・シーキング……76, 78, 87, 91
連邦制……12, 13, 15, 17, 19, 20, 31, 32, 33,
　35, 37, 39, 40, 41, 45, 46, 47, 48, 51, 52,
　57, 58, 59, 93, 178, 179, 186, 187, 189,
　190, 192, 194, 201, 242, 285, 287, 299,
　358, 392

ワ行

ワーカ……211, 213, 214, 215, 232, 257, 269,

執筆者一覧

＊は編者

石原 美奈子（いしはら みなこ）　　　　　　　　＊　はじめに、第1章、第7章
南山大学人文学部・教授。文化人類学。
主な著作に、『愛と共生のイスラーム：現代エチオピアのスーフィズムと聖者崇拝』（編著、春風社、2021年）、『現代エチオピアの女たち：社会変化とジェンダーをめぐる民族誌』（編著、明石書店、2017年）、『せめぎあう宗教と国家：エチオピア　神々の相克と共生』（編著、風響社、2014年）など。

眞城 百華（まき ももか）　　　　　　　　　　　＊　第1章、第5章、おわりに
上智大学総合グローバル学部・教授。エチオピア史、アフリカ研究。
主な著作に、『エチオピアの歴史を変えた女たちの肖像』（テケステ・ネガシュ著、共訳、上智大学出版、ぎょうせい、2024年）、『エチオピア帝国再編と反乱（ワヤネ）：農民による帝国支配への挑戦』（春風社、2021年）、「戦う女性たち：ティグライ人民解放戦線と女性」（石原美奈子編著『現代エチオピアの女たち：社会変化とジェンダーをめぐる民族誌』明石書店、2017年）、「民族の分断と地域再編：ティグライから見たエチオピアとエリトリアの100年」（小倉充夫編著『現代アフリカ社会と国際関係：国際社会学の地平』、有信堂、2012年）など。

宮脇 幸生（みやわき ゆきお）　　　　　　　　　＊　第2章、第13章、あとがき
大阪公立大学・名誉教授。文化人類学。
主な著作に、*Female Genital Mutilation/Cutting: Global Zero Tolerance Policy and Diverse Responses from African and Asian Local Communities*（共編著、Springer、2023年）、『国家支配と民衆の力：エチオピアにおける国家・NGO・草の根社会』（編著、大阪公立大学共同出版会、2018年）、『辺境の想像力：エチオピア国家支配に抗する少数民族ホール』（世界思想社、2006年）など。

利根川 佳子（とねがわ よしこ）　　　　　　　　　　　　　　　　　　　第3章、第4章
早稲田大学社会科学総合学術院・准教授、ハーバード大学アフリカ研究センター・客員研究員。国際教育開発論、国際開発学、NGO/NPO 論。
主な著作に、「エチオピア：インクルーシブ教育の「文脈化」」（川口純編著『SDGs 時代のインクルーシブ教育：グローバルサウスの挑戦』、明石書店、2024 年）、*Sustainable Development Disciplines for Humanity: Breaking down the 5Ps—People, Planet, Prosperity, Peace, and Partnerships*（共編著、Springer、2023 年）、『NPO・NGO の世界』（共編著、放送大学教育振興会、2021 年）など。

児玉 由佳（こだま ゆか）　　　　　　　　　　　　　　　　　　　　　　　　第6章
アジア経済研究所・主任研究員。エチオピア地域研究。
主な著作に、『エチオピア農村社会の変容：ジェンダーをめぐる慣習の変化と人々の選択』（昭和堂、2025 年刊行予定）、「エチオピアの民族連邦制：憲法と実態の乖離の検討」（佐藤章編『サハラ以南アフリカの憲法をめぐる政治』アジア経済研究所、ebook、2024 年）など。

田川 玄（たがわ げん）　　　　　　　　　　　　　　　　　　　　　　　　　第8章
広島市立大学国際学部・教授。文化人類学。
主な著作に、『アフリカの老人：老いの制度と力をめぐる民族誌』（共編著、2016 年、九州大学出版会）など。

大場 千景（おおば ちかげ）　　　　　　　　　　　　　　　　　　　　　　　第9章
アルシ大学社会人間科学研究科・助教。歴史人類学。
主な著作に、「口頭年代史の生成／継承とガダ政治体系との相関関係：エチオピア南部のボラナにおけるリーダーの選出戦を通して想起される「歴史」に焦点をあてて」（『アフリカ研究』101、2022 年）「アルシ・ディレンマ：エチオピア・アルシ社会におけるガダ再興運動が生み出す抗争と創造」（『文化人類学』86(1)、2021 年）、*The Oral Chronicle of the Boorana in Southern Ethiopia: Modes of Construction and Preservation of History among People without Writing*（Lit Verlag、2016 年）＝『無文字社会における歴史の生成と記憶の技法：口頭年代史を継承するエチオピア南部ボラナ社会』（清水弘文堂、2014 年）など。

吉田 早悠里（よしだ さゆり）　　　　　　　　　　　　　　　　　　　　第10章
名古屋大学大学院人文学研究科・准教授。文化人類学。
主な著作に、*Greetings from the Austrian-Hungarian Monarchy, the Ethiopian Empire and Beyond: The Picture Postcards of Friedrich Julius Bieber (1873-1924) / Grüße aus der Österreichisch-Ungarischen Monarchie, dem Kaiserreich Äthiopien und Anderswo: Die Ansichtskarten von Friedrich Julius Bieber (1873-1924)*（LIT Verlag、2021 年）、Friedrich Julius Bieber、*Reisen nach Äthiopien: Tagebücher 1904, 1905, 1909*（編著、LIT Verlag、2021 年）、『誰が差別をつくるのか：エチオピアに生きるカファとマンジョの関係誌』（春風社、2014 年）など。

藤本 武（ふじもと たけし）　　　　　　　　　　　　　　　　　　　　　第11章
富山大学学術研究部人文科学系・教授。文化人類学。
主な著作に、『食文化からアフリカを知るための 65 章』（共編著、明石書店、2025 年刊行予定）、Progress in African Food Culture Research（*African Study Monographs*, Supplementary Issue 61、共編著、The Center for African Area Studies, Kyoto University、2023 年）、『食と農のアフリカ史：現代の基層に迫る』（共編著、昭和堂、2016 年）など。

佐川 徹（さがわ とおる）　　　　　　　　　　　　　　　　　　　　　　第12章
慶應義塾大学文学部・准教授。アフリカ地域研究。
主な著作に、『フロンティア空間の人類学』（共編著、ナカニシヤ出版、2025 年刊行予定）、『歴史が生みだす紛争、紛争が生みだす歴史：現代アフリカにおける暴力と和解』（共編著、春風社、2024 年）、『アフリカで学ぶ文化人類学：民族誌がひらく世界』（共編著、昭和堂、2019 年）など。

この図書は、上智大学 個人研究成果発信奨励費（学術図書出版支援）の助成を受けて刊行したものである。

変貌するエチオピアの光と影
——民族連邦制・開発主義・革命的民主主義の時代

2025 年 2 月 26 日　初版発行

編者　石原美奈子・眞城百華・宮脇幸生
　　　いしはら・みなこ　まき・ももか　みやわき・ゆきお

発行者　三浦衛

発行所　春風社 Shumpusha Publishing Co.,Ltd.
横浜市西区紅葉ヶ丘 53　横浜市教育会館 3 階
〈電話〉045-261-3168　〈FAX〉045-261-3169
〈振替〉00200-1-37524
http://www.shumpu.com　info@shumpu.com

装丁　長田年伸
印刷・製本　シナノ書籍印刷株式会社

乱丁・落丁本は送料小社負担でお取り替えいたします。
©Minako Ishihara, Momoka Maki, Yukio Miyawaki.
All Rights Reserved. Printed in Japan.
ISBN 978-4-86816-005-2 C0036 ¥5000E